KB053489

중국 영화의 열광적 황금기

CHUGOKU EIGA NO NEKKYOTEKI OGONKI

by Bunpei Ryu

ⓒ 2012 by Bunpei Ryu

First published 2012 by Iwanami Shoten, Publishers, Tokyo.

This Korean language edition published 2015 by Sanzini, Busan

by arrangement with the proprietor c/o Iwanami Shoten, Publishers, Tokyo.

이 책의 한국어판 저작권은 Imprima Korea Agency를 통한

Iwanami Shoten, Publishers, Tokyo와의 독점계약으로 산지니에 있습니다.

저작권법에 의해 한국 내에서 보호를 받는 저작물이므로

무단전재와 무단복제를 금합니다.

아시아총서 14

중국 영화의 열광적 황금기

★ 어느 영화 소년의 80년대 중국영화 회고론 ★

류원빙 지음 | 홍지영 옮김

산지니

일러두기

1. 외래어 고유명사 표기는 국립국어원의 한글외래어표기법을 원칙으로 삼았으나, 되도록 현지 발음에 충실하고자 했다.
2. 영화 제목은 꺾쇠(〈〉)를, 잡지·신문·책·장편 소설 제목은 겹낫표(『』)를, 한 편의 문장이나 단편 소설은 낫표(「」)를 사용했다.
3. 영화 제목은 이미 국내에 소개된 경우, 가독성을 고려해 국내 소개 당시의 제목을 따르고 원어 제목을 병기했다. 국내에 소개되지 않은 중국 영화의 경우는 2000년에 출간된 『중국영화사』(슈테판 크라머, 이산출판사)를 주로 참고했다. 한국에서 나온 중국 영화 관계 서적들이 대개 이 책의 표기를 참고한 예가 많아 독자들의 혼동을 피하기 위해서다.
4. 본문에 언급되는 중국 이외 나라들의 영화 제목은 〈한국에서 통용되는 제목 해당 작품의 원어 제목, 중국 내 번역 제목〉(감독 이름, 제작명)의 형식으로 표기했다.
   예) 〈시티 라이트City Lights, 城市之光〉(찰리 채플린Charles Chaplin, 1931)
5. 저자 주석은 미주로, 옮긴이 주석은 각주로 나누어 배치했다. 저자 주석은 숫자로, 옮긴이 주석은 본문의 해당 부분에 별표(*, **, ***)로 표시했다.
6. 본문의 괄호 혹은 대괄호(())는 저자에 의한 보충이며, 한글 표기와 대응되지 않는 한자 표기는 해당 어휘의 중국어 표기로 저자에 의한 것임을 밝혀 둔다.
   예) 무대극話劇, 개혁 영화改革片

추천사

1980년대 중국 영화론

임춘성

(목포대학교 중어중문학과 교수)

한국과 중국에서 1980년대는 격동의 시절이었다. 한국은 1980년 광주민중항쟁으로 시작해 '1987년 체제' 수립으로 마치 민주화운동이 승리한 것처럼 보였다. 그렇지만 1987년 체제는 군부 권위주의를 종식시켰음에도 불구하고 신자유주의 전략을 사회운영의 원리로 삼은 결과, 민주주의를 배반하는 각종 정책을 펼쳐왔다.

중국도 1978년 사회주의 현대화를 구호로 삼아 시작된 개혁개방이 사상해방의 물결로 이어졌지만, 결국 1989년 톈안먼 사건 진압으로 귀결되었고 이후 이른바 '6·4체제'가 수립되었다. 해방 이후 각각 자본주의와 사회주의의 길을 걸어온 한국과 중국이 공히 격동의 1980년대를 거쳐 각각 '1987년 체제'와 '6·4체제'라는 신자유주의적 체제로 진입한 것은 흥미롭다.

어느 시대나 오케스트라의 제1바이올린 역할을 하는 문예 장르가 있다. 우리가 흔히 선진-진한 산문先秦-秦漢 散文, 당시唐詩, 송사宋詞, 원곡元曲, 명청소설明淸小說이라 일컫는 것이 바로 그러하다. 그러면 1980-90년대 중국에서 제1바이올린 역할을 했던 것은 무엇일까? 그것은 당연히 영화를 꼽아야 한다.

류원빙의 『중국 영화의 열광적 황금기』는 바로 '1980년대 중국 영화'를 다루고 있다. 1967년생인 저자는 개혁개방 이후 10대를 보냈고 그 시절 영화관을 '파라다이스'로 기억하고 있다. 문화대혁명 시기 억압되었던 중국 영화가 한 달에 15편가량 제작·상영되었고 외국영화도 미국과 서유럽, 소련과 동유럽뿐만 아니라 제3세계 영화들이 다양하게 공개되었다. 뿐만 아니다. 서양의 이른바 '고전' 영화들, 예를 들어 채플린 영화들도 관객들에게 손짓하고 있었다. 감수성이 예민한 시절 이런 호강을 누린 저자가 그 시대를 '열광적 황금기'로 소환하는 것에 누구도 이의를 제기하지 않을 것이다. 더구나 컬러텔레비전의 보급 이후 영화의 호시절이 지속되지 않은 사실도 알고 있기에 1980년대는 중국 영화사의 중요한 시기가 아닐 수 없다.

이번에 출간되는 『중국 영화의 열광적 황금기』는 독특한 체제를 가지고 있다. 총 4장으로 구성된 본문에서 저자는 각각 이데올로기, 문화 번역, 배급과 검열, 스타라는 키워드를 가지고 논술하고 있다. 이는 저자의 말대로, 영화학에 그치지 않고, 영화 문화 또는 사회학적인 접근 방법으로 영화를 중층적으로 점검하려는 시도라 할 수 있다. 이런 시각에서 포스트 문혁기, 르네상스기, 침체기, 뉴웨이브 대두, 다양화 시대, 전환기의 여섯 시기로 나누고 있다. 그 주요 내용은 아래와 같다.

제1장. 사회주의/문혁으로부터 해방되었으면서도 그 트라우마로부터 벗어나지 못하던 1980년대는 문혁의 고난을 다룬 상흔영화와 개혁개방 정책과 덩샤오핑을 다룬 개혁영화가 중심이었다. 그러나 문혁을 비판한다고 했지만 실제로 쓰인 표현 수법은 선악 이분법에 사로잡힌 문혁 코드 그 자체였음을 간과할 수 없다. 『무중풍경』의 저자 다이진화戴錦華의 말을 빌리면 '탈주하다 그물에 걸림'이다. 이는 '곤경에서 탈출했지만 더 큰 그물에 걸린 격'인 포스트사회주의 중국의

사회적·문화적 콘텍스트를 비유한다. 1980년대가 문혁에서 탈출했지만 문혁의 문화심리구조에서 완전히 벗어나지 못한 형국을 지칭한 것이다.

제2장. '문화 번역cultural translation'은 최근 흥기하고 있는 '번역 연구translation studies'의 핵심 개념 중 하나다. 저자는 개혁개방 이래 서양 문화가 중국에 수용되는 과정을 '문화 번역'의 문제의식을 가지고 대중 차원의 댄스 유행과 앙드레 바쟁의 영화 미학 수용에 초점을 맞춰 서술하고 있다. 그리고 이 과정이 단순하게 일방적으로 수용한 것이 아니라 내부의 상상력과 외부의 상호작용이었음을 밝히고 있다.

제3장. 중국 영화의 제작, 검열, 배급 구조는 독자가 쉽게 접하기 어려운 분야다. 저자는 사회주의 현대화/자본주의화 과정에서 사회주의 체제가 영화 시스템에 미친 긍정적 영향과 부정적 영향을 여러 가지 사례를 들어 설명하고 있다.

제4장. 이 부분은 이 책의 백미라 할 수 있다. 문혁 이후 국민배우 반열에 오른 류샤오칭과 조안 첸에 대한 분석을 통해, 사회주의 시스템의 스타 소비 형태와 시장 자유화에 따른 여배우의 물신화 경향에 초점을 맞췄다. 이를 통해 저자가 말하고 싶은 것은 결국 1980년대 이래 중국 사회의 변화상이다.

1980년대 중국은 과연 어땠을까? 이를 위해서는 톈안먼 사건의 성격을 이해할 필요가 있다. 뤼신위呂新雨는 1990년대 중국에서 진행된 신다큐멘터리 운동을 관찰하면서 그 발전을 이론적으로 개괄한 바 있다. 그녀의 관찰과 인터뷰에 따르면, 중국 다큐멘터리는 1995년에 처음 제작되었지만 다큐멘터리 운동이 1980년대의 정신과 혈연관계에 있고 그 발전방향은 우원광吳文光의 〈유랑 베이징流浪北京〉에서 기초를 다졌다고 한다. 그리고 1990년대 다큐멘터리의 효시인 〈피안彼

岸〉의 감독 장웨蔣樾는 다큐멘터리 제작과정 자체가 '자아해부이자 자아비판'이고 '정화과정'이라고 표현했다. 뤼신위가 보기에 중국의 신다큐멘터리 운동은 중국 사회변혁 및 사회 담론 공간의 개편과 심층 연계를 가지고 있다. 특히 '새로운 이상주의가 신앙되고 실천된 시대, 새로운 유토피아 시대'였던 1980년대는 신다큐멘터리 운동에 큰 영향을 주었다. 1989년 톈안먼 사건은 유토피아를 추구하다가 좌절한 것이고, 그 폐허에서 침착하게 중국 현실 문제를 사색하게 된 계기는 바로 신다큐멘터리 운동이었다. 1990년대 시작된 중국 신다큐멘터리 운동은 1980년대 개혁정신의 연장이었다.

톈안먼 사건을 진압함으로써 덩샤오핑 체제를 공고히 한 '6·4체제'가 완성되었는데, 이는 다른 말로 하면 중국적 신자유주의 체제의 완성이었다 할 수 있다. 류원빙의 이 저작이 중국적 신자유주의로 나아가는 시점에 중국 영화의 열광적인 황금시절이었던 1980년대에 대한 만가輓歌로 들리는 것은 나 혼자만의 환청은 아닐 것이다.

한국어판 서문

이번에 필자의 졸저 한국어판의 간행 소식을 듣고 기쁜 마음을 금할 수가 없습니다. 졸저의 핵심을 관통하는 것은 어린 시절부터 청년 시절에 걸쳐 제 마음을 뒤흔들었던 중국 영화에 대한 진솔한 사랑입니다. 모쪼록 한국의 독자 여러분께도 제 마음이 전해지길 진심으로 바라는 바입니다.

'어째서 중국인이 쓴 중국 영화에 관한 책이 일본어로 씌어 일본에서 출판되었을까' 하고 의아해하는 분도 계시리라 생각합니다. 누구라도 어린 시절에 한 번쯤 마음을 빼앗겼던 영화에 대한 기억을 갖고 있을 것입니다. 제 경우에는 30여 년 전, 문화대혁명의 회오리가 지나간 중국에서 만난 일본 영화들이 그러했습니다. 다카쿠라 켄, 야마구치 모모에 같은 일본의 영화 스타들이 소년 시절 제게는 너무나도 눈부신 존재였습니다. 시간이 지나 영화를 공부하기 위해 일본으로 건너간 뒤로도 제게 영화의 원점은 바로 그 시절에 있었습니다.

일찍이 중국인이 품고 있던 일본 이미지라고 하면, 침략 전쟁과 식민지 지배를 가져온 구일본군의 이미지밖에 없었습니다. 그랬던 것이 일본 영화 붐이 일면서 그때까지의 부정적인 일본 이미지가 단번에 다카쿠라 켄이나 야마구치 모모에로 상징되는 긍정적인 것으로 변모했습니다.

그러나 2000년대 이후, 중국에서 일본의 이미지는 다시 부정적인 것으로 바뀌었고, 최근 수년간은 더더욱 악화 일로에 있는 것처럼 보입니다. 댜오위댜오(釣魚島, 센가쿠 제도尖閣諸島) 문제, 야스쿠니靖國 문제가 중국에서의 일본인 이미지 하락에 큰 영향을 미치고 있음은 두말할 나위가 없습니다. 이렇듯 정치적 마찰이나 역사 문제가 문화 교류 그리고 상대국 이미지 구축에까지 그림자를 드리우고 있는 것이 오늘날 중국과 일본 간에 벌어지고 있는 상황이고, 바로 지금 한국과 일본 간에도 비슷한 일이 되풀이되고 있는 게 아닐까 하는 생각을 금할 길이 없습니다. 2004년 일본에서 한국의 텔레비전 드라마 〈겨울연가〉가 불러일으킨 붐과 근래 들어 재일 한국인에 대한 증오 발언 둘 다를 목도해 왔기에 든 생각입니다.

문혁 종결 직후에 일어난 일본 영화 붐에서의 다카쿠라 켄의 경우 또는 일본의 '한류' 붐에서의 '욘사마'의 경우에서처럼, 새로운 인기 배우의 등장을 계기로 상대국에 대한 긍정적 이미지가 단번에 구축될 가능성은 적지 않습니다. 그렇지만 이렇게 일회적인 붐에 의해 형성된 긍정적인 이미지가 다시 부정적인 이미지로 반전하지 않으리란 보장은 어디에도 없다는 것일 테지요.

대중 문화에서의 '타자' 이미지는 역사적인 기억에 의해 혹은 정치적·사회적 상황에 의해 시시각각 영향을 받고 변화를 겪습니다. 그리고 이러한 '타자' 이미지란 언제나 어떤 하나의 사건을 계기로 열광과 혐오, 동경과 불신, 친밀함과 소원함 같은 양 극단을 순식간에 오갈 가능성과 허약함을 품고 있는 법입니다.

어쩌면 지금 중국과 일본, 그리고 한국과 일본에서 가장 필요한 것은 이미지에 안일하게 기대지 않는 '타자'와의 커뮤니케이션을 모색하는 것이 아닐까요. 즉 표상을 매개로 하는 것이 아니라, '타자' 그 자체와 진지하게 마주하고 이해하려는 새로운 이문화 수용의 차원으로 이행하는 것입니다. 그러기 위해서는 객관적인 역사 인식에

중국영화의 열광적 황금기

기반하면서, 정치가나 미디어에 유도되는 일 없이 '타자'에 대한 냉정한 시선을 키우는 것이야말로 바로 지금 요청되는 것이 아닐까 합니다.

2014년 11월 도쿄에서 류원빙

차례

서장

1. 나의 1980년대 영화 체험론

영화관은 파라다이스였다

1967년에 중국 산둥 성山東省에서 태어난 내게, 소년 시절을 관통하던 영화관은 한마디로 파라다이스였다. 당시에는 베이징北京이나 상하이 上海 같은 대도시는 물론이고, 지방 중소도시에서도 10분 정도 길을 걷다 보면 언제나 영화관과 맞닥뜨릴 수 있었다. 그러니까, 영화를 보고 싶다면 미리 상영 스케줄을 확인할 것도 없이 간판만 보고 훌쩍 들어가기만 하면 족한 시절이었다.

어느 영화관이건 영화표를 손에 넣으려고 내가 먼저라며 앞다투어 매표소로 몰려드는 관객이며 행인들에게 집요하게 흥정을 거는 암표장수들로 북적거렸다. 인기 영화 티켓은 구하기 힘들었기 때문이다. 어떻게든 표를 구해 달라며 청해 오는 친척이며 친구들이 끝도 없어서, 난감해하던 매표소 책임자가 직장에 출근하기를 두려워할 정도였다.[1] 내친김에 말하자면, 내 어린 시절의 꿈은 극장 매표소에서 일하는 것이었다. 영화를 보고 싶은 만큼 실컷 볼 수 있으리란 '부수입'에다, 영화표라는 일종의 '이권'을 손에 넣을 수 있기 때문이다. 어쨌든 관리에게 뇌물을 보낼 때, 금품보다도 내부 시사회 입장권 쪽이 더 잘 들던 시절의 이야기다.

당시에는 한 달에 15편 전후의 국내외 신작 영화가 전국 영화관에서 일제히 개봉되고 있었다. 당시 상영 프로그램을 훑어보면, 중국 이외에는 미국, 프랑스, 이탈리아, 독일, 일본, 인도, 소련 영화가 있었고, 여기에 더해 북한, 루마니아, 필리핀, 튀니지, 이집트같이 결코 영화 대국이라고는 부를 수 없는 나라들의 작품도 들어와 있었다. 개중에는 동시대 영화임에도 불구하고, 어색한 기법과 진부한 스토리 때문에 마치 초기 영화 작품을 보는 것 같은 착각에 빠지게 하는 것들도 더러 있었다.

이와는 반대로 반세기 이전에 만들어진 채플린Charles Chaplin 영화가 1970년대 말 중국에서 신작 취급을 받으며, 거의 모든 영화관에 걸려 있던 시절도 있었다. 즉, 1979년부터 1980년에 걸쳐 상영된 〈시티 라이트City Lights, 城市之光〉(1931), 〈모던 타임즈Modern Times, 摩登時代〉(1936), 〈독재자The Great Dictator, 大獨裁者〉(1940), 〈라임라이트Limelight, 舞臺生涯〉(1952) 등이 그것으로, 이들 영화는 모두 아직 중국 외화 보유고가 적었던 1978년에 '중국전영공사中国电影公司'가 영국의 배급 회사로부터 싼값에 묶어서 사들인 것이었다.[2]

또한 당시 중국에서 상영되던 미국 영화들은 비록 동시대 작품이라 하더라도, 미국인들조차 모를 법한 무명 작품들이 태반이었다. 일례로 1980년대 중국에서 가장 유명했던 미국 여배우는 데보라 라핀Deborah Raffin이었는데, 그녀가 출연한 〈도브The Dove, 鴿子號〉(찰스 재롯Charles Jarrot, 1974), 텔레비전 영화 〈여대생의 공포 체험 여행Nightmare in Badham County, 惡夢〉(존 루얼린 막시John Llewellyn Moxey, 1976), 텔레비전 영화 〈윌라Willa, 維拉〉(조안 달링Joan Darling · 클라우디오 구즈만Claudio Guzman, 1979), 〈라스트 레터(Touched by Love, 情暖童心)〉(거스 트리코니스Gus Trikonis, 1980)가 그 무렵에 연달아 개봉되었기 때문이다.[3]

그런 속사정이야 어쨌든 간에, 당시 영화관 안 정경이 지금까지도 기억에 선명하다. 상영 중 관객들의 환호성이며 수런거림, 난방이 되지 않던 겨울날 관객들의 입과 코에서 나오던 하얀 김, 바닥에 흩뿌려진 해바라기 씨 껍질을 밟을 때의 푹신한 감촉, 딱딱한 나무 의자에

장시간 앉은 탓에 저려 오던 엉덩이의 통증….

이런 기억들을 떠올리는 건 비단 나만은 아닐 터다. 전 국민이 남녀노소 불문하고 일제히 영화관에 달려가 같은 영화를 보고 있는 광경을 이제 오늘날 중국에서는 상상할 수 없으리라.

그러나 그랬던 영화의 호시절은 오래가지 못했다. 텔레비전이 보급되면서 1980년대 중반부터 영화 산업의 사양화가 진행되었고, 영화관들은 잇달아 경영 부진에 빠졌다. 그래도 영화관은 그나마 나라에서 운영 자금을 지원하고 있어서, 1980년대 말까지 개봉관 수 자체가 감소하는 일은 없었다. 그 대신 감소한 것은 다름 아닌 관객이었다.

그 무렵 나는 어느 쇠락해 버린 영화관에서 신선한 체험을 했다. 1988년 〈마지막 황제The Last Emperor, 情暖童心〉(베르나르도 베르톨루치 Bernardo Bertolucci, 1987)를 볼 때의 일이다. 시부야 분카무라文化村의 오차드 홀*에 필적할 정도의 넓이에 1,000석 이상의 객석을 보유한 그 영화관에는 마침 평일 아침 9시 상영이라는 탓도 있었기에, 나를 포함해 관객이 서너 명밖에 들지 않았다. 2층 객석에 온전히 한 사람만을 위한 세계가 펼쳐진 것이다. 거기서 한껏 기지개를 펴면서 그야말로 황제의 기분을 만끽하며 〈마지막 황제〉를 보는 행복한 체험을 한 것이다.

이렇게 영화관 경영의 최전성기가 지나간 1980년대 중반, 새로운 미디어로서 등장한 것이 비디오VHS였다.

---

*   일본 도쿄 시부야 구에 있는 복합 문화 시설 분카무라의 3층에 위치해 있다. 클래식, 발레, 오페라 공연을 위주로 하며 총좌석수 2,150석에 천장 높이 20미터로, 공연 공간으로서는 일본 최대 규모를 자랑하는 곳이다.

비디오 상영이라는 '특별 사업'

비디오 플레이어가 아직 사치품이던 당시 중국에서, 비디오는 자택에서 즐기기보다는 정부가 허가한 시설에서 여러 명이 모여 감상하는 게 일반적이었다. 이러한 전문적인 비디오 상영관 외에, 비디오 상영을 부업으로 하는 영화관도 많았다. 통계에 따르면, 비디오 상영관은 1984년부터 대도시에서 나타나기 시작하여, 1985년에는 그 수가 이미 3만 이상에 다다르고, 그 뒤에는 엄청난 기세로 중국 각지에 퍼져 나가고 있었다.[4]

1980년대 중국인의 일상을 그린 자장커賈樟柯 감독의 〈플랫폼站臺〉(2000)을 보면, 수십 명의 관객이 담배 연기가 자욱한 실내에 옹색하게 앉아 텔레비전 앞에서 성적인 내용의 비디오에 붙어 있는 장면이 있다. 당시 비디오 상영 정경이 꽤 잘 그려져 있는 이 장면에서 보듯, 영사에 사용된 기기는 비디오 플레이어와 20인치 전후의 가정용 텔레비전뿐이었고, 장소는 환기가 잘 되지 않는 좁은 곳이 다수였으며, 민가의 방 하나를 개조해 대충 구색을 맞춘 곳도 있었다. 그러나 이런 조악한 조건에도 불구하고, 입장료는 영화관 입장료와 그다지 차이가 나지 않았다.

비디오 상영이 영화를 앞지를 만큼 인기를 모은 것은 오락성을 전면에 내건 매우 다채로운 상영 프로그램에 그 이유가 있었다. 〈난세삼미인亂世三美人〉(1988)이나 〈타이완 검은 고양이 여관臺灣黑猫旅社〉(1988)과 같이 비디오 상영용으로 제작된 중국 드라마는 제목만 봐도 호기심을 불러일으킬 수 있었고, 또 성 묘사나 폭력에 대한 검열 기준도 텔레비전 드라마보다 훨씬 느슨했다.

하지만 이러한 중국 드라마가 상영 프로그램에서 점하는 비율은 극히 일부에 불과했고, 실제로는 홍콩 액션 영화나 타이완의 연애 영화,

구미 대작 영화 쪽이 비디오 상영의 주역으로 지대한 인기를 떨치고 있었다. 폭력적이거나 성적인 내용에 대한 검열이 여전히 엄격하여 영화관 상영이 쉽사리 허용되지 않던 당시 중국에서는, 이러한 내용을 포함한 영화 작품이 비디오 상영이라는 형식으로 유통 형태를 바꾸고 나서야 비로소 세상에 공표될 수 있었다. 이를 가능케 한 것은 비디오 상영이 지닌 일회성·비공식성이다. 영화 상영과 달리, 비디오 상영 프로그램은 그때그때 각 상영관에 게시될 뿐, 신문 같은 정규 미디어에 실리는 일도 없을뿐더러 기록에도 남지 않았다. 이른바, 정부 측에서 묵인한 '특별 사업'격이다.

따라서 비디오 상영에서는 상영관 경영자가 관객의 수요에 맞춰 스스로 영상 소프트를 조달하여 상영 프로그램을 짜는 게 가능했다. 정부에서도 거대해진 비디오 상영 시장을 통제할 수 없어, 해외 영상 소프트를 밀수입하여 상영 프로그램에 슬쩍 끼워 넣는 경영자는 줄어들 줄을 몰랐다. 이렇게 비디오 상영이 열리는 그 좁은 공간은 오락에 굶주린 사람들에게 혼돈에 가득 찬 쾌락을 제공하는 공간으로 변화했다.

이러한 비디오 상영관에서 성장한 영상 작가 중 하나가 1970년에 태어난 중국 영화의 젊은 거장 자장커 감독이다. 이 책 말미에 덧붙인 필자와의 인터뷰에서, 자장커 감독은 "1980년대 당시, 저는 6년간에 걸쳐 홍콩의 수많은 쿵푸 영화며 액션 영화를 비디오로 보고 있었습니다. 우위썬吳宇森의 〈영웅본색英雄本色〉(1986)과 〈첩혈쌍웅喋血双雄〉(1989)을 만난 것도 그 무렵으로, 완전히 매료되었지요"라고 말했다. 자장커의 대표작 〈소무小武〉(1997), 〈임소요任逍遙〉(2002), 〈스틸라이프三峽好人〉(2006)에 〈영웅본색〉과 〈첩혈쌍웅〉이 빈번히 인용되는 것은, 그가 1980년대 비디오 상영관에서 만난 우위썬에 바치는 오마주다.

영화 잡지의 난립

이러한 영화 감상 체험과 더불어, 어린 시절 서점의 영화 코너와 우체국 부속 서적부에서 영화 잡지를 서서 읽던 기억도 잊을 수 없다. 당시 중국에서는 신문, 잡지 판매를 전국 각지 우체국에서 독점하고 있었다. 얼마 되지 않는 어린아이 용돈으로 수십 종류의 영화 잡지를 구입하기란 도저히 불가능한 일이었기에, 매대 앞에 서서 읽을 수밖에 없었다. 유리 진열장 안에 진열된 영화 잡지를 직접 꺼낼 수가 없어, 판매원 누나에게 일일이 꺼내 달라고 부탁할 수밖에 없었다. 그렇게 서서 읽기만 하고 사지는 않는 게 들통 나면 판매원의 눈총을 받거나 급기야는 견본을 꺼내 주지 않게 되어 버리니, 나는 세 권쯤은 서서 읽고 한 권 정도는 사야겠다는 방침을 세웠다. 그렇다손 쳐도, 지금 와서 새삼 생각해 보면, 게걸스럽게 영화 잡지를 탐하는 내 모습이 곁에서 보기에도 심상치는 않았으리라.

이런 일화가 말해 주는 것은, 1970년대 말에서 1980년대 후반에 걸쳐 영화 미디어가 번영을 구가한 데 질세라 수많은 영화 잡지들이 연이어 창간되었다는 사실이다. 1980년 10월의 시점에서 그 수는 30종에 다다르고, 발행 부수는 중국 전역에서 도합 약 1,000만 부에 달했다.[5] 그리고 1982년의 통계에 따르면, 영화 잡지 평균 발행 부수는 40~50만 부로, 많게는 100만 부를 돌파한 것도 있었다. 이들 영화 잡지를 다음과 같이 분류할 수 있다.

전국 발행 영화 잡지

중국 영화계의 중추 기관인 '중국전영가협회中國電影家協會(중국영화인협회)', '상하이전영가협회上海電影家協會(상하이영화인협회)' 산하에 놓인 『대중전영大衆電影』, 『전영고사電影故事』, 『전영화보電影畵報』, 『환구은막環球

銀幕』은 국민적인 영화 잡지로서 폭넓은 독자층의 지지를 받았다. 월간『대중전영』*(1950년에 창간되어, 1966년 문혁 발발로 정간에 몰린 뒤, 1979년에 복간)이 일반 공개되는 국내외 영화를 화보와 더불어 평론, 무대 뒷이야기에 얽힌 에피소드 등의 형태로 폭넓게 소개하는 종합지였던 것에 반해, 월간『전영고사』(1952년 창간, 1966년 정간, 1979년 복간)는 그 달에 공개되는 작품의 상세한 스토리 소개에 지면의 절반을 할애했다. 또 둘 다 격월간 발행의 화보 잡지였으나,『전영화보』(1981년 창간)가 중국 국내에 일반 공개되는 작품에 중점을 둔 데 반해『환구은막』(1986년 창간)은 전적으로 중국 내에서 볼 수 없는 외국 영화를 소개하는 것으로, 각각 잡지들이 저마다의 특색을 지니고 있었다.

지방 발간 영화 잡지

중국에는 '성省'으로 불리는 31개(자치구, 직할시 포함)의 행정 구역이 있는데, 각 성을 대표하는 영화 잡지가 있는 것이 바람직하다는 중국 정부(문화부)의 요청에 응하여 수많은 영화 잡지가 연이어 창간되어 각 성에서 유통되고 있었다. 그중에『전영평개電影評介(영화 평론과 소개)』(구이저우 성貴州省),『전영지우電影之友(영화의 벗)』(푸젠 성福建省),『전영지창電影之窗(영화의 창)』(윈난 성雲南省),『은막여관중銀幕與觀衆(은막과 관객)』(산시 성陝西省)은 전국 규모로 발행되어 호평을 얻었다. 그러나 B5판(주간지 사이

* 2012년 중국의 거대 투자 기업인 다롄완다그룹大連萬達集團에 인수되었다. 다롄완다그룹은 부동산 개발, 호텔, 백화점, 영화관 체인(완다원선)에 이르는 사업 분야를 거느리고 있으며, 그중 영화관 사업은 중국 내 15퍼센트 시장 점유율을 갖고 있다. 2012년에 완다영시제작공사萬達影視制作公司를 세워 영화 제작 투자를 시작했으며, 같은 해『대중전영』을 인수함으로써, 영화 산업에서의 발언권을 강화하고 있는 중이다. 2013년 12월 25일, 다롄완다그룹으로 운영 주체가 바뀐 뒤 면모를 일신한『대중전영』첫 호가 발간되었다.

즈)의 『전영평개』와 같은 소수 예외를 제하면, 대개 B6판(단행본 사이즈)의 30쪽 남짓한 소책자에 디자인과 인쇄가 다소 조악한 감이 있어 B급 영화 잡지였음을 부정할 수 없다.

각 영화 촬영소의 홍보지

중국 내 각 영화 촬영소의 홍보지로서, 『상영화보上影畫報』(상하이영화촬영소), 『전영세계電影世界』(창춘영화촬영소), 『북영화보北影畫報』(베이징영화촬영소), 『전영화간電影畫刊』(시안영화촬영소)은 화보를 풍성하게 담아, 자사에서 제작하는 신작 소개뿐 아니라 국내외 영화 사정을 독자에게 알기 쉽게 소개했다.(각 영화 촬영소에서 편집한 각본 게재지에 관해서는 3장에서 상세히 소개할 예정이니, 참고 바란다.)

일반 독자도 즐길 수 있는 전문지

영화 관계자나 연구자를 대상으로 최신 영화 이론, 영화사 연구 성과를 소개하는 것을 주목적으로 하는 『전영예술電影藝術』(1954년 창간, 1966년 정간, 1979년 복간), 『당대전영當代電影(현대 영화)』(1984년 창간)과 영화 관계자를 대상으로 여러 외국 영화 동향을 소개하는 데 주안점을 둔 『세계전영世界電影』(1982년 창간)은 학술지와 업계지였지만 수많은 일반 독자들에게도 흥미를 끌어 널리 유통되고 있었다.

잡지 외에도 『신전영新電影』, 『중국전영보中國電影報』, 『문회전영시보文滙電影時報』(훗날 『중국전영시보中國電影時報』로 지명 변경), 『희극전영보戲劇電影報』 등 전국 발행 규모의 영화 전문지도 있었다. 지방지나 동인지까지 넣으면, 영화 관련 인쇄물 수는 더욱 방대해질 것이다.

그러나 이러한 영화 잡지의 황금기는 1980년대 후반까지밖에 지속

당시의 영화 잡지들과 신문

되지 않았다. 1988년경 각본 게재지의 평균 발행 부수가 이전의 수십만 부에서 2, 3만 부까지 하락한 것이다. 영화 산업이 내리막길을 맞이하는 가운데, 영화 잡지 독자도 감소하고 종이나 인쇄 비용도 오름세를 지속한 데다, 잡지 판매를 대행하는 기관이 매상의 25~45퍼센트를 대행료로 징수하게 된 것도 영화 잡지 경영을 궁지로 몰아붙였다.[6]

영화 잡지는 1980년대 풍요로운 영화 문화를 형성하는 데 중요한 역할을 담당했다. 그중에서도 가장 권위 있던 영화 잡지가 앞서 든 『대중전영』이었다. 문혁 도중 정간에 몰렸다가 이후 1979년에 복간된 『대중전영』은 발행 부수가 단숨에 100만 부에 다다랐고, 서점에 진열되기도 전에 예약 구독만으로 매진될 정도였다. 예약 구독이라고 해도, 단체가 우선이었기에 개인이 예약 구독하기란 하늘에 별 따기였다. 그렇기에 단체 명의로 구독한 『대중전영』 한 권을 여러 사람들이 돌려 보는 것이 상례였다.

독자의 요청을 따라잡지 못하는 이런 유통 방식에 대응하여, 『대중전영』은 1980년대 초두부터 발행 부수를 대폭 늘리는 한편, 동판 인쇄를 도입하여 인쇄 품질을 향상시키고자 했다. 그 결과, 1983년의 발행 부수는 300만 부를 넘게 되었다. 1984년이 되자 구독료 상승의 영향으로 일시적으로 부수가 하락하기도 했지만, 200만 부 이상을 유지하고는 있었다.[7]

『대중전영』의 표지를 장식한 것은 으레 편집부(=전영국電影局) 추천의 신작 영화 스틸 사진 혹은 거기에 출연한 배우나 여배우의 스냅 사진으로,『대중전영』에 실린다는 사실은 영화인에게는 대단한 영예가 되었다. 이처럼『대중전영』은 제작 측과 배급 측, 관객 측을 대상으로 제작·선전·감상에서의 올바른 지침을 제시하는 역할을 맡고 있었다고 할 수 있겠다. 이런 점에서도『대중전영』은 중국 영화계에서 권위적인 위치를 점하고 있었다.

하지만 1980년대 중반에 이르자,『대중전영』도 별 도리 없이 시장경제의 파고에 휩쓸리게 된다. 그리고 다른 영화 잡지들과의 거친 경쟁 속에서 정부 계열의 추천 신작 영화를 선전하는 어용 잡지라는 이미지를 탈피하여, 순순히 일반 독자들의 욕구에 맞추고자 하는 쪽으로 방향을 틀게 되었다. 이러한 변화는 특히 표지를 장식하는 여배우들의 이미지 변천을 통해 현저히 드러나게 된다.

그라비아 여배우의 등장

이 책의 제4장에서 다룰 여배우 류샤오칭劉曉慶과 조안 첸(천충陳沖)은 문혁 종결 후 처음으로 등장한 스타로, 잡지『대중전영』의 표지를 장식하는 단골 배우이기도 했다. 그 무렵 클로즈업된 것은 소박한 의상을 걸친 그녀들의 순진한 표정이었다. 이는 아직 중국에서는 팔다리를 드러내는 의상이 성적인 악영향을 가져올 거라며 허용되지 않았던 시대 분위기와 더불어, 그녀들의 몸매 비율에도 문제가 있었기 때문

그라비아 여배우 마이원옌

배꼽을 내놓은 차림의 장샤오민

중국영화의 열광적 황금기

이다. 류샤오칭의 경우 160센티미터에 그친 신장에 다부진 체형이었기에 팔을 드러내거나 바디라인을 강조하는 옷이 어울리지 않았고, 조안 첸은 당시 다소 통통한 체형이 고민거리였다.

1980년대 중반부터 얼굴뿐 아니라 스타일도 뛰어난 새로운 유형의 여배우들이 『대중전영』 표지에 차례로 등장하기 시작했다. 그녀들은 어김없이 수영복같이 노출도가 높은 의상을 걸치고, 아름다운 팔다리를 자랑하며 매혹적인 표정을 지었다. 그녀들의 패션과 헤어 스타일, 메이크업은 선배인 류샤오칭 등과 비교하면 확연히 세련된 것이었다. 장샤오민張曉敏, 린팡빙林芳兵, 팡수方舒, 마이원옌麥文燕, 왕샤오옌王曉燕, 탄샤오옌譚小燕, 린샤오제林小傑, 샤징夏菁, 자오웨趙越, 인팅루殷婷茹, 류디柳荻, 류리쥔劉麗軍 등이 대표격[8]이랄 수 있는데, 이들은 자신들이 출연한 영화 자체보다는 그라비아 화보를 장식하는 모델로서 홍콩이나 타이완, 일본의 스타를 모방한 헤어 스타일이나 메이크업, 패션으로 주목받았다.

이러한 현상에 대해, 옌지저우嚴寄洲 감독은 1988년에 다음과 같이 지적했다. "1960년대에는 영화관의 쇼케이스를 어느 스타의 사진으로 꾸밀지를 두고, 영화계 지도부에서 각 방면의 의견을 취합하여 신중히 검토한 뒤에 결정했다. 그런데 현재, 영화 잡지 표지에 등장하는 소위 말하는 스타들을 볼작시면 이름도 출연작도 전혀 알려진 바가 없는 사람들 투성이다."⁹

그라비아 여배우들의 신체 노출도는 중국 사회의 자유도를 측정하는 일종의 리트머스 시험지이기도 했다. 『전영세계』 편집자가 1988년에 한 다음의 말을 들어 보자.

> 게재 사진의 수위에 관해서 비키니는 원래 절대 금지였다. 그다음에는 일단 비키니라고는 해도 하반신을 반바지로 완전히 가린 건 괜찮고, 배꼽을 내놓는 것은 금지로 바뀌었다. 하지만 그 뒤 얼마 지나지 않아 여배우 장샤오민이 『대중전영』 표지에 배꼽을 드러낸 채로 등장함으로써 이 터부도 깨지고 말았다.¹⁰

이와 같은 여배우의 이미지 변화는 영화 미디어가 지배적인 지위를 잃어가는 가운데 영화 배우의 존재감도 현저히 희박해지기 시작한 것과 밀접한 관계를 맺고 있었다. 스크린이라기보다는 오히려 영화 잡지가 그녀들의 활동 무대가 되었다. 왜냐하면 당시 중국에는 패션 전문지가 거의 없었고, 남성 대상의 그라비아 잡지는 전혀 존재치 않았으므로, 여배우들이 영화 잡지를 매개로 패션 모델이나 그라비아 아이돌 역할까지 겸했기 때문이다.

이와 더불어, 이러한 영화 잡지 번영의 배후에 일반 독자들의 수많은 투고가 있었음을 잊어서는 안 될 것이다. 그들의 열성적인 투고는 당시 영화 잡지를 구성하는 중요한 컨텐츠 원천이었다.

아마추어 영화 평론

1980년대 초두부터 전국 각지 영화 배급사 산하에 놓인 영화 평론 협회를 비롯해, 기업, 단체, 학교 등 다양한 층위의 영화 평론 서클이 정부 주도나 자발적인 형태로 활발한 활동을 벌이고 있었다. 1986년 2월 시점에 전국 각지의 영화 평론 서클 수는 이미 2만 개에 달했고, 상하이에서만 1,000개 이상에 달해 있었다.[11]

일례로 상하이 노동조합의 지원을 받아 1982년에 설립된 '상하이 후시노동자문화궁영화평론협회上海滬西工人文化宮影視評論協會' 산하에는 130개 영화 평론 서클이 놓였고 공장 노동자로 구성된 2,000명 회원들이 소속되어 있었다. 회원들은 4년간 5,000편이나 되는 영화평을 집필했으며, 그중 600여 편이 잡지나 신문 등 전국의 40개 매체에 게재되었다. 4년간에 걸쳐, 이 협회는 200명 이상의 영화인들을 초대하여 각종 강좌를 열었고, 24회의 심포지엄을 개최했으며, 일반 관객을 대상으로 중국 영화에 관한 설문 조사를 12회에 걸쳐 실시했다. 이때 실시한 설문 조사 결과가 제작자 측에 전달되고 영화 제작에 반영되었다고 한다.[12]

이처럼 아마추어에 의한 영화 평론은 영화 제작의 향방을 결정지을 정도로 커다란 힘을 발휘하고 있었다. 그 밖에도 1987년 '베이징청년영화평론협회北京青年電影評論協會'에서는 〈붉은 수수밭紅高粱〉(장이머우張藝謀, 1987) 등 시안영화촬영소西安電影制片廠*를 거점으로 제5세대 감독

---

* 1956년부터 준비 과정을 거쳐 1958년 8월에 산시 성 시안 시에 설립되었다. 〈생활의 충격〉, 〈열 번째 총알 자국〉, 〈시안사변〉 등의 작품으로 호평을 받았고, 우톈밍의 〈인생〉과 〈오래된 우물〉이 이곳에서 제작되었다. 〈인생〉을 찍은 뒤 이 촬영소의 소장이 된 우톈밍의 지원 아래 톈좡좡의 〈말도둑〉, 천카이거의 〈아이들의 왕〉, 장이머우의 〈붉은 수수밭〉 등 제5세대 감독들의 작품을 다수 제작했다. 2003년 11월, 국유 자본과 민간 자본이 함께 출자하는 형태로 재편을 거쳐 서부

들이 관여한 일련의 작품들을 전위적인 영화라고 상찬하는 한편, 2회에 걸쳐 중국 영화의 전통적 거점이던 창춘영화촬영소長春電影制片廠*와 상하이영화촬영소上海電影制片廠**의 작품들을 겨냥해 집중 포화를 가했다. 이 협회에서는 "창춘영화촬영소는 졸작영화의 소굴이다", "상하이 영화촬영소는 당장 문을 닫아야 할 것이다"라며, 통렬한 비판과 주장을 들고 나와 이 두 영화 촬영소에 많은 압력을 가했다고 한다.[13]

이런 상황에 대해 중국영화평론학회 회장을 역임한 중뎬페이鐘惦棐는 1986년에 아마추어 영화 평론을 '학술형', '감상문형', '배급 선전형', '사상 교육형'의 네 종류로 분류한 뒤, "중국은 세계에서도 비슷한 예를 찾을 수 없을 정도로, 방대한 아마추어 평론가 대군을 보유하고

영화그룹주식회사西部電影集團에 편입되었다.

* 1937년 일본이 만주국에 세운 선전영화사 만주영화주식회사滿洲映畫株式會社(통칭 '만영')를 전신으로 한다. 지린 성 창춘 시에 위치해 있다. 1945년 일본 패전 뒤, 옌안의 영화인들을 주축으로 만영의 설비를 접수하여 둥베이영화사東北電影公司로 명명되었고, 초대소장으로 위안무즈袁牧之가 임명되었다. 1946년 10월에 둥베이영화촬영소東北電影制片廠로 이름을 바꾸었고, 국민당 세력을 피해 헤이룽장 성 싱샨興山으로 옮겨가기도 했다. 1948년 10월에 다시 창춘으로 돌아왔으며, 1955년에 창춘영화촬영소長春電影制片廠로 이름을 바꾸었다. 국공 내전 시기 수많은 전쟁 기록 영화들을 제작했고, 1949년에 제작한 〈다리橋〉는 신중국 최초의 극영화로 영화사적 가치를 인정받고 있다. 1990년대 들어 심각한 경영 부진으로 존폐 위기에 몰리기도 했으나, 부단한 경영 혁신을 통해 위기를 극복하고 발전을 모색하고 있다. 2005년에 영화 테마 파크 '창춘세기공원長春世紀城'을 개장했고, 2011년에는 청룽의 〈신해혁명〉에 공동 투자사로 이름을 올렸다.

** 1949년 11월에 설립되었다. 1953년, 쿤룬崑崙, 원화文華, 창장長江, 궈타이國泰 등 기존의 상하이 영화 전통을 이루었던 사설 영화사들 8곳이 연합하여 세워진 상하이연합영화촬영소上海聯合電影制片廠를 합병했으며, 1958년에는 상하이 시 전영국으로 전환, 장난江南, 하이옌海燕, 톈마天馬 영화촬영소와 상하이미술영화제작소, 상하이영화번역제작소 등을 산하에 거느리게 되었다. 현재는 이들 영화 관련 기구들을 병합하여 제작, 배급, 상영 일체화를 꾀하고 있는 상하이영화그룹上海電影集團公司에 소속되었다.

있다"고 평했다.[14]

내친김에 말하자면, 나 또한 그중 한 명이었다. 1985년에 실시된 '전국제1회청년영화평론·논문공모全國首屆靑年電影評論論徵文活動'에서 고등학생 때 쓴 「영화 〈청수만담수만淸水灣淡水灣〉 평」이 13,000건의 응모작 중 선정되어 장려상을 수상했는데, 이 일이 내게는 커다란 격려로 작용하여 훗날 영화 연구의 길을 걷는 계기가 되었다.[15]

이상 살펴본 것처럼, 1980년대는 나 자신에게도 상당한 추억이 어린 시대였다. 그러면 중국 영화사에서는 이 시대가 어떠한 시대였을까. 1980년대를 영화사적으로 자리매김하고 개관한 뒤에, 이 책에서 해명을 시도하고자 하는 문제들을 제시해 보고자 한다.

2. 이 책의 시각과 과제

일본 영화와 중국 영화, 두 개의 황금 시대

문화대혁명의 종결(1976년 10월)부터 고도성장기 개막(1990년대 전반)에 걸친 10년간, 특히 1980년대는 중국 영화의 황금기였다. 이는 일본 영화의 전후 황금기(1950~1958)를 떠올리게 하는데, 일례로 1958년 일본에서는 관객 동원 수가 11억 3,000만 명에 달하여, 갓난아기부터 노인까지 국민 1인당 월 1회는 영화를 보고 있었다는 계산이 된다. 1979년 중국의 영화 관객 동원 수는 293억 명이라는 경이적인 수치에 도달함으로써, 국민 1인당 월 2회 이상 영화관에 갔다는 계산에 이른다.[16]

또한 이 각각의 황금기는, 일본의 경우에는 제2차 세계대전, 중국의 경우는 문화대혁명이라는 역사적 대사건을 경험한 뒤에 도래했다. 격동하는 시대에 의해 마음에 깊은 상처를 입고 의지할 데를 찾아 헤매던 양국의 사람들에게 영화 미디어가 위안과 평온을 선사한 것이다. 이 둘, 어느 시대에도 텔레비전은 아직 보급되지 않아 선택할 수 있는 오락도 적었던 가운데 영화는 대중 문화의 주류로서 굳건한 위치를 점했다.

〈붉은 옷의 소녀〉 중 한 장면. 어른들에 대해 반항적인 태도를 취하는 주인공 소녀(화면 안쪽, 저우이톈鄒依天 분)

　영화가 영화다울 수 있던 시대였기에, 중국과 일본의 영화인들은 더더욱 각자의 시대정신을 고스란히 표현함과 동시에 자국 시장에서도 커다란 수요를 점하고 있었다 할 것이다. 1985년 7월에 중국을 방문한 일본의 영화 평론가 시미즈 아키라淸水晶(1916~1997)는 고교생의 생활상을 그린 청춘 영화 〈붉은 옷의 소녀紅衣少女〉(루샤오야陸小雅, 1984)를 감상하고, "소박하며 명쾌한 수작"이라며 높이 평가한 뒤, 다음과 같이 말했다. "현재의 일본에서는 〈붉은 옷의 소녀〉 같은 영화를 만들 수 없을 것이다. 그러나 1950년대 후반에는 이와 비슷한 영화가 많았다. 1950년대는 일본 영화의 황금기였고, 영화인들이 현실과 정면으로 대면하는 것도 가능했기 때문이다. 지금 밑바닥으로 떨어진 일본 영화는 가령 〈붉은 옷의 소녀〉 같은 뛰어난 각본이 완성된다 하더라도 그것을 영화화해 줄 영화사를 찾을 수가 없을 것이다. 물론 예외도 있다. 잘 나가는 야마다 요지山田洋次*가 〈붉은 옷의 소녀〉 같은 영화를

*　야마다 요지(山田洋次, 1931~): 일본의 영화 감독, 각본가. 유머와 페이소스로 가득한 일상 묘사가 탁월하다는 평가를 받고 있다. 100편에 가까운 영화를 찍었

찍겠다고 나온다면, 쇼치쿠松竹*가 돈을 댈 수도 있으리라. 어쨌든 〈붉은 옷의 소녀〉 같은 작품이 여전히 나올 수 있는 중국 영화계가 그저 부러울 따름이다."[17]

게다가 이 두 나라의 각각의 황금기는 양국의 영화를 국제적으로 인지케 한 시기이기도 했다. 1951년 구로사와 아키라黑澤明가 〈라쇼몽羅生門〉(1950)으로 베네치아국제영화제 그랑프리를 수상하게 된 것을 시작으로, 미조구치 겐지溝口健二의 〈오하루의 일생西鶴一代女〉(1952), 〈우게츠 이야기雨月物語〉(1953), 〈산쇼다유山椒大夫〉(1954), 구로사와 아키라의 〈7인의 사무라이七人の侍〉(1954), 기누가사 테이노스케衣笠貞之助의 〈지옥문地獄門〉(1953)이 베네치아국제영화제나 칸느국제영화제에서 차례차례 상을 받았다. 한편, 중국 영화는 1980년대 중반부터 〈황토지黃土地〉(천카이거陳凱歌, 1984), 〈부용진芙蓉鎭〉(셰진謝晉, 1986), 〈오래된 우물老井〉(우톈밍吳天明, 1987), 〈붉은 수수밭〉(장이머우, 1987), 〈만종晚钟〉(우쯔뉴吳子牛, 1988) 등이 연속적으로 국제 영화제에서 수상, 천카이거와 장이머우 등이 세계적인 거장으로서 이름을 떨치게 되었다. 국제 영화제에서의 중국 영화 호황기는 1990년대 전반의 〈홍등大紅燈籠高高掛〉(장이머우, 1991), 〈푸른 연藍風箏〉(톈좡좡田壯壯, 1992), 〈귀주 이야기秋菊打官司〉(장이머우, 1992)**, 〈향혼녀香魂女〉(셰페이謝飛, 1992), 〈패왕별희覇王別姬〉(천카이거,

는데, 그중 1969년부터 1995년까지 총 48편 시리즈로 제작된 코미디 영화 〈남자는 괴로워男はつらいよ〉는 도쿄 서민들의 삶과 애환을 그린 작품으로 일본인들에게 많은 사랑을 받았다.

* 쇼치쿠 영화사松竹映畵社를 말한다. 1895년 오타니 다케지로大谷竹次郎가 교토의 유명한 가부키 극장을 인수하면서 시작한 쇼치쿠는 다이에이大映, 도호東寶와 함께 일본 3대 영화사로서 100여 년이 넘는 역사를 자랑한다. 오즈 야스지로小津安二郎, 미조구치 겐지溝口健二, 기노시타 게이스케木下惠介, 오시마 나기사大島渚 같은 거장들의 작품을 제작했다.

** 원래 이 영화의 제목 '秋菊打官司'는 '취지가 소송을 일으키다'라는 뜻이나, 국내

1993), 〈인생活着〉(장이머우, 1994)
언저리까지 지속되었다.

〈황토지〉(1984). (사진 협력: 공익재단법인 카와키타 기념 영화문화재단)

대중의 영화 수용 실제

근래 미국이나 유럽, 일본에서 행해지는 중국 영화 연구에서는 거장들의 명작을 축으로 영화사를 서술하는 조류가 두드러지고, 천카이거나 장이머우 등 '제5세대 감독'으로 불리는 영화인들이 비중 있게 다뤄지고 있다. 이에 중국 국내에서는 절대적인 영향력을 갖고 있음에도 불구하고 국제적으로는 알려지지 않은 영화인이나 장르가 연구 대상에서 제외되거나 혹은 정형화된 연구에 머물고 있는 경향을 부정할 수는 없을 것이다. 그렇다면 당시 중국 국내 영화 시장에서 제5세대 감독들의 작품이 차지하던 위상은 실제로 어떠했을까.

당시 영화 한 편당 전국에 내걸리는 프린트 수는 평균 110개로, 200개를 넘으면 히트작으로 간주되었다.[18] 제5세대의 탄생을 세상에 천명한 〈황토지〉의 프린트 수요는 전국 기준 고작 30개에 그쳐, 1984년 흥행 실적 워스트 1위에 올랐다. 상하이에서는 〈황토지〉가 개봉관에서 거부되었고, 몇 군데 재개봉관에서 수차례 상영되었음에도 불구하고 관객 입장률이 24퍼센트에 머물렀다. 훗날 〈황토지〉가 국제 영화제에서 절찬을 받은 뒤, 상하이 도심의 영화관 세 곳에서 재상영에 들

에 소개될 당시 참고했을 영문 제목이 'The Story of Qiu Jiu'였기에 지금의 '귀주 이야기'로 정착되었다. 중국어의 알파벳 병음 표기법에 익숙지 않았기에 벌어진 오역 사례겠으나, 가독성을 고려해 이 책에서도 따로 제목을 바로잡지 않았다.

어가 열흘간 3만 명 관객을 동원했으나 대부분 지식인층에 한정된 성과였다.[19]

이어서 1985년에 발표된 톈좡좡 감독의 작품 〈사냥터에서獵場扎撒〉는 프린트 판매수가 겨우 전국 한 개에 그쳤고, 같은 감독이 티벳을 무대로 1년 뒤에 내놓은 영화 〈말도둑盜馬賊〉도 세 개밖에 팔리지 않았다.[20]

더군다나 몽골족의 생활을 그린 〈사냥터에서〉는 내몽골영화촬영소에서 제작된 작품이었음에도 불구하고, 현지 내몽골 영화 배급사에서 사 주지 않았다고 한다.[21] 1988년에 제작된 우쯔뉴의 〈만종〉 프린트 판매수는 놀랍게도 제로였다.

중국의 정치·문화 중심지 베이징에서조차 배급사에서 〈황토지〉, 〈사냥터에서〉, 〈대열병大閱兵〉(천카이거, 1985), 〈아이들의 왕孩子王〉(천카이거, 1988)을 사 주지 않았기에, 일반인들이 이들 작품을 실시간으로 보기란 불가능했다.[22] 장이머우 감독의 〈붉은 수수밭〉 같은 극소수의 예외를 제하면,[23] 5세대 감독들의 초기 작품의 국내 흥행 성적은 결코 훌륭하다고 할 수 없었고, 대중 차원에서의 영향력도 미미하다고 말할 수밖에 없다.

이에 중국에서 태어나 1980년대 중국 영화를 중국 현지에서 실시간으로 감상하고 그 시절에 대한 강렬한 향수를 품고 있는 한 사람으로서 필자는 중국 영화사에 다른 각도의 조명을 비추고 싶다는 생각을 하게 되었다. 즉 영화 배급과 검열 제도 문제를 시야에 넣고서, 종래 영화 연구 대상에서는 제외되어 왔던 대중 차원에서의 영화를 매개로 한 유행 현상과 스타에 대한 열광, 정치 지도자의 표상, 단명한 '시국영화' 등을 적극적으로 연구 대상으로 삼음으로써, 영화 작품을 영화관 안에서의 일시적인 소비로 바라보는 것을 넘어서 정치, 사회와의 폭넓은 결합성을 지닌 것으로 보고자 하는 구상이다. 이는 영화학뿐 아니라, 영상 문화적 혹은 사회학적인 접근 태도로 영화를 중층적으로 검증하려는 시도가 될 것이다.

이 책에서 다루게 될 그 시대의 중국 영화를 포스트 문혁기, 르네상스기, 침체기, 뉴웨이브 대두, 다양화의 시대, 전환기의 여섯 시기로 나눌 수 있을 것이다.

포스트 문혁기(1976년 10월~1978년)

문혁 종결 직후는 화궈펑華國鋒*을 정점으로 한 중국 정부에서 장려하는 밝은 '문혁상'과 희화화된 '사인방四人幇' 이미지가 지배적이던 시대로, 말하자면 트라우마 잠복기라 할 수 있다. 이 시기 영화들에서는 사인방 타도의 소란스런 축제 분위기와 사인방 희화화가 많이 보이는데, 문혁에 걸쳐진 불길한 기억을 선악 이원론적인 도식으로 치환함으로써 망각을 꾀하고자 하는 시도라 할 수 있다. 시대적으로는 덩샤오핑鄧小平으로 대표되는 '탈문혁파'와 화궈펑으로 대표되는 마오쩌둥毛澤東 사상을 절대시하는 '보수파' 사이의 항쟁이 최고조를 맞이하게 된 때였다.

문혁 10년간에는 도합 70여 편의 프로파간다 영화밖에 제작되지 않은 데 반해, 이 시기 극영화 제작 편수는 1977년에 19편, 1978년에

---

* 화궈펑(華國鋒, 1921~2008): 중국의 정치가. 1938년에 항일 게릴라전에 참가하면서 공산당에 입당했다. 토지 개혁 지도 성과와 린뱌오 사건을 계기로 마오쩌둥의 신임을 얻었다. 1976년 병석의 마오쩌둥이 직접 그를 후계자로 지명함으로써, 마오쩌둥 사후 최고 지도자 지위에 올랐다. 장칭을 비롯한 사인방을 체포하여 문화대혁명을 종결시켰고, 덩샤오핑이 다시 정계에 등장하도록 도왔으나 시종 마오쩌둥의 지시를 따라야 한다는 '범시론凡是論'에 집착하여 덩샤오핑 개혁파와 갈등을 빚었다. 결국 1980년 실각하게 된다.

는 43편에 이르렀다. 작품 다수가 문혁 비판을 테마로 하면서도, 실제로 쓰인 표현 수법은 선악 이분법에 사로잡힌 문혁 코드 그 자체였다는 이율배반을 품고 있던 시대였다.

르네상스기(1979~1980년)

1978년 12월에 개최된 '중국공산당11기삼중전회中國共産黨11期三中全會'에서 사인방뿐 아니라 문혁 이데올로기 자체가 부정되면서 덩샤오핑 시대가 막을 열었다. 이와 같은 정치적 격변을 반영하듯, 문혁에 의한 고통과 트라우마를 감상적으로 표상한 이른바 '상흔 영화傷痕電影'라 불리는 방대한 작품군에 더해 코미디나 연애 영화, 액션 영화 등 오락 영화도 다수 제작되기 시작했다. 영화인들은 그때까지 문혁 코드에 갇혀 자유로운 운용을 금지당했던 플래시백Flashback*, 슬로우 모션, 줌, 컬러와 흑백 영상 병용, 영상과 음성의 대립 등의 기법을 적극적으로 쓰기 시작했다. 이 시기 극영화 제작 편수는 1979년에 59편, 1980년에 84편에 달했다.

침체기(1981~1983년)

1980년대 초두를 휩쓴 '사상 해방' 무드 와중에 미디어를 타고 한꺼번에 퍼진 리버럴리즘적 풍조에 대항하여 자본주의 사상의 만연을 막고

---

*   영화의 서사적 장치 중 하나로, 현재 시제로 진행되는 영화에서 시간상으로 좀 더 앞선 시기로 되돌아가 그 시기를 이야기하는 것을 말한다. 주로 추억이나 회상 장면을 보여주는 데 많이 이용되며, 어떤 인물이나 사건을 둘러싼 수수께끼를 해명하는 도구로 이용되기도 한다. 오손 웰즈의 〈시민 케인〉, 알랭 레네의 〈히로시마 내 사랑〉이 플래시백을 잘 활용한 예로 손꼽힌다. 이들 영화에서는 기자, 남녀 주인공을 통해 과거가 재구성, 회상됨으로써 역사에 대한 개인의 기억, 즉 주관적인 진실의 영화적 재현이 이루어진다.

자 하는 정치 캠페인이 정부 주도로 실시되었다. 그 일환으로 일단 완화되었던 미디어 규제가 다시금 엄격해졌다. 그 결과, 중국 영화에서는 1981년을 경계로 문혁 비판 같은 정치적 테마는 물론이고 직설적인 연애 묘사나 통쾌한 오락 작품까지 억압받기에 이르렀다. 이를 대신하며 상찬받게 된 것이 전통적인 미덕과 사회주의적 윤리를 노래하는 가족애 테마와 공중도덕 향상을 목표로 하는 이른바 '마음의 미덕心靈美'이라는 테마였다. 이러한 테마의 기저에는 근대적 물질문명을 동경하면서도 공산주의 이데올로기를 고집하는 이율배반적인 중국인의 자기 이미지가 겹쳐져 있었다.

한편, 이 시기는 중국의 영화인들이 문혁 코드를 타파하고, 영화 기법의 혁신을 시험한 시기기도 했다. 즉, 황젠중黃健中, 양옌진楊延晉, 텅원지騰文驥, 우이궁吳貽弓, 셰페이謝飛, 정둥텐鄭洞天, 장놘신張暖忻 등 제4세대 감독들이 프랑스 누벨바그Nouvelle Vague를 본으로 삼아, 차츰 자신의 오리지널리티를 추구함으로써 다음에 올 제5세대 감독들을 낳을 기초를 다진 것이다. 이 시기 극영화 제작 편수는 1981년에 107편, 1982년에 115편, 1983년에 133편이었다.

뉴웨이브 대두(1984~1985년)

1980년대 중반에 영화 감독으로 데뷔하여, 중국 뉴웨이브 시네마의 담당자로서 세계적인 주목을 모은 천카이거, 장이머우 등은 해외에서도 '제5세대 감독'으로 이름

〈붉은 수수밭〉(1987)

이 알려져 있다. 종래의 사회주의 계획경제 체제 아래서의 영화 제작이라고 하면, 적은 제작 편수에 비해 너무 많은 종사자 수, 근무 태도와 상관없이 일률적인 스태프 처우, 영화 시장의 수요를 무시한 채 이데올로기적 교육 효과만을 추구하는 경도된 제작 노선 등, 정치 체제와 떼려야 뗄 수 없는 문제점이 속출하는 것이 주지의 사실이었다. 그러나 〈황토지〉, 〈하나와 여덟一個和八個〉(장쥔자오張軍釗, 1984), 〈사냥터에서〉 등 제5세대 감독들의 초기작들이 채산성을 도외시한 영화 표현의 가능성을 탐색하는 시도가 가능했던 건, 다름 아닌 이 계획경제 시스템에 의존한 바가 컸다고 할 것이다. 이 시기 극영화 제작 편수는 1984년에 143편, 1985년에 127편이었다.

다양화의 시대(1986~1989년)

이 시기에는 제5세대 감독들의 작품에 더해, 제3세대, 제4세대 감독들이 관여한 작품과 오락 영화, 실험 영화 등 풍부한 변화와 다채로운 작풍의 작품군이 병존함으로써 다양화와 번영의 시대를 맞이하게 된다.

1987년 배급 측에서 제작사로부터 영화를 사들이는 가격 제한이 해제됨과 동시에, 이익 배분에서도 영화 시장에 나도는 필름(프린트) 수에 따라 가격을 정하는 방법, 개봉 2년 뒤 제작 측과 배급 측이 흥행 수입을 일정 비율로 분배하는 방법 등 새로운 시스템이 시도되기에 이른다. 이에 따라 각 제작사

〈부용진〉(1986)

는 시장의 요구를 더더욱 중시하게 되었고, 오락 영화 제작이 더 활발해졌다. 이 시기 극영화 제작 편수는 1986년에 151편, 1987년에 142편, 1988년에 149편이었다.

전환기(1989~1992년)

톈안먼天安門 사건(1989년 6월)이라고 하면, 학생 운동 탄압이나 여론 억압 같은 부정적인 이미지를 먼저 떠올리게 된다. '사건' 이후의 문화 정책 변화로 인해 중국 영화에 커다란 단절이 생긴 것 또한 부정할 수 없는 사실이다. 그러나 그렇다고 해서 '사건이 일어났기에, 시대가 바뀌었다'라는 식의 단순한 인과 관계가 성립하기는 어렵다. 텔레비전 문화의 융성에 따른 영화 미디어의 쇠퇴, 영화인의 해외 유실 같은 현상은 '사건' 이전에도 이미 진행 중이었고, '사건' 발생 여부에 관계없이 대중문화의 주류가 영화에서 다른 미디어로 옮겨 가는 것은 필연일 터다.

　1988년 시점에 베이징영화촬영소 소장을 지냈던 후치밍胡其明은 이미 다음과 같이 예견하고 있었다. "종래 촬영소의 주된 수입원이던 영화 제작은 가까운 장래에 그 중심적 역할을 다하지 못할 게 분명하다. 그러므로 영화 제작뿐만 아니라, 관련 사업 개발 또한 시급한 과제가 될 것이다. 경영난을 타개할 목적으로 예전에는 영화 제작 스타일에 관한 개혁이 중점적으로 시행되었지만, 그것만 가지고서는 언 발에 오줌 누기 격에 불과하다. 영화 미디어의 가능성 자체를 직시하고, 영화 시스템 전반에 걸친 개혁을 꾀하지 않으면 안 된다."[24]

　한편, 국내 정치 상황의 변화가 결과적으로는 중국 영화의 글로벌화 경향에 박차를 가했다는 측면 또한 간과해서는 안 된다. 〈푸른 연〉, 〈홍등〉, 〈패왕별희〉, 〈인생〉 등 1990년대에 제5세대 감독들이 해외 자본을 바탕으로 제작에 착수한 일련의 역사 드라마에서 외국인의 시선을 의식하면서 동양인 자신이 오리엔탈리즘을 그려내기 시작한다는, 중국 영화인들 나름의 국제 시장 전략이 확립되기에 이르렀다.

'톈안먼 사건' 직후 중국 사회에서는 자본주의적 리버럴리즘을 엄중히 배제하고자 하는 기운이 고조되었고, 개혁개방 프로젝트는 잠시 자취를 감추었다. 그러다 1991년 덩샤오핑의 '남순강화南巡講話'를 계기로 개혁개방 정책 추진의 중요성이 다시금 제기되었다.[25] 이에 호응하여 개혁의 보조는 일순 빨라졌고, 곧장 고도성장기 개막으로 이어졌다. 어떤 의미에서는 문혁 종결 직후인 1970년대 말에서 1980년대 초두까지의 시대 상황이 1990년대 전반에 되풀이되었다고도 볼 수 있을 것이다. 그러나 1990년대의 경제 급성장에 영화를 포함한 문화 방면의 발달이 동반되지 않았음은 부정할 수 없다. 이 시기 극영화 제작 편수는 1989년에 125편, 1990년에 133편, 1991년에 130편, 1992년에 166편에 달했다.[26]

이 책에서는 이러한 시대 구분을 기초로 제5세대를 낳은 문혁 이후 중국 영화의 흐름을 정리함과 더불어, 영화 미디어를 매개로 하는 대중문화의 변천을 추적함으로써 중국 사회의 시대정신을 포착하고자 한다.

이 책 제1장에서는 문혁 시절의 고난을 감상적으로 그려 낸 '상흔 영화'라는 특수한 장르에 초점을 맞춤으로써, 문혁에 걸쳐진 여러 기억들이 '가련한 피해자로서의 나'라는 공공적 기억에 수렴되고, 이에 '이야기'로 씌어지는 문혁이 공동체의 '역사'로 변모해 가는 과정을 추적할 것이다. 더불어 덩샤오핑이라는 정치 지도자의 영화적 표상과 '개혁 영화'라는 새로운 영화 장르를 검증함으로써, 문혁의 어두운 유산을 짊어진 채 개혁개방 정책으로 노선 전환을 꾀하는 중국의 자화상에 내포된 이율배반을 오롯이 드러나게 할 것이다.

제2장에서는 개혁개방 정책 아래 서방 선진국의 문화가 중국에 유입될 때 일어난 '문화 번역' 문제를 대중 차원에서의 유행 현상과 실험적인 예술 운동이라는 두 가지 측면에서 검증한다. 외국 영화를 매개로 디스코 댄스나 브레이크 댄스를 열심히 흉내내며 '자본주의적 신체'와 동일화하려는 중국의 젊은이들, 그리고 프랑스의 영화 비평가 '앙드레 바쟁André Bazin'이라는 고유 명사 아래 결집하여 그의 언설 일부를 슬로건으로 내걸고 영화 기법의 혁신을 시도한 중국의 영화 감독들이 당시 한정된 미디어 정보 환경 아래서 스스로의 상상력에 기대어 어떻게 '외부'를 중국의 흐름 속에 적용하고자 했는가를 고찰할 것이다.

제3장에서는 중국 영화의 제작, 검열, 배급 구조를 해명하고, 사회주의 계획경제 체제가 영화 시스템에 가져온 플러스와 마이너스 이중의 영향을 풍부한 실례를 들어 검증하고자 한다.

제4장에서는 문혁 이후 국민적 인기를 떨친 두 명의 스타 여배우, 즉 류샤오칭과 조안 첸을 통해 사회주의 아래서의 영화 스타 소비 형태의 특수성을 밝히고, 시장 자유화에 동반하는 여배우의 '물신화' 경향과 그 이면의 '인간 소외'와의 관련을 고찰함으로써 1980년대 이래 뚜렷해진 중국 사회의 변화상을 포착하고자 한다.

마지막으로 이 책 말미에는 자장커 감독의 인터뷰를 덧붙였다. 그의 증언을 통해 현재 중국 문화에 남아 있는 1980년대의 폭넓은 영향을 명확히 하고자 함이다.

제1장

문혁에서 덩샤오핑 시대로

-불길한 기억으로부터의 해방

1. 망각의 욕망

트라우마의 회귀-문화대혁명의 영화적 표상

중국의 영화인들에게 십 년간의 문혁 체험은 전쟁이나 수용소 체험과
비슷했다 할 것이다.[1] 문혁 기간 중에는 프로파간다 영화 제작에 참여
한 극소수의 행운아들을 제외한 대부분의 영화인들이 활동 금지에 몰
리거나 혹은 농촌으로 하방下放되었다.

문혁 전까지만 해도 중국 최대의 영화 촬영소였던 창춘영화촬영소
에서는 직원 반 이상의 호적이 농촌으로 옮겨졌다고 한다.[2] 게다가 각
본가 하이모海默*, 감독 차이추성蔡楚生**, 배우 상관윈주上官雲珠***, 왕잉
王瑩****, 펑저馮喆*****와 같이 가차 없는 박해를 당한 끝에 린치나 형무소
생활로 목숨을 잃거나 자살한 이도 적지 않았다.

---

*   하이모(海默, 1923~1968): 본명은 장쩌판張澤藩 혹은 장이판張一凡, 하이모는
     필명이다. 각본가이자 소설가로서, 특히 빠른 집필 속도로 유명했다. 빈민 가정
     에서 태어나 학생 시절부터 항일 시위에 참가했다. 1944년 옌안루쉰예술학원에
     입학한 뒤, 배우를 거쳐 옌안루쉰예술문공단 단원이 되었다. 이때 뤄딩洛丁과 함
     께 극본 「양식粮食」을 발표하면서 각본가로서 경력을 시작했다. 국공내전 당시
     무장 투쟁에도 참가했고, 1951년 한국전쟁 당시 위문 방문 때 부상을 입기도 했
     다. 낮에는 행군하고, 밤에는 잠을 아껴 글을 쓰며 창작 활동을 계속해 갔다고 한
     다. 가극 〈백모녀白毛女〉의 각본과 연출에 참여했으며, 신중국 성립 이후 문화
     부 전영국 각본가를 거쳐 베이징촬영소의 각본가가 되었다. 1967년 '반동분자黑
     帮分子', '반동각본가黑編劇'로 몰렸으나, 장칭의 여배우 시절 사진이 실린 30년
     대 화보를 들고 나와 장칭의 당권 찬탈을 비판하고 절대 고개를 숙이지 않겠다
     며 반발했다. 1968년 6월, 사인방의 박해 끝에 사망했다. 1978년 베이징촬영소에
     의해 명예 회복이 이루어졌다. 링즈펑 감독의 〈깊은 산에 피는 국화深山里的菊
     花〉(1958)와 〈붉은 깃발의 연대기紅旗譜〉(1960)가 그의 대표 작품이다.

** 차이추성(蔡楚生, 1906~1968): 영화감독. 아마추어 연극 활동, 단역 배우, 스크립터, 도구 담당을 거쳐 밍싱영화사明星影片公司에서 정정추의 조감독으로 영화 경력을 시작했다. 1931년 밍싱영화사에서 렌화영화사聯華影業公司로 옮긴 뒤 본격적으로 감독의 길을 걷는다. 〈남국의 봄南國之春〉, 〈분홍빛 꿈粉紅色的夢〉, 〈어부의 노래漁光曲〉, 〈신여성新女性〉, 〈길 잃은 어린 양迷途的羔羊〉, 〈왕라오우王老五〉 등 영화사적 의의와 작품성을 인정받는 작품들을 다수 찍었다. 사회 비판적 메시지와 능숙한 영화 언어 운용으로 호평을 받았고, '중국 진보 영화의 선구자', '중국 리얼리즘 영화의 기초를 다진 감독'으로 평가를 받고 있다. 1947년에는 정쥔리와 공동 감독으로 〈봄날 강물은 동쪽으로 흐른다一江春水向東流〉를 찍었다. 신중국 건립 뒤 전영국 부국장을 맡기도 했으나, 문혁 발발 뒤 '우파牛鬼蛇神'란 오명을 쓰고 박해 끝에 1968년에 사망했다. 1979년에 명예가 회복되었다.

*** 상관윈주(上官雲珠, 1920~1968): 영화배우. 본명은 웨이쥔루오韋均華. 상관윈주는 부완창卜萬蒼 감독이 지어 준 예명이다. 1937년 일가족과 함께 상하이로 피난온 뒤, 허씨사진관何氏照相館에서 점원으로 생계를 꾸렸다. 당시 사진관을 드나들던 배우들을 동경하며 배우의 꿈을 꾸게 되었다고 한다. 화광연극학교華光戲劇學校와 신화영화사新華影業公司에서 연기 수업을 거쳐, 〈천당춘몽天堂春夢〉, 〈봄날의 강물은 동쪽으로 흐른다〉, 〈까마귀와 참새烏鴉與麻雀〉(1949)에 출연했고, 신중국 건립 뒤에는 셰테리 감독의 〈이른 봄早春二月〉과 셰진 감독의 〈무대의 자매舞臺姐妹〉에서 주연을 맡았다. 방탕한 사교계 여왕부터 정숙한 가정주부, 지식인에 이르기까지 폭넓은 캐릭터를 소화하는 연기력으로 호평을 받았다. 1952년에 '제1회 전국우수영화평가전'에서 〈까마귀와 참새〉가 수상하면서, 이때 마오쩌둥, 저우언라이를 접견하게 되는데, 아마 이 일이 훗날 그녀가 문혁 때 박해를 받는 계기가 되었던 것 같다. 문혁이 발발하고 나서, 장칭과 린뱌오 측에서 각각 '상관윈주 전담반'을 꾸리고 고된 정치적 심문과 조사를 가했다. 집요한 심문을 견디다 못해, 1968년 11월 새벽에 자택에서 투신자살했다. 2010년에 발표된 다큐멘터리 〈해상전기海上傳奇〉에서 자장커는 그녀의 자살과 자녀들이 겪은 신산한 개인사에 대한 증언을 담았다.

**** 왕잉(王瑩, 1913~1974): 본명은 왕커친王克勤 혹은 위즈화喩志華. 배우 겸 작가. 1928년 가을, 군벌의 추격을 피해 난징에서 상하이로 건너왔다. 소학교 교사를 지내던 중, 아잉阿英과 샤옌이 이끌던 상하이예술극단(上海藝術劇社, 중국 공산당이 상하이에 세운 최초의 극단)에 들어가 연기 활동을 시작했다. 연기에 두각을 보이며 연기자로 전업했다. 수많은 좌익 연극에 출연했고, 밍싱영화사, 뎬통영화사電通公司의 〈여성의 항거女性的吶喊〉, 〈자유의 신自由神〉과 같은 좌익 영화들에 출연했다. 항일 전쟁 때는 전국을 돌며 항일 연극에 출연했고, 저우언라이의 지시로 홍콩, 싱가포르, 말레이시아로 건너가 항일 구국을 선전하는 연극에 출연했다. 홍콩이 일본에 투항한 뒤, 샤옌, 김산, 차이추성 등과 함께 충칭으로 돌아왔

이 10년의 암흑기 동안 수많은 영화인들은 필설로 이루 다 말할 수 없는 고통과 굴욕을 몸소 겪거나 혹은 가까운 친구나 가족을 덮쳐온 재난을 그저 지켜보아야만 했다. 이는 강렬한 공포감과 무력감을 동반했다. 옌지저우 감독은 1967년에 조반파造反派에게 심한 린치를 당한 뒤, 바닥의 가래침을 핥도록 강요당한 적도 있었다고 술회했다.[3] 각본가 바이화白樺는 문혁기에 "육체적인 고통보다 더 두려웠던 것은 실각하자마자 그때까지 둘도 없던 가까운 친구나 가족조차도 자신과

다가 미국으로 떠나 예일 대학에서 문학을 공부했다. 이때 미국의 작가들과 교류했고, 미국 내 화교들을 대상으로 한 항일극 활동을 벌였다. 1955년 귀국하여 베이징에서 생활하며 집필 활동에 전념했다. 1967년, 장칭의 지시 아래 사인방에게 남편과 함께 체포되어 '30년대의 반동 배우', '미국의 스파이'라는 죄목으로 수감되었다. 옥살이 중 얻은 병으로 말을 할 수 없게 되었고, 그녀의 남편 또한 귀가 멀고 정상적인 사고 능력을 상실하게 되었다고 한다. 1974년 옥중에서 사망했다. 1979년에 문화부에 의해 명예가 회복되었다.

***** 펑저(馮喆,1920-1969): 본명은 펑이저馮貽喆, 영화배우. 1946년에 상하이 궈타이영화사에 들어가 〈처갓집 덕을 보다裙帶風〉, 〈강남의 추억憶江南〉 등의 영화에 출연했다. 잠시 홍콩으로 건너가 영화를 찍었다가 1950년에 상하이로 돌아와 톈마영화사, 쓰촨어메이촬영소, 시안촬영소에서 〈철도 유격대〉, 〈남북정벌南征北戰〉, 〈강변의 모래톱金沙江畔〉, 〈도화선桃花扇〉 등의 영화에 주연으로 출연, 혁명가에서 고상한 명문가 자제까지 폭넓은 연기를 펼쳐 호평을 받았다. 대약진 운동 실패 후 각 지방의 촬영소들을 합병, 철폐하는 가운데 톈마촬영소가 쓰촨어메이촬영소에 병합되면서 어메이촬영소에 배속되었다. 문혁 발발 후, 어메이촬영소에서도 조반파들의 격렬한 문예 반동 노선 비판이 일었는데, 이때 그 표적이 되었다. '샤옌 반동 노선 인물', '문예 반동 분자', '첩자' 등의 죄목이 덧씌워지고 그를 비판하는 대자보가 붙었으며, 갖은 모략과 구타를 당했다고 한다. 한술 더 떠 사이가 소원했던 부인의 밀고로, 마대자루를 덮어쓰고 심한 구타를 당하는 지경에까지 이르렀다. 사상 재교육과 비판을 명목으로 당시 안런전 중학교安仁鎮中學에 마련된 학습반에 수감되었고, 1969년에 목을 매고 자살했다고 발표되었다. 그러나 그의 자살은 석연치 않은 점이 많아 타살이라는 의혹이 계속 제기되고 있다. 1978년 어메이촬영소에서 명예가 회복되었고, 추도회가 열렸다.

중국영화의 열광적 항금기

말을 섞으려 들지 않게 된 일이다"라고 회상했다.[4] 한술 더 떠 셰진 감독의 경우처럼, 문혁 초기에 부르주아적 수정주의자라며 지독한 박해를 받고 양친마저 자살하는 지경에 몰리고 말았으나, 뒷날 장칭江靑의 '은사恩赦'로 문혁 프로파간다 영화 제작에 종사하게 되는 굴곡진 경험을 한 이도 있었다.[5]

하지만 모든 영화인들이 피해자였던 것은 아니다. 피해자면서 동시에 가해자이기도 했던 복잡한 입장에 선 이들도 있었다. 일례로 문혁 초기에 200회에 달하는 비판 대회를 열어 셰진 감독을 규탄한 이는 바로 그의 영화계 동료들이었으니, 훗날 왕옌王炎 감독이 "문혁기는 자신이 두들겨 맞고 박해받는 처지면서도, 동시에 다른 이에게 박해를 가하지 않으면 안 되는 시대였다"라고 회상한 대로다.[6]

1976년 문혁 종결과 함께 수많은 영화인들이 육체적·정신적 고통으로부터 마침내 해방되었으나, 문혁 시대에 얻은 마음의 상처가 문혁 종결로 단번에 해소될 리는 없었다. 불길한 기억은 자신이 잊고자 하더라도 혹은 외부로부터 망각을 강요받더라도 뜻밖의 계기로 끊임없이 뇌리에 되살아나는 법이다.

프로이트는 그와 같은 정신적 상처를 입은 사람의 심리를 '트라우마trauma(심리적 외상)'라는 개념으로 설명했다. 그는 신경생리학적 가설에 기초하여 히스테리 증상을 설명하면서, 항상성을 보존하고자 하는 신경계에 불가역적인 변화를 초래하는 것으로서 트라우마를 규정한다. 즉 신경계에 불가역적으로 남겨진 상흔이 은폐된 기억이 되고, 그 기억의 대리적 표상으로서 신체화한 증상이 출현한다("히스테리 환자는 기억의 잔재에 고통 받는다.")는 것이 트라우마의 기본적인 작용 기제다.

프로이트 이후 트라우마 개념은 정신 의학의 영역을 넘어, 히스테리에서 PTSD(심리적 외상 후 스트레스 증후군)로 논의 대상을 옮기고 신경학적 메커니즘의 해명으로 나아갔다. PTSD 증후군의 특징으로 사건의 중요한 부분에 대한 건망증과 사소한 자극이 방아쇠로 작용하여 출현하는 생생한 재체험 증상(플래시백)을 오가며 반복케 된다는 일견 모순적인 증상이 병존하는 것이 언급되곤 한다.[7] 즉 자신이 체험한 충격적인 사건을 과거지사로서 객관적으로 바라보는 것이 불가능한 한편, 그 과거의 사건을 어떤 자극을 계기로 어디까지나 현재의 일인 것처럼 다시 체험하게 되어 버리는 것이다. 이와 같은 '망각'과 '회귀'의 모순이 바로 트라우마다.

바로 문혁 종결 직후의 중국 영화에 당시 중국인들이 안고 있던 트라우마적인 기억이 현저하게 드러나고 있다 할 수 있을 것이다. 이 장에서는 이러한 트라우마가 어떻게 나타나고 있는가, 또 어떻게 해소되고 있는가에 관해 고찰해 보고자 한다.[8]

1) 망각의 욕망

축제 무드

1976년 10월, 문혁 체제가 종결을 맞이하자 장칭을 비롯한 사인방四人幫* 실각을 경축하기 위해 전국 각지 국민들이 승리를 축하하는 행진을 벌였다. 사람들은 폭죽에 불을 붙이고, '사인방 타도'라고 적힌 현수막을 내걸고, 북과 징을 울리고 "화궈펑이 인도하는 당의 지도 아래

---

* 마오쩌둥의 부인이자 정치국 위원이었던 장칭江青, 정치국 위원 야오원위안姚文元, 정치국 상임위원 겸 국무원 부총리였던 장춘차오張春橋, 중국 공산당 중앙위원회 부주석 왕훙원王洪文을 이른다. 문화대혁명 때 득세한 소장 과격파로 당시 반주자파 운동의 중심 세력으로서 무소불위의 권력을 휘둘렀다. 1976년 10월, 마오쩌둥 사망 뒤 쿠데타 혐의로 화궈펑과 군부 지도자 연합 세력에게 체포됨으로써 실각했다.

단결하라"는 슬로건을 외치며
행진했다.

영화 〈봄春天〉(셰톈謝添·주진밍
朱今明·천광중陳光忠, 1977)은 이 역
사적 순간을 춤과 노래로 기리
는 뮤지컬 영화다. 이 작품에서
배우들은 다양한 직업, 연령, 민
족 설정 아래, 사인방의 탄압으

당시 포스터에서 보이는 축제 분위기

로부터 해방된 기쁨과 화궈펑이 인도하는 신정부에 대한 경애敬愛를
호소했다. 만면에 띤 미소와 열렬한 박수 갈채는 선명한 화면 색조와
어우러져 경축 분위기를 진하게 자아냈다. 라스트 신에서는 감동적인
음악이 흐르는 가운데 농민, 공장 노동자, 병사로 분장한 댄서들이 푸
른 하늘을 배경으로 도약하는 모습이 앙각仰角 슬로우 모션으로 잡히
고, "화궈펑이 인도하는 당의 지도 아래, 우리들은 마침내 봄을 맞이
하게 되었다!"라는 고양된 어조의 내레이션으로 마무리되었다. 이 영
화에서 문혁 시대의 고난은 회상 형식을 빌려 한 번 회고되기는 하나,
축제 무드 안에서 완전히 지워져 버린다.[9]

희화화되는 '사인방'

이 무렵, 장칭을 비롯한 사인방을 우스꽝스럽게 그려 냄으로써 문혁
의 울분을 발산하고자 하는 시도도 다수 행해졌다. 당시 풍자만화에
서는 장칭의 트레이드 마크였던 뒤로 넘긴 숏컷 헤어스타일과 뿔테
안경, 그녀가 손수 고안하여 착용을 권장했던 원피스와 하이힐 차림
을 한 그녀의 캐리커처가 빈번히 등장했다. 60대라는 연령에 부합하
지 않는 이런 복장이 당시 중국인들의 눈에는 굉장히 우스꽝스럽게

비춰졌던 모양이다.

　예를 들어 무대극話劇〈10월의 승리十月的勝利〉(1979)와 같이, 문혁 종결 직후의 영화와 연극 가운데는 장칭이 악역으로 등장하는 사례도 있었으나 대개는 그녀의 외양적 특징과 신경질적인 성격을 비하하는 식으로 가공의 인물에 빗대어 구현하는 수법이 더 즐겨 사용되었다. 무대극〈단풍이 붉게 물들 때楓葉紅了的時候〉(1977), 영화〈10월의 풍운十月的風雲〉(장이張一, 1977)에 등장하는 여자 악역이 장칭을 모델로 했음은 한눈에 눈치챌 수 있을 정도였다.

　그런데 여기서 주목해야 할 것은 이 무렵 활발히 제작된 사인방 비판을 주제로 한 영화들에서 문혁 코드가 여전히 사용되고 있었다는 점이다. 이에 대해 당시 영화 평론은 다음과 같이 지적한다.

　"이들 영화는 문혁 비판을 테마로 삼고 있으면서도 장기간에 걸쳐 중국 영화를 억압해 온 문혁 코드 그 자체를 표현 수법으로 사용하고 있다. 역사적 사실이나 실생활에 기초한 묘사가 아니라 정치 투쟁에서의 권력 관계를 그대로 되풀이하는 데 그치고 있고, 테마 또한 직설적인 대사로 제시되며 각각 등장인물들 역시 어떤 이념을 구현하기 위해 설정된 데 불과하다. 그렇기에 이들 영화들은 리얼리티를 결여하게 되었고 영화로서의 참신함 또한 찾아볼 수 없다. 이들 영화의 무대가 전국 각지의 공장, 철도, 유전, 항만, 군대로 각기 다르게 설정되었다고는 하나, 내용적으로는 상통하는 단일 패턴임을 부정할 수는 없다."[10]

　이들 작품에 등장하는 사인방 일당을 찡그린 얼굴로 날카롭게 노려보며 거칠게 힐문하는 주인공들의 모습은 문혁 때의 홍위병紅衛兵을 떠올리게 한다. 그도 그럴 것이, 이러한 문혁 표상은 문혁 종결 직후의 정치 체제와 밀접한 관계를 맺고 있었기 때문이다. 1976년에서

1978년에 걸친 시기에 마오쩌둥이 생전에 지정한 후계자 화궈펑이 최고 지도자로서 정치적 실권을 쥐고 있었고, "마오 주석이 결정한 것은 옹호해야 마땅하며, 마

당시 만화에서 볼 수 있는 희화화한 '사인방'

오 주석의 지시는 시종 일관 준수해야만 한다"는 개인 숭배적 방침이 여전히 지배적이었다. 그 때문에 모든 악의 근원이 장칭 등 사인방에 있다는 논리에 기초한, 단순하기 짝이 없는 '문혁 이미지'가 체제 측에 의해 대대적으로 전파되었고, 그러한 '문혁 이미지'를 사람들은 반쯤 강제적인 형태로 수용해야만 했다.

그러나 여기에는 문혁의 회오리를 겪고 마음이 황폐해진 국민들의, 아무 일도 없었다는 듯 평온한 일상을 보내길 바라는 갈망도 반영된 것이 아닐까. 즉 사인방 타도의 소란스러운 축제 무드와 사인방 희화화를 통해 문혁에 걸쳐진 불길한 기억을 선악 이원론적인 도식으로 치환하여 망각을 꾀하고자 한 것이다. 일시적이었다고는 하나, 트라우마적인 기억의 억압에 대항하여 체제 측과 국민 사이에 모종의 공범 관계가 성립했다고도 볼 수 있으리라.

2) '상흔 영화'의 융성

1978년이 되자, 덩샤오핑을 대표로 하는 '탈문혁파'가 마오쩌둥 이론을 상대적으로 수용해야 함을 주장하고, 교조주의적이며 유심론적인 개인 숭배를 통렬히 비판하며 "정신적 속박을 타파하고, 사상을 해방

하라", "금지령 내리기와 터부 만들기를 그만두라"라고 주문하기 시작
했다. 이 '사상 해방 운동'을 뒷심 삼아, 같은 해 12월에 열린 '중국공
산당11기삼중전회*'에서 사인방뿐 아니라 문혁 이데올로기 자체를 철
저히 부정하게 됨으로써 덩샤오핑 시대가 막을 올리게 되었다.

외상外傷이라는 모티프

이러한 정세 변화를 수용하듯, 1979년을 경계로 역사적 사건으로서의
문혁과 정면으로 맞서는 새로운 유형의 영화가 등장하게 되었다. 문
혁에 의한 고통과 트라우마를 감상적으로 표현한 소위 '상흔 영화傷
痕電影**'라 불리던 방대한 작품군이 그것이다. 1979년에서 1980년까지
제작된 120편가량의 극영화 가운데 문혁에 관한 영화는 50편에 달한
다.[11] 그중에서도 주류를 점하던 것이 1976년에 톈안먼 광장에서 저우
언라이周恩來 총리를 애도하는 베이징 시민들이 장칭 등 '사인방'에 의
해 탄압받은 정치적 사건***을 배경으로 한 작품이었다. 스토리의 중심

---

* 1978년 12월 18일에 열린 중국공산당제11차중앙위원회 제3차 전체회의를 이
른다. 이 회의에서 덩샤오핑은 화궈펑의 범시론을 폐지하고, 사상 해방과 실사
구시實事求是를 내세워야 함을 선언함으로써 실질적인 개혁개방 정책의 시작을
알렸다.
** 1970년대 말부터 1980년대 초반까지 출현한 일련의 문혁 제재 영화들을 이른다.
이보다 좀 더 앞서 문단에 등장한 새로운 조류 '상흔 문학'과 거의 보조를 함께했
다. 문혁이 개인에게 가한 정신적, 물질적 손상과 그로 인한 고뇌를 그리며 문혁
의 과오를 비판하는 영화들로 〈눈물 자국泪痕〉(리원화, 1977), 〈고뇌하는 자의
미소〉, 〈생활의 충격〉이 대표작으로 꼽힌다.
*** 제1차 톈안먼 사건을 이른다. 1976년 1월 저우언라이 총리 사망 뒤 일기 시작한
극좌적 조류에 대한 민중들의 저항 운동이다. 1976년 4월 4일 청명절, 톈안먼 광
장의 인민 영웅 기념비를 향한 사람들의 행진이 시작되었다. 저우언라이 추모로
시작된 이 행진은 사인방에 대한 비판과 마오쩌둥 체제에 대한 불만을 토로하는
일대 소요로 확산되었다. 당초에는 반혁명 사건으로 철저한 탄압을 받았으나, 같
은 해 9월 마오쩌둥 사망과 10월 사인방 체포를 거쳐, 1978년이 되자 혁명적 행

에 놓인 것은 가련한 피해자와 악행을 일삼는 가해자 사인방 일당의 대립으로, 피해자들의 고난이 최루성 수법에 의해 강조되었다.

이들 '상흔 영화'에서는 상처나 유혈流血 장면 같은 외상 모티프가 다수 사용되는데, 손가락 사이에서 핏방울이 흘러내리는 장면이나 얻어맞은 입에서 피가 뿜어져 나오는 장면이 빈번하게 출현했다(붉은 액체가 든 얇은 봉지를 눌러 터뜨리거나 깨물어 찢어서 유혈 장면을 연출했다). 연극적이라고도 할 만한 과장된 연기에다 유혈 순간 카메라가 재빨리 줌 업zoom up하여 다가가고 강렬한 음악을 삽입하는 식의 선정적인 수법도 즐겨 사용되었다.[12]

그런데 이렇게 상처를 보여 주는 장면은 문혁 프로파간다 연극과 영화의 상투적인 수단이기도 했다. 봉건주의, 자본주의의 억압을 고발하는 증거로서 혹은 프롤레타리아트 동지임을 증명할 표지標識로서 '적에게 입은 상처'라는 모티프*가 빈번히 등장한 것이다. 그러므로 '상흔 영화'는 이와 같은 문혁 시대 연극, 영화의 상투적 코드를 재활용한 셈이 되는데, 이로써 문혁에 얽혀 있는 폭력성이 당시 관객에게 친숙했던 허구적 양식에 의해 재표상되는 것이다.

이에 반해 〈열 번째 총알 자국第十個彈孔〉(아이수이艾水, 1980)과 같이 문혁에 의한 마음의 상처를 관념적으로 표현하는 작품도 있었다. 이 영

동으로 평가가 바뀌었다. 5·4 운동에 빗대 '4·5 운동'으로 칭하기도 한다.
* 셰진 감독의 〈홍색낭자군紅色娘子軍〉(1961)을 사례로 들 수 있다. 하이난 섬海南島에서의 공산당 게릴라 투쟁을 그린 이 영화에서 빈농 출신 우총화吳瓊花는 지주 난바톈南覇天에 팔려갔으나 번번이 도주를 시도하다 붙잡혀 심한 매질을 당한다. 사업가로 위장해 마을에 들어온 공산당원 홍창칭洪常靑의 도움으로 난바톈에게서 벗어난 뒤, 우총화는 비밀리에 게릴라전을 준비하던 홍군紅軍에 들어가 전사가 되고자 하나 부대원들의 의혹과 반대에 맞닥뜨린다. 이에 그녀는 저고리 옷깃을 열어 몸에 난 매질 자국을 보이며, 봉건 지주에게 핍박받는 프롤레타리아트로서 존재 증명을 얻고, 홍군의 일원으로 받아들여진다.

〈열 번째 총알 자국〉(1980)의 회상 장면에서 장난감 총을
아버지에게 겨누는 아들

화는 어느 노련한 군인
이 문혁 시기 박해를 받
고 하방당했던 농촌에서
마침내 귀환하는데, 재
회한 아들이 문혁 기간
중에 불량한 친구들의
영향으로 이미 타락해
있었다는 내용으로, 일

본군과 국민당 군과의 전투에서 얻은 아홉 개 총상에 더해 이 불초자
식 또한 주인공에게 '열 번째 총알 자국'을 남긴다는 데서 제목이 유
래했다. 주인공이 느끼는 마음의 고통이 심장 발작을 일으켜 가슴께
를 손으로 누르는 양식화한 동작에 의해 표현되었다.

'이야기'에서 '역사'로

수많은 '상흔 영화' 가운데 〈파산야우巴山夜雨〉(우융강吳永剛·우이궁吳貽
弓, 1980)는 중국인에 의한 자기 표상의 전형이라 할 수 있다. 이 영화
는 문혁의 한가운데 반혁명죄로 몰려 여객선을 타고 형무소로 호송되
는 시인 추스(秋石, 리즈위李志興 분)와 우연히 한 배에 탄 다양한 승객들
간의 교류를 그린 군상극이다. 영화 첫머리에서 등장인물들은 서로를
경계하지만, 승무원과 승객 대부분이 점차 문혁의 오판을 꿰뚫어 보
게 되고 급기야는 무고한 시인을 어떻게든 구해 내려 동분서주하기에
이른다. 게다가 사인방에게 속아 호송 임무를 맡게 된 홍위병들까지
도 시인에게 감화되어, 눈물을 흘리며 잘못을 인정하고 개심하는 데
이른다. 이처럼 "국민은 모두 선인善人이며, 악한 것은 사인방이다"라
는 도식을 구현한 〈파산야우〉였으나, 중국 영화계의 '아카데미 상'에

해당하는 '제1회 금계장 金鷄獎'(1980) 최우수 작품상에 선정되었을 뿐 아니라 선인 역을 맡은 여덟 명 배우 전원에게 최우수 조연상이 수여되어 이례를 낳았다.

〈파산야우〉(1980)에서 '범인' 꼬리표를 단 시인(아래쪽 가운데)과 그를 호송하는 홍위병(위쪽)

중국의 영화인들이 막 지나간 문혁이란 사건을 영화라는 미디어를 통해 되풀이하여 이야기함으로써, 자신을 둘러싼 외부 환경을 제어하기 쉬운 공간으로 변용시키고 내면화한 트라우마의 흔적을 지우고자 했음은 상상하기에 어렵지 않다. 그러나 여기서 더욱 주목해야 할 것은 이러한 '상흔 영화'가 융성하는 가운데 문혁이 다시금 '이야기'에서 '역사'로 승화되어 가고 있던 점이다. 시모코베 미치코下河辺美知子가 지적했듯이 "공동체이기에 은유적으로 이야기되는 것. 더군다나 공동체를 대표하기에 이야기되는 것. 이 두 효모가 투입됨으로써, 이야기는 역사로 빚어지는 것이다."[13] 즉 '이야기'가 '역사'로 변용되기 위해서는 '이야기' 자체가 은유에 의해 서술되는 것뿐 아니라, 화자가 공동체의 대표자로서 과거의 사건을 이야기하지 않으면 안 된다는 뜻이다.

'상흔 영화'에서 제시되는 '이야기'로서의 문혁이 개개인의 체험이라는 차원을 뛰어넘어 '중화 민족의 고난'이라는 비유적 형식으로 환원되는 가운데, 이제 영화인들은 중국 국민의 대표자로서 문혁의 '역사'를 표상할 수 있게 되었다. 중국 국민들이 이러한 '상흔 영화'에 깊이 감정 이입한 사실은 이미 앞에서 서술했듯이 1979년 중국 영화 관객 동원 수가 293억 명이라는 경이적인 수치에 달했던 사실, 그리고 1979년, 1980년에 관객들이 뽑은 최우수 영화의 과반수가 '상흔 영화' 였다는 사실에 의해 뒷받침된다. 요컨대 관객들이 '상흔 영화'의 주인 공들과 자신을 동일시함으로써, 즉 문혁에 얽힌 각각의 천차만별의 기억이 '가련한 피해자인 자기 자신'이란 공동체의 공공 기억으로 수 렴됨으로써 '이야기'로서의 문혁이 공동체의 '역사'로 변모를 이뤄 낸 것이다.

〈유령〉(1980)의 모던한 히로인(사오후이팡 邵慧芳 분)

과도한 모더니즘

한편, '상흔 영화'에서는 기발한 스 토리와 과도한 모더니즘을 도입하 여, 문혁 시기를 허구적인 세계로 그려내려는 경향도 두드러지게 보 인다. 예를 들어 〈고뇌하는 자의 미 소苦惱人的笑〉(양옌진楊延晉, 1979), 〈생 활의 충격生活的顫音〉(텅원지滕文驥 · 우 톈밍吳天明, 1979), 〈유령幽靈〉(천팡첸陳方 千, 1980), 〈순간瞬間〉(자오신수이趙心水, 1979) 등 '상흔 영화'에 등장하는 문 혁의 피해자들은 나팔바지나 타이 트한 원피스에 파마 머리를 하고 인조 속눈썹을 붙이고 나타나 문혁 이라는 시대 설정과는 동떨어진 차림으로 등장하거나, 웨딩드레스를 입고 결혼식을 거행[〈유령〉과 〈혼례婚禮〉(인지순殷吉順, 1979)]하기도 했고, 촛불 아래서 생일 케이크를 먹기도 했다[〈짝사랑苦戀〉(펑닝彭寧, 1980)].

이와 같은 모던한 정경은 비단 피해자만이 아니라, 가해자를 그리는 데서도 동일하게 보인다. 린뱌오林彪 사건*의 흑막을 그린 서스펜스 영화 〈순간〉에서는 린뱌오의 앞잡이들이 여인의 누드 석상이 놓인 호화로운 서양식 방 안에서 양주를 마시고 감시 카메라로 젊은 남녀들의 사생활을 훔쳐보면서 온갖 음모를 꾸미는 장면, 커튼 너머 복싱을 즐기는 악역의 실루엣이 슬로우 모션으로 비치는 장면, 살갗이 훤히 비치는 원피스를 입은 여성이 기타를 타면서 사이먼 앤 가펑글의 〈험한 세상에 다리 되어Bridge over Troubled Water〉를 노래하는 모습을 소프트 포커스로 촬영한 장면 등이 삽입되어, 모종의 페티시적인 시선마저 느껴질 정도다.

　'상흔 영화'를 특징짓는 이러한 '모더니즘'은 사회주의 리얼리즘에 반하는 황당무계한 허구라며 당시 영화 평론가들에게 통렬히 비판받게 되나, 서구 선진국을 모델로 급속히 근대화로 방향을 틀고자 한 문혁 종결 직후 중국의 사회적 상황을 여실히 반영한 것이라고도 하겠다. 즉 '상흔 영화'에서의 문혁을 바라보는 카메라의 시선은 시대 설정을 무시하는 과도한 '모더니즘'을 매개로 자본주의 사회의 물질적 풍요로움을 욕망하는 문혁 이후 관객의 시선과 동일화를 이루고

---

* 　1972년 중국 공산당 부주석 린뱌오가 마오쩌둥 암살 계획에 실패 후 공군기를 타고 소련으로 망명을 떠나던 중 몽골 상공에서 추락한 사건을 이른다. 린뱌오는 군의 실권자로 문혁 당시 『마오쩌둥 어록』을 편찬하는 등 마오쩌둥 사상 절대화에 공헌함으로써 한때는 마오쩌둥의 후계자로 지명되기도 했다. 그러나 장칭이 주도하는 공산당 극좌파의 견제와 류샤오치의 실각, 1971년 마오쩌둥의 비판에 직면하고 위기감을 느껴 마오쩌둥 암살 계획을 세우기에 이른다. 린뱌오가 추락사한 뒤, 저우언라이는 정치 보고를 통해 그가 무장 쿠데타 계획 '571공정기요 571工程紀要'를 입안하여 음모를 세웠다가 실패로 끝난 것으로 사건의 진상을 정리했다. 본문에 소개된 〈순간〉은 바로 이 '571공정기요'를 내용으로 한 영화로, 1979년에 창춘영화촬영소에서 제작되었으나 검열을 통과하지 못했다고 한다. 1982년에 해금되어 1주일간 상영을 한 뒤, 그 뒤로는 상영된 사례가 없다.

자 한 것이다.

　그런데 더 파고들어 본다면, 여기에는 막 지나가 버린 문혁을 허구적인 근미래 세계에서 일어난 사건으로 치환해 버림으로써 불길한 기억을 비일상적인 영역으로 밀어 넣어 완화하고자 하는 '방어 기제'도 동시에 은밀히 작용하고 있었다고 볼 수도 있지 않을까. 즉 '상흔 영화'에서의 모더니즘은 당시 중국인들에게 여전히 생생하게 남아 있던 문혁이라는 사건을 일부러 비현실적인 차원으로 이행시킴으로써 일종의 우화로 표상한 것으로, 이에 희화화나 감상주의와는 다른 형태로 트라우마의 망각을 꾀하고자 했다고 볼 수 있지 않을까 하는 것이다. '상흔 영화'의 '모더니즘'은 스스로가 입은 상처를 여봐란 듯 과시하는 장면들이 그랬던 것처럼, 트라우마적인 기억을 억압하여 망각하기 위한 일종의 치환 장치로 작용한 것이다.

강간이라는 형태의 일탈

그렇지만 '상흔 영화'에 트라우마의 망각이라는 구도로부터 일탈하고자 하는 계기도 배태되어 있었음을 놓쳐서는 안 될 것이다. '상흔 영화'에 종종 등장하는 강간이라는 모티프가 그것이다.

　문혁기 농촌의 비참한 현실을 그린 〈버들 그늘에 피는 꽃柳暗花明〉(궈웨이郭維, 1979)처럼 여성 조연 캐릭터가 남자에게 강간당하는 장면이나 〈신성한 사명神聖的使命〉(마오위친毛玉勤, 1979)과 같이 정적政敵을 모함하고자 악인이 자신의 딸을 미끼로 이용하여 상대를 강간범으로 몰고 가는 식으로 '상흔 영화'에는 강간에 얽힌 장면이 종종 등장한다. 그러나 어느 작품에서든 피해자는 순진무구한 히로인이 아니라, 사인방에 속아 악행을 저지르게 된 여성이나 악인을 부친으로 둔 여성 조연 등으로 설정되어 있다.

이처럼 문혁의 가해자가 강간 피해자가 되는 스토리에서 가해자와 피해자의 경계가 애매해지는 건 자명한 귀결이다. 문혁 시절에는 권력 피라미드의 역전이 현기증이 일 정도로 빈번히 일어났기에, 마치 러시

〈골목길〉(1981)에서 홍위병에게 머리카락을 잘린 소녀(장위 분)

안룰렛 게임처럼 누가 다음 피해자가 될지 예측할 수가 없었다. 이에 '상흔 영화'에서의 강간이라는 모티프는 가해자와 피해자 간의 애매함이라는 문혁의 한 특징을 생생한 폭력성과 더불어 묘사하고 있다고도 할 것이다.

〈부용진芙蓉鎭〉(셰진, 1986)에서 주인공에게 지독한 박해를 가했던 당간부 여성이 문혁을 계기로 실각한 뒤 홍위병들에게 규탄받고, 난잡한 여자의 상징인 찢어진 신발을 목에 거는 모욕을 당하는 장면에서도 동일한 역학이 작용하고 있다고 할 수 있다.[14] 그런데 적진의 여성들이 당하는 이런 성적 폭력은 더 나아가 일종의 속죄라고도 해석할 수 있다.[15] 즉 그녀들은 피해자들이 맛본 굴욕을 스스로의 신체로 체험함으로써, 비로소 가해자의 진영에서 벗어나는 것이 가능하게 된 것이다. 그러므로 여기서의 강간 모티프는 소위 말하는 문혁의 적들이 선인으로 다시 태어나기 위한 시련 혹은 그렇게 되기 위한 조건을 이루고 있다고도 할 것이다.

그렇다고는 해도 검열이 엄격했던 당시 중국 영화에서 강간이라는 사건을 스크린에 직설적으로 표상하기란 거의 불가능했다. 따라서 그러한 장면은 플롯 전개상 구조적으로 회피되어, 시각적인 수단으로 암시되거나 플래시백 형태로 순간적으로 회고되는 데 머물렀다. 일례

로 앞서 언급한 〈버들 그늘에 피는 꽃〉의 강간 장면은 사건이 일어나는 순간에 전기가 꺼지고 장면이 바뀌어 버리며, 〈신성한 사명〉에서는 어슴푸레하게 교차하는 그림자와 히로인의 비명 소리로 간접적으로 묘사되었다. 1981년에 제4세대 감독 양옌진이 찍은 히트작 〈골목길小街〉에서도 문혁 와중에 어린 히로인에게 가해진 성적 폭력이 스토리 전개상 중요한 모티프가 됨에도 불구하고, 강간 자체는 홍위병이 여성성의 상징이랄 수도 있는 머리카락을 잘라 버리는 장면으로 은유적으로 그리는 데 그쳤다.[16]

감상적인 스토리를 통해 줄곧 가련한 피해자로서의 자신이라는 형태로 중국인이 문혁기의 자신을 재표상하는 데 기여한 것이 '상흔 영화'였다고 한다면, 그 상흔 영화에서 불길한 기억을 망각하는 기제에 대항하여 오프 스페이스*나 플래시백이란 형태로 일순 등장하는 강간 장면은 축제 무드와 희화화, 극적 카타르시스 혹은 감상주의 등으로는 해소되지 않는 문혁에 얽힌 마음의 상처가 트라우마적인 기억으로서 순간적으로 제시된 것이라 해석할 수도 있지 않을까.

다시 말해 이 강간 장면에서 문혁 종결 후 중국인들의 마음속에서 망각, 억압된 불길한 과거 기억이 신경증적 회로를 경유하는 형식으로 강렬한 시각적 이미지가 되어 되살아나고 있는 건 아닐까. '상흔 영화'에서 트라우마적 기억의 반복되는 침입을 방어하기 위해 쌓아

* 오프 스크린 스페이스off-screen space 즉 '외화면 공간'을 이른다. 스크린에 제시되는 내화면 공간screen space과 달리, 화면(프레임) 밖에 존재하며 관객에게는 보이지 않는 공간이다. 그러나 영화의 이야기 세계 속에서는 비록 우리 눈에 보이지는 않으나 이야기의 일부를 이루고, 이야기를 전개하는 데 영향을 끼침으로써, 관객들의 상상을 통한 영화적 공간을 구성하고 존재감을 갖는다. 즉, 본문에 제시된 〈신성한 사명〉에서처럼, 관객이 보고 있는 화면 바깥 어딘가에서 사건들은 동시에 벌어지고 있는 것이다.

올린 다양한 코드들이 강간 장면의 도입으로 깨트려짐으로써, 한순간 일지언정 문혁의 진정한 폭력성이 드러나는 것이다.

3) 리얼리즘의 좌절

그렇다고는 하나, 문혁 이후에 제작된 중국 영화 가운데 문혁이라는 시대가 품고 있던 복잡한 위상과 어두운 유산을 리얼하게 그려 내고자 하는 시도가 전혀 없었던 것은 아니다. 1957년 반우파 투쟁에서 실각하여, 문혁 중에 비참한 처지에 놓였던 지식인의 운명을 정면으로 그린 〈톈윈산의 전설天雲山的傳奇〉(셰진, 1980)과 여성에게 폭행을 가하고 차로 치어 죽인 고급 간부 자제에게 사형 판결을 내리는 내용의 〈법정 안팎法庭內外〉(충롄원從連文 · 루샤오야陸小雅, 1980)은 당시 중국 사회에서 커다란 화제를 불러일으켰다.

〈단풍나무〉(1980)에서 당파 간 총격전에 가담하는 여학생

〈단풍나무〉의 포스터

하지만 이와 대조적으로 홍위병의 무력 항쟁으로 목숨을 잃은 젊은 연인들의 비극을 그린 〈단풍나무楓〉(장이, 1980)는 시사회 때 영화 관계자들 사이에서 커다란 반향을 일으켰으나, 그 뒤 검열 단계에서 상당 부분이 잘려 나갔을 뿐 아니라, 개봉 뒤 얼마 지나지 않아 상영이

중지되고 말았다. 당파 간의 격렬한 총격전 묘사와 가해자 홍위병을 피해자처럼 묘사한 것이 상영 금지의 이유였다. 그러나 이런 이유들 이상으로, 극히 간접적이긴 하나 문혁이라는 역사적 사건의 근본 원인을 이 영화가 파고들려 했던 게 컸다.

〈단풍나무〉의 도입부에는 문혁이 지나간 뒤 한 남자 교사가 무력 항쟁으로 죽은 홍위병 제자의 무덤을 참배하는 장면이 등장하는데, 이 장면에서 그와 어린 딸이 다음과 같은 대화를 나눈다.

소녀: 여기 잠들어 있는 건 누구야?

교사: 아빠 제자란다.

소녀: 죽은 거구나. 아, 나비 잡고 싶어. 잡아 줘.

교사: 안 돼, 안 돼. 나비는 여기 잠들어 있는 사람들을 위해 춤추고 있는 거야.

소녀: 왜?

교사: 이 사람들은 불쌍한 사람들이란다.

소녀: 어째서?

교사: 여기 사람들은 서로 죽였거든.

소녀: 왜?

교사: 속은 거야.

소녀: 누구한테?

교사: 린뱌오와 사인방.

소녀: 사인방은 누구야?

교사: 말해 줘도 모를 거야.

소녀: 아빠, 왜 울어?

교사: 우는 게 아냐, 햇살이 눈부셔서 그래.

소녀: 여기 잠들어 있는 사람들은 영웅이야?

교사: 아니야.

소녀: 그럼, 어떤 사람들이야?

교사: 이 사람들은 역사 자체란다. 역사의 교훈이란다. 그래도 드디어
　　　봄이 왔구나.

　이 장면은 문혁의 책임이 사인방에 있음을 언명하면서도 '눈부신 태양'이라는 이미지를 통해 마오쩌둥 주석 개인 숭배가 문혁의 비극을 낳은 한 원인임을 암시하는 듯 보인다.[17] 실제로 이 영화에서는 붉은색이 매우 이중적인 의미로 사용된다. 톈안먼 광장을 메운 새빨간 깃발과 홍위병들의 붉은 완장은 공산주의를 상징하는 색이기도 하나, 또 한편으로 이 붉은색은 무력 투쟁에 의한 유혈, 불타오르는 화염, 저물어 가는 저녁노을, 주인공들의 운명을 상징하는 단풍 낙엽 그리고 무엇보다 붉은 필터로 촬영된 주인공 두 명이 교사 옥상에서 사별하는 장면 등 부정적인 함축connotation과 결부되어 있다.[18] 〈단풍나무〉는 이러한 간접적인 모티프를 매개로 문혁의 본질에 다가가고자 했던 게 아닐까.[19]

　그런데 이처럼 사실적인 스타일로 문혁 시기의 고난을 회고하고자 한 영화인의 시도가 검열에 의해 좌절될 수밖에 없던 한편, '상흔 영화'에 보이는 감상주의 역시 1981년 이후 정부의 규제를 받게 된다. 이러한 문화 정책상의 변화를 초래한 계기가 영화 〈짝사랑〉(완성 뒤 〈태양과 인간太陽和人〉으로 제목 변경, 펑닝, 1980)에 대한 비판 운동이었다.

　중국에 돌아온 화교 화가가 문혁 중에 지독한 박해 끝에 동사凍死한다는 비극적인 스토리를 과도할 정도로 감상적으로 그림으로써 관객들을 의기소침하게 하고 사회주의 체제에 대해 불신을 품게 할 수

〈짝사랑〉(1980)에서 의기양양하게 귀국길에 오르는 화교 내외(류원즈劉文治, 황메이잉黃梅瑩 분)

〈짝사랑〉에서 박해받는 처지에 놓인 일가 세 식구

있다는 이유로 마오쩌둥 주석에 대한 개인 숭배를 직설적으로 비판한 〈짝사랑〉에 대해 당 기관지와 각 미디어에서 엄중한 비판을 전개한 것이다. 특히 문제가 된 것이 주인공의 딸이 박해당하는 아버지에게 "아빠는 조국을 사랑했지만, 조국은 아빠를 사랑했느냐"며 울부짖는 장면과 동사 직전의 주인공이 눈밭을 기며 거대한 물음표를 눈밭 위에 그리는 마지막 장면이었다.[20] 이 장면 외에도 앞서 언급한 〈단풍나무〉보다 한층 더 직설적인 형태로 마오쩌둥 주석의 개인 숭배를 비판한 점이 이 영화가 격렬한 규탄을 당하는 원인이 되었다. 일례로 신자들이 공양한 선향 연기가 피어오르는 불상에 톈안문 광장에서 열광하는 홍위병의 모습을 오버랩시킨 장면이 마오쩌둥을 풍자하는 것으로 받아들여졌다.

당시 영화계의 중진이던 샤옌은 1980년에 다음과 같이 말했다.

"문혁에 의한 외상과 내상은 둘 다 깊었기에, 이를 회피하기란 절대 불가능하다. 하지만 그렇다고는 해도 그것을 그리는 목적은 어디까지나 한시라도 빨리 상처를 낫게 하는 것이지, 절대로 상처를 드러내 더욱 악화시키는 것이어서는 안 된다."[21]

이렇게 1981년 이후 중국 영화에서는 리얼리즘에 기반을 두든 감상주의로 점철된 것이든 간에 문혁 당시의 권력 구조를 환기시키는 작품은 엄중히 억제되기에 이른다.

이상으로 중국 영화에서 트라우마적인 문혁의 기억이 어떻게 표상되어 왔는가 하는 문제에 관해 고찰해 보았다.

체제 측에서는 "악한 사인방을 퇴치한다"는 도식 안에 트라우마의 존재를 은폐하고자 했고, 국민 측에서도 아무런 일도 없던 것처럼 행동했던 문혁 종결 직후 시기가 모종의 트라우마 잠복기였다고 한다면, 그 뒤를 이은 감상적인 '상흔 영화'부터는 얼어붙은 트라우마적 기억이 단번에 되살아나 공동체의 공동 기억으로서 정식으로 이야기되기 시작했다. 즉 수많은 작품에서 문혁에 얽힌 과거의 사건이 거듭 표상됨으로써, '가련한 피해자인 나(중국 국민)'라는 이야기가 급기야는 공식적인 '역사'로 화한 것이다.

그러나 이 과정에서 형성된 일련의 전형적인 '상흔 영화' 패턴, 즉 여봐란 듯한 상처의 과시와 허구적인 모더니즘 등을 바라보는 한, 문혁의 진정한 폭력성을 완화하면서 트라우마적인 기억을 통제하기 쉬운 형식 안에 치환하고 망각으로 인도하고자 하려는 점이 보임은 분명하다.

그럼에도 그 한편에서, 문혁의 기억이 반복적이고 고통을 동반하는 기억의 상기로서, 사람들의 심상, 사고 혹은 지각에 이르기까지 깊이 침투해 있었기에 아무리 억압하고 망각하고자 해도 무언가 우연한 계기로 무조건적으로 되살아나 버리는 것임은 '상흔 영화'의 강간 장면에서도 드러난다. 거기서는 스스로는 직시할 수 없는 트라우마적인 사건 혹은 이야기 틀 안에서 냉정히 돌아볼 수 없는 과거의 고통이 강간이라는 형태를 취해 한순간의 플래시백으로 드러나 버리는 것이다.

'상흔 영화'의 유행과 시기를 같이 하며 문혁 트라우마를 사실적인 수법으로 정면에서 응시하고자 하는 몇몇 시도도 있었지만, 정치 문제와 얽혀 대부분이 억압되고 말았다. 그리고 1981년을 경계로 하위 장르로서 '상흔 영화'의 종언과 함께, 문혁을 제재로 하는 중국 영화의 제작 편수가 갑작스럽게 감소하게 된다. 이후 이러한 제재의 영화는 셰진 감독의 작품으로 대표되는 멜로드라마 등에서 그 모습을 가까스로 존속시키는 데 그친다.[22]

4) 상품으로서의 문혁 표상

1980년대 중반까지 스크린 상에서 문혁은 거의 국내 타겟의 중국 영화에서나 등장하는 제재였다. 그런 문혁을 강렬한 이미지로 그려 세계에 깊은 인상을 남긴 것이 그 유명한 〈마지막 황제〉(베르나르도 베르톨루치, 1987)다. 마오쩌둥에게 충성을 맹세하는 홍위병들의 기묘한 춤과 단상에 끌어올려진 연장자들에게 홍위병들이 가하는 박해라는 '바깥'에서 바라본 문혁 이미지가 영화 속에 담겼다. 다국적 자본으로 제작된 이 영화의 대히트와 함께 문혁 이미지가 전 세계로 유통되었으며, 거기다 이러한 '바깥'으로부터의 문혁 이미지는 역수입되어 중국 영화의 세계 진출 도구로 재생산되기에 이르렀다. 1990년대 이후 제5세대 감독들이 〈푸른 연〉(톈좡좡, 1992), 〈패왕별희〉(천카이거, 1993) 등 문혁을 배경으로 한 대하 드라마를 연이어 제작하는데, 이들 작품들 대부분이 서양의 휴머니즘적인 관점에서 전제 정치에 의한 탄압을 규탄한다는 〈마지막 황제〉의 시각을 이어받고 있음은 중국의 영화 평론가들에 의해 지적된 대로다.[23]

한편 문혁 트라우마를 질질 끌지 않는 젊은 세대 감독들이 문혁을 노스탤지어의 대상으로 그리거나 문혁 모티프를 패러디하여 보여주는 작품도 등장하고 있다. 〈햇빛 쏟아지던 날들陽光燦爛的日子〉(장원姜文, 1995), 〈후통의 해바라기向日葵〉(장양張揚, 2005), 〈빨간 버스芳香之旅〉(장자루이章家瑞, 2006) 등의 작품이 그것으로, 이러한 경향은 중국의 현대미술 동향과도 일치한다.

1989년에 개최된 '중국 현대 예술전'에 출품된 왕광이王廣義의 유화 작품이 한 예다. 마오쩌둥의 거대한 초상 위에 세세한 그리드 무늬가 들어간 이 작품은 "마르셀 뒤샹이 모나리자에 콧수염을 그려 넣은 행위보다 훨씬 강렬한 정치적 비판 의미를 담은 시도"라는 평가를 받았다.[24] 이후 마르크스에게 인민복을 입히거나 지주 계급의 착취를 고발하는 문혁 시대의 유명한 조각상이 무대 설정을 중국 농촌에서 베네치아로 바꾸어 리메이크되는 시도에 이어, 문혁 프로파간다 연극의 등장인물, 정치적 비판 운동, 마오 주석이 양쯔 강을 헤엄치는 광경, 홍위병과 민병의 모습, 충성심을 표현하는 홍위병의 춤 등 친숙한 문혁 모티프들이 현대 미술에 종종 도입되기에 이르렀다. 이에 관해서는 문혁기에 유통되던 다양한 시각적 이미지에 공통적으로 보이는 지극히 과장된 양식이 현대미술과 일맥상통하기 때문이라는 해석도 있다.[25]

이처럼 1990년대 이후 문혁의 영화적 표상에서는 서구의 시선을 강하게 의식하면서 역사의 복잡한 층위를 기호화하고자 하는 모종의 오리엔탈리즘이라고 할 수 있는 경향과, 노스탤지어의 대상 혹은 상업적 가치를 지닌 상품으로서 '문혁'을 유통시키고자 하는 풍조가 함께 나타나기 시작했다. 그러나 어느 것도 아이콘으로서의 '문혁'을 가볍게 희롱하는 데 취지가 있을 뿐, 역사적 사건으로서의 문혁에 접근하고자 하는 것은 아니었다.

〈산자나무 아래서山楂樹之戀〉(장이머우, 2010)에서의 문혁 표상도 이러한 경향으로부터 벗어나지 않는다. 이는 문혁 시대의 권력 구조와 폭력성을 직접 환기하고자 하는 묘사가 여전히 터부시되는 제작 시스템상의 문제를 드러내는 한편, 문혁의 피해자였던 정치가와 지식인들이 차례차례 세상을 떠나고 홍위병 세대도 5, 60대를 맞이하는 현재, 중국 사회에서의 문혁에 의한 트라우마도 마침내 사라지고 있음을 의미하는 것이라고도 하겠다.

2. 덩샤오핑 시대의 영화적 표상
-개혁개방과 '개혁 영화'

1970년대 말에 시작된 개혁개방 정책은 중국에 고도 경제 성장을 가져왔다. 그렇기에 오늘날 중국의 기원이 1980년대에 있다고 해도 과언이 아닐 것이다. 1980년대는 개혁개방 노선이 정착하여 구체화된 시대였다.

그러므로 이 시기의 중국 영화에 관련한 표상을 분석하는 것은 현재의 중국을 이해하는 데 대단히 큰 의의가 있다 할 것이다. 왜냐하면 개혁개방 정책이 어떻게 1980년대 중국에서 성립하고 뿌리를 내렸는가 하는 과정을 이들 영상이 어떤 형식으로든 반영하고 있을 터이기 때문이다. 이때 실마리가 되는 것이 덩샤오핑이라는 인물상과 '개혁 영화改革片'라는 영화 장르다.

개혁개방 시대는 통칭 '덩샤오핑 시대'라고 불리는 데서 알 수 있듯, 덩샤오핑이 개혁개방 정책을 내놓고 손수 키를 잡은 시대다. 그뿐 아니라 덩샤오핑은 그 시대 중국인의 정신을 가장 잘 대표하는 카리스마였고, 그런 의미에서 상징적인 인물이기도 했다. 문혁 시대의 마오쩌둥과는 다른 종류의 강력한 카리스마를 체현한 지도자 아래, 중국 영화인들은 정치적 요구와는 거리를 두면서 개혁개방의 진전을 실시간으로 포착했다. 이들 필름군은 당시 '개혁 영화改革片'로 불리며 주류 영화 장르를 형성하기에 이른다.

문혁 시대가 정치적 혼란기였음에도 불구하고, 아니 어쩌면 바로 그 때문에 이데올로기와 가치관, 행동 양식 모델이 친구와 적의 이분법에 기초한 단순 명쾌한 형태로 제시되었던 데 반해, 덩샤오핑과 그의 시대는 굉장히 그려 내기가 어려운 시대였다. 그도 그럴 것이, 시장경제 도입이라는 개혁개방 프로젝트는 영화라는 표상 장치에 특히나 애매한 피사체였기 때문이다. 설상가상으로 현실사회에서의 다양한 권력 관계가 꼼짝없이 영화 표상에 침투하여, 영화 표상을 규정하고 있었다. 그 때문에 21세기 초두 현재에 다시 그 시대를 되돌아볼 때, 이들 영화는 시대의 요청에 너무나 직선적으로 응답한 탓에 여러 면에서 유치하게 보이고 마는 것 또한 부정할 수는 없다.

그럼에도 불구하고 '개혁 영화'는 개혁개방 노선의 변천을 실시간으로 기록하고 표상했을 뿐 아니라, 영화적 표상의 애매함과 만드는 쪽의 시행착오를 통해 당시 시대정신 자체를 동시에 표현하고 있는 듯하다. 이런 의미에서 '개혁 영화'는 현실의 개혁개방 정책 자체에 대응하고 있다 할 것이다. 개혁개방 노선이 이 정책과 관련한 표상의 역사적 분석에도 이바지하는 까닭이다.

외국, 이를테면 미국이나 일본에서의 중국 영화 연구로 시선을 돌려 보더라도 덩샤오핑의 표상이나 '개혁 영화'를 본격적으로 다루는 연구는 전무한 실정이다. 그 이유로는 우선 이 시기가 현재와 그리 떨어져 있지 않은 시기이기에 말하기 곤란한 점을 들 수가 있을 것이다. 또 1980년대 중국 영화가 문혁 시대 특유의 기묘한 모티프나 1930년대 '마도魔都' 상하이에 얽힌 이국적 요소같이 연구 대상으로서의 '매력'이 될 만한 요소들을 결여하고 있는 것도 한 이유일 터다. 중국 내외를 막론하고 이 시대 영화에 관한 연구 성과가 빈약한 것은 위의 조건으로 설명된다.

이러한 제약들 속에서 이 글에서는 덩샤오핑의 영화적 표상과 '개혁 영화' 분석을 통해 개혁개방 시대 중국의 자화상을 선명히 떠올릴 수 있도록 하고자 한다.

1) 덩샤오핑의 영화적 표상

덩샤오핑의 표상을 구체적으로 분석하기에 앞서 문혁 전후 중국 정계의 권력 배치와 동태에 관해 간단히 개관해 보자.

1966년부터 시작한 문혁, 즉 프롤레타리아 문화대혁명無産階級文化大革命은 마오쩌둥이 정적 류샤오치劉少奇를 타도하기 위해 발동한 것이었으나, 마오의 당초 의도를 넘어 농민, 노동자, 학생(홍위병)을 휩쓴 전대미문의 대중 운동으로 발전했다. 이 운동은 문혁파와 근대화파로 나뉘어, 장칭으로 대표되는 신진 정치가와 저우언라이, 덩샤오핑으로 대표되는 기성 정치가 간에 격렬한 권력 투쟁을 초래했다. 그 결과, 군을 제외한 종래의 국가 기구 대부분이 해체되고, 문혁파에 의한 새로운 지도 체제로 이행했다.

그러나 1976년 마오쩌둥의 서거와 그로 인한 장칭 등 이른바 사인방의 체포를 기점으로 문혁은 종결을 맞이하고, 화귀평을 정점으로 하는 신정권이 탄생했다. 그런데 화귀평은 마오쩌둥 사상을 절대시하여 문혁 이데올로기 계승을 꾀하고자 했다. 그 때문에 마오쩌둥 사상을 사실상 부정하고 경제 발전을 최우선시하는 이른바 '근대화 노선'의 덩샤오핑과 충돌하게 되었다. 한바탕 권력 투쟁을 거친 결과, 정권을 잡고서 고작 2년이 지난 1978년에 화귀평은 최고 권력의 자리를 덩샤오핑에게 양도하고, 덩샤오핑은 그 뒤 십여 년간에 걸쳐 최고 지도자로서 중국 정계에 군림하게 된다.

덩샤오핑은 이렇게 권력 정점에 오르게 되었는데, 그가 혁명가이자 정치가인 이상 그의 표상은 권력 문제와 불가피하게 얽히지 않을 수 없다. 그럼에도 그의 표상은 종래의 다른 정치 지도자들과는 분명히 다른 성격을 내포하고 있다. 이에 문혁기 마오쩌둥과 문혁 종결 직후의 저우언라이 표상을 비교함으로써 덩샤오핑 표상이 지닌 독자성을 선명히 드러내고자 한다.

탈신화화-마오쩌둥과의 비교

문혁이 진행되는 동안 마오쩌둥 아이콘圖像은 그림, 조각, 포스터, 배지 등의 형태로 중국 전역에 전파되며 거의 페티시즘 경지에까지 이르렀다. 그런 반면에 드라마틱한 극영화 캐릭터로서 마오쩌둥을 그리는 것은 결코 허용되지 않았다. 함부로 '그리지 않는 것'이야말로 성스러운 것에 대한 모독을 회피하고 신격화를 유지하는 방책이다.[26]

이와 대조적으로 덩샤오핑의 이미지 조작은 탈신화화 경향이 두드러진다. 복권한 덩샤오핑이 매스컴 앞에 처음 모습을 드러내는 무대를 축구 시합 관람석으로 자연스럽게 설정한 것, 혹은 1984년 10월 1일 신중국 건국 35주년 경축 퍼레이드에서 베이징 대학 학생들이 "샤오핑, 니하오!小平, 你好!(존칭을 생략한 채 이름을 부르는 데다 경어를 쓰지도 않았다)"라고 적힌 팻말을 들고 행진에 참가하는 것을 예외적으로 허용한 사실이 그 사례다. 이러한 사례는 탈신화화 조작의 증거라 할 것이다. 정계 일선에서 물러난 만년의 덩샤오핑이 손자들에게 둘러싸여 있는 흐뭇한 광경이나 담배를 피우면서 마작을 즐기는 사진이 국내외 수많은 미디어에 실린 것 또한 마찬가지였다. 이들 이미지들 모두는 다가가기 쉬운 친숙함을 전면에 내세운 이미지 조작이다.

다큐멘터리와 극영화에 걸친 덩샤오핑의 영화적 표상 또한 이 이미지 구축에 기여했다. 물론 그중에는 평범한 작품도 많았다. 빈번히 외국을 방문하고, 당 대회나 각종 행사에 참석한 모습을 기록한 생전의

뉴스 영상 대부분은
정치 지도자에 관한
표상의 클리셰를 되
풀이하는 데 불과했
다. 그러나 덩샤오핑
의 1주기에 제작된 다
큐멘터리 영화〈위대

〈백색 무장 봉기〉(1989)의 덩샤오핑(가운데)

한 공적豊碑〉(우샤오쥔吳小娟·궈번민郭本敏·왕옌王燕, 1997)은 예외적인 작품
이었다. 왜냐하면 이 작품은 개혁개방 정책이 중국 사람들의 생활에
어떤 영향을 끼쳤는가를 덩샤오핑과 직접적 혹은 간접적 관계를 맺은
사람들과 인터뷰를 통해 검증하는 스타일을 취했는데, 인터뷰 대상
대부분이 일반 서민이었고 안내자 격인 나레이션도 억제된 태도를 취
함으로써 객관성을 강조하고 있었기 때문이었다.

덩샤오핑을 주인공으로 하는 극영화는 이미 그의 생전에 다수 제
작되고 있었다. 젊은 날의 덩샤오핑의 공적을 기리는 전기 영화〈백
색 무장 봉기百色起義〉(천자린陳家林, 1989)와 1940년대 후반 국공내전 시
기 덩샤오핑의 활약을 클로즈업한〈대결전 화이하이 전투大決戰淮海戰
役〉(차이지웨이蔡繼渭·리쥔李俊, 1990) 등이 그 예다.〈백색 무장 봉기〉에서
배우 루치盧奇가 연기하는 덩샤오핑은 총명하고 정열적이며 적극적인
캐릭터로 그려져, 그 인간미 넘치는 성격 묘사가 앞서 언급한 문혁 시
기 마오쩌둥 표상과는 선을 긋고 있음을 한눈에 알 수가 있다.[27]

덩샤오핑과 마오쩌둥의 신화 형성에서 보이는 이러한 차이가 중국
사회의 정치적 환경과 그에 동반하는 이데올로기 변화에 의한 것임은
더 말할 필요도 없을 것이다. 요컨대 정치적인 우적友敵 관계가 가장
첨예했던 역사적 흐름 속—항일 투쟁, 국공내전, 건국, 문혁—에서는

인민의 목숨을 건 희생(뒤집어 말하면 적의 참살)이 필요 불가결했기에, 지도자를 신격화하여 무조건적으로 따르게 하는 '열광'을 만들어 낼 필요가 있었다. 그러나 개혁개방 시대에 이르자, '열광'은 오히려 유해한 것으로 당국에 의해 규정되기에 이르고 정치적인 우적 관계를 강조하는 캠페인도 저절로 중요성을 잃었다. 물론 문혁의 혼란을 거치면서 인민 내부에서도 정치적 캠페인에 대해 회의 혹은 염증을 느끼는 분위기가 생성되어 있던 사실도 무시할 수는 없을 것이다.

이러한 사회적·정치적 환경 변화에서 주목해야 할 것은 표상 시스템 내부에서의 마오쩌둥과 덩샤오핑 표상의 질적 차이, 특히 양자의 남성적 측면에 관한 묘사의 차이다. 간접적이라고는 해도 문혁 시기 영화에서는 마오쩌둥이 지닌 가부장적 측면이 그려져 있었다. 예를 들어, 곤경에 처한 여주인공이 마오쩌둥의 저작을 읽거나 마오쩌둥을 떠올리고 나면 돌연 눈을 빛내며 활기를 되찾고, 이에 보조를 맞추어 조명이 밝아지며, 화면 배경에는 고양된 분위기의 음악이 흘렀다. 남편과 아버지 등 부권父權 사회를 대표하는 남성에게 도덕적인 지지를 받으며 수많은 고난을 극복해 간다는 전통적 멜로드라마의 여주인공과 달리, 여기서는 오직 마오쩌둥이라는 단 하나의 선택지만이 보일 뿐이다. 그렇기에 이들 여주인공의 인물 설정에서 결코 남편은 등장하지 않는다. 단지 결혼했는지 아닌지에 관한 사실이 언급되지 않거나 아예 미망인으로 설정됨으로써 이 문제가 처리되었다.[28] 즉 혁명 이전의 부권 사회를 대표하는 남성상과 문혁 시기 영화에서의 마오쩌둥의 표상 사이에 모종의 치환 관계가 생성된 것이다. 이처럼 문혁 중 마오쩌둥의 표상이 적잖이 가부장제적인 아버지 이미지를 띠고 있었음을 부정할 수는 없을 것이다.[29]

이에 반해 덩샤오핑의 경우에는 '아버지'보다도 무한한 가능성과

장래성으로 가득 찬 '영원한 소년' 이미지가 전면에 부각되었다. 이는 덩샤오핑 본인이 지닌 작은 체구에 동안童顏이라는 외견적 특징에 더해, 그를 그릴 때 '남성'으로서의 측면을 거의 강조하지 않았기 때문이다. 그랬기에 덩샤오핑이 '톈안먼 사건' 당시 종래의 온화한 이미지를 버리고 국가 질서를 유지하는 권력자—프로이트적인 유추가 허용된다면, '거세를 행하는 아버지'—의 측면을 보였을 때, 사람들이 그렇게도 큰 충격을 받은 게 아니었을까.

여기 덧붙여서 덩샤오핑의 인물 조형에서 그가 주장한 근대적인 정책에 부합시키려는 의도 또한 작용하여, 덩샤오핑의 모던하면서 서구적인 측면이 강조되었다는 사실도 특기해야만 할 것이다. 이는 농민 출신으로 늘 군복 아니면 중산복(中山服, 인민복) 차림에 해외 경험도 소련밖에 없던 마오쩌둥의 이미지와는 대조를 이룬다.[30] 양복을 입고 멋스러운 베레모나 헌팅 캡을 쓴 덩샤오핑, 레코드로 프랑스 국가를 즐겨 듣던 덩샤오핑, 커피를 즐기던 덩샤오핑 같은 류의 사생활 묘사가 〈백색 무장 봉기〉에서 근년의 〈나의 프랑스 시절我的法蘭西歲月〉(자이쥔제翟俊傑, 2005)과 〈덩샤오핑 1928鄧小平 1928〉(리셰푸李歇浦, 2004)에 이르는 작품에서 반복되고 있다. 이러한 묘사의 축적을 통해, 16세부터 21세까지 5년간 프랑스에 유학했던 덩샤오핑의 경력과 문화적 배경이 여실히 표현된다.

그러나 젊은 날의 덩샤오핑이 지닌 '모던'과 '서구적' 측면에 관한 묘사가 결코 '과거'로 수렴되지 않고, 거꾸로 개혁개방기 '현재'와 근본적으로는 상통하고 있었음을 간과해서는 안 된다. 덩샤오핑의 이러한 카리스마적인 특성 묘사가 훗날 그가 일본과 서양을 모델로 하는 근대화 정책을 내세울 필연성을 시사한다고도 말할 수 있기 때문이다.

애매한 캐릭터-저우언라이와의 비교

그런데 덩샤오핑의 영화적 표상을 보면, 그의 캐릭터가 지니는 '애매함' 혹은 '특징 없음'이 그의 표상을 관통하고 있다는 느낌이 드는데, 이는 저우언라이의 표상과는 확연한 대조를 이루는 것이다. 이 문제에 관해 살펴보자.

1977년, 무대극 〈전환점轉折〉에서 저우언라이가 처음으로 연극 캐릭터로 등장한다. 저우언라이를 연기한 배우 왕테청王鐵成은 다음과 같이 술회한다.

"내가 무대에 오르자마자 박수 갈채가 쏟아졌다. 뒷좌석에 앉은 관객들이 조금이라도 무대 가까이로 오려고 자리에서 일어나 앞쪽으로 밀려들었다. 무대 바로 앞, 통로는 사람들로 빼곡하게 차 있었다. (…) 관객들의 훌쩍이는 소리도 들려왔다. 내가 대사를 말할 때마다, 저우언라이를 흉내내어 포즈를 취할 때마다 폭풍우 같은 박수 갈채가 쏟아졌다. 14분짜리 장면에 17번이나 박수 갈채가 쏟아져 나왔다."[31]

이러한 관객들의 열광적 반응의 배경으로 생각해 볼 만한 이유 중 하나는 뭐니 뭐니 해도 타계한 저우언라이 총리에 대한 존경심이겠으나, 좀 더 추측을 해 보자면 정치 지도자의 표상이 일종의 스펙타클로서 처음 등장한 사실도 들 수 있지는 않을까. 즉 무대 위의 모습이 저우언라이 본인과 얼마나 비슷한가를 눈으로 확인하고 싶다는 식의 욕망이 관객들 사이에 존재했고, 그 바람이 달성되었기에 위와 같은 열광적 반응이 나타난 게 아닐까 싶다.

그 뒤 저우언라이가 마오쩌둥과 함께 극영화 캐릭터로 스크린에 처음 등장한 것이 〈전환점〉 이듬해에 제작된 〈대하의 세찬 흐름大河奔流〉(셰테리謝鐵驪, 1978)이라는 제목의 대작 영화였다.[32] 이 영화는 황허 기슭에 사는 농가 여성이 겪는 파란만장한 반생을 그린 것인데, 여기에 두 정치 지도자와 관련한 상이한 표상이 예기치 않게 노정되었다.

마오쩌둥이 등장하는 장면에서는 감동적인 음악을 배경으로 황허 제방 위에 서 있는 마오가 주위를 둘러본 뒤 수행원에게 지시를 내리고는 옆에 있는 여주인공과 악수를 한다. 그러나 이 장면은 원경에서 잡은 쇼트에 옆모습이 화면에 비칠 뿐, 시간도 고작 몇 초에 불과한 짧은 장면이다. 이 감동적인 접견의 상세한 내용이 밝혀지는 것은 이어지는 장면에서 여주인공의 내레이션을 통해서다. 이처럼 마오쩌둥의 표상은 어디까지나 간접적으로 그려져 있었다. 이러한 표상 방식을 두고 당시에도 "마오쩌둥 등장 장면이 어째서 이렇게 한정적이냐"[33]는 비판도 있었으나, 지금 되돌아보면 극영화를 통해 살아 있는 마오쩌둥을 그리는 것이 여전히 터부시되던 시대 상황이 반영된 결과라고도 할 수 있다.

이와는 대조적으로 같은 영화에서 저우언라이에 대해서는 꽤 상세한 연출이 행해졌다. 저우언라이가 세찬 빗속에 우산도 쓰지 않은 채 군중 앞에서 연설하는 장면을 예로 들어 보자. 빗발이 퍼붓는 가운데 열변을 토하는 저우언라이에게 연설회에 참가한 청중이 보다 못해 우산을 씌워 주려는데 저우언라이가 손을 들어 일단 저지한다. 그런데 비가 점점 더 거세지니 그 청중이 다시 우산을 씌워 주려 들고, 저우언라이는 정중히 우산을 받아 들고는 고이 접어 옆에 놓아둔다. 이렇듯 세세한 동작 연출을 통해, 자신을 언제나 인민과 동등한 입장에 두고자 했던 저우언라이의 인품이 자연스럽게 표현되었다. 또 장면 전개에 맞추어 클로즈업에서 미디엄 쇼트, 전신 쇼트에 이르기까지 카메라 워크도 극히 자연스럽다.

〈대하의 세찬 흐름〉에 이어 1979년부터 1981년에 걸쳐, 저우언라이를 주인공으로 하는 극영화가 다수 제작되며 '저우언라이 붐'이 일

〈신문팔이 꼬마報童〉(1979)에서 신문팔이
꼬마를 돌보는 저우언라이(왕톄청 분)

었다.[34] 여기서는 서정적인 묘사 방식이 주류를 점했다. 예를 들어, 암을 앓고 있으면서도 문자 그대로 온몸이 부서져라 나랏일에 열중하는 일화, 일반 서민에게도 상냥하게 대하던 일화 등이 최루성 수법으로 그려졌다. 물론 이는 사실에 기초했다기보다는 다분히 허구를 포함한 연출이었다. 가공의 멜로드라마 〈두 번째 악수第二次握手〉(둥커나董克娜, 1980)에서는 전쟁으로 생이별한 커플이 이십 년 만에 재회하는데, 상대 남성이 이미 다른 여성과 결혼한 사실을 알고 실의에 빠져 그의 곁을 떠나려 하는 여주인공을 만류하는 이가 놀랍게도 저우언라이 총리였다.

개혁개방 정책이 진전되는 1980년대 중반경이 되자, 상업주의적 풍조가 대두하는 가운데 저우언라이의 표상이 상업적으로 이용되는 사례도 나오기 시작했다. 영화 잡지 『전영평개』 1985년 제12호에는 다음과 같은 독자 투고가 실렸다.

"어느 날 버스에 타고 있었을 때의 일이다. 한 손에 캔 주스를 든 고故 저우언라이 총리가 '맛있어요!'라고 말하는 양, 이쪽을 보며 미소 짓고 있는 사진을 보고 아연실색했다. 찬찬히 다시 보았더니, 차창에 붙어 있는 주스 광고였다. 사진에 찍힌 이는 수많은 영화에서 저우언라이 총리를 연기하던 배우였다. (…) 이건 돌아가신 저우언라이 총리에 대한 모욕이다."[35]

이러한 상업적 경향에 대항하여, 1985년에 당국은 새로운 정책을 내놓아 규제하기 시작했다. "중화인민공화국(신중국) 성립 이후의 당과 국가 지도자를 극영화나 텔레비전 드라마, 무대극과 같은 허구적 형식으로 그리는 일을 삼가야 할 것이다", "허구적인 작품에 등장하는 당과 국가 지도자는 표준어普通話를 써야 마땅하며, 방언을 쓰는 것은 금한다" 같은 식으로 실제적인 규제를 꾀한 것이다.[36]

여기서 다시 덩샤오핑에게로 눈을 돌려 보자. 저우언라이와는 대조적으로, 같은 시기에 덩샤오핑이 극영화 캐릭터로 스크린에 등장하는 일 자체는 극히 이례적인 일이었다. 설령 영화화되더라도, 그 몇 안 되는 영화들에서 '저우언라이 시리즈'와 같이 허구를 섞은 서정적인 연출이 행해진 예는 하나도 없었다. 그 이유란 간단했다. 덩샤오핑이 자신의 이미지를 스스로 관리, 조작하고 있었기 때문이다.

일례로 앞서 언급한 젊은 덩샤오핑의 혁명 활동에 초점을 맞춘 〈백색 무장 봉기〉를 보자. 실은 이 작품은 기획 단계에서 덩샤오핑 본인의 맹렬한 반대에 부딪혀, 한시적으로는 실현 가능성을 점칠 수 없었다. 그러나 이 작품의 특별 고문을 맡은 덩샤오핑의 친구이자 원로 혁명가인 왕전王震이 "그 시대 역사를 충실히 재현하기 위해서는 자네의 등장이 꼭 필요하다"고 설득하여, 가까스로 실현에 옮겨지게 되었다고 한다.[37] 게다가 〈대결전 화이하이 전투〉의 클라이맥스를 이루는 마지막 장면에서는 덩샤오핑 본인의 스틸 사진이 스크린에 비춰지고, "내 이야기를 영화화하지 말라"는 덩샤오핑의 당부가 내레이션으로 특별히 삽입되었다.

관점에 따라서는 오락 영화의 질을 떨어뜨릴 수 있는 이러한 연출을 일부러 택하게 함으로써, 영웅으로서의 자기 형상화를 회피하고자 한 이유로 적어도 두 가지 점을 추측할 수 있다. 덩샤오핑은 1970년대 말에 마오쩌둥에 대한 개인 숭배를 금지하고 마오쩌둥 사상을 상대적으로 수용하길 인민에게 호소했다. 그렇기에 마오쩌둥을 이어 권좌에 올랐으니 자숙하는 의미로 이러한 영화 제작을 회피했다는 것이 첫 번째 이유가 될 것이다. 한편, 덩샤오핑 자신이 추진한 시장 경제의 핵심이 경제적 자유주의였기에, 사회 시스템을 가동하는 데 시장제도 정비 외에 강한 정치적 지도자는 필요 없었을 터. 그러므로 개인숭배를 장려하는 문화 정책을 내걸 필요가 없었으리란 점이 두 번째이유가 될 것이다.

이미 앞서 고찰했듯, 생전의 덩샤오핑은 표상되지 않거나 혹은 애매한 표상에 머물러 있었다. 그 때문에 '평소에는 어디에 있는지 알 수 없지만, 여차할 때 홀쩍 나타나는', '공기처럼 애매하면서도 절대적인 존재감을 과시하는' 식의 덩샤오핑 이미지가 형성되었다. 즉 덩샤오핑의 표상이 평소에는 그의 본질이 쉽사리 잡힐 수 있는 고정된 이미지를 형성하는 건 아니나, 막상 시스템에 위기가 닥쳤을 때 전 사회를 구제할 신과 같은 존재로 치켜세워지는 것이다. 덩샤오핑에 관련한 표상의 이러한 역설의 근거는 덩샤오핑 자신이 1980년대 사회에서 차지하던 위상에서 유래하는 것이라고도 볼 수 있으리라.[38]

그러나 이상 언급한 몇몇 영화적 표상에서 덩샤오핑이 도입한 근대화 정책의 핵심에 존재하는 '이율배반' 혹은 '모순'이 누락되었음은 부정할 수 없다. 이는 사유 재산의 폐기라는 사회주의 이념과 사회주의 정치 프로그램의 실현을 목표로 하는 공산당의 지도 이념을 견지하면서도, 한편으로는 덩샤오핑이 내건 토지 이외의 자본에 대해 외국 자본의 도입에 기초한 시장 경제를 전면적으로 도입한다는 '사회주의적 시장 경제' 이념 체계에서 가장 응축된 형태로 표현된다. 이 모순은 경제, 법, 정치, 사회, 이데올로기 전면에 걸쳐 개혁개방 시대의 중국을

중국영화의 열광적 향금기

규정해 간 것으로, 이 모순의 현실화가 일종의 순환 현상으로서 작용했다. 즉 "개방을 하게 되면 혼란이 생긴다. 혼란이 생기면 정부가 개입한다. 이 개입이 너무 과도하게 되면, 정치적·문화적 활기가 사라져 버리게 된다. 이에 여러 규제들을 다시 완화한다. 그리고 다시 처음으로 되돌아가 이 과정을 반복한다." 이런 식의 되풀이된 패턴이 1980년대 중국의 정치, 경제, 사회, 문화 전반을 특징지었다. 일례로, 당국에서는 문화 정책을 시행하면서 '사상 해방'을 내걸어 미디어에 대한 규제를 완화하다가, 자유주의 사상과 상업주의 사상이 과도하게 만연하자 이를 저지하는 정치적 캠페인을 수년 간격으로 여러 번에 걸쳐 실시했다.

그러나 덩샤오핑의 영화적 표상에서는 이러한 모순과 이율배반이 정치 지도자의 이미지와 맞지 않다 하여 무시되고 폐기되었다. 그렇기에 덩샤오핑의 본질적인 부분에 다가가기 위해서는 지도자 자신의 표상에서 그의 분신이라고도 할 허구적인 등장인물들의 표상으로 시선을 옮기지 않으면 안 될 것이다. 왜냐하면 이 '덩샤오핑 분신들'의 표상이야말로 1990년대 이래의 소위 말하는 글로벌화에 앞장서서 외국 자본 도입에 기초하여 근대화를 추진한 덩샤오핑의 본질을 드러내고 있기 때문이다.

전위轉位된 표상-'문혁 영화'에서 희화화된 덩샤오핑의 모습

덩샤오핑과 그 분신들의 표상의 뿌리는 문혁 말기에 제작된 프로파간다 영화로 거슬러 올라갈 수 있다. 덩샤오핑을 '주자파(走資派, 공산당 내부의 자본주의 노선을 걷는 파벌)'로 명명하고 규탄한 〈기쁨에 넘치는 샤오량허歡騰的小涼河〉(류충劉瓊, 1976), 〈반격反擊〉(리원화李文化, 1976)과 같은 작품이 그 사례다. 그 밖에도 덩샤오핑을 비롯한 근대화 노선을 추진하는 원로 정치가와 장칭으로 대표되는 문혁파 간의 권력 투쟁이 각각의 이념을 체현한 허구적 등장인물로 전위되고, 그들이 스크린 위에서 권력 투쟁을 벌이는 작품군도 있다.[39] 이들 작품에서는 자본주의, 수정주의 꼬리표가 붙은 '프티 덩샤오핑'들이 매우 우스꽝스럽게 그려져 있다. 이런 부정적인 영화 표상의 뿌리가 있었기에, 훗날 권력의 정점에 올랐음에도 불구하고 덩샤오핑의 이미지가 신격화되기란 어려웠을 것이다.

2) '개혁 영화'라는 장르의 창출

앞서 살펴보았듯, '덩샤오핑의 시대'라 불리던 당시 그를 표상하는 데는 대단한 제약이 뒤따랐다. 그러나 덩샤오핑이 만약 '덩샤오핑적 정신'으로 표상되는 것이라 한다면, 남녀노소 가리지 않고 누구든 '덩샤오핑화'함으로써 '덩샤오핑의 분신'이 될 수 있다. 당시 중국 영화에 등장하던, 낡은 시스템을 비판하면서 개혁개방의 길을 선택한 개혁자들이야말로 덩샤오핑의 간접적 표상이라 할 것이다.

'개혁'과 '문혁'

문혁 시대에는 이데올로기와 가치관, 행동양식 모델이 확고한 기호체계로서 확립되어 있었다. 이 기호 체계는 개혁개방 시대에 돌입하자마자 단숨에 해체되었고 급기야는 반전되어 버렸다. 패러디의 대상이 되어 버린 이 기호체계를 대체할 실천 가능한 새로운 모델이 필요해진 것이다.

이와 같은 시대적 상황 아래, 중국 정부는 개혁개방의 바람직한 모델을 시각적 이미지로 중국 국민에게 제시하기 위해 예술가들에게 정책 이념의 작품화를 호소했다. 그 결과, 개혁개방을 제재로 한 영화, 텔레비전 드라마, 소설이 쏟아져 나왔다. 그리고 이들 결과물이 '개혁물'이라는 장르를 형성하기에 이른다. 그 효시가 된 작품이 1979년에 발표된 장쯔룽蔣子龍의 소설 「차오 공장장의 부임기喬廠長上任記」로, 이 소설을 원작으로 한 텔레비전 드라마(1980)와 영화(1981, 공개 때 제목을 〈철의 소리鐵聲〉로 변경)가 즉각 제작되어 각광을 받았다.

「차오 공장장의 부임기」의 히트에 이어, 영화 〈언제나 뜨거운 피血, 总是热的〉(리원옌李文彦, 1983), 〈피고의 배후在被告后面〉(창옌常彦, 1983), 〈화원가 5호花园街5号〉(장수썬姜树森·자오스赵实, 1984), 〈대리시장代理市长〉(양자이바오杨在葆, 1985), 〈T성의 84, 85년T省的84 ·85年〉(양옌진, 1986), 〈여인의 역량女人的力量〉(장수썬·자오스, 1986), 〈공화국은 잊지 않는다共和国不会忘记〉(자이쥔제翟俊傑, 1988), 그리고 텔레비전 드라마 〈신성新星〉(1986) 등도 사회적으로 커다란 반향을 불러일으켰다.

가상의 공장을 무대로 개혁의 시시비비를 둘러싼 개혁파와 보수파 간의 다툼을 스토리의 축으로 삼고, 개혁의 필요성을 직설적으로 호소하는 내용이 이들 '개혁 영화'의 패턴이었다. 이들 개혁 영화에서 개혁가, 즉 주인공은 마치 구세주인 양 그려지는 예가 많았다.[40] 개혁가 역의 그 혹은 그녀가 나타나자마자 산더미 같던 난제가 한순간에 해결된다는 식의 묘사를 지금 시점에서 보면, 현실과 동떨어진 이상에 불과하단 인상이 드는 건 부정할 수 없다. 그럼에도 불구하고 '개혁 영화'는 당시 관객과 시청자의 절대적인 지지를 모았다.

일례로 당시 대부분의 기업에서는 종업원의 투표로 공장장을 선출하곤 했는데, 그때 「차오 공장장의 부임기」의 주인공 '차오광푸乔光樸'라는 가공인물의 이름이 적힌 투표용지가 잔뜩 나왔다고 한다. 그 이유는 "힘겨운 현실 앞에서 무력함을 통감하고, 청렴하고 공정한 관리

훗날 선전에서 실업가로 변신한 푸리리

와 유능한 경영자라는 수퍼맨이 나타나 구원해 주길 꿈꾸는 것 외에는 별다른 도리가 없던 중국 일반 서민들의 심리가 반영되었다"라며 당시 영화 평론에서 지적하는 대로일 터다.[41]

이처럼 '표상'과 '현실'의 관계에서, 표상은 홀로 움직이기 시작하여 현실에 작동하고, 현실을 바꾸어 버렸다. 바로 이 홀로 움직이기 시작한 표상이 '개혁 영화'를 특징짓는다. 그 예로, 개혁개방 시대 초기 선전深圳을 비롯한 경제 특구에서는 외자 도입에 기초한 시장 경제 도입이 실험되었고, 거기서 얻은 경험과 모델을 다른 지역으로 밀고 나가는 전략이 당국에 의해 채택되었다. 그 결과, 단기간에 경제 성장을 이룩한 선전은 당시 중국인들에게 '조국 속의 이국異國'이자 동경의 대상이 되었다.[42] 그러나 실제로는 선전에 얽혀 있는 이러한 모던하고 근미래적인 대도시 이미지 대부분이 영화에 의해 형성된 것이다. 〈특구의 그他在特區〉(딩인난丁蔭楠, 1984), 〈특구 아가씨特區姑娘〉(후수어胡書鍔·류관슝劉冠雄, 1985) 같은 선전을 미화하는 '개혁 영화'가 여기에 속한다.

주목할 점은 이들 작품 제작에 관여했던 많은 영화인들이 그 뒤 실제로 선전으로 건너가 사업가로 변신한 사실이다. 〈잔혹한 연인殘酷的情人〉(샹린向霖, 1986)에서 여사장 역을 맡아 호연했던 여배우 푸리리傅麗莉, 〈특구의 그〉와 〈짝사랑 여인의 여관相思女子客店〉(둥커나, 1986) 등 개혁 영화에서 주연을 맡았던 여배우 장샤오레이張小磊, 〈싼바오가 선전에 소동을 일으키다三寶鬧深圳〉(링쯔凌子, 1985년에 완성되었으나 일반 공개는

1988년)에서 사장 역을 맡았던 여배우 류샤오칭劉曉慶은 자신이 연기한 개혁가 역할에 이끌리듯, 로케지였던 선전에서 실제로 회사를 세워 사장 자리에 앉았다.[43] 스크린에서 연기하던 캐릭터를 실생활에서도 모방한 셈이다.

〈대리시장〉(1985)

　그러나 '개혁' 이미지 형성에 많은 영향을 끼쳤던 '개혁 영화'는 일종의 '시국 영화'이기도 해서, 사회 상황의 변화에 따라 당초의 임팩트를 잃게 되었고 급기야는 망각되어 버리는 지경에 이르기도 했다. 〈대리시장〉이 그 좋은 예다. 이 영화는 풍요로워진 농민들이 자주적으로 자금을 각출하여 개울에 다리를 놓은 신문 보도를 바탕으로 한 세미다큐멘터리 풍의 작품이었다. 종래에는 사적인 자금으로 공공시설을 만드는 일 자체가 상상도 할 수 없는 일이었기에, 이 작품은 공개되자마자 중국 사회에서 큰 화제가 되었다. 그런데 시간이 경과하면서 시장 경제화가 진행된 결과, 예전에는 공공 부문으로 여겨지던 사업을 민영화하는 게 당연시되었다. 이렇게 상황이 바뀌자 이 작품의 주제도 완전히 빛바랜 것이 되어 버리고 말았다. 이런 정황을 보고 있자면, 이런 류의 '개혁 영화' 수용 방식이 문혁 체제의 종결과 함께 사라진 '문혁 영화'와 비슷하다는 사실을 상기하지 않을 수 없다.

　애당초 '문혁'도 '개혁'도 앞서의 체제를 부정하고, 낡은 것을 파괴하여 새로운 것을 도입하려 한 정치·경제 운동이었다. 그렇기에 이 둘 사이의 영화적 표상에 구조적으로 어느 정도 유사한 데가 있음은 부정할 수 없다.[44] 그러나 '문혁 영화'에서 '개혁 영화'로 이행하는 가운데, 주인공은 정치적 영웅에서 경제적 영웅으로 변모했다. 이 전환의 의미는 크다 할 것인데, 왜냐하면 영웅상英雄像의 질적인 변화가 그 속에 내재되어 있기 때문이다.

개혁 영웅에 얽혀 있는 애매한 이미지

앞서 언급한 대로, '문혁 영화'와 '개혁 영화'에 얽힌 영웅상에는 근본적인 차이가 존재한다. 전자가 목숨을 건 투쟁을 통해 자기 주장을 관철하는 남성적인 '주인'의 원리에 기반을 둔 영웅임에 반해, 후자는 자기 보존으로서의 노동에 의지해 이익을 추구하는 '하인'의 원리를 체현한 영웅이다. 그래서 문혁 영화에서의 영웅상은 단순 명쾌했다. 그 혹은 그녀는 언제나 확고한 이념을 지녔고, 주위로부터 압도적인 지지를 받았다. 다소 우여곡절이 있더라도, 늘 해피엔딩이 보장되어 있었다. 그렇기에 그들의 죽음조차도 구원이 약속된 수난이었다. 이에 반해, 개혁 영화의 경우, 주인공은 근면하나 성격은 애매하게 설정되었고 때로는 비열하고 계산적인 모습을 보이기까지 했다. 또 그들이 고민하거나 곤혹스러워하거나, 오해받거나, 비난받거나, 실각하는 측면에 초점이 맞춰져 있는 경우가 많았다. 영화 줄거리에서도 그들이 결국 어디로 가는가는 본질적 요소가 아니었다. 그렇기에 '개혁 영화'의 표상은 애매할 수밖에 없었다.

영화 평론가 왕수슌王樹舜은 1991년에 '개혁 영화'에 관해 다음과 같이 지적했다. "〈피고의 배후〉, 〈언제나 뜨거운 피〉, 〈대리시장〉, 〈화원가 5호〉, 〈T성의 84, 85년〉 같은 개혁 영화 주인공들은 개혁 노선을 추진하는 과정에서 온갖 곤란에 부딪치는 게 당연한 수순이었는데, 그 여정이 결코 평탄하지는 않았다. 상사, 동료, 라이벌 같은 등장인물들이 반대 세력으로 꼭 등장하는 가운데, 주인공들은 그들에 대항

해 일어서고, 고투하며, 큰 대가를 치
루고 가까스로 승리하거나, 아니면 이
들 개혁가의 운명이 어찌 될지 확실히
제시되지 않은 채로 마지막 장면을 맞
이하는 설정이 대부분이었다."[45]

〈언제나 뜨거운 피〉의 주인공이 그
런 개혁 영화의 전형일 것이다. 직물
프린트 공장을 무대로 완고히 뿌리 내
린 구세력을 깨트리는 공장장의 활약
을 그린 이 작품에서는 경영 부진에
서 회사를 구하기 위해 주인공이 갖
은 수를 쓰는 모습이 그려진다. 기획
을 통과시키기 위한 전략을 짜고, 당
국에 출두한 주인공은 당시 사치품이
던 카세트 테이프 레코더를 갖고 가서

〈언제나 뜨거운 피〉(1983)의 반대 세
력과 대치하는 개혁가(양자이바오 분)

〈언제나 뜨거운 피〉에서 테이프 레코더
를 관료에게 보이는 주인공

는 마치 뇌물로 바치겠다는 양 관료에게 보인다. 이에 속은 관료가 기
획서에 허가 도장을 찍자마자, 그는 기획서를 주머니에 집어넣고 천
천히 테이프 레코더도 챙겨 돌아가 버린다. 결국 이 공장장은 낡은 시
스템을 옹호하는 세력의 눈엣가시가 되어 모함을 당하고, 상부 기관
으로부터 정직 처분을 당하고 조사받는 처지가 되고 만다. 마지막 장
면에서 그는 수많은 문제를 안고 있는 중국의 사회 시스템에 비분강
개한다. "사회주의 국가인 우리나라를 한 대의 커다란 기계라고 치자.
그런데 어딘가 일부분의 기어가 벌써 녹슬어 버려 돌아가지 않고 있
다. 우리들의 피를 윤활유 삼아 칠함으로써 다시 기계가 돌아가게 해
야 한다. 낡아빠진 관습을 답습하거나 개혁의 추세를 그저 지켜보기

만 해서는 아무것도 변하지 않을 것이다." 이 명대사는 미디어에 의해 종종 인용됨으로써, 수많은 중국 국민의 공감을 얻게 되었다.

이 영화에서는 개혁의 눈부신 성공보다 실패와 좌절이 클로즈업되었다. 끊이지 않는 상찬과 모함에 처해지는 모습은 개혁 영화 속 주인공들의 두드러진 특징임과 동시에, 정치 투쟁에서 세 번 실각하고 세 번 부활한 불사조 같은 존재로 알려진 덩샤오핑의 캐릭터와도 겹쳐진다. 그런 의미에서 〈언제나 뜨거운 피〉를 비롯한 개혁 영화의 주인공들은 덩샤오핑의 정치적 자취를 되짚고 있는 듯도 보인다.

여기서 개혁개방 정책 아래 중국의 현실 산업 전선에서 활동한 영웅들을 잠깐 살펴보도록 하자. 1980년대 중반, 중국 개혁개방 정책의 중점이 농촌에서 도시로 이행하는 가운데 새로운 경영 이념을 지닌 기업가 푸신성步鑫生과 마성리馬勝利가 국민적 영웅으로 정부에 의해 치켜세워졌다. 그러나 1980년대 후반이 되자, 이 둘은 각기 부정과 경영 부진으로 실각하게 된다. 이 둘을 당시 중국인 벤처 기업가의 한 전형이라 볼 수도 있을 것이다.[46] 시장 경제 이념을 체현하던 '덩샤오핑의 분신들'은 마치 유기체처럼 '탄생, 성장, 노화, 죽음'이란 영고성쇠의 운명을 겪었다. 즉 '개혁개방'의 이념을 체현한 영웅들은 현실에서건 영화에서건 자본의 법칙을 체현한 존재로서 자본의 한 단자(單子, 모나드)처럼 개혁을 전개하는 가운데 속세의 부침을 겪어야만 했던 것이다.

게다가 개혁가들의 이념을 체현한 개혁개방 시대의 여러 모델들 자체 또한 늘 자본의 순환 속에 편입되어 있었다. 일단 시장경제에 놓인 이상, 그 사회에서 기능하는 모델은 영원히 기능해 갈 수 없고, 어떤 시기에는 훌륭히 기능하고 있던 모델도 시대의 변화에 따라 필연적으로 낡은 것이 되어 버린다. 그렇기에 개혁개방 시대의 모델은 자본의 순환이 그러했듯 끊임없이 자기 갱신과 탈피를 겪으면서 낡은 모델은 소비되었다 버려지고, 새로운 모델이 나타날 때마다 낡은 모델을 체현한 개혁자 또한 필연적으로 도태되어야만 했다.

〈주방 교향곡〉(1984)의 인기 있는 미남 개혁가(쑨춘孫淳 분)

같은 이치가 개혁 영화의 이야기 구조와 주인공의 성격 설정에 대해서도 적용된다. 정부는 개혁개방의 미덕을 영화라는 시각적인 형식으로 국민에게 호소하면서 바람직한 개혁 모델과 담당자상을 이념으로서 제시하고, 시뮬레이션으로서 국민에게 '개혁'을 의사 체험케 하고자 했다. 그러나 '이건 위험하다', '여기까지 와서는 안 된다' 하는 부정적인 규제가 여기에 작용했다손 치더라도, '꼭 이렇게 해야 한다'는 적극적이고 명확한 영웅상을 확립하는 데까지는 결국 도달하지 못했다. 그렇기에 개혁 영화에서는 다양한 '개혁가' 이미지가 난립하게 되었다.

그런 작품들 중에는 작품 자체도 히트하지 못했을 뿐 아니라, 개혁가의 인물상도 정부의 요청에 일치하지 않았기에 도태되는 캐릭터도 허다했다. 일례로 〈주방 교향곡鍋碗瓢盆交響曲〉(텅원지, 1984)의 주인공 청년은 고작 26세에 적자 투성이 국영 레스토랑의 경영을 맡아 갖가지 개혁 조치를 통해 적자를 보전하고 이익을 내는 데 성공한다. 그러나 동업자들의 질투와 급격한 경영 방침 전환이 온갖 문제들을 일으킨 탓에, 결국 정직 처분에 처해지고 만다.

이 작품은 개혁 영화이면서도 레스토랑 경영을 둘러싼 다툼이 배경에 놓인 데다 주인공 청년과 세 명의 여성들 간의 연애가 클로즈업되는 등 무엇을 이야기하려는지가 불분명해져 버렸다. 거기다 명확한 이야기 전개를 거부하는 듯한 기법이 구사되기까지 했다. 등장인물의 시점 쇼트나 줌 쇼트가 적극 배제되었고, 종적 구도와 롱 테이크를 다수 사용한 촬영기법이 구사되었다. 또 등장인물이 화면의 양쪽 가장자리가 아니라, 세로 방향에서부터 카메라를 등지고 화면에 출입하는 등 실험적이랄 수도 있는 연출이 이야기의 다의성多義性에 박차를 가하는 결과를 낳았다.[47] 초점을 의도적으로 흐릿하게 함으로써 모호해진 개혁 영웅 이미지는 당연히 당국의 호감을 살 수 없었고, 당시 영화 평론계의 반응도 나빴다. 이 영화의 청년은 영웅이 될 수 없었던 개혁가의 전형이라 할 수 있다.

한편 당국의 요청에 합치되면서 대중에게도 통하던 개혁 영웅 캐릭터도 있었다. 성공한 개혁 영웅 이미지로 이후의 영화들에서도 표준이 된 것이 〈언제나 뜨거운 피〉, 〈피고의 배후〉, 〈대리시장〉 등이었다.

개혁 영화의 주인공들은 국민들에게 개혁개방을 호소하고자 정부가 이용한 고정된 모델, 견본이라기보다는 언제나 변화를 겪으며 시장 경제화 실험을 의사 체험케 하는 표본으로 받아들여졌다. 그렇기에 개혁개방에 관한 명확한 이미지가 확립되지 않던 1980년대에 '개혁 영화'는 개혁개방 정책을 시각적인 형태로 제시함으로써 정책 추진에 크게 기여했다 할 것이다.

막연한 행복의 미래상

전직 문화부장 왕명王蒙은 2007년에 1980년대에 관해 다음과 같이 술회했다. "중국의 개혁개방 정책이 일말의 낭만적인 미래상을 그려 냈다고는 하나, 전혀 전례가 없던 사업이었으므로 실제로는 갖가지 곤란에 직면하지 않으면 안 되었다."[48] 그의 말마따나 중국 정부와 국민은 행복한 미래를 막연히 꿈꾸면서 시장경제를 도입하는 데 시행착오를 거듭하지 않으면 안 되었다. 이 과정에서 중국 사회는 시장과 정치의 동향에 휘둘리며 줄곧 흔들렸다. 이전에는 절대로 허용되지 않던 물질적 풍요에 대한 욕망이 장려되기 시작했다고 생각했더니, 다음에는 '공산주의적 이념의 강조'와 '자본가 계급 자유주의 경계'라는 명분 아래 전자가 비판과 풍자의 대상으로 탈바꿈해 버렸다. 이러한 정책상의 모순과 반동은 개혁개방 시대를 특징지으며, 지금껏 그 기본적 구조를 유지하고 있다.

"무엇을 지향해야 할지 알 수 없다"는 혼돈된 상황 혹은 애매한 상황에 서게 된 것은 중국 영화도 마찬가지였다. 노상 고민하거나 개혁에 힘쓰거나 혹은 그 때문에 우왕좌왕하는 덩샤오핑의 분신 즉 '개혁영웅'들이 다수 등장했고, 기회주의와 유연성과 애매함의 삼위일체를 대리하는 표상으로서 소비되고 버려졌다. 이들 캐릭터의 위와 같은 설정을 단지 개인적인 특성이라고만 치부해서는 안 될 것이다. 개인적인 특성이라기보다는 그 시대 중국 사회와 국민의 반영일 터. 그때그때 상황 변화에 신속히 대응하고 목적 달성을 위해 무엇이든 받아들이는 유연성이야말로 현재 중국 사회를 특징짓는 애매함의 기원을 형성한 것이다. 이러한 시대정신을 체현한 덩샤오핑 그리고 그의 분신이라 할 '개혁 영웅'을 동시대에 표상함으로써 오늘날 중국의 기원을 기록한 것, 바로 그것이 '개혁 영화'였다.

제2장

'외부'로 향하는 시선
-한정된 정보로부터 얻는 영감

문혁이 종결되고 개혁개방 정책이 전개되던 1980년대 당시는 인터넷은커녕 텔레비전 같은 대중 매체도 보급되지 않아 외국으로부터 정보를 손에 넣기가 어려운 시대였다. 이런 상황 아래서 유통되고 있던 '외부' 이미지는 당시 중국 사람들이 근대화와 시장화에 대해 품고 있던 갈망을 짙게 투영한 꿈의 프로젝트를 이루고 있었다 할 것이다. 영화인들 역시 대부분의 중국 국민들과 마찬가지로 '외부 세계(=서방 국가)'의 극히 일부분밖에 접할 수 없었다. 그럼에도 불구하고 그들은 한정된 정보로부터 영감을 얻어 새로운 문화 창출을 시도했다.

이 장에서는 '외부' 수용의 문제를 민중 차원과 지식인(영화인) 차원의 양면에서 검토해 보고자 한다.

1. 춤추는 젊은이들
-민중의 댄스 붐과 '문화 번역'

1980년대 중국의 젊은이들은 일본과 서양 선진 국가의 문화를 동경하여, 필사적으로 그것을 모방함으로써 '자본주의적 신체'에 동일화를 꾀했다. 자장커賈樟柯, 왕샤오솨이王小帥, 러우예婁燁 등 1970년 전후에 태어나 1980년대에 청춘을 보낸 제6세대 감독들의 작품에는 이러한 젊은이들이 종종 등장하곤 한다. 예를 들어 〈플랫폼站臺〉(자장커, 2000)에서는 쇠락한 간선 도로 옆에 멈춘 트럭 짐칸에서 쌍둥이 자매가 디스코를 추고, 〈상하이 드림靑虹〉(왕샤오솨이, 2005)에서는 선글라스를 쓰고 나팔바지를 입은 청년이 윗도리를 벗어 던지며 디스코를 추기 시작한다. 이는 분명 제6세대 감독들이 지나가 버린 한 시대에 바치는 오마주다. 그들은 자신의 작품을 통해 시대의 기억 그리고 영화 장르의 기억에 기대어 댄스 붐을 향수에 젖어 돌아보고 있는 것이다.

댄스 붐은 1980년대 대중문화를 특징짓는 중요한 현상이었다. 그럼에도 불구하고, 이 붐은 중국의 공적인 언설이나 국내외 중국 문화 연구에서 맹점이 되어 버렸고, 학문적인 검증이 이루어지지 않은 실정이다. 일례로 1980년대 이래의 청년문화를 다룬『중국 청소년 유행 문화 현상 보고中國靑少年流行文化現象報告』(楊長征 著, 中國靑年出版社, 2004)에도 댄스 붐에 관한 기술은 전혀 실려 있지 않다. 또 상하이의 댄스홀 문화를 전문적으로 고찰한『댄스홀·시정舞廳·市政』(馬軍 著, 上海辭書出版社, 2010)에서는 비록 이 책이 1949년 이전의 '마도 상하이' 시대에 초점을 둔 연구서이긴 하나, 1980년대 댄스 문화에 관해서는 가볍게 훑고 지나가는 데 그쳤다.

이는 아카데미즘과 공적인 언설에서 문화적 현상의 가치 판단 기준을 오리지널리티 여부에 두고 안일하게 판단해 온 탓이라 할 것이다. 댄스 붐은 그저 서양문화를 유치하게 모방한 데 불과한 '잡종적 문화'라고 사회 일반에 여겨졌고, 현재도 이러한 견해는 거의 바뀌지 않고 있다. 더군다나 '댄스'는 당시에도 저급한 서브컬쳐, '속된' 문화라며 경시되었다. 댄스 붐에 관한 기술이나 문자 자료가 거의 존재하지 않는 건 그래서다.

사회 현상으로서 이미 과거의 유물이 되어 버린 댄스 붐에 관한 언설에 접근하기가 지극히 어려워진 현재, 유일하고 중요한 실마리가 되는 것이 당시 제작된 중국 영화다. 영화 미디어는 댄스 붐을 실시간으로 기록했고, 수많은 뮤지컬 영화와 댄스 영화가 그 붐에 편승하여 출현했다.

　여기서는 춤추는 신체에 응축된 집단과 개인, 현실과 이미지, 국내와 국외, 오리지널과 모방이라는 여러 가지 문제를 호미 바바Homi K. Bhabha와 포스트 콜로니얼 이론을 참조하여 신체, 집단 히스테리, 문화 번역 등 다양한 관점에서 고찰하고자 한다. 포스트 문혁기의 댄스 붐 현상을 특징지을 '이종 혼합성'이 탄생한 역사성을 분명히 하고, 더나아가 현재 중국 문화에 여전히 남아 있는 1980년대 댄스 붐의 폭넓은 영향이 남긴 흔적도 검증해 볼 것이다.

1) 사교 댄스와 집단 히스테리

사교 댄스에 새겨진 복수複數의 시간과 '외부'

문혁에 의한 폐쇄 상태로부터 벗어난 1979년 2월, 베이징 '인민대회당人民大會堂''에서 중국 정부의 중추 기관인 국무원國務院 주최로 댄스 파티가 열렸다. 〈아름답고 푸른 도나우 강〉과 〈빈Wien 숲 속의 이야기〉가 흐르는 가운데 사람들은 왈츠와 폭스트롯foxtrot을 추었다. 이는 문혁 때 금지되었던 사교 댄스가 해금되는 순간이자, 덩샤오핑이 문혁 코드를 타파하기 위해 내걸었던 '사상 해방' 정책을 가장 잘 반영하는 역사적 사건 중 하나라 할 것이다.[1]

　그러나 중국에서의 사교 댄스 유행이 문혁 이후에 갑자기 나타난 현상이 아니라, 전쟁 전까지 거슬러올라가는 긴 역사를 지닌 것임을

---

*　1959년 중화인민공화국 건립 10주년을 기념하여 건축되었다. 베이징 톈안먼 광장 서쪽에 위치하며, 부지 면적 15만 평방미터에 건물 면적은 17만 평방미터의 거대한 건축물이다. 국가와 각 인민 단체에서 주관하는 정치, 외교, 문화 활동의 무대로, 매년 전국인민대표회의와 중국인민정치협상회의가 이곳에서 열린다.

간과해서는 안 된다. 20세기 전반, 상하이를 중심으로 중국인들은 양복을 입고 재즈를 들으며 댄스홀에서 춤추는 서양문화에 익숙해 있었다. 사교 댄스는 바로 그러한 서양 모더니즘 문화의 대표격이었다. 1949년에 중화인민공화국(신중국)이 성립되어 중국이 사회주의 노선을 걷기 시작하면서, 서양 모더니즘 문화는 식민지 지배의 어두운 유산이라며 전면적으로 부정되기에 이른다. 그런데 그중 사교 댄스는 예외적으로 살아남았다. 리듬에 맞춰 집단적으로 신체를 움직이게 함으로써, 당국이 국민에게 신체적 규율 훈련을 시키고자 했기 때문이다. 사교 댄스는 러시아 풍의 포크 댄스集體舞와 한 세트를 이루고 '소련 문화'라는 이름을 빌려 합법성을 획득할 수 있었다.[2] 사회주의 진영에 속한 소련은 당시 중국에게는 지향해야 할 모델이었으며 새로운 '외부'였기 때문이다.

그러나 1960년대 전반이 되자 중소 관계가 붕괴, 단절되었고, 중국 측은 소련이 이미 마르크스 · 레닌 사상에서 일탈하여 수정주의적 · 패권주의적 국가로 전락했다고 간주했다. 이에 '소련의 문화'로 여겨지던 사교 댄스는 '면죄부'를 잃고 사회의 주변부로 밀려났다. 더욱이 문혁 발발(1966)을 계기로, 사교 댄스는 자본주의적 데카당스(=서구)와 수정주의적 편향(=소련)의 이중 문맥에 놓여 철저히 부정되기에 이른다.

이처럼 사교 댄스에 얽힌 기억에는 20세기 전반의 모더니즘 시대와 1950년대, 문혁 시대라는 복수의 '시간'이 각인되었고, 또 다양한 '외부'가 새겨졌다. 그 때문에 비록 사회 현상면에서는 지워져 버렸다고는 할지라도 일단 각인된 흔적은 남아, 여차할 때마다 집단적인 기억 속에서 되살아났다. 그러한 흔적의 반복과 떠오르는 기억의 경위를 추적하기 위해 이제 댄스 붐과 문혁의 기억 문제에 관해 고찰해 보고자 한다.

문혁 시대의 집단적 신체

문혁 시대에는 혁명적 정신과 사상, 이데올로기를 너무나 중시한 나머지 신체는 낮은 차원의 것으로 경시되었다. '신체'가 존재할 여지는 규율discipline에 따라 행동할 것과 미리 정해진 동작을 반복하는 것 외에는 없었다. 문혁 당시의 연극과 댄스, 영화에는 고정된 의미를 지니는 몇 가지 포즈들이 존재하고 있었다. 예를 들어, 양 팔을 높이 앞으로 뻗으면 마오쩌둥에 대한 충성을 나타내는 것이었고, 한쪽 다리를 반 발자국 앞으로 내딛으며 무릎을 굽혀 체중을 싣고서 팔꿈치를 수평 전방으로 내밀면 "마오쩌둥의 지도 아래 전진하라"는 고정된 의미를 나타냈다. 한쪽 손을 비스듬히 들어 희망에 찬 눈빛으로 앞을 바라보면 공산주의 사회의 밝은 미래상이 보이는 것을 의미했다. 이렇게 '신체'는 특정한 '사상적' 의미와 일체를 이루며 정형화했다. 거기에는 통일된 동작에 의해 혁명 정신을 신체화하고, 인민에게 신체의 기억으로 혁명 정신을 각인시키고자 하는 당국의 의도가 작용하고 있었다.[3]

이렇게 정치 이데올로기가 신체를 통제하는 가운데, 일탈이라고도 말할 수 있는 현상이 발생한 것은 주목할 만하다. 바로 1970년대 전반에 전국 각지에서 유행한 일명 '쐐이서우 요법甩手療法(손 흔들기 치료법)'이다. 이 '요법'은 손을 흔듦으로써 만병이 낫는다고 입소문이 나서 삽시간에 퍼져나갔다. 그 결과, 전국의 공원과 광장에 일제히 손을 흔드는 사람들로 북새통을 이루어 대규모의 장관을 이루었다고 한다.[4]

이 유행 이전의 마오쩌둥 배지 모으기 붐이나 혁명 경극*의 인기를

중국영화의 열광적 황금기

---

* 1967년 5월 31일 『인민일보人民日報』 사론社論 「혁명 문예의 우수한 모범革命文藝的優秀樣板」에 발표된 세 가지 무대공연 장르 중 하나를 이른다. 통틀어 혁

비롯한 대중 차원의 유행 현상은 모두 정부의 제창과 연동한 것이었다. 그러나 정부의 정치적 구심력이 약해진 문혁 후반에 이르자, '신체'는 건강 붐이라는 형태로 정치 이데올로기와 정신적인 '기강'에서 벗어나기 시작했다. 사상이나 이데올로기와 아무런 접점도 갖지 않는 이 무의미한 동작은 당연히 당국의 인정을 받을 수 없었고, '혁명 운동에서 도피하려는 반동분자와 계급의 적의 소행'으로까지 간주되었다.[5]

틀에 박힌 동작 코드로부터 해방되고자 하는 욕망이 이처럼 일찌감치 문혁 후기부터 나타나기 시작했다. 그렇다고는 하나, 그러한 욕망이 단번에 분출하고 나서 지속적인 붐으로까지 이어진 것은 문혁 이후의 댄스 붐에서였다.

사교 댄스 붐과 문혁의 기억

이미 앞서 언급한 대로, 1970년대 말에 댄스 파티가 해금되었다. 그러나 이는 정부 기관과 기업, 단체가 주관하는 비영리 목적의 파티에만 한정된 것으로, 일반인 대상의 영리 댄스홀이나 무허가 홈 댄스 파티는 여전히 금지된 채였다.

영리 목적의 댄스홀이 정식으로 정부에 인가된 것은 1987년의 일이다. 이를 적극적으로 추진한 정부 측 인사가 열광적인 사교 댄스 애호

명 모범극樣板戲으로도 이르는데, 전통 경극을 현대적으로 개혁한 혁명 경극, 발레극, 교향악극 세 장르에 걸쳐 8편의 공연작품 목록이 발표되었다. 〈붉은 신호등紅燈記〉, 〈사자의 호숫가 마을沙家濱〉, 〈지략으로 위호산을 탈취하다智取威虎山〉, 〈백호부대를 기습하다奇襲白虎團〉, 〈항구海港〉의 혁명 경극 5편과 발레극 〈백모녀〉, 〈홍색낭자군〉, 교향악극 〈사자의 호숫가 마을〉을 합한 8편이다. 긍정적 인물, 영웅적 인물, 가장 영웅적 인물 순으로 혁명 영웅을 부각시킨다는 삼돌출론三突出論을 창작 원칙으로 했고, 이후 좀 더 전국적인 보급을 꾀하며 베이징, 팔일八一, 창춘영화촬영소에서 같은 제목으로 영화화되기도 했다.

가로 알려진 당시 문화부장 왕멍이었다. 왕멍은 영리 목적의 댄스홀을 "우리나라의 경제 발전과 인민의 문화생활 향상을 동반하는 정당한 요구"로서 승인토록 당국에 요청했다.[6]

전면 해금 조치가 내린 뒤, 사교 댄스는 연령과 계층을 넘어 국민적인 일대 붐을 이루었다. 우후죽순처럼 출현한 엄청난 수의 영리 댄스홀은 노상 만원 상태였다. 수많은 사람들이 공원, 광장, 길거리에서 야외 댄스 파티를 자발적으로 열고 사교 댄스를 즐겼다. 그들은 평상복 차림으로 부담 없이 모여들었고, 한낮에도 아무렇지도 않게 춤을 추었다. 음악은 누군가가 가지고 온 모노럴 테이프 레코더면 족했다. 야외 댄스 파티는 언제나 수많은 참가자들과 구경꾼들로 북적거렸고, 많을 때는 수천 명에 이르는 경우도 있었다 한다.[7]

불특정 다수의 사람들이 계층을 가리지 않고 모여, 집이나 직장, 정치, 경제 활동으로부터 해방되어 집단 속에서 쾌락을 얻는다는 이 새로운 현상은 여러 의미에서 '개방'을 의미했다. 일례로 새로운 연애 형태가 여기서 태어났다. 댄스홀의 익명적 공간 속에서는 춤추는 남녀가 서로의 신분이나 내력을 모른 채 겉모습만 보고 판단할 수밖에 없었고, 이에 자유연애와 연애 모럴의 저하라는 두 가지 새로운 현상이 생겨났다. 말하자면 댄스홀은 현재의 인터넷이나 비디오 게임 세계와 같은 비일상적인 '제2의 현실'이었다. 덧붙여서, 당시부터 현재에 이르기까지 댄스홀 측에서 여성 댄서를 고용하여 남성 고객을 상대하게 하는 것은 금지되어 있다.

그러나 남녀 간의 에로티시즘뿐 아니라, 그보다 더 큰 차원에서의 의사 공동체 체험을 추구하는 심리가 댄스 붐을 촉진하고 또 거꾸로 댄스 붐에 의해 그러한 경향이 육성된 측면도 간과해서는 안 될 것이다. 이미 살펴봤듯이 댄스 붐은 문혁에 의한 신체적 억압에 대한 반동

反動이라 볼 수가 있다. 문혁 시대에는 정치적 적대 관계가 일상생활 속까지 침투한 결과, 부모 자식 간의 절연, 부부나 친구 간의 밀고 등이 다수 발생하여 인간관계는 분열되고 살벌한 것으로 바뀌어 있었다. 그리고 문혁 뒤에도 서로 무슨 생각을 하는지 알 수가 없어, 잠시도 의심을 떨쳐 버릴 수 없게 된 사람도 많았다. 이런 사람들에게 집단으로 춤춘다는 것은 사람들 간의 친밀한 연계를 되찾고 신체 운동의 측면에서 회복을 꾀하는 무의식적인 치료 행위의 의미를 갖고 있었다고도 할 수 있을 것이다.

한편 '다들 하니까 나도 한다'는 식의 사대주의적인 경향도 있었을 것이다. 이러한 경향이나 욕망은 오히려 문혁 시대의 경험에 맞닿아 있는 것이다. 모두가 같은 방향으로 나아가는 가운데, '나도'라고 동조하지 않으면 정치적인 적으로 간주되던 문혁 당시 이를 거부할 자유란 없었다. 이런 강박 관념이 문혁 이후에도 잔존하며 댄스 붐에 박차를 가했는지도 모른다.

그런데 집단으로 춤추는 행위는 일본의 가마쿠라 신불교鎌倉新佛教에서의 '오도리 염불踊念佛*'이나 막부 말의 '에에자나이카 오도리ええじゃないか踊り**'를 떠올려 보면 분명해지듯, 종종 기존 질서에 대한 반체

---

*   가마쿠라 시대 정토종 승려 잇펜一遍을 개조로 한 시종時宗에서 행해지는 의식으로, 큰 북이나 징을 울리며 춤추면서 염불, 불교 찬가를 노래하는 것을 이른다.

**   에도시대 말기 1867년 8월에서 12월에 걸쳐 일어난 기묘한 민중들의 소동을 이른다. "하늘에서 부적이 내려오니 상서로운 일이 일어날 징조다"라는 소문이 퍼지고, 사람들이 성별, 신분 등이 뒤죽박죽 섞인 모습으로 변장하여 "좋고 말고!ええじゃないか"라는 추임새를 넣으며 미친 듯이 춤을 추었다고 한다. 토카이東海, 긴키近畿 지역에서 시작하여 시코쿠四國 지역까지 번진 이 소동의 이유는 현재 명확히 밝혀진 바 없으나, 추임새 사이에 사회 불만을 성토하는 내용이 들어가기도 하여 민중적 차원의 정치 운동적 성격을 지적하는 해석이 일반적이다. 막부 반대파가 사회 혼란을 야기하기 위해 고의로 일으켰다는 설도 있다.

제적인 심리의 신체적 표현이기도 했다. 일상으로부터 떨어진 곳에서 공동체를 구축하여, 새로운 질서를 자발적으로 만들어내는 행위는 정치 운동으로 발전할 가능성을 품고 있었다.

그렇기에 댄스 붐이 1989년에 일어난 '톈안먼 사건'으로 와해되지 않고, 1990년대 전반까지 지속되던 경위는 주목할 만하다. 톈안먼 사건 뒤, 댄스홀 경영이나 댄스 붐을 규제하는 조치나 정책은 취해지지 않았다.[8] 그 이유를 추측해 보자면 다음과 같으리라. 즉 신체 운동을 매개로 결집한 집단이 정치적인 방향으로 향하지 않게 하려면 어떻게 해야 하는가 하는 과제가 '톈안먼 사건' 직후의 체제 측에게는 통치 과제 중 하나였음에 틀림없다. 그러므로 국민들에게 사교 댄스를 추게 하여 그들 마음속에 쌓인 울분을 발산하게 함으로써, 톈안먼 사건과 같은 대중의 정치화를 회피하고자 한 의도가 있던 것은 아니었을까.

2) 디스코 댄스와 폭주하는 신체

디스코 퀸들의 숙명

1983년 10월, 창춘영화촬영소의 청춘 스타 츠즈창遲志强이 로케지 난징南京에서 무허가 홈 댄스 파티에 참가하여, 거기서 알게 된 두 명의 여성과 성적인 관계를 맺었다. 츠즈창은 '외설죄流娱'로 4년간 실형 판결을 받았다. 공무원 취급을 받는 '사회 공작자社會工作者'이자 시대의 총아였던 영화배우가 일으킨 '스캔들'에 중국 사회는 큰 충격을 받았다. 2007년, 츠즈창은 텔레비전 프로그램에 출연해 다음과 같이 당시의 상황을 회고했다.

개혁개방 풍조 속에 덩리쥔鄧麗君 등 해외 가수들의 노래가 은밀히 중국에 들어와 있었다. 일반 서민은 그 가수들의 카세트테이프를 좀처럼 손에 넣을 수 없었지만 특권 계급인 간부 자제들이라면 다들 갖고 있었다. 그들은 그걸 댄스 음악 삼아 집에서 댄스 파티를 열곤 했다. 1982년 〈중추의 달月到中秋〉 촬영으로 난징에 석 달간 머물던 나도 지인의 권유로 일주일에 한두 번 정도 군 간부 자제들이 주최하는 홈 댄스 파티에 참가했다. 그들은 부모가 없는 틈을 타서, 커튼을 치고 소리가 새어 나가지 않게 하고 서로 부둥켜안고서 춤을 췄다. 내가 댄스 파티에서 알게 된 두 명의 여성과 제각각 성관계를 맺은 건 사실이지만, 결단코 강간은 아니었다. 실제로 그 두 명의 여성도 제각각 실형 판결을 받았으니, 누가 가해자고 피해자인지 지금껏 불분명한 채다. 이런 일로 체포된다니, 현재로서는 전혀 상상도 못할 일이겠지만 당시로서는 절대로 허용되지 않는 일이었다.[9]

그전까지 츠즈창을 숭배하던 사람들과 대중 매체는 츠즈창이 실각하자마자 그를 더욱 다그침으로써 잔혹하게 굴었다.[10] 찰나적 생기를 발한 끝에 허무하게 사그라지고 만 점에서, 츠즈창은 댄스 붐 속에서 리더 역할을 했던 댄스 퀸과 상통한다. 시대의 욕망을 선취하고 선구적으로 그것을 표현한 댄스 퀸들은 체제 측에 의해 처단될 정치적 위험성과 자기 갱신을 달성하지 못한 채 유행의 최전선에서 뒤처져 스스로 몰락하게 될 문화적 위험성에 언제나 직면해 있었다. 말하자면 그들은 단명한 히어로, 히로인이었던 것이다.[11]

이러한 '디스코 퀸'적인 인물이 1980년대 전후의 수많은 중국 영화에 등장한다. 〈신녀봉의 짙은 안개神女峰的迷霧〉(궈바오창郭寶昌, 1980)에서는 부모가 집에 없는 틈을 노려 친구들을 불러모아 댄스 파티를 여는

고급 간부의 아들이 등장한
다. 주목할 점은 그가 문혁
트라우마를 질질 끌고 있으
며, 그런 마음의 고통을 디스
코 댄스로 날려 버리려는 데
있다. 젊은이들이 무아지경
에 빠져 한창 디스코를 추고
있을 때, 아버지가 귀가하여
모두를 내쫓아 버린다. 그 뒤

〈신녀봉의 짙은 안개〉(1980)에서 말다툼을 벌이는 아
버지와 아들

아들이 아버지와 말다툼을 벌이는데, 이들은 그만 다음과 같이 절규
하며 울음을 터트린다.

> 어렸을 때(문혁 이전), 내 청춘 시대는 멋질 거라 상상했어요. 그런데 그
> 꿈이 (문혁에 의해) 부서졌죠. 지금이야말로 잃어버린 걸 되찾고 싶은 거
> 라구요. 그래서 원 없이 즐기고 싶다구요(괄호 안은 저자에 의한 보충).

여기서 디스코 댄스는 바로 문혁에 의한 절망적인 공백을 나타냄
과 동시에 문혁 종결 후 중국에서 작용하던 외상적 기억의 매개체가
된다.

문혁 종결 후, 문혁 이데올로기가 개혁개방 정책으로 대체됨과 동시
에 신체적인 규율은 단번에 소멸되고, 이를 대신하는 것으로 정신, 사
상과는 분리된 신체가 디스코 댄스의 형태로 폭주했다. 그저 몸을 흔
들며 미친 듯이 춤춘다는 점에서 디스코 댄스는 모종의 동물적 상태
로 회귀하는 퇴행적 행위라고 사회 일반에 간주된 것이다.

한편, 문혁에 의한 공백을 회복하며 경제 발전(=물질적 문명)을 지향하

던 중국 정부는 '정신적 문명'의 중요성을 제기했다. 그 근간으로 여겨진 슬로건인 '견고분투堅苦奮鬪(어려운 물질적 상황 아래서도 참고 견디며 노력한다)'는 정부가 국민에게 함양하고자 한 정신을 나타냈다. 그렇기에 노동과는 정반대의, 그저 하릴없이 춤추는 행위는 합리적이며 금욕적인 사고방식에는 부합하지 않는 부정적인 것으로 간주되었다.

디스코 댄스의 이율배반적 시선

디스코 댄스에 대한 당시 중국 영화 문맥에서의 희화적인 취급과는 반대로, 시각적인 차원에서는 디스코 댄스에 대한 동경의 시선이 뚜렷했다. 박람회에 참가하려 중국을 방문한 각국의 사업가들이 속임수를 써서 경쟁 상

자본주의적인 풍속을 이율배반적 시선으로 포착한 〈손님은 어디서 왔을까〉(1980)

대의 경영 상황을 캐내려는 모습을 그린 〈손님은 어디서 왔을까客從何來〉(광부다오얼지廣布道爾基, 1980)는 그 한 예다. 이 영화는 악랄한 자본주의적 경쟁을 풍자하면서도 자본주의 문화의 상징이라 할 디스코 댄스를 풍부히 도입한 점에서 주목해야 할 작품이다. 이 영화는 디스코를 추는 외국인 배우의 상반신 움직임과 스텝을 바스트 쇼트와 발의 줌 업, 전신 쇼트로 길게 보여주는 장면이 관객에게 디스코 추는 법을 노골적으로 전수하는 것 같다며 공적 미디어로부터 통렬한 비판을 받았다.[12]

디스코 댄스가 처한 이러한 모순적 위상을 해소한 영화 작품이 〈대리시장〉(양자이바오, 1985)이다. 시대의 흐름을 선취한 현명한 주인공은

시찰하러 간 공장에서 "디스코 댄스는 외국의 민족 무용으로 우리나라의 민간 무용에 해당하는 것이니, 자본주의적인 악은 아니다"라고 잘라 말하고, 그 자리에서 사람들과 디스코를 추기 시작한다. 〈대리시장〉의 댄스 장면을 고찰하기

〈대리시장〉(1985)에서 사람들과 어우러져 춤추는 시장 대리(왼쪽)

에 앞서, '문화 번역'이란 분석 개념을 도입할 필요가 있으리라. 이 개념을 제기한 호미 바바는 다음과 같이 지적한다.

> 번역은 문화적 의사소통의 수행적 측면이다. 그것은 상황을 전하는 언어(언표 혹은 진술)라기보다는, 연기演技로서의 언어(발화, 위치 짓기)라 할 수 있다. 그리하여 번역이라는 기호는 언제나 문화적 권위와 그 수행적 실천과의 사이에서 서로 다른 시간과 장을 고하거나 혹은 '요구한다'. (…) 문화 번역은 특정한 문화의 우월성이라는 빤히 들여다보이는 가설의 기만성을 폭로한다. 그럼으로써 마이너리티의 입장 내부에서의 역사적 차이화라고 하는, 흐름상의 개별성을 요구하는 것이다.[13]*

* 본문에 인용된 호미 바바의 『문화의 위치』 일본어판 번역이 국내에 이미 출간된 한국어판 번역과 다소 차이를 보이기에, 국내 독자들의 편의를 돕기 위해 한국어판 번역을 옮겨 싣는다.-옮긴이 "번역은 문화적 의사소통의 수행적 본질이다. 그것은 놓여 있는(in situ) 언어(언표, 명제성)라기보다는 발현하는(in actu) 언어(언표작용, 위치성)이다. 또한 번역(전이)의 기호는, 문화적 권위와 그 수행적 실천 사이의 차이적인 시간들과 공간들을, 끊임없이 말하고 '소리를 울려 알린다.' (…) 문화적 전이는 문화적 우월성의 자명한 가정을 탈신성화하며, 바로 그런 행위를 통해 맥락적인 특수성, 즉 소수자적 위치들 '내에서의' 역사적 차이작용을

호미 바바가 정의하는 '문화 번역'이란, 오리지널 문화의 충실한 재현은 불가능하며 언제나 차이를 생성하고 때로는 원본의 권위를 전복해 버리는 것을 뜻한다. 〈대리시장〉의 댄스 장면에서도 일종의 '번역'이 행해지며, 그 과정에서 '새로 쓰기'가 행해지고 있다. 〈대리시장〉의 등장인물들은 본디 밤에 추어야 할 디스코를 백주 대낮 밝은 곳에서 술도 마시지 않고 여럿이 어우러져 추기 시작한다. 여기서는 디스코 댄스에 달라붙어 있는 '어슴푸레한 바 안에서 퇴폐적인 자본주의 사회의 남녀가 알코올에 진탕 절어 미친 듯이 추는 춤'이라는 종래의 부정적인 이미지가 소멸되어 새로 씌어지고 있다.

이 작품의 제작, 감독, 주연을 맡은 양자이바오는 2007년에 다음과 같이 술회했다. "당시 디스코가 젊은이들에게 환영받고 활력과 건강함의 대명사로 여겨졌다고는 해도 시장씩이나 되는 정치가가 공개적으로 춘다는 것은 현실에서는 절대로 상상할 수 없는 일이었다."[14] 연령, 성별, 계급을 불문하고, 모두 한곳에 모여 즐겁게 디스코를 추는 장면은 어디까지나 일종의 유토피아적 공상에 불과한 것이었다. 그러나 이 유토피아적 장면에서는 그것이 자본주의적인 풍속임을 알고 있으면서도 계급 차이나 신분 차이가 없는 균등한 지반 위에서 자신의 신체를 기꺼이 해방시켜 갔다. 자본주의적 풍속이 문화 번역에 의해 새로 씌어짐으로써, 역설적으로 사회주의적·공산주의적인 이상향을 체현하고 있는 것이다.

이러한 새로 쓰기는 중국인의 정신과 아이덴티티 재구축에서도 대단히 큰 의미를 갖는다. 이에 관해서는 다른 작품을 통해 고찰해 보도록 한다.

요구한다(호미 바바, 나병철 옮김, 『문화의 위치: 탈식민주의 문화이론』, 소명출판, 2012, pp.479, 481)."

3) 문화 번역이 의미하는 것

유토피아적인 표상의 배후에 놓인 것

〈빨간 스커트의 유행街上流行紅裙子〉(치싱자齊興家, 1985)은 1980년대 초두 상하이의 방적 공장에서 일하는 젊은 여공들을 주인공으로 한 작품이다.[15] 이 영화에서는 '잔췬斬裙(스커트 경연)'이라 불리던, 당시 상하이 여공들 사이에서 실제로 행해지던 풍속이 흥미진진하게 그려졌다. '잔췬'은 예쁜 옷을 입은 여성이 길에서 단장한 다른 여성이 눈에 띄면, 일부러 그 옆에 다가가 우선 서로 노려보고 은근히 패션을 겨룬 뒤, 촌스러운 쪽이 맥없이 물러나는 순서로 이뤄진 패션 겨루기를 말한다.

　휴일이 되면, 젊은 여공들은 작업복을 벗어 던지고 예쁜 스커트로 갈아입고는 '잔췬'으로 유명한 지점으로 향했다. 최신 유행 패션을 몸에 걸치고 주위의 시선을 끌겠다는 듯 낭창낭창 걸어다니는 여성들과 기타를 치면서 그녀들을 힐끔거리는 청년들로 늘 분주하던 공원 일각이 그 지점이 되었다. 공원에 도착하면, 다소 긴장한 기미의 여공들은 우두머리격의 여성이 내리는 '가자'라는 지령을 따라, 횡렬대를 이루어 인파를 헤치고 당당히 행진하기 시작했다. 그러면 그곳에 자연스레 '통로'가 생겨났다. 여공들이 '통로'의 막다른 끝에 다다라 안도의 숨을 내쉬면, 우두머리격 여성이 이 '행렬 동기'들에게 '되돌아서 한 번 더 하자'며 다음 지령을 내렸다. 빨간 스커트를 입은 이 행렬 동기들은 주위의 선망어린 시선 속에서 통로를 되짚어 갔다. '제일 예쁘다' '최고다'라는 관중들의 함성에 둘러싸여, 여공들은 서로 얼싸안고 대승리를 기뻐했다.

〈빨간 스커트의 유행〉(1985)에서 '멋내기 승부'에 임하는 여공들

이 장면에서 여공들의 긴장된 표정과 슬로우 모션으로 강조된 걸음
걸이, 호들갑스런 음악은 자못 대단한 적과 마주하고 있는 양 삼엄한
분위기를 자아냈다. 스커트 경연에서 졌다 한들 기껏해야 '다음번엔
더 예쁜 옷을 입고 오겠어' 하고 벼를 정도의 사사로운 패배에 그치
니, 다치는 이도 없거니와 경쟁에 의한 참담한 실패나 경쟁 과정에서
필연적으로 생기게 마련인 공격, 질투, 약육강식 같은 부정적인 측면
은 티끌만큼도 느껴지지 않았다. 그렇기는커녕, 자본주의적 물질문명
을 의사 체험하는 중국인의 모습이 자못 흐뭇하게 보이기까지 할 정
도였다.

이 영화에서는 자본주의적 경쟁 원리가 모종의 유토피아적인 것으
로서 제시되는 한편, 등장인물 각각이 마음속에 갈등과 콤플렉스를
안고 고뇌하는 모습도 섬세하게 그려졌다. 모범적 노동자 타오싱얼陶
星兒은 소비문화의 상징과도 같은 최신 유행의 빨간 스커트를 남몰래
동경하지만, 자신의 명예와 지위를 유지하기 위해 본심을 숨기고 생

산 활동에만 흥미가 있는 체한다. 여공 아샹阿香은 시골 출신이란 콤 플렉스를 해소하기 위해 "해외에 친척이 있어서 예쁜 옷을 싸게 살 수 있다"며 거짓말을 하고 동료들의 신임을 얻으려 하는데, 실제로는 암 시장에서 비싸게 산 옷을 헐값에 동료들에게 팔고 있었다.

아이덴티티를 속일 수밖에 없을 만큼 고뇌하는 그녀들의 모습은 현 실에서 딜레마에 빠져 있던 수많은 중국 젊은이들과 겹쳐진다.[16] 문혁 종결을 경계로 가치관, 연애, 라이프 스타일의 선택지가 갑자기 증가 했다. 그러나 선택지가 늘어난 만큼, 중국의 젊은이들은 '물질적 풍요 로움과 서구적 모더니즘의 길을 택해도 될지'에 대해 곤혹스러워했고 고뇌했다. 이러한 선택의 문제와 방종으로 표출되던 자유의 문제는 근대적 주체성의 발견과 리버럴리즘의 전개라는 모티프와 얽히며 당 시 중국 영화 속에 빈번히 등장하게 된다.

바로 이 때문에 문화 번역의 문제는 중국의 19세기 이래 근대사에 서 반半식민 상태에서 자력으로 해방을 쟁취하고, 전근대 사회로부터 자유시장경제에 기반을 둔 근대화로 변모를 꾀하고자 한 1980년대 초두의 역사적 문맥을 간과해서는 말할 수 없다. 이 문제를 고찰하기 앞서 다시 호미 바바의 논문을 인용해 보자.

'사이'—번역과 교섭의 뾰족한 끝, 중간적 공간—에 있음을 기억하지 않으면 안 된다. 이것이 '인민'의 민족적이며 반민족주의적인 역사들 을 구상하는 것을 가능케 하기에. 그리고 이 '제3공간'을 탐구함으로 써, 비로소 우리들은 이항 대립적인 정치학을 피해, 우리 자신의 타자 로서 등장할 수 있게 되는 것이다.[17]

* "이 같은 결론에 덧붙여 우리가 명심해야 할 점은 다음과 같은 것이다. 즉, 문화 의 의미의 짐을 나르는 것은 상호(inter)의 공간(전이와 교섭의 첨예한 가장자리,

바바는 여기서 '문화 번역'의 흉내내기가 갖는 본질을 파고드는 한편, 번역의 문제 즉 타자 수용이 전前 반식민지 측의 민족적 역사의 재형성과 내셔널 아이덴티티 재구축에 언제나 반성적으로 관계해 왔던 경위를 지적하고 있다. 1980년 당시의 중국 영화에서 행해진 수많은 문화 번역은 '동양' 대 '서양', 그리고 '사회주의' 대 '자본주의'와 같은 이항대립적인 정치학에 그치지 않고, 중국인 자신들이 귀속되어 있는 시스템을 내부에서 갱신, 변혁하는 전략적 수단이기도 했다.

문화 번역에서의 지역화

이야기를 댄스 붐으로 돌려 보자. 앞서 서술했듯, 1987년에 영리 댄스홀이 해금되면서 젊은이들은 일제히 디스코 댄스와 브레이크 댄스에 열을 올리기 시작했다. 일례로 제5세대 감독 중 한 명인 우쯔뉴는 1988년 당시 댄스를 참신한 라이프 스타일과 가치관의 산물이라며 다음과 같이 대단히 긍정적으로 평가했다.

> 몇 달 전에 중국 남부의 몇 개 도시를 돌아보다가 큰 충격을 받았다. 창사長沙에서는 백오십 개에 달하는 댄스홀이 매일 밤 7시부터 자정까지 영업 중이었는데, 거기 모여 드는 이들은 온통 열네댓 살부터 스물한두 살까지의 젊은이들이었다. 쉬지 않고 춤을 추고 있는 그들은 신경질적으로 보일 정도였고 (…) 세계를 완전히 그들 손아귀에 쥐고 있다는 양, 다른 사람들이 그 안으로 끼어드는 것조차 허락하지 않는

'사이에 낀[inter-between] 공간)이라는 사실이다. 그 공간은 민족적이면서 반민족주의적인 '국민(people)'의 역사를 구성하는 일을 시작할 수 있게 해준다. 그리고 그 같은 제3의 공간을 탐색함으로써, 우리는 양극성의 정치학을 벗어날 수 있으며, 우리가 우리의 자아의 타자들로서 나타날 수 있을 것이다(호미 바바, 나병철 옮김, 앞의 책, p.101)."

것 같았다. 열등감마저 들 지경이었다. (…) 그들의 이런 생명력이 발기부전 상태에 빠진 중국 문화를 일으켜 세울 정력제가 되리라.[18]

댄스 붐을 전국적 차원으로 끌어올린 것은 영화 미디어였다. 외국에 관한 정보가 극히 빈약했던 상황에서 영화가 젊은이들에게 모방해야 할 견본을 제시하는 거의 유일한 미디어였기 때문이다. 그 사례로 1985년에 중국에서 일반 공개되었던 인도 영화 〈디스코 댄서Disco Dancer, 迪斯科舞星〉(바바르 스바슈Babbar Subhash, 1982)와 1987년에 일반 공개된 미국 영화 〈브레이킹Breakin', 霹靂舞〉*(조엘 실버그Joel Silberg, 1984) 그리고 같은 해 비디오 상영 형태로 유통되던 홍콩 영화 〈벽력정霹靂情〉(장처張徹, 1984)은 모두 대대적으로 히트하여, 디스코 댄스와 브레이크 댄스의 대대적인 붐에 박차를 가했다.[19] 다음의 증언은 이 시기에 자주 보이던 광경이다.

〈디스코 댄서〉가 대히트하자, 중국의 젊은이들은 등장인물의 패션을 본떠 소매가 헐렁한 블라우스를 입고, 입술 윤곽선이 불거져 나오도록 새빨간 립스틱을 바르고, 색색의 커다란 플라스틱 귀걸이를 달고서 자유분방하게 디스코를 추었다. (…) 당시 베이징에서는 브레이크 댄스를 가르치는 학교도 없었거니와 교재도 없었는데, 젊은이들이 미

---

* 1986년에 중국에 수입, 개봉되어 공전의 히트를 기록했다. 특히 청소년들 사이에서 인기를 끌어, 이 영화를 몇 번이고 되풀이해서 보고 거리로 나가 이 영화의 주제곡과 '할리우드 이스트 스타 트랙荷東'(홍콩 페이스 레이블에서 제작된 디스코 컴필레이션 앨범)을 틀어 놓고 브레이크 댄스를 연습했다는 회고담을 종종 찾아볼 수 있을 정도다. 자장커 역시 그중 한 명으로, 마이클 베리Michael Berry와 나눈 대담에서 청소년 시절 이 영화를 십수 번 보고 브레이크 댄스를 연습했으며 정식 단원은 아니지만 여름방학 때 지역의 문공단文工團에서 춤을 추기도 했다는 술회를 남기기도 했다.

국 영화 〈브레이크 댄스〉를 보고 춤을 배운 것이다.[20]

　중국의 영화인들도 이 붐에 편승하여 〈수퍼 스타大明星〉(텅원지, 1985), 〈로큰롤 청년搖滾青年〉(톈좡좡, 1988), 〈크레이지 싱어瘋狂歌女〉(류궈취안劉國權, 1988)를 비롯한 뮤지컬 영화와 댄스 영화를 연이어 만들었다. 게다가 이러한 수많은 오락 영화들에는 디스코 댄스와 브레이크 댄스 장면이 여봐란 듯이 삽입되어 있었다.

　영화를 보고 이를 모방할 수밖에 없는 상황 속에서는 비록 춤추는 이가 제 딴엔 올바른 춤 동작을 수행하고 있다고 생각하더라도 자기 머릿속에 그린 이미지대로 춤추는 데 불과한 법이다. 즉 수용하는 쪽의 상상력이 주로 기능하는 것이다. '외부'의 것을 우선 머릿속에서 이미지로 그려 변환하고 나서 스스로의 신체를 통해 반복하는 셈인데, 일례로 베이징 출신의 남성 무용가 양이楊藝˙는 폭스트롯을 중국인들이 쉽게 소화할 수 있도록 '베이징핑쓰北京平四(베이징 폭스트롯)'라는 스텝을 고안했다. 이 간략화한 스텝은 외우기 쉽고, 춤추기도 쉬워서 전국적으로 유행했다.

　외국 문화가 중국에 이식될 때, 오리지널 문화에 변형을 가할 의도가 애시당초 없었다 하더라도 새로운 의미 작용이 생겨나게 된다. 예를 들어, 수입품이던 선글라스는 춤추는 젊은이들 사이에서 유행한 패션 소품 중 하나였는데, 렌즈에 붙어 있는 원산지 라벨이 유행의 포인트였다. 그들에게 이 라벨이 수입품 원산지를 표시하기보다는 "진

---

*　양이(楊藝, 1974~): 무용가. '중국 사교 댄스交誼舞의 창시자'로 불린다. 베이징핑쓰 외에 베이징왈츠, 베이징룸바 등 기존의 사교 댄스를 개량한 춤동작들을 선보이고 보급했다. 자신의 이름을 내건 '양이배楊藝杯' 사교 댄스 대회를 주관하고 있다.

선글라스를 쓴 댄서들의 모습. 1984년 광동 차오산 푸닝 지구 (廣東潮汕普寧地區)에서 촬영(安歌, 『生活在鄧小平時代 上卷 視覺 80年代』, 羊城晚報出版社, 2001)

짜 외국산이라고. 내가 산 건 진짜라니까" 하는 별도의 의미를 지니는 기호로 전환되었기 때문이다. 그렇기에 젊은이들은 이 라벨이 시야를 방해해도 결코 떼어내려 하지 않았다. 문화적 카피 과정에서 등장한 기호가 본래의 문맥과 완전히 괴리된 것이다.

이에 덧붙여 '오리지널'의 애매함에 관해서도 지적해 두어야만 할 것이다. 중국에서 소비되던 디스코 댄스와 브레이크 댄스는 미국과 인도, 홍콩 등 다양한 나라와 지역의 이미지로부터 차용됨으로써 성립된 짜깁기 합성물이었다. 순수한 오리지널이 존재하지 않기에 어느 것도 오리지널이 될 수 있었고 동시에 어느 것도 오리지널은 아니었다는, 가히 포스트모던적이라 할 만한 문화적 경관이 이로부터 비롯된다. 중국의 서스펜스 영화 〈여탐정 바오가이딩女神探寶蓋丁〉(쉬칭둥徐慶東, 1989)에서 여주인공인 젊은 여형사가 펼치는 아크로바틱한 춤 동작은 디스코 댄스와 브레이크 댄스를 바탕에 깔고 쿵푸 동작을 가미하여 공중제비를 연발하는 독특한 안무로 이루어졌다.[21]

전통 문화를 상찬하는 당시 정부의 관점에서 보면, 이들 유행 현상은 서양의 나쁜 문화가 중국에 침입해 들어온 결과 생겨난 추한 혼혈

중국영화의 열광적 황금기

아에 불과했다. 현재의 관점에서 보더라도 이는 키치kitsch*로밖에 보이지 않는다. 이러한 키치스러운 문화를 어떻게 보아야 하는가. 이 문제를 생각할 때, 호미 바바의 이론은 여전히 유효할 것이다. 바바는 글로벌리즘 이후의 문화에 관하여, '모방mimicry'론을 건설적으로 전개한다.

이종 혼합적 대상은, 권위적 상징의 외관을 사실상 보존하면서 차이가 개입한 뒤에, 왜곡된 형상Entstellung의 기호적 권위의 상징에 저항함으로써 그 존재 가치를 바꾸어 버린다. 이러한 현존의 익숙지 않은 환유가 차이를 만들어 내는 지식의 조직적인(동시에 전체적인) 구조를 뒤흔들어, 기존에는 권위의 수단으로 인지되던 문화적인 것을 사실상 인지 불가능하게 해 버린다. 개입과 투쟁의 식민지적 공간으로서의 문화, 상징의 기호에 의한 치환의 흔적으로서의 문화, 이러한 문화는 이종 혼합성이 나타내는 변덕스럽고 부분적인 욕망에 의해 변형 가능한 것이다. (…) 그 완전한 존재를 빼앗김으로써, '토착적인' 지식 형태를 취해 표현되는 것이 있는가 하면, 지배하지 않으면 안 되는데

* 이 용어의 정확한 기원에 대해서는 현재도 설이 분분하나, 19세기 후반 뮌헨의 화가와 화상 사이에서 통용되던 속어에서 시작한다는 해설이 일반적이다. 유명한 고전 예술품을 모방한 값싼 복제품, 흔히 '이발소 그림'으로 칭해지는 낭만적이고 다소간은 유치한 그림 같이 미학적 안목이나 경험이 부족한 중간 계급의 문화 소비욕에 영합한 그림들을 비꼬는 개념이었다. 부르주아 사회의 형성과 예술의 상업화 과정과도 연관되었다고 할 이 개념은 이후 20세기 후반에 들어서는 고급 문화, 고급 예술과는 구별되는 대중의 취향을 반영하는 예술 장르로 확대되어 진지한 논의의 대상이 된다. 서구의 오리지널 문화를 중국의 대중이 모방, 소화하는 과정이 다소간 어색하고 촌스럽게 보이는 것은 어쩔 수 없는 결과일 것이다. 이러한 중국인들의 모습에 대한 당시 중국 당국의 시선, 현재 외부에서 이를 언뜻 돌아보는 시선이 이를 '키치'라고 일축하는 것은 이 용어가 처음 선보인 19세기 후반의 의미에서, 즉 원본에 대한 저급한 모방이라는 경멸적 태도에서다.

도 이미 표상 불가능하게 되어 버린 피차별자 주체와 마주하게 되는 것도 가능한 것이다.[22*]

환유적 전략은 식민지적 모방이라는 시니피앙signifiant을 이종 혼합성의 정서로 생산한다. 이는 규제당하는 자로부터 욕망하는 자로 바뀌는 영유領有의 양식임과 동시에 저항의 형식이기도 한 것이다.[23**]

바바에 따르면, (전) 식민지의 사람들이 (전) 종주국·지배국의 문화를 도입할 때, 그저 유치한 모방에 그치지 않고 스스로 창조적인 무언가를 더함으로써 거기서 절충된 형태의 '오리지널리티'를 만들어낸다고 한다. 즉 바바는 '모방mimicry'에서 (전) 종주국·지배국 문화에 대항하는 (전) 식민지의 저항과 자기 주장, 더 나아가 새로운 문화 창출의 가능성이라는 적극적인 가치를 찾아내려는 것이다.[24]

1980년대 중국 영화에 나오는 키치적인 댄스는 문화대혁명에 의한 통제로부터 해방된 중국인들이 처음으로 목도한 '외부'를 스스로의

---

* "반면에 혼성적 대상은 권위적인 상징의 실제적인 외관을 계속 보유하면서도 ('차이의 간섭 이후에') 그 권위적 상징에 저항함으로써 상징의 현존을 '왜곡(Ertstellung)'의 기표로서 재평가한다. 한때 권위의 매체로서 인식되었던 문화가 사실상 인식 불가능하게 되는 것은, 차별적 인식의 체계적(그리고 체계에 영향을 주는) 구성을 방해하는 그 같은 기묘한 현존의 환유의 힘이다. 혼성성의 예측 불가능한 부분적 욕망에 의해, 문화는 간섭과 논쟁의 식민지 공간으로, 즉 상징을 기호로 치환시킨 흔적으로 변형될 수 있다. 충만한 현존을 박탈당한 채, 문화적 권위의 인식은 원주민의 인식의 형식과 접합되거나, 권위적 인식이 지배할 수는 있지만 더 이상 표상할 수 없는 차별받는 주체들에 직면하게 될 것이다(호비 바바, 나병철 옮김, 앞의 책, pp.256-257)."

** "그 같은 환유적 전략은 식민지적 '모방(mimicry)'의 기표를 혼성성의 효과(규율화된 자에서 욕망하는 자로 이중화시키는 전유의 양식인 동시에 저항의 양식)로 생산한다(호미 바바, 나병철 옮김, 위의 책, p.267)."

신체를 매개로 연기演技하고 수용하는 한 단계를 보여 준다. 중국인들은 서양 모방을 전략적으로 행함으로써, 문혁 코드로부터의 탈출을 꾀함과 동시에 새로운 문화 창출을 시도했다. 이 경험을 바탕으로 현재의 글로벌한 중국 문화가 구축되었다고도 할 수 있지 않을까.

'외부' 이미지와의 동일화

앞서 살펴보았듯이, 1980년대에 영화를 매개로 일어난 댄스 붐은 종래 글로벌 모던과 지역 전통 문화 사이에서 생겨난 꼴사나운 산물로 부정되어 왔다. 그러나 서구적인 것을 변형시키면서 중국에 도입함으로써, 전통 문화를 새로 쓰는 생산적이고 적극적인 역할을 댄스 붐이 수행했음을 간과해서는 안 된다. 댄스 붐은 바로 '문화 번역'의 한 가지 형태였다.

중국이 개혁개방 노선 아래 지향한 모더니즘도 서양발 사상이 중국의 독자적인 문맥 안에 이식되고 번역되어 간, 일종의 문화 번역이었다. 그리고 이미지가 몇 번이고 변용을 거듭 거쳐 가는 가운데, '개혁개방'은 바깥으로 향하기보다 오히려 지역적인 방향으로 전개되는 특징을 보였다. 이러한 문화 번역의 성격을 결정지은 것은 "자본주의적 시스템을 부분적으로 취하면서도 사회주의적 이념을 견지한다"는 개혁개방 노선의 근간에 있던 이념이었다. 중국 사회의 이 지배적 이데올로기는 단지 정치적·문화적 억압으로서뿐만 아니라, '외부(=오리지널)'를 근대화 노선에 걸맞은 내셔널리즘에 기초하여 변형, 발전시키는 계기 혹은 문화 번역의 지역화라는 방향으로 박차를 가하게 한 요인으로 이해할 수도 있다.

게다가 댄스 붐은 그저 지나가 버린 역사가 아니라 현재의 중국 문화와도 상통한다. 1988년 시점에서 글로벌리즘 시대의 '오늘날의 중국'을 선취하여, 댄스라는 형태로 시뮬레이션한 것이 제5세대 감독 톈 좡좡의 〈로큰롤 청년〉이었다.

〈로큰롤 청년〉의 주인공 룽샹(龍翔, 타오진淘金 분)은 국영 극단에 소속된 프로 댄서지만, 클래식 발레나 모던 댄스의 고지식한 표현 스타일에 부족함을 느끼고 급기야는 직장을 그만두고 거리에서 청년들을 이끌며 손수 창안한 브레이크 댄스를 톈안먼 광장에서 펼친다. 서구의 정통 표현 스타일을 익히기에 유리한 환경에 있던 주인공이었으나, 단순한 모방을 거부하고 자신의 심경을 더욱 직설적으로 표현하고자 서구적 춤사위를 대담히 변형할 수 있는 길을 택한 것이다. 〈로큰롤 청년〉은 서양 문화를 중국의 문맥에서 번역할 때 일어나는 지역화를 다분히 긍정적으로 그려 내고 있다. 그러나 독자적 스타일을 지향한다는 이야기상의 설정과는 반대로, 〈로큰롤 청년〉의 화면에는 서구적 이미지와 요소들이 노골적인 형태로 넘쳐나고 있었다. 주인공 무리들이 추는 브레이크 댄스는 프로 댄서에 의한 교과서적인 것으로, 서양에 대한 참조를 감지하게 하는 데서 그치지 않고 서양에 완전히 동화되어 버린 결과 오리지널과의 거리나 차이를 거의 의식할 수가 없을 정도였다.[25]

이는 뒤처진 것을 만회하기 위해 '외부'와 접촉한다는 문혁 직후의 수용 단계에서 한 발 더 나아갔음을 의미한다. 〈로큰롤 청년〉이 제작된 1980년대 후반, '외부(=오리지널)'를 모던한 것으로서 수용하던 시차 時差가 줄어듦에 따라 오리지널 문화가 명확하게 본령을 드러내고 접근 가능해졌다. 그렇다고는 하나 이 영화에서 백댄서들이 입고 있는 푸마, 아디다스 등 외국 브랜드를 본뜬 셔츠가 중국산 무지 셔츠에 트레이드 마크나 프린트를 그려 넣은 것임을 봐도 알 수 있듯이, 당시의 오리지널에 대한 접근에서 여전히 수공품에서의 '온기' 같은 것

이 남아 있는 감이 들지 않는 것도 아 니다.[26]

〈로큰롤 청년〉(1988)의 주인공

그렇지만 〈로큰롤 청년〉을 되돌아봤 을 때, 역시 모종의 위화감과 불편함을 느끼지 않을 수 없는 건 사실이다. 이 는 댄서들이 완벽히 서양인화하여 화 려한 춤사위를 펼치고 있는 데다 그들 의 사생활 또한 대단히 멋드러지게 그 려져 있기 때문이다. 이상적인 체격에 멋진 용모의 댄서들은 중국의 젊은이 라기보다는 오히려 이미 서양인에 동 화한 이상적 이미지 세계의 주민이랄 것이다. 이런 의미에서 〈로큰롤 청년〉은 이미지와 그 이미지에 완전히 동화된 신체에 의해 직조된 이 미지만의 세계를 그릴 따름이다.

〈로큰롤 청년〉에서는 이러한 상투적 이미지가 연이어 계속됨으로 써 중국적 지역색이 배제되었다. 자본주의적 경쟁 원리와 모더니티에 대해 중국의 젊은이들이 안고 있던 모순된 감정과 복잡한 내면 등, 이 제까지의 중국 영화에서 반복적으로 그려지던 주제들은 옅어졌다. 생 활인과 생활 그 자체가 표상되지 않는다는 점에서, 〈로큰롤 청년〉은 대작 노선에 일관하는 요즘의 중국 영화 경향과 상통한다고도 할 수 있지 않을까.

이야기들을 요약해 보자. 문혁 종료 직후인 1980년대 당시는 한정 된 미디어 정보 환경 아래 상상력에 기대면서 스스로의 신체로 '외부' 를 연기할 수밖에 없었다. 말하자면 손수 만들어 가는 '외부'라 할 것이다. 한편 1980년대부터 시작하여 현재에 이르는 중국의 고도 경제 성장 과정에서는 막스 베버가 말한 바의 에토스ethos와 같은 것이 보이기도 하는데, 바로 오리지널을 선망하고 망상을 부풀리는 데 그치지 않고 스스로 그 오리지널의 모조품을 만들어 버리는 일종의 '자작 기업가 정신'이 그것이다. 이 '차이나 캐피털리즘'이야말로 현재의 차이나 파워의 핵심을 형성하는 것으로, 1980년대에 제작된 댄스 영화가 보여 주는 여러 이미지들은 바로 오늘날 중국인의 사고의 기원을 제시하는 것이라 할 만하다.

중국영화의 열광적 황금기

2. 중국적 누벨바그의 도래
-제4세대 영화인들에 의한 '문화 번역'

문화대혁명 종결 직후 중국에서 프랑스의 영화 평론가이자 누벨바그 Nouvelle Vague[*]의 아버지 앙드레 바쟁André Bazin[**]의 언설이 훗날 '제4세대 감독'이라 불리게 될 젊은 영화인들에게 절대적인 영향력을 끼친 사실에 주목해 보자.

'제4세대 감독'이란, 1940년 전후에 태어나 문혁 발발 직전까지 베이징 전영학원 등에서 공부하고, 비록 그중에는 어시스턴트나 조감

---

[*]   1958년부터 1968년까지 프랑스의 젊은 영화인들을 주축으로 일어난 영화 운동으로, '누벨바그'는 프랑스어로 '새로운 물결'이란 뜻이다. 프랑수아 트뤼포François Truffaut, 클로드 샤브롤Claude Chabrol, 장 뤽 고다르Jean-Luc Godard, 에릭 로메르Eric Rohmer, 자크 리베트Jacques Rivette, 아네스 바르다 Agnes Varda, 알랭 레네Alain Resnais가 이들 젊은 영화인들로, 『카이에 뒤 시네마Cahiers du Cinéma』를 본거지로 영화 비평을 전개하던 비평가 출신들이 많다. 문학 작품을 각색한 시대극 일색이던 당시 프랑스 영화에 반대했고, 영화적 관습에 의문을 제기했으며, 작가주의 노선을 추구했다. 이들 감독들의 작품 경향은 저마다 다르지만, 공통점으로 감상을 배제하고, 야외 촬영을 선호하며, 비전문 배우들을 기용하고, 관객 동일시를 방해하는 거리 두기, 고전적인 내러티브 회피, 생략 편집, 경량 장비를 사용한 우연적이고 사실적인 효과, 특정 감독이나 영화에 대한 오마주를 들곤 한다. 샤브롤의 〈미남 세르주Le Beau Serge〉(1958), 트뤼포의 〈400번의 구타Les Quatre Cents Coups〉(1959), 고다르의 〈네 멋대로 해라A Bout de Souffle〉(1959) 등이 대표적인 작품으로 주로 거론된다.
[**]   앙드레 바쟁(André Bazin, 1918~1958): 프랑스의 영화 비평가, 이론가. 1951년에 영화 비평지 『카이에 뒤 시네마』를 창간했다. 몽타주로 대표되는 형식주의에 반하는 리얼리즘 영화 이론을 펼쳤고, 다층적 메시지를 전달하는 화면 구성(미장센)을 제안했으며, 작가주의를 주장하여 누벨바그 감독들에게 지대한 영향을 끼쳤다.

독으로 영화 제작에 관여한 이도 몇 명 있었지만 문혁 공백기 내내 재능을 발휘하지 못한 채 중년에 이르고 만 세대를 이른다. 1980년대 중반에 영화감독으로 데뷔하여 중국 뉴웨이브 시네마의 주역으로 세계적인 주목을 받은 천카이거, 장이머우 등 이른바 '제5세대 감독'으로 알려져 있는 이들과 비교할 때, 황젠중, 양옌진, 텅원지, 우톈밍, 우이궁, 세페이, 정둥톈, 장난신, 왕하오웨이王好爲 등 '제4세대 감독'의 존재감이 다분히 옅었음은 부정할 수 없는 사실이다. 제5세대 감독들의 충격적인 데뷔로 인해 이 앞 세대의 영화가 잉태하고 있던 빛은 사그라지고, 그 뒤 관객뿐 아니라 중국 영화 연구에서도 잊히고 말았다. 이런 연유로 제4세대 감독들은 따로 '비극적 존재悲劇性的存在'라고도 불린다.

그러나 역사적으로 볼 때, 그늘 속 존재이기는 했으나 제4세대 감독들은 정력적으로 중국 영화의 쇄신을 시도한 세대이기도 했다. 1970년대 말부터 80년대 전반에 걸쳐, 그들은 바쟁이라는 고유 명사 아래 결집하여 '원 쇼트=원 신one shot=one scene'으로 대표되는 바쟁 언설의 일부*를 슬로건 삼아 문혁 코드 타파와 영화 기법 혁신을 실험했다.

---

*   앙드레 바쟁은 「금지된 몽타주」에서 "한 사건의 본질이 행위(액션)의 둘, 혹은 그 이상의 요인의 동시적 제시를 필요로 할 때는 몽타주는 금지된다"라고 말하며, 영국 영화 〈독수리는 이제 날지 않는다〉의 한 시퀀스를 들어 이를 예시했다. 새끼 사자를 데리고 온 아이를 어미 사자가 쫓고, 이를 목도한 아이의 부모가 놀라는 장면인데, 아이와 사자를 몽타주로 보여 주던 화면이 이윽고 아이, 사자, 부모를 한 화면에 담는다. 바쟁에 따르면, 이 단일한 화면 구성에 이르러 드디어 이 장면에 선행하던 몽타주들까지도 진실성을 갖게 되고 영화적 감동이 창출된다. 그는 영화가 맺는 현실과의 관계가 공간의 단일성 속에 있다고 보았고, 몽타주는 이를 파괴함으로써 이야기 서술로서의 가치는 있을지언정 스크린 상에 현실의 공간적 밀도를 지니고 나타나는 이야기의 존재성은 지닐 수 없게 되어 소설과 아무런 차이를 보일 수 없게 되리라 보았다. 본문의 '원 쇼트=원 신'은 바쟁이 말한 바의 사건의 공간적 단일성과 연계되는 것으로, 모든 경우에 반드시 적용되어야만 할

이러한 시도를 통해 제4세대 감독들은 제5세대 감독들을 낳을 기초를 쌓아 올렸을 뿐 아니라, 제4세대 감독들의 정신과 기법은 한층 시대를 뛰어넘어 현재 제6세대라고 불리는 자장커 감독 등의 영화적 스타일과도 공명하고 있다 할 것이다.

2008년에 바쟁 탄생 90주년 기념행사가 상하이에서 개최되었을 때, 제4세대 감독 셰페이가 제6세대 감독 자장커와 함께 출석하여 바쟁과의 관련성을 뜨겁게 토론하는 장이 열렸다.[*] 이 기획 자체가 두 세대 간의 계승 관계를 증명하는 것이었다. 어쨌거나 외국의 한 영화 이론가·평론가의 언설이 다양한 형태로 해석되고, 수많은 작품에 의해 실천된 뒤 급기야는 그 이론가 자신이 신격화되는 데까지 이른 일은 중국 영화사상 극히 드문 현상이라 할 만했다. 바쟁의 정신이 중국에서 제4세대를 경유하여 제6세대 작품으로 이어지고 부활한 것이다.

법칙은 아니었다. "(몽타주 혹은 다른 여러 가지 풍부한 표현 수단들이) 공간적 단일성을 파괴하여 현실적 사건을 단순한 가공적 표현으로 변형시켜 버릴 때"라는 단서가 여기에 붙는다.

[*] 2008년 6월 13~14일 양일간 상하이 대학에서 '영화 비평과 이론을 되돌아본다: 앙드레 바쟁 탄신 90주년 기념 국제 학술 토론회反思電影批評與理論:紀念安德烈·巴贊誕辰90周年國際學術硏討會'가 열렸다. 상하이 대학 영상예술기술대학上海大學影視藝術技術學院, 프랑스 『카이에 뒤 시네마』 편집부, '중국영화평론학회' 주관으로 열린 이 행사는 국내외 영화계 인사 백여 명을 초청하여 앙드레 바쟁에 관한 학술대회를 열었는데, 그중 한 섹션으로 '화어 전영으로부터의 경의: 나와 바쟁來自華語電影的敬禮:我與巴贊'이 마련되었고 셰페이, 허우샤오셴, 쉬안화許鞍華, 자장커가 초청되어 제각각 바쟁에 대한 소회를 발표했다. 원래 이 섹션에서는 이들 네 감독 외에 제5세대 감독 톈좡좡도 초청되었으나 마침 신작 촬영차 신장으로 로케를 떠난 탓에 톈좡좡은 불참하게 되었다. 이 행사를 기획한 상하이 대학의 쉬촨石川 교수는 훗날 인터뷰에서 제5세대 감독들의 영화가 관념과 조형성을 중시하므로 바쟁이 제창한 여실한 리얼리즘과는 거리가 멀기에 톈좡좡의 불참 이후 딱히 다른 제5세대 감독들을 초청할 이유를 찾지는 못했다고 밝혔다.

바쟁 탄생 90주년에 맞추어, 중국의 영화 전문지 『당대전영』(2008년 제4호)은 '중국에서의 바쟁 수용'이라는 특집을 기획했는데, 이 밖에도 구미와 일본에서 개최된 심포지엄, 출간된 논문집에서도 중국에서의 바쟁의 영향력이 다수 언급되었다. 이들 선행 연구를 참조하면서, 이 장에서는 문화대혁명에 의한 억압으로부터 탈각하여 영화 표현의 새로운 가능성을 찾아내고자 한 제4세대 감독들이 한정된 정보 원천 속에서 거의 자신들의 상상력에 의거해 구축한 '앙드레 바쟁'과 '누벨바그' 이미지를 검증함으로써, 문혁 종결 직후라는 지극히 특수한 역사적 시기의 외국문화 수용 양태 그리고 제4세대 감독과 프랑스 누벨바그의 평행적 관계를 좀 더 치밀히 살펴보고자 한다.[27]

또 더 나아가서는 수세대에 걸친 중국 영화인들의 '리얼리즘'에 대한 관계 양상을 영화사적으로 추적하고, 사회주의 리얼리즘, 네오리얼리즘 그리고 앙드레 바쟁의 리얼리즘 이념이 중국의 문맥 속에서 얽히고 길항하며 교체되는 모습을 연대기적으로 재정리해 보고자 한다. 이러한 작업을 통해 '리얼리즘'에 대한 제4세대, 제5세대, 제6세대 각 영화인들 간의 영화사적 단절 관계와 숨어 있는 계승 관계를 검증할 수 있다면, 이 장의 과제도 완수되었다 할 것이다.

1) 앙드레 바쟁과의 만남

바쟁 이론 수용의 역사

중국에 바쟁 이론이 처음 소개된 것은 문혁 직후가 아니다. 그보다 훨씬 앞서는 1960년대 전반에 벌써 바쟁의 논문 번역이 몇몇 간행물과 저서에서 보였다. 1962년 3월 영화이론 전문지 『전영예술역총電影藝術譯叢』 제1호에 앙드레 바쟁의 논문 「금지된 몽타주蒙太奇運用的限界」가 중국어로 번역되어 게재된 것이 중국에 바쟁을 소개하는 언설의 효시가 되었다. 그러나 계급 구분이 무엇보다 중요시되던 시대 상황이었기에 바쟁의 출신계급이 주석으로 부기되는 것도 빠지지 않았다. 즉 번역 후기에 "바쟁은 프랑스 부르주아 영화 평론가 중 가장 유명한 사람이다"라는 문장이 한 줄 덧붙여졌는데, 이는 당시 문교정책에 의거한 비판을 회피하기 위한 고육지책이었을 것이다. 그 뒤 1963년에 중국전영출판사에서 출판된 앙리 아젤Henri Agel의 『전영미학개술電影美學槪述, Esthétique du cinéma』(쉬충예徐崇業 역)에도 바쟁 이론에 관한 논술이 포함되어 있었다.

그러나 문화대혁명의 발발로 인해, 바쟁이 다시 주목받게 되는 것은 그로부터 15년 뒤로 미뤄졌다. 1978년 10월에 잡지 『전영예술역총』에 세계 영화사상 가장 중요한 영화 이론가 열 명 중 한 명으로 바쟁의 이름이 문혁 후 처음으로 언급되었다. 그 뒤 잡지 『전영예술』 1979년 제1호에 게재된 논문 「몽타주의 역사에 관해서談談蒙太奇的發展」에서 영화 이론가 바이징성白景晟이 2천 자 정도 분량으로 바쟁 이론을 소개했다. 그리고 잡지 『전영문화』 1980년 제1호에 영화 이론가 저우촨지周傳基와 리퉈李陀가 「주목해야 할 영화 미학 유파-'롱 테이크 이론'에 관하여一個値得重視的電影美學學派-關於長鏡頭理論」란 제목의 논문을 발표했다.

그러나 그중 가장 영향력 있던 것은 『전영예술』 1979년 제3호에 게재된 「영화 언어의 근대화에 관하여談電影語言的現代化」*라는 논문이었

---

* 2005년 『베이징 전영학원 학보』 제3호에 이 논문이 재수록되었다. 2쪽의 이 짧은 논문에서 장난신과 리퉈는 오늘날(1979년) 중국 영화의 수준을 떨어뜨리게 한 원인으로 사인방의 문화 전제주의가 끼친 해악, 1949년 이래로 형성된 좌파적 시선, 왜곡된 마르크스레닌주의 미학 원칙을 들었다. 영화 언어에 대한 주목을 형식주의, 예술지상주의, 탈정치라며 자기 검열을 내재화하게 됨으로써, 공개적인 논

다. 제4세대 감독 장난신과 그의 남편이자 문예 이론가였던 리퉈가 쓴 이 논문은 창작자 측의 입장에서 영화 언어에 관한 관심을 환기하는 데 주안점을 두고, 바쟁 이론을 비롯해 다양한 유파의 영화 이론과 영화 기법을 소개한 것이다. 이 논문은 영화 언어를 혁신해야 한다고 통감하던 당시 영화인들 사이에서 대단한 반향을 불러일으켰다. 제4세대 감독들을 주체로 한 중국 누벨바그의 격문격인 이 논문을 통해, 바쟁의 이름이 널리 알려지고 신격화에 이르렀다 하겠다.

　그 뒤, 사오무쥔邵牧君, 천시허陳犀禾, 한샤오레이韓小磊, 정쉐라이鄭雪來, 덩주페이鄧燭非, 양젠밍楊劍明, 허우커밍侯克明, 중다펑鐘大豊 등의 이론가들이 바쟁 이론을 주제로 잇따라 논문을 발표했다. 그들의 문제 설정에서 공통되는 요소로서 주목해야 할 것이 '원 쇼트=원 신'이라는 바쟁의 언설을 에이젠슈타인Sergei Eisenstein(1898~1948)의 몽타주 이론과 비교함으로써 파악하고자 한 논문이 대부분을 점하고 있었다는 사실이다.* 이는 이 시대 영화를 둘러싼 언설의 동향을 특징짓는 것이기도 했다. 이러한 바쟁 붐은 1980년대 중반에 정점에 달했고, 80년대 후반에 급격히 쇠퇴하며 종언을 고했다.[28]

　의가 불가능했다는 반성과 비판이다. 이러한 전제를 깔고 이 논문에서는 낙후된 영화 예술을 구제할 해결책으로 영화 언어 연구를 강조했다.

* 바쟁이 영화가 현실과 맺는 관계에서 사건의 공간적 단일성을 유지해야 한다고 보았다면, 에이젠슈타인은 관련 없는 두 개의 쇼트가 병치되어 충돌함으로써 새로운 의미가 탄생(A+B=C)한다고 보았다. 이에 바쟁이 말하는 바의 영화가 투명한 창이라면, 에이젠슈타인이 말하는 영화는 그 자체로 관찰의 대상이 되는 창틀(프레임)이 된다. 바쟁과 에이젠슈타인의 서로 대조되는 미장센과 몽타주에 관해서는 자크 오몽, 알랭 베르갈라 등이 쓴『영화 미학』제2장의 '편집의 이데올로기' 부분을 참조할 것.

왜 바쟁에 열을 올렸는가

당시 중국의 문맥에서 바쟁을 말하는 데는 세 개의 키워드가 있었다. '롱 테이크長鏡頭', '리얼리즘 미학紀實美學', '영화의 사진적 이미지 존재론電影本體論'*이다. '원 쇼트=원 신'에 철저한 기법을 사용하여, 현실을 있는 그대로 사실적으로 그려내는 것이 바쟁 언설의 정수라 해석된 것이다.

실제 바쟁의 언설에서는 오브제인 '현실'에 대하여 만드는 이가 품는 페티시적 욕망이야말로 영상, 영화를 성립하게 하는 근원적인 계기로 중시되고, 또 다큐멘터리와 픽션의 관계에 관해서도 롱 테이크 기법과 몽타주 사이의 변증법적 관계가 상세히 논술되었다. 그러나 이러한 바쟁 이론의 핵심적 측면은 당시 중국에서의 수용 과정에서 거의 무시되었다. 이 점에서 바쟁 언설에 대한 중국 측의 해석이 조잡한 것이었음은 부정할 수 없다.

당시 중국에서는 바쟁이 언급한 작품들 대부분을 볼 수 없는 상황

---

* 중국어로 번역된 바쟁의 『영화란 무엇인가?』에 수록된 그의 논문 「영화의 사진적 이미지 존재론」은 '촬영 영상의 본체론撮影影像的本體論'이란 제목으로 번역되었다. 중국어로 '전영본체론電影本體論'은 개별 영화 작품에 국한되지 않는, 영화 예술의 본질을 논하고 규명하는 것을 뜻하는 말이므로 바쟁에게만 한정되는 용어는 아니다. 그러나 이 논문이 바쟁이 품고 있는 영화에 대한 근본적인 사고를 담고 있기에 '전영본체론'이라는 용어로 그의 '사진적 이미지 존재론'을 칭한 것은 적절하게도 보인다. 「영화의 사진적 이미지 존재론」에서 바쟁은 사진의 출현을 들어 카메라라는 비정한 기계 장치가 어떻게 회화가 다다르는 데 실패한 리얼리즘을 성취하는지 논한다. 인간의 손이 개재함으로 인해 회화는 주관성에 저당 잡힐 수밖에 없던 데 반해, 사진은 감정적 개입 없이 피사체의 진실에 다가가 피사체 그 자체가 될 수 있다. 바쟁은 호박 속에 봉인된 과거의 곤충처럼 사진 속에 시간을 봉인시킬 수 있는 카메라의 능력을 영화의 가장 창조적인 능력이라 보았고, 이야기를 전달하기 위해 인위적으로 이미지를 조작하는 몽타주 편집을 거부했다. 이러한 그의 생각은 순수하게 포착된 이미지의 위력, 예술을 넘어 자연 세계로서 그 자체로 완전한 세계를 이루는 영화의 힘에 대한 믿음으로 이어진다.

이었기에, 실제로 번역에 들어갔을 때 작품에 근거한 구체적이고 상세한 논술 부분은 생략할 수밖에 없던 사정을 감안하면(이 점에 관해서는 다음 장에서 후술한다), 이러한 조잡한 수용을 이해 못할 것도 아니나 여전히 의문이 남는다. 어째서 하고 많은 이론가들 가운데, 당시 중국의 영화인들이 특히 바쟁에 주목했는가 하는 문제다. 이에 관해서는 문혁 종결 직후 상황과의 관계가 컸다 할 것이다.

제4세대 감독인 셰페이가 "문혁 시대의 겉보기에만 치중했던 화려함으로부터 벗어나 진실과 현실로 되돌아가고자 하는 시도가 문혁 종결 직후의 사회적 풍조였기 때문에 바쟁 이론에서 말하는 영상의 다큐멘터리성에 관한 언설에 우리들이 특히 공명했던 것이다"라고 말했듯, 바쟁 이론의 현실을 다큐멘터리 터치로 파악하려 한 측면이 문혁 종결 직후 중국 영화인의 마음을 사로잡은 것이다.[29]

이처럼 바쟁의 리얼리즘 이론이 그때까지 중국에서 절대적인 영향력을 끼치고 있던 사회주의 리얼리즘*과는 선을 긋고 있었다는 사실을 우선 지적해 둘 필요가 있다. 소련에서 시작한 사회주의 리얼리즘이 1949년 이래 중국에서 수용되는 가운데, 중국 영화도 또한 이론과 실천의 측면에서 사회주의 리얼리즘으로 규정되었다. 그 결과, 중국의 영화인들은 현실을 사실적으로 그리길 표방하면서도, '사회주의 사회의 현실을 구가하고, 사회주의 미래로 열릴 무한한 가능성을 그

---

* 예술이 역사적으로 진실되고 구체적이어야 하며 사회주의의 대의를 선전하고 노동자들을 계몽해야 한다는 예술 이념을 말한다. 소련에서는 1927년 스탈린이 정권을 잡은 무렵부터 대두되기 시작하여, 1934년 제1회 전국노동자작가동맹대회에서 공식적으로 채택되어 예술의 기본 원칙으로 자리 잡았다. 생활 진실성, 사상성, 인민성을 중요 원리로 한다. 중국 역시 이 예술 이념의 영향 아래에 있었고, 신중국 건립 무렵부터 문화대혁명 시기까지 노동자, 농민, 군인의 영화로서 혁명적 국가의 이념을 선전하는 영화들을 만들었다.

려 낸다'는 데 방점을 둘 수밖에 없는 모순에 빠졌다. 이와 평행하여, 기법 면에서도 에이젠슈타인의 몽타주 이론이 절대적인 영향력을 끼치고 있었다. 그렇기에 문혁 종결 직후 중국에서는 단일 쇼트의 지속성을 강조한 바쟁의 언설이 종종 에이젠슈타인의 몽타주 이론의 대립항으로 제기되기에 이른 것이다. 그 배경에는 종래의 사회주의 리얼리즘 원칙에서 벗어나고자 한 제4세대 영화인들의 욕망이 적지 않게 투영되었으리라. 다시 말해, 종래의 영화 언어를 해체하고자 제4세대 감독들이 바쟁의 언설을 전략적으로 이용한 것이다.

이에 덧붙여, 이탈리아 네오리얼리즘*이 1950년대 중반부터 1960년대 전반에 걸쳐 중국에서 수용된 점도 시야에 넣어야 할 것이다. 1954년에서 1955년에 걸쳐 연이어 네오리얼리즘의 대표작 〈무방비 도시 Roma Citta Aperta, 羅馬, 不設防的城市〉(로베르토 로셀리니Roberto Rossellini, 1945), 〈자전거 도둑Ladri di biciclette, 偸自行車的人〉(비토리오 데 시카Vittorio De Sica, 1948), 〈밀라노의 기적Miracoio a Milano, 米蘭的奇蹟〉(비토리오 데 시카, 1951), 〈로마 11시Roma ore 11, 羅馬11時〉(쥬세페 디 산티스Giuseppe De Santis, 1952)가,

---

* 제2차 세계대전을 전후로 이탈리아에서 십여 년간 전개된 사실주의 영화 경향. 루키노 비스콘티Luchino Visconti, 로베르토 로셀리니, 비토리오 데 시카가 대표 인물이다. 로셀리니의 전쟁 3부작(〈무방비 도시〉, 〈전화의 저편〉, 〈독일영년〉)과 데 시카의 네오리얼리즘 3부작(〈구두닦이〉, 〈자전거 도둑〉, 〈움베르토 D〉)이 실질적인 대표작으로 거론되는데, 이들 영화는 파시스트 정권의 예술 억압과 전후 이탈리아 사회에 대한 영화적 대응이라 할 수 있다. 감독들은 파시즘이 몰락하면서 도시인, 노동자들을 꾸밈없이 그릴 수 있게 되었고, 전후 이탈리아의 경제난으로 낡고 한정된 도구, 재료들로 영화를 찍어야만 했다. 일례로 〈무방비 도시〉의 거친 화면 질감은 뉴스 릴 필름으로 찍은 결과다. 이들 감독들은 기존의 영화들이 채택했던 관습이나 주제 대신 사회적 현실에 초점을 맞추고 현실의 거친 모습들을 그대로 담고자 했다. 비전문 배우들이 연기하는 평범한 인물, 일상적인 에피소드, 로케이션 촬영, 롱 테이크, 자연광, 동시 녹음, 방언을 포함한 자연스러운 대사 등이 이들 영화에 공통된 스타일이다.

그리고 1962년에는 페데리코 펠리니Federico Fellini의 〈카비리아의 밤Le
Notti Di Cabiria, 卡比利亞之夜〉(1957)이 중국에서 일반 공개되었다. 이들 이
탈리아 네오리얼리즘 영화의 동시대적 수용은 부르주아 계급의 억압
에 신음하던 프롤레타리아트의 고난을 중국 인민에게 보여 주고자
한 당국의 사상 교육 일환으로서 이해해야 할 것이나, 결과적으로는
당시 중국 영화인들에게 대단히 큰 영향을 미치게 되었다. 셰진 감독
은 〈로마 11시〉를 몇 번이고 되풀이해 보고, 자신의 연출 모본으로 삼
았다고 한다.[30] 그러나 네오리얼리즘 영화의 영향은 제작 측의 묘사
대상에 대한 동정적 태도 혹은 의상이나 세트 같은 세부의 사실적 묘
사에 한정되었고, 카메라 워크 같은 연출 방법 차원으로까지는 미치
지 못했다.

　이에 반해, 바쟁에 의한 리얼리즘 이론의 파급 범위는 현실을 다큐
멘터리 터치로 파악하려는 자세에 그치지 않고 촬영 기법, 기술 차원
에까지 이르렀다. 바로 '원 쇼트=원 신' 언설이다. 그만큼 당시 중국의
영화인들은 바쟁의 이론에 충격을 받은 것이다.

　그렇다고는 하나, 앞서 서술한 데서도 알 수 있듯이 중국에서의 바
쟁 언설은 수용 과정에서 롱 테이크 촬영 기법을 사용해 현실을 사실
적으로 그려 내는 측면에만 초점을 두는 결과를 낳았다. 이러한 경향
은 명백히 단순화라는 비난을 피할 수는 없을 것이다. 그러나 이러한
'오해'와 '왜곡' 또한 문혁 종결 직후의 사회적·문화적 환경과 분명히
연계된 것이다.

2) 중국에서의 바쟁 수용 맥락

제4세대 감독인 정둥텐은 2008년에 다음과 같이 술회했다. "당시 우

리들은 바쟁의 논문에 언급되어 있던 영화를 거의 본 적도 없었거니와, 바쟁의 이론이 나오게 된 현대 철학과의 연계나 배경에 대해서도 알 길이 없었다. 그런데도 어째서인지 당시 영화인들은 자신들이 접한 외국의 최신 영화 기법을 어떤 형태로든 억지로라도 바쟁과 관련지으려 했다."[31]

여기서는 당시 영화인들이 어떠한 문맥 안에서 바쟁 이론과 접했던가를 영화 감상과 영화 이론 연구의 양면에서 고찰해 보기로 한다.

제한된 외국 영화 감상

문혁 종결 직후, 제4세대 감독이 구미 영화를 접할 기회는 두 가지가 있었다. 하나는 영화관에서 일반 공개된 작품을 보는 것이고, 다른 하나는 영화자료관 등에서 열리는 내부 시사회를 통해서였다. 일반 공개되는 외국 영화에 관해서는, 1970년대 후반부터 1990년대 전반에 걸쳐 '중국전영공사'가 1년에 30편쯤 각국 영화를 100만 달러 예산으로 사들이고 있었다. 그러나 1편당 3만 달러밖에 예산이 돌지 않았기에, 중국에서 상영되는 미국이나 유럽 영화 대부분은 저예산 B급 영화이거나 제작되고 나서 중국에 상영되기까지 꽤 시간차를 둔 것들이 태반이었다.[32] "어째서 일류 미국 영화를 수입하지 않느냐"는 질문에 대해, 외국 영화 수입에 관여했던 스룽施融은 1986년에 "애당초 일류 영화에는 높은 가격이 붙어 있는 데다, 미국 영화의 경우에는 수입국의 인구 수에 비례해 라이센스 요금이 높게 매겨졌기 때문"이라 답했다.[33]

이런 상황에서 영화인들이 예술성 높은 구미 영화에 접근할 거의 유일한 길은 베이징에 있는 '중국전영자료관中國電影資料館(중국영화자료관, 이하 '영화자료관'으로 지칭되는 것은 모두 중국전영자료관을 이른다)'의 내부 감상회였다. 중국전영자료관은 1958년 9월, 필름의 보존과 문자·영상 자료 수집을 목적으로 설립되었는데, 설립 당초에는 50여 명의 스태프를 거느리고 있었다. 1960년대 초두에 면적 1,400평방미터의 필름 보존실이 베이징 교외에 건설되었고, 전쟁을 염두에 두던 냉전 시대적 발상*에 기인하여 지방 도시인 산시 성陝西省 린퉁 시臨潼市에도 보존고가 마련되었다. 여기에는 중국 영화 외에도 이전에 상하이에서 상영되었던 할리우드 영화도 다수 보존되어 있었다. 또한 중국의 영화인들이 기법 면에서 참고로 삼을 수 있게끔 세계 각국의 최신 영화며 고전 작품도 구입하여 수집하긴 했으나, 냉전 구도 속 동서 대립 상황에서 미국이나 프랑스 같은 자본주의 국가들로부터 중국이 필름을 수입하기가 녹록치 않았음은 상상하기에 어렵지 않다.

중국전영자료관이 활발히 기능하게 된 것은 문혁 종결 뒤의 일이다. 즉 1970년대 말부터 1980년대 후반에 걸쳐 '중국전영자료관'은 영화인이나 영화 관계자를 주된 대상으로 자료관 소장 필름 내부 시사회나 각국의 영화 회고전을 빈번히 개최했다. 특히 1970년대 후반 수년간, 자료관에서 영화를 감상하는 일은 영화인들 사이에서 공전의 붐을 이루었다. 당시 관장을 맡던 궁롄龔漣은 당시의 열광적인 상황에 대해 다음과 같이 증언하고 있다. "연거푸 영사기에 필름을 걸다 보니 필름에 엄청난 손상을 가하게 되었다. 필름 보존이란 관점에서 보면 재난이라고도 할 만했는데, 멈추려고 해도 도무지 통제할 수가 없었다. (…) 그런 절정기가 지속된 건 1, 2년이었고, 그 뒤 '열기'는 서서히

---

* 1964년 마오쩌둥이 고안, 추진한 경제·군사 기반 시설의 내륙 이동을 이른다. 삼선건설三線建設이라고도 불린다. 미국과 소련의 군사 공격에 대비하기 위해 전국을 연해, 중부, 내륙의 세 구역三線으로 나누고 전쟁이 일어나면 전방이 될 1선 구역 즉 연해 지역의 군수 산업 시설을 내륙으로 이동시켰다. 산시, 쓰촨, 윈난, 간쑤 등 서부 내륙 지역이 특히 중요한 3선 구역이었다.

식어 안정 상태로 돌아왔다."[34]

　이런 열띤 성황에도 불구하고, 영화인들이 외국 영화를 접할 기회는 여전히 충분하다고는 할 수 없었다. 특히 지방에 위치한 촬영소에 소속된 영화인들은 베이징까지 가지 않는 한, 질 높은 외국 영화를 볼 기회가 거의 없는 상황이 1980년대 후반까지 계속되었다. 시안영화촬영소 소속의 제4세대 감독 장쯔언張子恩은 1987년에 다음과 같이 말했다. "중국의 영화 감독들은 외국 영화를 볼 기회나 세계 영화의 새로운 동향을 알 기회가 극히 드물었다. (…) 촬영소에서는 매주 두 번 정도 신작 영화를 볼 기회가 있었는데, 국산 영화투성이에 졸작도 많아서 전혀 도움이 안 되었다. 외국의 명작 영화에 접할 유일한 경로는 베이징으로 로케 촬영을 가면서, 내친김에 베이징에 있는 영화자료관에서 영상 자료를 빌려 보는 것뿐이었다. 그런데 대여비로 30위안을 내야 하니, 개인으로서는 도무지 감당할 수 없는 가격이었다."[35] 1980년대 후반에는 유서 깊은 창춘영화촬영소가 영화 평론가들에게서 "졸작 영화의 소굴"이라고까지 통렬히 규탄받는데, 그 원인 중 하나로 베이징에서 떨어져 있는 입지 조건에 기인한 영화 감상 제약이 지적된 적도 있다.[36]

　이런 환경 탓에 1980년대 초 제3세대 감독 셰진이 미국에 방문했을 당시, 자신이 중국에서 본 미국 영화 제목을 미국의 영화 관계자에게 이야기해도 모조리 무명작들뿐이어서 아무도 아는 이가 없을 정도였다. 또 1980년대 중반에 프랑스를 방문한 제4세대 감독 옌쉐수顔學恕는 프랑스 영화인들에게서 들은 세계적 감독들의 이름이나 작품 제목을 전혀 몰라 창피를 당하기도 했다.[37]

외국 영화 연구와 해석

이런 제약에도 불구하고, 제4세대 감독 중 누벨바그를 포함하여 특히 구미 영화를 열심히 연구한 이가 황젠중이다. 2008년에 그가 외국 영화 감상 체험에 관해 증언한 내용을 보자. 1960년 베이징영화촬영소 부속 영화 학교에서 2년간 기초 지식을 배운 뒤, 베이징영화촬영소에 입사한 그는 입사 이듬해 소년의 시점으로 중일전쟁을 그려낸 〈소년병 장샤小兵張嘎〉(1961)에서 노장 감독 추이웨이崔巍의 조수로 일했다. 이때 황젠중은 영화자료관의 내부 시사회에서 촬영 스태프들과 함께 소련 영화 〈이반의 어린 시절Ivanovo detstvo, 伊凡的童年〉(안드레이 타르코프스키Andrei Tarkovsky, 1962)을 관람하고 충격을 받았다. 그 뒤 중소 관계 파탄과 함께, 동시대 소련 영화, 예를 들어 〈맑은 하늘Chistoye nebo, 晴朗的天空〉(그리고리 추크라이Grigori Chukrai, 1961), 〈41번째 사나이Sorok pervyi, 第41〉(그리고리 추크라이, 1956), 〈학은 날아간다Letyat zhuravli, 雁南飛〉(미하일 칼라토조프Mikhail Kalatozov, 1957), 〈인간의 운명Sudba cheloveka, 一個人的遭遇〉(세르게이 본다르처크Sergei Bondarchuk, 1959) 등이 '부르주아적 수정주의 휴머니즘'의 반면교사라며 내부 시사회에서 상영되었을 때에도 열심히 감상하고 깊은 감명을 받았다.

또한 황젠중은 1960년대 전반에 여러 누벨바그 작품들을 거의 실시간으로 보았다. "중국과 연줄이 있던 프랑스의 영화사가 조르주 사둘Georges Sadoul이 1960년에 중국영화인협회中國電影家協會 앞으로 '프랑스 누벨바그 작품에 주목해야 한다'는 내용의 편지를 보낸 일을 계기로, 누벨바그의 몇몇 대표작들이 1960년대 전반에 중국에 수입되어 영화인들 사이에서 화제가 되었다"는 증언이다. 이때 중국영화인협회에서 주최한 내부 시사회에서 황젠중이 본 것이 〈히로시마 내 사랑 Hiroshima mon amour, 廣島之戀〉(알랭 레네Alain Resnais, 1959), 〈이처럼 긴 부재 Une Aussi Longue Absence, 長別離〉(앙리 콜피Henri Colpi, 1961)였다.

황젠중은 문혁 도중 다른 영화인들과 함께 농촌으로 '하방'되었다. 그 때문에 영화와 멀어졌음에도 불구하고, 농사짓는 틈틈이 누벨바그에 관한 문자 자료를 몰래 연구했다(프랑스어를 모르므로, 아마도 문혁 이전에 번역된 중국어 문자 자료를 복습했을 것이다). 그렇게 노력한 보람이 있어, 문혁 종결 후에 황젠중은 유럽 영화에 밝은 전문가로서 당시 영화계 중진이었던 샤옌, 천황메이陳荒煤에게 인정받을 수 있었다. 게다가 1979년에 개최된 제1회 '영화 감독 연구회'에서 유럽의 실험 영화와 누벨바그에 관해 연구 발표를 하고 커다란 반향을 불러일으켰다.[38]

주목해야 할 것은, 1970년대 말부터 1980년대 초두에 걸쳐 제4세대 감독들이 접한 이른바 '신랑차오新浪潮(누벨바그)' 작품들이 〈히로시마 내 사랑〉, 〈지난 해 마리앙바드에서L'Année Dernière à Marienbad, 去年在馬里昻巴德〉(알랭 레네, 1961) 등 몇 편에 한정되어 있던 점이다. 이들 작품이 누벨바그 계보에 속해 있기는 하지만, 알랭 레네는 엄밀히 말하면 누벨바그로 분류되는 작가들보다 윗세대 감독이다. 일반적으로 누벨바그라고 하면, 〈네 멋대로 해라〉(장 뤽 고다르, 1959)나 〈400번의 구타〉(프랑소와 트뤼포, 1959)가 곧장 떠오르는데, 제4세대 감독들이 고다르나 트뤼포의 이 작품들을 접한 것은 추정컨대 1980년대 중반 이래의 일이었다(누벨바그를 비롯해, 100편가량의 프랑스 명작 영화가 처음으로 중국에 포괄적으로 상영된 것은 1985년 5월 중국전영자료관 주최의 프랑스 영화 회고전에서의 일이다). 이런 상황이었기에, 중국의 누벨바그 수용에는 현저한 편향성과 오해가 따를 수밖에 없었다.

황젠중 감독 또한 예외가 아니었다. 그는 1979년에 집필한 논문에서 〈히로시마 내 사랑〉을 쇼치쿠 영화사의 나카무라 노보루中村登가 감독한 〈사랑과 죽음愛と死〉(1971)과 병렬시켜 다음과 같이 논하고 있다. "일반 관객이 일상생활에서 종종 경험하는 것을 예술적 이미지를

통해, 다시 관객에게 재현하여 보여 주는 것이다. 일상생활에서 어떤 대상으로부터의 자극을 계기로 연상과 회상이, 단편적인 시각적 화면을 동반하며 불러일으켜지고 마는 경험은 누구에게나 있기 때문이다. (…) 우리들은 〈작은 꽃小花〉(장정張錚, 1979)이라는 영화에 착수할 때, 〈히로시마 내 사랑〉과 〈사랑과 죽음〉을 참고로 했다.”[39] 두 작품을 낳은 시대와 프랑스와 일본 각각의 맥락에서의 차이가 완전히 누락된 채, 황젠중 감독 눈에는 〈히로시마 내 사랑〉이 단편적 이미지의 연쇄라는 점에서 감상적인 쇼치쿠 풍의 〈사랑과 죽음〉과 동일하게 비쳤던 것이다.

〈골목길〉 포스터

또 누벨바그에 의해 촉발되었다고 하는 양옌진 감독의 작품 〈골목길小街〉(1981)은 플래시백을 다수 사용함으로써 시간 축을 불규칙하게 움직이거나, 여주인공의 운명을 보여 줄 세 가지 다른 결말들을 마련하는 등 실험적인 시도를 여러 군데에서 시도했으나, 여주인공의 숏커트 헤어스타일이 〈네 멋대로 해라〉의 진 세버그Jean Seberg를 연상케 하는 것 이외에는 누벨바그와는 동떨어진 작풍이라고 할 수밖에 없다.[40] 이 헤어스타일은 주연 배우의 이름을 따서, ‘장위터우張瑜頭(장위 머리)’라 불리며 1980년대 전반 중국에서 대유행했다.

게다가 바쟁의 ‘원 쇼트=원 신’ 이론을 실천했다고 간주되던 〈필승의 의지沙鷗〉(장난신, 1981)와 〈사법연수생見習律師〉(한샤오레이, 1982)의 카메라를 맡은 바오샤오란鮑肖然은 누벨바그 영화 작품 필름을 다수 입

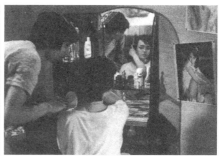

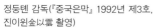
정둥톈 감독(『중국은막』 1992년 제3호, 진이윈金以雲 촬영)　　정둥톈 감독의 대표작 〈원앙루鴛鴦樓〉(1987)

수하여 열심히 연구했다고 하는데, 그럼에도 불구하고 지금 그 작품을 되돌아보면 오히려 〈사랑과 죽음〉과 통하는 감상주의와 진부한 연출이 두드러짐을 부정할 수가 없다.[41]

　결국 제4세대 영화인들은 누벨바그의 정의, 세계 영화사에서의 누벨바그의 위상, 누벨바그의 전체상을 엄밀히 파악하지 않은 채, 스스로 머릿속에 그린 '누벨바그'를 수용한 것이다.

　여기서 한데 뭉뚱그려 제4세대라고 할지라도, 외국 영화 수용에 깊은 간극이 존재하고 있었음을 지적해야 할 것이다. 1938년에 태어난 우이궁은 1956년부터 1960년까지 베이징 전영학원 감독과에 적을 두고 소련인 강사에게 배우고 소련 영화를 다수 감상했던 데 반해, 셰페이, 정둥톈 등 1960년 이후 베이징 전영학원에 입학한 이들은 소련 영화와 함께 프랑스를 비롯한 유럽 영화를 접할 기회도 얻을 수 있었다. 그렇다고는 해도 어느 경우에서였건, 외국 영화 감상에는 커다란 제약이 따르고 있었다. 1961년에 입학한 정둥톈은 "필름이 사치품이던 당시 실제로 카메라를 만질 일은 거의 없었고, 외국 영화를 특별히 볼 수 있던 것도 한 달에 고작 두 번뿐이었다. (…) 작품 분석 수업에서 교재로 다뤄졌던 것이 소련 영화 〈체파예프Chapaev〉(세르게이 바실리에프Sergei

Vasilyev · 게오르그 바실리에프Georgi Vasilyev, 1934) 혹은 중국 영화 〈둥춘루이董存瑞〉(궈웨이郭維, 1956)* 같은 작품으로, 종종 한 작품을 반년이나 걸려 지루하게 분석하곤 했다"며 재학 중의 상황을 회고했다.[42]

문혁 종결 직후의 외국 영화 이론 연구 상황

문혁 종결 직후, 영화자료관은 소장하고 있는 외국 영화와 새로이 수입한 외국 영화를 분류, 정리하면서 영화인들을 대상으로 외국 영화 소개를 목적으로 한 잡지 『외국전영정황外國電影情況』을 창간했다.[43] 거의 시기를 같이하여 중국영화인협회에서도 세계 영화의 현황을 소개하는 영화인 대상 잡지 『세계전영동태世界電影動態』를 발행했다.

이러한 잡지들 가운데 특히 바쟁의 언설을 비롯해 외국 영화 이론을 적극적으로 번역 소개함으로써 당시 영화인들에게 다대한 영향을 끼친 것은 잡지 『세계전영』이었다. 영화 관계자를 대상으로 여러 외국 영화의 동태를 소개하는 데 주안점을 둔 『세계전영』의 전신이 신중국 건국 초기에 창간된 『전영예술역총』이다. 『전영예술역총』은 1957년과 1967년에 두 번 정간에 몰렸으나, 문혁 종결 뒤인 1978년에 복간되어 1982년에 『세계전영』으로 잡지명을 바꾸었다.[44] 이 잡지는 외국 영화에 관한 정보가 극히 빈약했던 시대에 외국 영화 정보에 대한 일반 영화팬의 수요에도 호응하여, 딱딱한 내용임에도 불구하고 일반 독자에게도 환영받았다. 1985년 시점에 발행 부수는 5만 5천 부에 달했다.[45]

---

* 실존 인물 동춘루이를 기리는 선전 영화로 창춘영화촬영소에서 제작되었다. 동춘루이(1929~1948)는 열여섯의 어린 나이로 팔로군에 입대하여, 열아홉이던 1948년 국공내전 중 폭탄을 품고 국민당의 요새로 진격하여 산화했다. 천진한 소년 동춘루이가 군에 입대하고 사회주의 전사로 성장, 룽화 전투에서 사망하기까지가 이 영화의 내용이며, 신중국의 혁명 역사를 서술하는 자막, 클로즈업으로 사회주의 혁명 영웅의 전형화를 꾀했다.

이러한 시도에도 불구하고, 당시 외국 영화 연구는 매우 빈약한 단계에 있었다. 특히 문혁 종결 후에 외국 영화 연구에 종사할 만한 인재가 거의 육성되지 못한 것이 현실이었다. 영화 이론가 사오무쿤은 1986년에 다음과 같이 개탄했다. "중화인민공화국 성립 이래 현재에 이르기까지, 외국 영화의 번역, 연구에 전문적으로 종사할 수 있는 인재가 육성되지 않은 게 현실이다. 문화대혁명 이전 '중국전영공작자협회中國電影工作者協會(중국영화종사자협회)'에서 20~30명 정도 번역가를 두고 있긴 했으나 기껏해야 외국 영화의 일반적 소개에 그쳤을 뿐, 연구 영역까지는 도저히 다다르지는 못했다. 그 뒤 극좌적 정책이 추진되면서 외국어가 가능한 인재 대부분이 '부르주아 지식인' 딱지를 달고 연구소에서 추방되었고, 그 대신 확고한 혁명 사상은 있어도 외국어는 할 줄 모르는 사람들이 들어왔다. 문혁이 시작되자 그들도 해산되었고, 뿔뿔이 흩어지고 말았다. (…) 문혁 종결 후, 영상을 감상하거나 국제 영화제에 참가하는 식으로 외국 영화에 접할 기회가 늘어났다고는 하나, 한 사람 몫을 해낼 만한 젊은 연구자는 거의 없었다."[46]

더욱이 1950년대부터 1960년대 전반에 걸쳐, 중국에서 행해지는 외국어 교육이 영어나 프랑스어보다도 러시아어를 위주로 하고 있었기 때문에, 그 무렵 학교 교육을 받은 제4세대 감독들은 프랑스어는커녕 영어조차도 구사하지 못했다. 그렇기에 그들이 바쟁의 이론을 접하는 것도 중국어로 번역된 적은 수의 논문에 기댈 수밖에 없었다. 현재 셰페이 감독은 세계 각지의 대학에서 중국 영화 강의를 영어로 하고 있는데, 이는 그가 대학 졸업 뒤 오랜 기간에 걸쳐 독학으로 영어를 공부한 성과다.[47]

또 바쟁 이론의 수용이 종이 매체가 아니라, 구전口傳 즉 '귀동냥'에 의한 사례도 많았음을 간과할 수가 없을 것이다. 베이징 전영학원 강사였던 저우찬지는 외국의 영화 잡지와 전문서를 원어로 독파하고, 바쟁의 이론을 비롯한 외국 영화 이론을 재빨리 구두로 전영학원 학생뿐 아니라, 황젠중, 정둥톈 등 젊은 영화 감독들에게 소개했다. 일례로 당시 중국 영화에서는 음향 효과의 중요성이 전혀 인식되지 않아 등장인물이 운동화를 신고 있든 구두를 신고 있든 스크린 상에서 들려오는 발자국 소리가 한 가지 동일한 패턴으로 처리되어 리얼리즘과는 동떨어져 있었는데, 황젠중 감독의 작품 또한 예외가 아니었다. 이에 저우찬지가 황젠중을 자택으로 초대하여 영화에서 음향의 중요성에 관해 강의를 했다고 한다. 그 결과, 황젠중은 특히 음향 처리에 주의를 기울이게 되었고, 리얼한 음성과 음향 효과를 추구하게 되었다.[48]

제4세대 감독들의 전략

바쟁 이론의 수용 과정에서 주목해야 할 것은 리얼리즘 취향과 롱 테이크 기법만이 주목됨으로써, 바쟁 이론의 다른 측면 즉 제재나 테마 의식 등 영화 내용에 관한 언설이나 서부극과 채플린 영화를 비롯한 오락 영화, 장르 영화에 관한 언설이 당시 중국에 거의 소개되지 않고 무시되었던 점이다.[49]

그런데 이는 미처 못 보고 빠트렸다기보다는, 중국 영화인들의 숨겨진 강력한 전략이 작용한 결과가 아닐까 한다. 체제와 지배적 이데올로기에 저촉되지 않으면서, 영화계에 무언가 혁신을 일으키고자 한다면 당시로선 기법 면에서의 혁신에 의거할 수밖에 없었기 때문이다. 실제로 그때까지 중국 영화에서는 이데올로기적 내용이 중시되었고, 이야기 구조, 촬영 기법, 시공간 처리에 관한 영화인들의 관심은 억압되어 있었다. 바쟁 이론을 계기로 테마뿐 아니라 기법이나 스타일을 비롯한 영화 미디어 자체의 특질을 추구해야 함을 당시 중국 영화인들이 깨닫기 시작한 것이다.

3) '신랑차오'와 누벨바그

평행적 관계

서로 다른 시대와 사회적 상황에서 대조적인 역사적 궤적을 밟아 왔음에도 불구하고, 누벨바그와 제4세대 감독 양자 사이에는 사회적 · 시대적 배경과 '정치적' 행동에서 일종의 평행 관계가 존재했다. 이를테면, 양자가 기존 영화 시스템과 스타일을 가상의 적으로 비난하면서 모종의 슬로건 아래 결집한 점이 우선 그 유사점으로 제기될 수 있다.

황젠중, 양옌진, 텅원지, 우톈밍, 우이궁, 셰페이, 정둥톈, 장난신 등 '제4세대 감독'은 모두 1940년대를 전후해 태어나, 전영학원이나 영화 촬영소 부속 전영학교를 졸업했으나 영화 제작에 거의 관여하지 못한 채 문화대혁명과 조우하고, 문혁이 끝나고 나서야 겨우 감독 데뷔를 할 수 있었던 이들이다. 그렇기에 그들은 자신들을 억압했던 문혁 시대의 코드, 즉 그 시대 영화 속에서 형성되었던 특이한 인물 조형과 영화 언어에 대항하여 공격을 개시했다. 늦춰진 청춘을 되찾고자, 그리고 그때까지 닫혀 있던 서양을 향한 시선을 해방시키고자 한 제4세대 감독들은 바쟁이라는 이름 아래 현실을 있는 그대로 그려 내길 강력히 주장한 것이다.

한편 프랑스 누벨바그의 경우, 누벨바그 감독들은 제2차 세계대전 때문에 외국 영화와의 단절을 경험한 세대였다. 그들은 독일군의 점령으로 연합국 영화 수입이 거의 단절된 상황에서 스튜디오 시스템을 통해 양산된 전통적 프랑스 영화를 볼 수밖에 없었다. 전쟁이 끝남과 동시에 외국 영화 수입이 재개되면서, 그들은 B급 영화를 포함한 할리우드 영화와 이탈리아 네오리얼리즘 등 외국 영화의 매력에 사로잡혔다. 이들 영화를 재발견하고, 질릴 정도로 실컷 영화를 본 그들은 기존 프랑스 영화가 즐겨 다루던 소재와 양식을 향해 비난의 창끝을 겨누면서 새로운 파도를 일으키고자 했다.

이처럼 누벨바그와 중국 제4세대 감독을 낳은 각각의 사회적 상황에는 비슷한 정치 역학이 작용하고 있었다 할 것이다. 그런 와중에 바쟁의 언설은 프랑스뿐 아니라 중국에서도 상징적으로 기능하게 되었다. 앞서 언급했듯, 제4세대 감독들은 바쟁의 언설을 실제로 공부했다기보다는 일종의 슬로건으로 이용한 셈이지만, 이는 프랑스 누벨바그의 역사적 맥락에서도 일시적으로는 비슷하게 행해졌다.

이러한 평행 관계에 관해, 중국의 제4세대 감독들은 뒤처진 자라는 자기 인식 아래 반쯤은 자각적으로 의식하고 있던 듯하다. 1981년에 제4세대 감독 장난신은 양자 간의 평행 관계에 관해 다음과 같이 말했다. "누벨바그가 출현하여 영화 미디어 발전에 큰 기여를 하기 시작한 게 1958년, 내가 베이징 전영학원 감독과에 입학하여 영화와 연을 맺게 된 바로 그해였다. 그래서 나는 이 영화사적 사건을 늘 의식하고 있었다. 20년이 지나고 지금에 와서야 겨우 감독 데뷔를 한 나는 영화 미디어 발전이 뒤처져 버린 현 상황을 객관적으로 받아들여야 하고, 또 앞으로도 세계 영화에서 내가 서 있는 위치를 염두에 두지 않으면 안 될 것이다."[50] 즉 장난신 감독을 비롯한 제4세대 감독들에게 누벨바그는 세계적 수준을 의미했고, 지향해야 할 하나의 목표였다.

제4세대의 결속

누벨바그와의 평형적 관계에 관해 더 이야기하자면, 제4세대 감독들은 중국 각지에 흩어져 있는 영화촬영소에 배속되어 상호 교류가 물리적으로 지극히 곤란한 상황이었음에도 불구하고, 영화 미디어의 가능성에 관한 강한 지적 관심으로 서로 연결되어 있었다는 점도 누벨바그를 방불케 하는 특징 중 하나다. 1980년 4월 5일, 셰페이, 정둥텐, 양옌진, 텅원지, 장화쉰張華勳, 딩인난丁蔭楠을 비롯한 20여 명의 제4세대 감독들이 베이징 베이하이 공원北海公園에 모여, "중국 영화의 발전을 위해 분골쇄신 노력하여, 세계 영화의 최고봉을 겨냥하자"는 내용의 맹세를 천 위에 적고 서명을 했다.[51] 이 회합*을 시작으로, 그들은 1979년부터 1982년까지 세 번 정도 연구 집회를 열었다. 이때의 정경에 관해, 그중 한 명이던 셰페이가 1998년에 다음과 같이 술회했다. "집필 중인 각본이나 촬영 중인 영화 필름을 참가자들에게 보이고 허심탄회하게 의견을 나눴다. 격렬한 논쟁이 벌어질 때도 있었다. 문혁 때문에 10년을 헛되이 보낸 우리들에게는 귀중한 시간이었다."[52] 이렇듯 제4세대 감독들은 강한 결속력으로 서로 묶여 있었다.

　문예이론가 리튀가 2005년에 술회한 이야기도 덧붙여 두자. "당

---

*　제4세대 영화인들을 중심으로 결성된 '베이하이 독서회北海讀書會'를 말한다. 『신경보新京報』 2005년 3월 29일자 지면에 정둥텐과 셰페이의 회고담을 곁들인 기사(「第四代在北海"讀書"」)가 있어 당시의 분위기를 엿볼 수가 있다. 회고담에 따르면, 이 무렵 전영국에 시나리오 심사를 받으러 베이징에 올라온 김에 젊은 영화인들끼리 모여 영화를 논하는 회합을 갖곤 했다고 한다. 본문에 소개된 베이하이 공원 맹세의 전문은 다음과 같다. "1980년 4월 5일, 청명절. 베이하이에서 모여 맹세한다. 쉬지 않고 예술을 추구하는 강인한 정신으로 우리 민족 영화를 위해 공헌하고, 세계 영화의 최고봉을 목표한다. 비록 그 길이 아무리 멀고 험난할지라도, 우리들은 포기하지 않고 노력하여 반드시 다다르고 말 것이다."

시 영화들은 모두 각본 단계부터 완성에 이르기까지 끊임없이 행해진 토론 결과 태어난 것들이다. 누군가가 어떤 제재를 발견했다 하면, 꼭 모두에게 보이고 아이디어를 모집했다. 그러고 나서 얼마간 시간이 지나 각본이 완성된 시점에, 다시 모두에게 보이고 의견을 모았다. (…) 영화가 완성되어 시사회를 열 때에도 여전히 토론이 계속되었다. 여러 의견들을 받아들여 재촬영 등 수정이 이뤄지기도 했다. 이렇게 영화가 한 편 탄생하기까지 서너 번 토론을 했다." 이러한 제작 태도도 중국에 도입된 '운동'으로서의 누벨바그가 촉매가 되어, 제4세대 감독들 사이에서 미디어로서 영화에 대한 정열과 탐구심이 촉발된 효과라 할 수 있지 않을까.

제4세대의 각 감독들과 누벨바그 감독들이 서로의 작품을 거의 보지 않고, 직접적으로 교류한 적도 없는 건 사실이다. 그러나 양자가 시간적, 공간적 장벽을 넘어, 서로를 욕망하고 있었음은 흥미롭다. 일례로 바쟁을 상징적인 '만이[兒]'로 존경하면서, 그의 이론을 영화 제작 속에서 실천한 고다르를 비롯한 누벨바그 감독들 가운데는 문혁 한가운데의 중국을 동경의 시선으로 바라보고 현실과 유리된 판타지로서 '중국'에 자신의 영화 제작을 연계시키고자 한 이도 있었다. 한편 중국의 제4세대 감독들은 바쟁의 이름 아래서 판타지로서의 누벨바그-서양-프랑스를 욕망하고, 그 성과의 일부를 중국 영화를 쇄신할 무기로 도입하고자 했다. 우연의 일치일지도 모르지만, 양자가 서로에 대해 판타지를 품고, 그러한 '오해'의 산물을 스스로 창작의 자양분으로 삼았던 점마저도 이 둘의 공통점이라 부를 수 있으리라.

또 바쟁의 언설이 태어난 역사성을 생각할 때, 그 언설이 당시 프랑스 시대 상황과 대단히 밀접하게 연루되어 있었을 뿐 아니라, 훗날 누벨바그 감독들에 의해 이용되었다는 의미에서 전략적으로 발생한 것

이었음은 주지의 사실이다. 한편 20여 년 뒤의 중국에서 그의 언설이
제4세대 감독들에 의해 전략적으로 재이용되었음을 보면, 이중의 전
략이 거기에 내포되었다고도 할 수 있지 않을까.

4) '원 쇼트=원 신'에 대한 집착

이념의 실천적 시도

제4세대 감독으로 한데 뭉뚱그
려 부르곤 하지만, 바쟁의 언설
에 기울인 정열에 개인차가 있
었음을 잊어서는 안 될 것이다.
제4세대 감독 셰페이는 다음과
같이 말한다. "바쟁의 이름은
알고 있었지만, 내가 바쟁의 논
문을 찬찬히 읽기 시작한 것은
1985년 이후부터였다. 반면에
장난신은 1979년 시점에 벌써
바쟁의 이론을 접하고, 거기다
〈필승의 의지〉 같은 실험적 작
품에 착수했다. 요컨대 바쟁의
이론으로 대표되는 외국 영화

〈필승의 의지〉(1981)

〈필승의 의지〉 촬영 현장의 장난신 감독(하단 가
운데)

이론을 의식적으로 흡수한 건, 제4세대 중에서도 일부 감독들이었다."
[53] 실제로 장난신이 '영화 언어의 근대화'를 열렬히 주창하던 무렵, 셰
페이, 정둥텐은 문혁 코드를 거의 그대로 답습한 〈화왜火娃〉(1978)와
〈안내인向導〉(1979)을 만들고 있었다.

그렇다고는 해도, 제4세대 감독들을 주체로 하는 수많은 젊은 영화인들은 바쟁의 이론을 통해 영화 미디어에 대한 지적 욕구를 자극받았을 뿐 아니라, 새로운 영화 제작으로 인도되었다 할 것이다. 그 예로 1980년대 초두에 '원 쇼트=원 신' 이념에 기초한 실천적 시도가 제4세대 감독들의 작품 다수에서 행해지고 있었음을 지적할 수 있다. 장난신 감독은 중국 여자 배구 선수들의 활약상을 그린 〈필승의 의지〉(1981)에서 일반인 배구 선수를 주역으로 기용하여, 올 로케 촬영에 롱 쇼트, 롱 테이크를 의식적으로 도입하는 시도를 했다. 특히 이 영화에서는 등장인물이 그저 걷기만 하는 장면이 롱 테이크로 여덟 군데 삽입되어 화제를 불러일으켰다.

또한 1982년에 베이징 전영학원 소속이던 한샤오레이가 찍은 〈사법연수생〉도 바쟁의 언설을 실천한 작품 중 하나다. "당시 90분짜리 극영화는 한 편당 평균 1,000컷 정도였는데, 〈사법연수생〉은 320컷으로 자제되었다."[54] 또 이 영화에서는 롱 테이크를 감당할 만한 연기자를 찾아, 연극 배우였던 쑨춘孫淳이 발탁되었다고 한다. 베이징 전영학원 재학생으로 졸업을 앞두고 있던 훗날의 제5세대 감독, 천카이거, 리샤오훙李少紅, 펑샤오롄彭小蓮이 실습생 신분으로 조감독을 맡았다.

'원 쇼트=원 신' 이념에 가장 철저했던 작품은, 1984년에 딩인난 감독이 찍은 〈특구의 그〉일 것이다. 이 영화에서는 전편에 걸쳐 장면 수가 182컷으로 억제되었다. 더 나아가 텅원지 감독은 〈주방 교향곡〉(1984)에서 수직 구도를 강조하고, 롱 테이크를 여러 번 사용함과 동시에 "시점 쇼트를 적극 배제할 것. 망원 렌즈보다 광각 렌즈,* 줌 쇼

---

* 망원 렌즈로 피사체를 찍으면 망원경으로 보는 것처럼 피사체가 가까이 다가와 확대된 것처럼 보인다. 이때 전경과 후경이 압축되면서 심도가 얕아지고 공간감이 줄어든다. 반면 광각 렌즈는 화면 전체에 초점이 맞아 더 많은 피사체가 한 화

트보다 달리dolly*를 사용한 이동 촬영을 할 것. 그리고 등장인물이 카메라에 등을 돌린 채 화면에 출입하거나, 양 가장자리뿐 아니라 세로 방향에서 화면에 출입하게 할 것"을 염두에 두는 등, 다채로운 카메라 워크를 꾀하는 작품을 제작했다.[55] 〈석양의 거리夕照街〉(왕하오웨이, 1982), 〈나는 그들 속에 있어我在他們中間〉(루샤오야, 1982)도 같은 계열에 속하는 작품들이다.

신랑차오를 지탱해 준 시스템

영화계 내부에서 어느 정도 반향을 불러일으키기는 했으나 앞서 다룬 작품들 중 어느 것도 흥행 면에서는 전혀 성공하지 못했다. 채산성을 도외시하면서까지 새로운 시도를 실행했던 누벨바그 초기 영화 제작이 사회민주주의적인 정책에 기반을 둔 프랑스 정부의 보조금 제도, 작가성과 예술성을 중시하는 영화제 그리고 선견지명 있는 제작자의 지원에 의해 비로소 가능했다고 한다면, 제4세대 감독들의 영화 제작을 가능케 한 것은 바로 공산권의 영화 제작, 배급 시스템이었다.

1950년대 중반에 확립된 신중국 영화 배급 시스템은 소련 모델에 기초한 것으로 1980년대 전반까지 명맥을 잇고 있었다. 이 배급 시스템에 의하면, 각 영화사는 나라에서 할당받은 자금으로 영화를 제작하고, 완성품을 평균 제작비에 맞춘 가격으로 배급망 피라미드 정

면 안에 담기며, 원근감이 과장되어 깊은 심도를 지니게 된다.
* 카메라를 실은 채 이동하면서 촬영할 수 있게끔 설계된 이동차를 말한다. 이런 이동차 위에 놓인 카메라로 찍은 쇼트를 가리키는 용어이기도 하다. 카메라가 피사체에 다가가며 찍는 경우는 달리 인dolly in이라 하고, 그 반대의 경우는 달리 아웃dolly out이라고 한다. 피사체에 대한 카메라의 속도를 조절할 수 있으며, 이 속도의 변화에 따라 각기 다른 주관적 효과를 창출할 수 있다. 또한 줌과 달리 화면의 깊이감을 해치지 않으면서 피사체에 대한 접근이 가능한 촬영 방법이다.

중국영화의 열광적 황금기

점에 위치한 '중국전영발행방
영공사中國電影發行放映公司'에 판
매한다. 그러면 그 작품이 '중
국전영발행방영공사' 자회사
를 경유하여 전국 각 지방으로
배급된다. 흥행 여부는 제작 측
수익과는 하등 관련이 없었다.

더군다나 당시 영화 산업은
오락 산업 중에서도 수익성이
높았기에, 제작 비용이 극히 적
게 들던 1970년대 말에서 1980
년대 초두까지 제작 측이 적자
를 낼 염려는 거의 없었다. 셰페
이 감독이 "당시 영화 제작 비용

제43회 베를린 국제 영화제 그랑프리를 수상한
셰페이 감독. 위에서부터 반시계 방향으로 수상작
〈향혼녀〉(1992), 〈액년本命年〉(1987), 〈우리들의
들판我們的田野〉(1983), 〈후난의 소녀〉(1986).
『중국은막』 1993년 제2호, 진이윈 촬영

은 한 편당 30~40만 위안 정도였는데, 배급 회사에서 일률적으로 75
만 위안에 사 줘서, 어떤 영화를 만들든 제작 측에 적자가 안 났어요.

---

* 　중국 전역에 이르는 영화 발행, 방영 업무를 관장하는 기구로 1951년에 설립되
　었다. 설립 당초에는 문화부 산하에 있었으나 1986년부터 라디오 · 영화 · 텔레비
　전부(현재 광전총국의 전신)로 소속처가 바뀌었다. 국내 영업부, 방영 네트워크
　관리처, 선전처, 계획 연구실의 하위 기관을 두고 있었다. 1990년대 준관방 영화
　사들이 등장하고, 2000년대 들어 국영 영화 제작소들이 그룹화, 주식회사화, 사
　업 다각화로 향하는 변화를 겪으면서 현재 중국의 영화 상영, 배급은 종래의 일
　괄 구매, 일괄 배급 방침을 버리고 다양한 통로를 모색하고 있다. 중국 영화 그룹
　과 화샤 영화 배급사華夏電影發行有限責任公司가 중국 내 배급 시장 점유율 60
　퍼센트가량을 점하고 있는 가운데, 화이 브라더스 미디어 그룹華誼兄弟傳媒集團
　과 보나그룹博納影業集團 같은 민간 영화사, 완다 원선萬達院線 같은 극장 체인
　이 여기에 가세했다.

실험적인 예술 영화 제작에서는 전무후무한 황금기라 할 수 있었지요"라고 증언한 대로다.[56]

보수파에 의한 반격

그런 한편, 제작 측 내부의 보수 세력이 제4세대 감독들의 혁신을 억압한 사실도 잊어서는 안 될 것이다. 앞서 언급한 제4세대 감독들의 결사結社 활동은 3년도 채우지 못한 채 허무하게 해산하게 되는데, 이는 성省 혹은 시市에 걸치는 조직을 만드는 것이 법률로 금지되어 있었기 때문이었다. 특히 1981년 〈짝사랑〉 비판 운동과 그 뒤를 이은 '부르주아 자유화資産階級自由化' 비판 운동 와중에 그룹 활동에 참가한 제4세대 영화인들 대부분이 소속 영화 촬영소로부터 심문을 당했다. 이 과정에서 셰페이 감독이 보관하고 있던 1980년 4월 5일 회합의 맹세가 적힌 천 조각도 상부 기관에 넘기라는 명령이 떨어졌다고 한다.[57]

이론적 방면에서의 반격도 시작되었다. 1970년대 말부터 1980년대 초두에 걸쳐, 젊은 영화인들의 새로운 시도에 대한 비판이 영화계 내부에서도 일어났다. 1979년 12월에 개최된 '영화감독회의映畵監督會議'에서 당시 영화계의 중진이던 장쥔샹張駿祥은 영화 언어와 기법에만 주의를 빼앗겨서는 안 된다며 경종을 울렸고, 뒤이어 1980년 1월에 개최된 '각본창작회의脚本創作會議'에서는 「사회 행장 기록 안에서在社會档案里」,* 「내가 진짜라면假如我是眞的」, 「여도적女賊」 등 현실을 사실적으로 그린 각본이 비판대에 올라 영화화가 좌절되었다.

거기다 바쟁 이론으로 대표되는 구미 영화 이론에 대항하는 양,

---

* 이 책의 제1장 「문혁에서 덩샤오핑 시대로-불길한 기억으로부터의 해방」의 저자 주석 16번과 슈테판 크라머의 『중국영화사』(황진자 옮김, 이산출판사, 2000) 136쪽을 참고할 것.

1980년 연말에는 보수파 이론가들이 초빙되어 종래의 사회주의 리얼리즘에 기초한 '진정한 문예 이론이란 무엇인가'에 관한 강의가 젊은 영화인들을 대상으로 행해졌다. 이와 같은 강연 행사는 그 뒤로도 계속되어, 1983년에 개최된 '현대 문예 사조와 현대 영화 학술 토론회現代文藝思潮與現代電影學術討論會'*에서는 보수파 영화 이론가들이 '진정한 모더니티란 무엇인가'를 주제로 기조 강연을 행했다.

5) 바쟁적 정신의 계승

바쟁 붐의 쇠퇴

바쟁 이론에 관한 연구와 논의가 아직 본격화하기도 전에, '바쟁 붐'은 영화인들 사이에서 서서히 식어 갔다. 영화 평론가 덩주페이鄧燭非는 1986년에 다음과 같이 지적했다. "중국에 앙드레 바쟁의 논문이 여태껏 7편밖에 번역되지 않았고, 그의 이론의 본질에 아직 다가가지도 못했는데, 우리 영화 이론가들은 벌써부터 바쟁의 이론더러 구태의연하다며 혐오감을 품기 시작했다."[58]

그 배경으로는 1980년대 전반부터 누벨바그 작품에 이어, 잉마르 베르히만Ingmar Bergman이나 라이너 베르너 파스빈더Rainer Werner Fassbinder의 유럽 영화 등, 외국 영화들이 풍부하고 폭넓게 잇따라 중국

---

* 잡지 『세계전영』의 기획으로 1983년 4월 2일부터 11일까지 10일간 열린 학술대회다. 서방 현대 문예이론 연구자, 교수, 영화 이론가 및 감독, 문화부 전영국 국장, 상하이영화번역제작소, 중국전영출판사 등 관계 인사 70여 명이 참가했고, 가오싱젠, 종덴페이, 귀웨이, 황젠중, 왕하오웨이, 텅원지 등의 이름이 명단에 보인다. 미국, 소련, 독일 등 외국의 문예 사조 소개와 더불어 토론회가 개최되었는데, '마르크스주의의 과학적 비판 정신을 유지하며 동시대 서방 현대 문화 예술 분야에서 일어나는 현상들을 소개하고 분석한다'는 내용이 이 행사의 목적으로 내걸렸다.

에 소개되기 시작한 데 더해, 중국 영화인들이 국제 영화제에 참가하는 기회도 늘면서 제4세대 감독들이 더욱 다양한 영화 표현의 가능성을 발견하게 된 일을 들 수 있다.

제4세대 감독들의 작품에서 나타나는 외국 영화 영향도 더욱 다원화하여, 일례로 황젠중 감독의 〈죽은 자가 산 자를 방문하다—個死者對生者的訪問〉(1987)에서는 여러 가지 대담한 시도가 행해졌다. 혼잡한 버스 안에서 여성에게 폭행을 가하려던 남자를 말리려다 난도질당해 죽은 남성의 실화를 모티프로 한 이 작품은 죽은 남자의 망령이 사건에 관계된 사람들을 한 명 한 명 찾아가다, 급기야는 6,000년 전의 모계 사회, 2,000년 전의 진나라 시대, 1,000년 전의 당나라 시대로 타임 슬립하는 SF적인 구조를 취하고 있다. "이렇게 함으로써 단순한 도덕 비판의 차원을 넘어 사건 배후에 감춰진 중국의 역사와 문화

황젠중 감독

〈죽은 자가 산 자를 방문하다〉(1987)

에 관해 성찰할 기회를 제공하고자 했다."59 특히 이 영화에서는 큰 북을 힘껏 쳐서 울리는 모계 사회의 반라의 여성들, 새까만 보디 슈트로 전신을 감싸고 가면을 쓴 죽음의 신, 벌거벗은 수백 명의 아이들을 비롯한 모티프가 당시 관객들에게 강렬한 인상을 주었다.

이 작품에 관하여, 황젠중 감독은 2007년에 다음과 같이 술회했다. "이 작품을 통해 잉마르 베르히만과 구로사와 아키라 작품 속에 들어 있는 심오한 철학을 재현하고 싶었다. 잉마르 베르히만과 구로사와 아키라에 대한 오랜 연구의 성과를 마침내 이 작품에 반영해 낼 수 있었다."[60]

이리하여 제4세대 감독의 작품 안에 바쟁적 요소와 그 이외의 요소의 공존 현상이 생기게 되었다. 바쟁 이론을 지침으로 삼고 롱 테이크 같은 '바쟁적' 모티프를 부분적으로 도입하려는 시도가 행해지는 한편으로, 제4세대 감독의 필름을 봤을 때 실제로 바쟁 이론과 전혀 어우러지지 않는 화면의 조형미나 알레고리적 이야기 구조를 추구하는 작품이 압도적으로 많은 게 현실이었다. 제4세대 감독들은 사회주의 리얼리즘과 선을 그은 '바쟁적' 리얼리즘을 추구하여 카메라의 교차 쇼트나 컷팅을 적극 배제하는 기법을 통해 생생한 현실의 순간을 포착하고자 하는 한편, 거기에 바쟁적 리얼리즘으로부터는 괴리된 관념적·철학적·문학적 분위기의 허구적 모티프도 도입하고자 한 것이다.

이렇듯 다양한 요소를 뼈대로 한 제4세대 감독들의 작품에 보이는 두 경향은 모두 외래적·서양적인 것으로, 기존의 사회주의 리얼리즘 영화에 대한 안티테제로서 기능했다. 그러나 제4세대 감독들의 작품에서 이 '리얼리즘'과 '픽션'이라는 두 상반된 측면은 어느 쪽도 철저히 추구되지는 못했다.

제4세대 감독들의 이러한 절충주의적 측면을 해체하고 화면의 조형미와 알레고리적 이야기 구조라는 그들이 실험한 모티프의 일부만을 발전시킴으로써 현실과 동떨어진 형식으로 '이야기화'와 '이미지화'를 철저히 실행하는 데 성공한 이는 오히려 훗날의 제5세대 감독들이었다 할 것이다. 그들의 시도가 제5세대 감독들 작품의 기초가

되었다는 점에서 제4세대 감독들의 공적을 평가할 수도 있겠다.[61]

뒷세대들의 계승

이렇게 제5세대 감독들이 제4세대로부터 리얼리즘보다도 알레고리적
인 판타지를 강하게 받아들였다고 한다면, 제4세대 감독들이 알레고
리적 판타지와 함께 지향했던 이상적인 영화 스타일, 즉 문학성과 다
큐멘터리 터치의 공존과 융합이라는 방향성은 제5세대의 다음 세대
인 제6세대 감독들의 각 작품에 계승되고 본격화되었다고 할 수 있
지 않을까. 특히 제6세대의 대표격이라 할 만한 자장커 감독은 베이
징 전영학원 시절에 앙드레 바쟁의 언설을 비롯한 영화 이론을 체계
적으로 공부하면서 수많은 누벨바그 작품들을 감상했다. 시골 마을
을 정처 없이 거니는 소매치기를 다큐멘터리 터치로 좇은 그의 첫 번
째 작품 〈소무小武〉(1998)가 로베르 브레송Robert Bresson의 〈소매치기
Pickpocket〉(1959)에 바쳐진 오마주였음은 이러한 배경을 생각할 때 상
징적이라 할 것이다. 게다가 제작 체제 문제와 관련해 공산권 영화 시
스템 안에서 창작의 길을 모색하던 제4세대와는 달리, 자장커는 '바
쟁적' 정신을 관철하기 위해 지하전영地下電影의 독립 프로덕션에 의한
제작 스타일을 선택했다. 즉 자유로이 외국 영화 작품과 언설에 접할
수 있는 환경 아래서 누벨바그 감독들처럼 일부러 지배적인 영화 시
스템 바깥에 몸을 둔 전략이 바로 초기 자장커 영화 스타일을 가능케
한 것이다.[62]

극히 일부의 누벨바그 작품밖에 볼 수 없었음에도 마치 모든 작품
을 본 것처럼 행동하는 경향, 그리고 바쟁 언설의 일부밖에 접하지 않
았음에도 "바로 이게 바쟁이다!"라며 과시하고 싶어 하던 경향이 제4

세대 영화인들 사이에 있었음은 부정할 수 없다. 그들은 중국 내에서 통용되던 '바쟁 언설'과 누벨바그 기법을 열심히 받아들여 모방하려 했지만, 그렇게 해서 나온 모방의 산물이 바쟁의 언설과 누벨바그 기법에 꼭 들어맞는 것도 아니었다. 대부분이 제4세대 감독들의 상상력으로 재구성된 독자적 산물이었다고 하는 게 좀 더 실상에 가까웠다. 그렇지만 이는 단지 서양에 대한 키치적인 모방으로 치부할 게 아니라, 정보 원천이 제한되어 있던 상황에서 문화를 수용할 때 일어나는 필연적인 과정으로 보아야 할 것이다.

또 "외국의 위대한 비평가, 이론가가 이렇게 말했다"와 같은 태도에서 엿볼 수 있듯, 제4세대 감독들은 바쟁과 누벨바그 이념을 실질적으로 계승했다기보다는 최신 이론과 유행을 이용하여 젊은 무명 영화 감독인 자신에게 스스로 '권위 부여'를 꾀한 측면도 있다 할 것이다.

그러나 이상의 논증에서도 알 수 있듯, 그들의 행동을 일반적인 세대 간 대립에 환원시키거나 바쟁 언설에 대한 경박한 왜곡으로만 파악하는 것도 합당하지 않다. 그들의 바쟁을 향한 열광은 문혁 후 중국이라는 특이한 상황 속에서 자신들의 영화 스타일의 이론적 아이덴티티를 추구하는 진지한 갈망의 표현이었다. 그렇기에 바쟁 이론은 그들에게 자신들이 선 위치를 결정해 주었을 뿐만 아니라, 이론과 평행하는 실천적 영화 기법을 구축하기 위한 수단으로서 열광적으로 수용되었던 것이다. 그 결과, 바쟁의 이론적 언설은 중국 안에서 스스로의 창작 의욕을 충족시키는 데 필요한 변혁을 위한 전략적 언설로 변환되어야만 했다. 바로 이러한 연유로, 제4세대 감독의 전략적인 바쟁 언설 이용과 그 성과는 단순히 특수한 시기에 나타난 역사적 일화에 머물지 않고, 그다음 제5세대와 제6세대 영화인들의 작품에서도 면면히 이어지게 된 것이다.[63]

제3장

제작, 유통, 검열
-중국 영화를 지탱하는 것, 방해하는 것

이 장에서는 우선 표상 시스템 외부로 시선을 옮겨, 중국 영화의 제작·검열·배급을 검토 대상으로 삼는다. 1980년대 중국 영화를 지탱한 것과 방해한 것을 해명함으로써, 사회주의적 영화 촬영소 시스템의 공과功過를 재평가하고, 제약뿐만 아니라 제작 측에 자유를 가져다주기도 했던 중국 검열 제도 특유의 '게임의 법칙'이 갖는 존재 의의를 밝히고자 한다.

그리고 더 나아가 1980년대 말에 출현한 중국 최초의 '성인 영화'라는 장르가 지닌 역사성과 특이성을 밝힘으로써, 중국 영화가 사양길로 접어드는 결정적 계기를 포착할 것이다. 사양길이라 표현한 이유는 1970년대 일본 영화에서의 로망 포르노ロマンポルノ 융성이 그랬듯,* 중국의 영화 제작 노선도 사회주의적 촬영소 시스템의 쇠퇴와 함께 서서히 오락적 요소에서 활로를 찾는 방향으로 전환할 수밖에 없었기 때문이다. 덧붙여 이 장에서 다룰 '성인 영화'에서의 에로스 문제는 여배우의 신체와 검열 제도의 관계를 고찰할 제4장의 전제 역할도 할 것이다.

---

* 로망 포르노는 1971년에서 1988년 사이에 일본의 닛카츠 영화사日活株式會社에서 제작된 저예산 포르노 영화를 이른다. 1970년대에 접어들어 일본의 영화계는 텔레비전의 등장으로 어려움에 직면하게 되었고, 6개의 대형 영화사 중 닛카츠와 다이에이는 도산에 처하기도 했다. 이에 각 영화사들이 자구책을 궁리하게 되었는데, 그중 닛카츠에서는 1960년대 유행했던 저예산 핑크 영화에 착안, 영화사 내부의 기자재와 훈련된 스태프들을 동원하여 젊은 감독들에게 영화를 만들게 했다. 규정된 베드신 분량 외에 내용과 형식에 제약을 두지 않은 덕에, 이 시기의 로망 포르노 영화는 현재 일본 영화를 지탱하는 많은 감독들의 등용문 역할을 하기도 했다. 〈간다가와 음란전쟁神田川淫亂戰爭〉으로 1983년에 데뷔한 구로사와 기요시黑澤清 감독이 그중 한 명이다.

1. 중국 영화의 제작·유통 역사

1) 사회주의적 촬영소 시스템이란

소련 모델에 기초하여 1950년대에 확립된 새로운 중국 영화의 제작·
배급 시스템은 문혁 종결 직후까지 면면히 기능을 이어오고 있었다.
신중국 성립 이후 베이징, 창춘, 상하이를 비롯한 역사적으로 유서 깊
은 대형 촬영소에 더해, 광저우, 청두, 시안, 광시, 윈난, 신장新疆, 네이
멍구內蒙古 등 중국 전역에 촬영소가 설치되었다.

스튜디오와 각 부문별 스태프를 두고 있던 촬영소들은 나라로부터
할당된 자금으로 운영되었으며, 나라로부터 내려진 규정에 따라 제작
편수와 제재 배분이 미리 정해져 있었다. 예를 들어, 1979년에는 전년
에 체결된 중일우호조약中日友好條約에 호응하여 중국인과 일본인의 우
정을 그리는 '중일 우호 영화' 붐이 일었고,[1] 1982년에는 '오강사미五
講四美*라는 공중 도덕 향상 캠페인의 일환으로 마음씨 고운 장애인을
주인공으로 하는 영화가 다수 제작되었다. 또한 중국 베트남 국경 분

---

* '오강五講'은 문명, 예절, 위생, 질서, 도덕의 다섯 덕목을 중시한다는 뜻이고, '사
미四美'는 심령미(心靈美, 애국심을 뜻한다), 언어미, 행동미, 환경미의 네 가지
미덕을 이른다. '오강사미'는 1980년대 초 중국공산당 지도 아래 중국공산주의
청년단이 주도한 공중 계몽 캠페인의 명칭이자 구호다. 1980년 6월 우시無錫 제
14중학교의 생활 교육에서 시작하여, 곧 중국 인민 특히 청소년을 대상으로 하는
전국적인 캠페인으로 확산되었다. '오강사미' 구호에 '삼열애(三熱愛: 조국 사랑,
사회주의 사랑, 중국공산당 사랑)' 구호를 결합하여 '오강사미삼열애五講四美三
熱愛' 운동이라 칭하기도 한다.

주요 영화 촬영소들의 트레이드 마크
(1970년대 후반)

쟁이 1979년부터 1990년대 초두에 걸쳐 계속되던 데 대응하여, 중국 베트남 국경 분쟁을 제재로 하는 영화가 10년간 연달아 20여 편 제작되어 새로운 전쟁 영화 장르를 형성한 것도 한 사례다.

당시 각 촬영소에서는 기획안과 예산안을 세울 때, 농촌 영화나 아동 영화로는 제작 비용을 회수하기 어렵다는 것을 알면서도 이들 영화 제작을 위한 배분을 늘 확보하고 있었다. 그 배경에 영화라는 것에 대한 정부 측의 지도와 요청이 있었음은 분명했다. 추가로 셰페이 감독이 1984년에 합리적인 제재 비율에 관해 제안한 내용은 다음과 같다. "매년 제작되는 영화 중에 적어도 50퍼센트는 쿵푸, 서스펜스, 뮤지컬같이 흥행을 노린 오락 영화, 그다음 20퍼센트는 오로지 참신한 영화적 표현을 추구하는 소위 예술 영화 몫이다. 나머지 30퍼센트로 오락 영화와 예술 영화 사이에 놓일 법한 영화, 즉 정부의 정치적 요청에 화답하면서 일반 관객도 의식하는 작품을 만들면 족할 것이다."[2]

한편 각 영화 촬영소의 감독과 기술 스태프들은 대개 소속 촬영소에서만 활동할 수 있었다. 비록 배우 등의 인적 교류가 있었다 하더라도, 여기에 근본적인 변화란 없었다. 단, 예외적으로 문혁 전에 베이징영화촬영소에서 소설 「축복祝福」(1956)을 영화화하면서 상하이영화촬영소 소속이던 쌍후桑弧 감독을 초빙한 적이 있었다. 그런데 이는 대문호 루쉰魯迅의 소설을 원작으로 한 데다, 베이징영화촬영소 최초의 컬러 극영화라는 중대성 때문에 만전을 기하고자 컬러 영화 제작 경험이 있던 그를 특별히 발탁한 것[3]으로, 당시로서도 대단히 이례적인 사례였음을 언급해 둔다.

이러한 상황은 1980년대 중반까지 변함이 없었다. 베이징영화촬영소에서 광시영화촬영소 소속이던 장이머우를, 상하이영화촬영소에서 베이징영화촬영소 소속이던 톈좡좡을 제작 스태프로 초빙하려 한 일이 있었다. 그러나 소속 촬영소의 반대로 실현에 이르지는 못했다.[4] 이런 사례들로부터 모종의 자기 완결적이고 폐쇄적인 스튜디오 시스템이 지배적이던 당시 시대 상황을 엿볼 수 있다.

2) 전국적 배급망의 구조

이러한 촬영소 시스템 아래 제작된 영화는 각 영화 촬영소에 의해 '중국전영발행방영공사'에 판매되었다. 중국전영발행방영공사가 평균 비용에 맞춘 가격을 보증해 준 데다 배급망 피라미드의 정점에 있었기 때문이다. 이렇게 판매된 영화들은 중국 전영발행방영공사의 자회사를 경유하여 전국 각지로 배급되었다.

제작 측의 비명

1970년대 후반, 컬러 영화는 편당 70만 위안, 흑백 영화는 편당 60만 위안으로 정가가 매겨져 배급권뿐 아니라 판권까지 중국전영발행방영공사에 일괄 매도賣渡되고 있었다.[5] 이 때문에 1970년대 말 영화 산업이 이상 열기를 보이고 있었음에도 불구하고, 그 경이적인 흥행 성적이 제작 측의 수익으로는 전혀 이어지질 못했다. 이러한 판매 제도에 비명을 지른 영화인은 적지 않았다.[6] 1980년에 상하이의 어느 영화인은 다음과 같이 개탄했다.

> 1949년 건국 이래, 영화 산업이 나라 재정에 얼마나 공헌해 왔던가. 〈홍루몽紅樓夢〉(천판^{천판}範, 1962), 〈무대의 자매舞臺姉妹〉(셰진, 1963) 같은 명작은 아직까지도 중국전영발행방영공사에게 외화를 벌어다 주고 있다. 그러나 그 수익은 영화 촬영소 혹은 그들 영화 제작에 관여했던 각본가, 감독, 배우의 수입과는 아무런 관계가 없다. (…) 상하이에는 영화인들이 집중해 있고, 국제적인 문화 교류도 빈번히 벌어지지만, 영화인들을 위한 영화 자료관조차 존재하지 않는다. 종업원을 위한 독신자 기숙사나 가족 아파트는 20여 년간 한 채도 지어지질 않았다. 눈앞의 이익에 눈이 멀어 장래를 잊은 듯한 방식이 제작 측의 의욕을 꺾어 버리고 있는 것이다.[7]

이어서, 이 상하이의 영화인은 스튜디오 신설과 설비 갱신을 열망한다.

> 상하이영화촬영소의 스튜디오와 설비가 국내 영화 촬영소 중 가장 허술하고 빈약한데도, 이곳에서 짊어지고 있는 영화 제작 임무가 이만저만 막중한 게 아니다. 창춘영화촬영소가 3,333무(畝, 1무는 약 666.67평방미터에 해당) 면적에 스튜디오 8개를 거느리고, 베이징영화촬영소가 2,333무 면적에 스튜디오를 5개 거느리고 있는 데 비해, 상

하이의 경우는 고작 467무 면적에 스튜디오도 4개밖에 없는데 다른 촬영소에 지지 않고 1979년에는 영화를 14편이나 제작했다. 한 스튜디오에서 거의 동시에 3.5편을 제작해야 하는 셈으로, 문화대혁명 이전의 평균 수치 1.75편과 비교하면 부담이 배 이상으로 늘었으니 참는 데도 한계에 이르렀다. 스튜디오와 설비가 미비한 상황은 진즉에 개선했어야 하는데도, 촬영소 측에 재산권이 없는 탓에 개선책을 내놓지 못한 채 오늘에 이른 것이다.[8](괄호 안은 저자에 의한 보충)

이 증언에서는 배급 측으로부터 더 많은 이익을 분배받아서 스튜디오 건설 비용을 대고자 하는 제작 측의 절박한 바람을 엿볼 수가 있다.

이러한 상황을 개선하고자 1979년에 전국 14개 영화 촬영소에서 "흥행 성적을 촬영소의 수입에도 반영해 달라"는 내용의 진정서를 상부 기관에 연명連名으로 제출했다.[9] 이에 제작 측의 목소리를 받아들여, 이듬해 정부에서는 새로운 계산 방법을 제시했다. 1980년 8월 중앙선전부中央宣傳部에서는 영화인들을 초빙하여 영화 배급 시스템 개혁을 둘러싼 좌담회를 열었고, 그 결과 시장의 요구를 반영하여 필름 프린트 수에 따라 가격을 결정하는 방식을 시행하기에 이르렀다. 그러나 이 시점에서도 가격 조정 폭이 10퍼센트 이내까지밖에 허용되지 않았고, 그때까지 70만 위안으로 고정되었던 가격을 타파했다고는 하나 편당 최대 99만 위안까지라는 엄격한 상한선이 그어지고 말았다.[10]

배급 측의 불만

기존 제작·배급 시스템에 신음하고 있던 것은 제작 측만 아니라, 배급 측도 마찬가지였던 모양이다. 1980년에 75편의 작품을 내놓은 11개 영화 촬영소들이 평균 99.2퍼센트 수익률을 올린 데 반해, 배급사인 '중국전영발행방영공사'가 올린 수익률은 8.15퍼센트에 그쳤다. 또 1983년에 14개 영화 촬영소가 평균 88퍼센트 이윤율을 올린 데 비해, 배급사가 올린 수익률은 고작 7.2퍼센트였다. 게다가 "어떤 작품이든 배급 측에서 군말 않고 사 주니까, 양(제작 편수)만 맞추면 만사 오케이" 식의 생각을 지닌 제작 측에서 이윤만 추구한 나머지 시장의 요구에는 전혀 맞지 않는 '날림 영화'를 다수 내놓음으로써, 배급 측인 중국전영발행방영공사에 엄청난 손실을 끼치고 말았다.

특히 배급 측의 골머리를 앓게 한 것은 중국 영화의 해외 수출이었다. 1980년대 중반까지 중국 영화는 해외에서 상업적인 상영이 거의 이루어진 바가 없었던 데다, 영향력 또한 제한적이었다. 1984년에 홍콩에서 상영된 중국 대륙 출품 영화 편수는 홍콩에서 연간 상영된 영화 중 11퍼센트를 점하고 있었으나, 흥행 수입(홍콩에서의 연간 흥행 총수입) 중 겨우 1퍼센트를 점할 뿐이었다. 그 때문에 중국전영발행방영공사에서는 편당 1만 달러 이하라는 헐값에 해외 배급 회사와 거래할 수밖에 없었다. 이 수입을 중국전영발행방영공사와 촬영소 측이 4:6 비율로 나누고 나면, 얼마 안 되는 돈밖에 남지 않았다. 게다가 수출할 때, 편당 1만 위안이나 되는 필름료와 선전비를 부담하지 않으면 안 되었던 중국전영발행방영공사에게 중국 영화를 연간 100편 수출하는 일은 정확히 100만 위안의 적자를 의미했다.[11]

그러나 배급 측과 제작 측 양자가 맞닥뜨리게 될 진정한 위기는 이 둘의 내부 갈등이 아니라, 바로 영화 시장 자체가 현저히 축소되게 된 사실이었다.

3) 움츠러드는 영화 산업

영화 시장의 축소

1976년 문혁이 종결을 맞이하면서, 중국 내 영화 제작이 재개되었다.[*] 문혁 이전에 만들어진 중국 영화와 수입된 외국 영화 상영이 일제히 재개되면서, 관객들은 맹렬한 기세로 영화관에 몰려들었다. 그러나 1980년대에 접어들면서, 텔레비전 보급과 다른 오락이 증가함에 따라 영화 관객 동원 수가 감소하기 시작했다. 1981년에 270억 명이던 관객 동원 수[12]가, 1982년에는 144억 명까지 감소했고, 1983년에는 105억 명, 더 나아가 1985년에는 전년도와 비교해 약 52억 명이나 감소하여 영화계에 큰 충격을 주었다.[13]

1980년대 중반 무렵에는 영화 한 편당 아무리 적어도 3,000만 명의 관객을 동원하지 못하면 적자가 나는 상황이었다. 이런 와중에 1986년에 제작된 100편 가운데 3,000만 명 관객 동원을 달성할 수 있던 중국 영화는 겨우 26편밖에 없었다.[14]

이렇듯 어려운 상황을 인식하고, 1980년대 중반부터 영화계에서는 한층 진일보한 개혁 논의가 일게 되었다. 그 결과 1987년이 되자 배급 측이 제작사로부터 영화를 사들일 때의 가격 상한선과 하한선이 해제되었고, 이익 배분에서도 그때까지 고려되지 않았던 다섯 가지 새로운 계산 방법이 가능하게 되었다. 이를 테면, 실제로 영화 시장에 나도

---

[*] 문혁 시기의 영화는 중국 영화사에서 양과 질 모두에서 침체기였다. 1960년대 후반까지 마오쩌둥과 문혁을 찬양하는 내용 외에는 상영도 제작도 불가능했으며, 1970년에서 1972년까지는 혁명 모범극 8편만이 영화로 제작될 수 있었다. 1973년부터 다시 극영화 제작이 허가되었으나 항일전쟁과 항미원조운동(한국전쟁), 마오쩌둥 찬양 영화에 한정된 허가였다. 문혁 10년간 제작된 극영화는 76편에 불과했다.

는 필름 프린트 수로 계산하는 방법, 혹은 개봉 2년 뒤 제작 측과 배급 측이 흥행 수입을 일정한 비율로 분배하는 방법 등이었다. 그러나 이러한 이익 분배 방법은 오래가지 못했고, 1989년이 되자 중단되고 말았다.[15]

1987년에 영화 제작이 활성화하여 제작 편수가 150편에 달했지만, 그중 100편 정도가 적자를 냈음을 잊어서는 안 될 것이다.[16] 일례를 든다면, 베이징영화촬영소가 1987년에 제작한 18편 영화 중, 12편이 결손을 내어 총액 261만 위안의 적자를 남겼다. 이는 베이징영화촬영소 사상 최대에 달하는 적자였다. 게다가 1982년부터 1986년까지 이윤이 720만 위안, 550만 위안, 500만 위안, 350만 위안, 380만 위안에 머무르고 있었기에, 베이징영화촬영소는 1987년 1년간 은행으로부터 800만 위안의 미결제 부채를 껴안는 지경에 이르렀다.[17]

이러한 상황은 영화 제작 비용의 상승과 낮게 책정되어 있던 입장료 간의 불균형 때문에 초래된 것으로 여겨진다.

곤경에 빠진 제작 환경

1980년대 초까지는 영화 촬영팀이 로케지에서 환대를 받으며 무상으로 후원을 얻을 수가 있었다. 1980년, 쓰촨 성에서 올 로케로 촬영된 〈신비로운 불상神秘的大佛〉(장화쉰)의 경우, 중요 문화재인 러산대불樂山大佛을 촬영하기 위한 특별 요금은 물론, 스태프들의 숙박료까지 거의 들지 않았다. 게다가 촬영 팀이 이동하는 데 쓸 자동차며 발전기 등 기자재 조달까지도 로케지 정부 부문에서 최대한 원조해 준 덕분에, 대작 영화였음에도 불구하고 로케 촬영을 10만 위안(한화 1,800만 원가량) 예산으로 해결할 수가 있었다.[18]

그러나 1980년대 전반부터 영화 제작을 둘러싼 환경이 변화하기 시작했다. "공원 일각을 찍는 데도 영업에 영향을 준다는 이유로 사용료가 붙고, 삭발 머리 엑스트라를 모집했더니 머리카락을 깎는 대신에 배상금을 청구받고, 군견 한 마리, 군마 한 필 빌리는 데도 고액의 사용료를 청구받고 있다"며 영화인들이 개탄하기에 이르렀다.[19] 영화 제작 평균 비용은 1981년부터 해마다 40만 위안, 45만 위안, 50만 위안, 55만 위안, 60만 위안, 65만 위안, 75만 위안, 80만 위안으로 오르더니, 급기야는 1999년에는 100만 위안까지 계속해서 올라만 갔다.[20]

이와 관련해 '라디오 · 영화 · 텔레비전관리총국廣播電影電視總局(줄여서 '광전총국廣電總局'이라 부르기도 한다)* 부국장이었던 텅진셴騰進賢도 1988년에 다음과 같이 지적했다. "1986년에는 전년도보다 관객 동원 수가 40억 명 감소했고, 1987년에 들면서부터는 월 평균 3,000만 명 남짓한 페이스로 줄어들었다. (⋯) 한편, 제작 비용은 급등하여 1980년 당시와 비교하면 촬영용 원재료비가 평균 15~361퍼센트, 엑스트라 임금이 125~316퍼센트까지 올랐다."[21]

제작 비용 급등과는 대조적으로 저가격을 유지했던 영화 입장권 가격은 1950년대 초두에 설정되고 나서 1990년대 초두에 이르기까지, 도시에서는 기본 0.20~0.35위안(한화 50원가량) 사이에 고정되었고, 농촌에서는 이보다 더 낮은 상태였다.[22] 1985년에는 일부 지역에 한정해 입장권 가격도 조금 인상되었으나, 그래 봤자 언 발에 오줌 누기격 조

---

* 국무원 산하 직속 기구로, 라디오, 영화, 텔레비전에 이르는 중국의 미디어 산업을 총괄적으로 관리했다. 과거 문화부 전영국과 구분지어, 현재 '전영국'이라고 하면 대개 이 기구 혹은 이 기구 안의 전영관리국을 통칭하는 경우가 많다. 영화 촬영 허가, 유통, 저작권 등 미디어 전반에 이르는 전 업무를 관리하는데, 2013년 국무원에서 뉴스출판총서新聞出版叢署와 합병시켜 '국가 뉴스 · 출판 · 라디오 · 영화 · 텔레비전 총국'(약칭 국가 뉴스 · 출판광전총국)으로 이름이 바뀌고 관장 업무 범위가 확대되었다.

치에 지나지 않았다. 1986년에 영화 배급과 방영에 관여하던 전국 기업들 중 3분의 1 정도가 적자 상태였던 것이다.[23]

그 뒤 각지 영화관들은 경영 상태를 개선하고자 다양한 조치를 취하게 되었다. 예전에 춘절春節 같은 대형 연휴 때에만 한정적으로 마련되었던 밤샘 영화 상영이 상하이의 각 영화관들에서는 주말 상설 프로그램이 되었다. 상영 프로그램은 대개 외국의 오락 영화를 중심으로 4편을 상영했다.

그런데 흥행 수입의 상당 부분을 점하는 것은 단체에 의한 대관 상영이었다. 즉 정부가 장려하는 소수의 공인된 영화가 사상 교육 일환으로 간주되었고, 직원 복지의 일환으로 감상이 장려된 것이다. 그렇기에 공적 비용으로 구입한 티켓을 종업원이나 직원들에게 무료로 나눠 주는 일이 일반적이었다. 1986년 베이징의 8개 영화관을 대상으로 시행된 설문 조사에 의하면, 흥행 수입의 45~78퍼센트가 이러한 단체 대관 상영에 의한 것으로, 휴일에는 98퍼센트에 달했다.

이에 더해 24군데 공장과 정부 기관을 대상으로 한 조사에 의하면, 티켓이 배포되었음에도 불구하고 3분의 1 이상의 종업원들이 실제로는 영화를 보러 가지 않았다고 한다. "영화관 바깥에 '만원' 팻말이 세워져 있어도, 영화관 안은 텅텅 빈" 풍경이 종종 펼쳐졌다고 한다.[24]

이러한 상황은 1990년대 이래에도 계속되어, 영화 평론가 팡팡方方은 1997년에 다음과 같이 지적했다. "이런 식의 영화 배급은 상부 기관 지시에 따른 보조금과 공적 비용으로 조달된 것으로, 관객의 의사를 반영한 게 아니다. (…) 영화인들은 윗전의 눈치를 보면서 영화 제재를 정하게 되었다. 일단 그들 마음에만 들면, 제작 단계에서 보조금이 떨어지고, 검열 통과에 번잡한 배급 절차 통과도 보장될 뿐 아니라 영화 평론도 띄워 주니 영화상 수상도 따 놓은 당상이었기 때문이다."[25]

이처럼 시장 원리에 반하여 저가격으로 설정된 입장권 판매, 배포와 중국전영발행방영공사에 의해 독점적으로 편향적인 배급이 행해졌다는 사실이야말로 당시 영화 시스템의 주된 문제점이었다 할 것이다.

4) 영화 촬영소의 자기 개혁

경직된 촬영소 시스템

1980년대 전반까지만 해도, 전영국은 각 영화 촬영소에 대해 연간 제작 편수부터 일일 평균 촬영 장면 수, 필름 낭비 허용-치까지 세세하게 생산 목표를 부과하기는 했으나, 촬영소에서 전영국으로부터 할당받은 제작 편수만 달성하면 작품의 질이나 흥행 성적이 아무리 나빠도 적자를 껴안거나 파산할 위험 부담은 전혀 없었다. 그 결과, '영화의 질을 확보하면서 비용을 낮추려고 하는 우수한 촬영팀이 장려되는 일도 없거니와, 제작비를 헛되이 쓰는 데다 조악한 영화를 만드는 촬영팀이 징계 받을 일도 없는' 평균주의의 폐해를 초래하고 말았다. 또 종업원들도 일을 하건 말건 미리 정해진 급료를 받을 수가 있었다.

구체적으로 사례를 들자면, 1985년에 중국 최고 권위의 영화상 '금계장金鷄獎'*과 '백화장百花獎'**에서 수상한 리링李羚, 우위팡吳玉芳의 월급

---

* 중국영화인협회와 중국문학예술계연합회 주관으로 1981년에 창설되었다. 1981년이 '닭의 해'였던 데서 이 영화상의 명칭과 트로피 형상이 유래되었다. 중국 내 권위 있는 학자와 예술가들을 심사위원으로 두고 있어 '전문가상'이라는 별명으로 불리기도 한다. 원래는 중국 대륙에만 한정된 상이었지만, 2005년부터 홍콩, 타이완에 적을 둔 영화인들까지 수상 범위 안에 포함시켰다. 그러나 여전히 제작 측에 반드시 중국 대륙의 참여를 전제로 두고 있다. 홍콩의 '금상장金像獎'과 타이완의 '금마장金馬獎'과 함께 화어전영 3대 영화상으로 권위를 인정받고 있다.

** '대중전영백화장'이라고도 불린다. 1962년 저우언라이의 비준으로 창설되어, 중국에서는 가장 역사가 오래된 영화상이다. 중국에서 최고의 발행부수를 자랑하던

은 48.5위안(한화 9,000원가량)이었다.[26] 영화인들에게 거의 유일한 비정규 수입은 로케 촬영 때 나오는 출장 수당이었다. 중견 여배우였던 장루이팡張瑞芳은 1980년대 전반의 촬영 현장에 관해 다음과 같이 증언한다. "배우들은 로케지에서 매달 나오는 출장 수당 10~20위안을 변통하기 위해, 호텔 독방 대신에 큰 방 하나에서 여럿이 뒤엉켜 잠을 잤고, 식비를 아끼려고 외식 대신 취사 담당 순번을 정해 공동으로 밥을 지어 먹었다. 그래서 배우들은 충분히 수면을 취하지도 못하고 촬영 중임에도 불구하고 레시피며 식재료와 조미료 조달, 곤로에 안쳐둔 냄비에 정신이 팔려 연기에 집중할 수가 없었다."[27]

영화 제작에서도 경쟁 원리가 도입되지 않은 채, 종업원에 대한 상벌 제도가 확립되지 않은 데다 연줄로 채용하는 현상도 종종 볼 수 있었다. 일례로 베이징영화촬영소의 경우, 1986년 시점에 200~300명 종업원들의 자제가 퇴직한 부모의 일을 그대로 물려받고 있었다. "일가 3명, 4명 많게는 5명이 나란히 촬영소에서 일하는 사례도 있었으며 부부, 부모자식, 형제, 삼촌, 조카가 같은 부서에서 근무하는 사례는 드문 일도 아니었다. 그들은 사리사욕만을 채우려 들거나, 패거리로 부정행위를 저지르거나, 뜬소문을 퍼트리는 등 촬영소 운영에 지대한 지장을 끼쳤다"고 한다.[28]

게다가 업무량에 비해 종업원 수가 남아돌던 것도 심각한 문제가 되었다. 1984년, 후난 성湖南省의 샤오샹瀟湘영화촬영소 소속 감독 저우캉위周康逾는 영화 〈208호 여객기208號客機〉 해외 로케로 파리를 방문했다. 촬영 막간에 파리의 어느 영화 촬영 스튜디오를 견학하고, 그는 다음과 같이 감탄했다.

영화잡지 『대중전영』에서 주관하는 상으로, 잡지 독자들의 투표가 수상작 선정의 중요한 기준이 되어 금계장과 비교해 '관객상'이라는 별명을 갖고 있기도 하다.

이 스튜디오 규모는 중국 국영 스튜디오에 필적하는데, 운영에 가담하는 정사원이 겨우 14명으로 중국 스튜디오 관리직 종업원의 1/20이다. 거기다 시나리오 작가, 감독, 배우도 일절 거느리지 않고, 작품을 제작할 때마다 계약을 맺어 초빙할 뿐이다. 스튜디오뿐 아니라 도구, 조명 기기도 전부 대여 체계를 갖추어 각 영화 제작팀에게 대여를 하고 있어 효율적으로 쓰고 있다.[29]

이 체험을 계기로 저우캉위 감독은 개혁의 필요성을 통감했다고 한다.

그렇지만 이러한 시스템상의 문제란 하루아침에 해결될 수 있는 것이 아니다. 1990년대 초두, 창춘영화촬영소는 4,000명이나 되는 종업원을 거느리고 있었는데, 제일선에서 직접 영화 제작에 관여하던 이는 고작 600명에 불과했다.[30]

이처럼 종래의 사회주의 계획경제 체제는 영화 제작에 이중적인 영향을 끼쳤다고도 할 수 있다. 먼저 부정적인 영향으로는 몇 편 되지 않는 제작 편수에 비해 종업원이 너무 많았다는 점과 성실하게 일하든 않든 간에 스태프에 대한 대우가 일률적이었다는 점, 영화 시장의 수요를 무시하고 이데올로기적 교육 효과만을 추구하는 제작 노선 등 시스템상의 문제를 들 수 있다.

그다음 긍정적인 영향은 영화인이 채산을 신경 쓰지 않고 영화 제작에 전념할 수 있었다는 점으로, 작품의 질을 보존할 수 있었다는 면이다. 일례로 리얼한 연기 습득을 목적으로, 크랭크인을 앞둔 배우가 몇 달간 시간을 들여 연기할 배역의 생활을 몸소 체험해 보는 것이 1950년대부터 1980년대까지는 거의 의무화되어 있었다. 그러나 1990

년대에 접어들면서 이와 같은 캐릭터 만들기 절차도 서서히 생략되기에 이르렀다. 1992년 〈촛불 속의 미소燭光里的微笑〉에서 여주인공 교사를 호연한 송샤오잉宋曉英은 "내 경우, 일단 사전에 상하이의 초등학교에 가서 교사들이 일하는 모습을 관찰하는 등 밑작업에 들어갔는데, 이미 이런 준비가 그 무렵부터 일반적이지 않게 되어 있었다"라고 증언한다.[31]

여배우 충샨叢珊은 1980년대 전반의 영화 촬영소와 2000년 이래 현재의 촬영 현장 간의 차이에 관해 다음과 같이 말한다. "이제는 촬영 현장에서 캐릭터 만들기에 몰두하는 배우가 보이지 않는다. 그도 그럴 것이, 영화 촬영을 창조적인 작업으로 진지하게 생각하는 영화인이 거의 없어져 버렸기 때문이다. (…) 지금은 영화나 텔레비전 드라마 촬영 기간이 점점 단축되고 있는 데다, 하루 촬영 시간이 15~18시간이나 걸리기에 본 촬영 전에 캐릭터 만들기에 들일 준비 시간을 거의 쪼갤 수 없게 된 게 현실이다. 게다가 함께 연기하는 장면이 많을 스타들이 서로 촬영이 끝날 때까지 한 번도 얼굴을 마주하지 않는 것도 드문 일이 아니게 되었다. 서로 스케줄이 도저히 맞지 않을 경우, 같은 장면에서 함께 연기하고 있는 것처럼 보이도록 따로 찍은 촬영 장면을 각각 이어 붙이거나 합성하는 등 고육지책이 쓰이고 있기 때문이다."[32]

이런 의미에서, 〈황토지〉, 〈하나와 여덟〉, 〈붉은 수수밭〉 등 제5세대 감독들의 초기 작품처럼 채산성을 신경 쓰지 않고 영화적 표현의 가능성을 모색하려 한 감독들의 시도가 가능했던 것도 바로 계획경제 시스템의 존재에 의거한 바가 컸다 하겠다.

촬영소의 기업화와 오락 영화 제작

개혁개방 노선이 추진되는 가운데, 이전까지 국가로부터 보호를 받던 영화 촬영소가 기업으로 자리매김하게 된 것은 1984년경의 일이다. 이제 영화 촬영소는 독립 채산제에 따라 은행으로부터 제작 비용을 융자받아 스스로 손익 책임을 지고, 거기다 나라에 고액의 세금을 내지 않으면 안 되게 되었다. 이와 동시에 촬영소 내부에서는 촬영팀이 촬영 기간, 비용, 이윤(프린트 판매량)에 대해 사전에 촬영소 측과 청부 계약을 맺는 것도 일반화했다.[33]

일반 기업과 마찬가지로 나라로부터 할당된 생산 목표를 달성하지 못하면 '도산·휴업·합병·전업關停併轉' 처분이 내려져 촬영소가 존속 위기에 처하게 됨으로써, 영화 촬영소 운영에도 커다란 변화가 나타나게 되었다. 상하이영화촬영소는 1985년에 '상하이전영공사上海電影公司'로 회사 이름을 바꾸고 기업으로서 채산을 맞출 수 있도록 일련의 조치를 취했다. 이미 촬영을 개시했거나 촬영을 앞두고 있던 5편 작품에 대해 흥행 성적을 기대할 수 없다는 이유로 제작 중지 명령을 내린 것인데, 이 일은 영화계에 큰 파문을 던졌다.[34]

촬영소의 기업화와 더불어 오락 영화 제작도 1980년대 중반부터 활발히 이루어졌다. 1988년 중국 라디오·영화·텔레비전국의 부국장 천하오쑤陳昊蘇가 "대중에게 친숙한 양질의 오락 영화가 우리나라 영화 제작의 주체가 되어야 한다"고 공언한 데 이어, 그때까지 경시되던 오락 영화 제작이 정부에 의해 정식으로 인정받게 된 것이다.[35]

여기서 주목해야 할 것은 중국 영화계에서 제5세대 감독들도 이러한 흐름에 한몫했다는 사실이다. 서스펜스 영화 〈은사모살안銀蛇謀殺案〉(1988)으로 충격적인 데뷔를 한 제5세대 감독 리샤오훙은 다음과 같이 말하고 있다. "우리들 제5세대 영화인들더러 흥행 성적을 도외시하면서까지 예술성과 작품성에만 치중하고 있다고 보기 일쑤인데, 1987년 연초부터 영화계는 오락 영화를 화제로 들끓고 있었다. 이제는 순수한 예술 영화 제작만 고집할 수는 없게 된 것이다. 돈벌이야말로 예술이 되어 버렸다. (…) 촬영에 들어가기 전에 스태프 모두가 이런 플롯이나 인물 설정으로 관객을 끌어들일 수 있을지에 관해 거듭 의논하고, 영화 스타일에 관해서도 마케팅 조사를 벌이고, 이제까지 나온 같은 장르 영화들을 하나하나 분석해 가며 어떻게 하면 참신함을 보여 줄 수 있을지 고민했다."[36] 이와 거의 동일한 시기에 제5세대 감독 장쥔자오, 톈촹촹, 장이머우도 제각각 액션 영화 〈기이한 사건의 실마리世界奇案的最後線索〉(1987), 뮤지컬 영화 〈로큰롤 청년〉(1988), 서스펜스 영화 〈암호명 아메리칸 표범代號美洲豹〉(1988)을 제작했다.

개인 프로덕션의 등장

한편 '개인 프로덕션獨立製片'이나 '독립 제작자獨立製片人'의 시도 또한 중국 영화의 한 방향성을 나타내는 지표로서 정부 측에 의해 중요시되었다. 앞서 언급한 바 있는 천하오쑤는 1988년에 다음과 같이 말하고 있다. "현재 개인 프로덕션은 아직 실험적인 단계에 있지만, 점차 보편화될 게 분명하다. 그러므로 우리들은 베이징영화촬영소 소속 황푸커렌皇甫可人의 개인 프로덕션 시도를 지원하기로 했다."[37] 베이징 전영학원 산하에 놓인 베이징청년영화촬영소의 기획 부문을 맡던 황푸커렌은 한센병 환자를 수용하는 마을을 그린 〈정토淨土〉(1984)의 각본과 연출을 맡았을 뿐 아니라, 제작자 역할도 겸하고 있었다. 그는 평균 연령 33세의 촬영팀을 결성하여, 겨우 28일 걸려 크랭크업에 성공했다. 이어서 황푸커렌은 베이징영화촬영소의 명의를 빌려 제작 자금을 스스로 조달하고, 기획·제작·배급에 걸쳐 모든 업무를 스스로 처리하는 제작 방식으로 액션 영화 〈황야의 자객荒原殺手〉(1986)에 착수, 독립 제작자 제1호로 영화계에 큰 화제를 불러일으켰다.[38]

이때까지만 해도 영화 제작자는 촬영소를 대신해 촬영팀에 대한 재정적·행정적 지도를 맡는 역할을 하고 있었다. 일의 내용은 영화 제작에 필요한 비용과 촬영 기간을 계산하고, 촬영 중에는 촬영팀에 상주하면서 재무를 감독, 관리하는 것이었다. 이 경우, 제작 자금이 촬영소로부터 지급되기 때문에 설령 완성된 영화가 적자를 내더라도 촬영팀이나 제작자의 수입에는 아무런 영향을 끼치지 않았다. 게다가 이런 시스템 아래서는 제작자가 감독 일에 참견하거나 거꾸로 감독이 제작자 일을 간섭하는 등, 서로의 영역을 침범하는 일이 비일비재했기에 영화 제작 효율과 작품의 완성도를 해치는 결과를 초래할 우려도 있었다.

이에 반해 독립 제작자의 경우에는 제작자의 절대적인 권한이 보장되었다. 즉 기획 단계에서부터 제작자가 영화 시장의 수요나 관객의 기호를 고려하여, 흥행 성적을 최우선으로 삼아 각본을 결정하고 감독이나 배우 등 각 부문별 스태프를 모집했을 뿐 아니라, 제작 자금도 스스로 조달했다. 물론 흥행 수입도 제작자의 수입에 직결되는 구조였다.[39] 1980년대 후반에 실행된 독립 제작자의 시도는 이렇듯 중국 영화 민영화에 큰 공적을 남긴 것으로 평가할 만하다.

그렇지만 영화 촬영소의 기업화 움직임이 영화와 텔레비전의 불균등한 관계에 박차를 가하는 결과를 초래했음을 간과해서는 안 될 것이다. 즉 기업으로서 영화 촬영소가 경비 지출이나 이윤 상납에 관해 국가로부터 엄격한 규제를 받던 데 반해, 텔레비전 방송국은 변함없이 나라에서 나오는 경비로 제작하고 채산성을 맞출 필요도 없었다. 더욱이 이 무렵 텔레비전 방송국에서는 본래의 영역을 넘어, 영화 제작에 착수하는 일도 왕왕 있었다. 다양한 우대 조치가 적용되었기에, 1980년대 중반부터 방송국의 영화 제작이 활발해졌고, 영화 촬영소의 많은 스태프들이 좀 더 나은 대우에 이끌려 그쪽으로 이동한 결과 촬영소 운영에 지장을 초래할 정도였다.[40]

우텐밍과 시안 영화 촬영소 개혁

1980년대 중국 영화는 우텐밍을 빼고서는 논할 수 없다. 우텐밍은 〈인생人生〉(1984), 〈오래된 우물古井戸〉(1987), 〈변검變臉〉(1996) 등의 명작을 찍은 감독으로, 중국 제4세대를 대표하는 감독 중 한 명이다. 동시에 그는 제5세대 감독 천카이거, 장이머우, 텐좡좡의 초기 작품을 다수 제작함으로써, 중국 뉴웨이브 영화의 아버지로서도 중국 영화사에 이름을 남기고 있다.

1983년 11월에 시안영화촬영소 소장으로 임명된 우텐밍은 낡은 시스템에 맞서 과감한 개혁을 펼쳤다. 평균주의적인 시스템을 타파하고, 상벌 제도를 확립함과 동시에 연공서열에 얽매이지 않고 유능한 인재를 잇달아 기용한 것이다. 그 예가 베이징 전영학원에서 막 연수를 마친 31세의 황젠신에게 〈흑포 사건黑砲事件〉(1985) 감독이라는 큰 임무를 맡긴 일이다. 이 작품에서의 참신한 영상 표현으로 황젠신은 제5세대를 대표하는 감독 중 한 명으로 자리 잡게 되는데, 이 작품이 검열에 걸렸을 때 우텐밍은 "이 작품의 기획을 민 건 소장인 나다. 실제 시사회 때 참신한 영상 표현에 수많은 사람들이 감동했다. 대단히 훌륭한 작품이다…. 검열을 통과하지 못한 책임은 스태프들이 아니라 내게 있다"라며, 그를 비호했다.

2007년에 황젠신 감독은 다음과 같이 술회했다. "당시에는 데뷔작이 검열 통과를 못 했다는 것은 다음 작품을 만들 기회마저 박탈당하는 것을 의미했다. 엄청난 압박을 느꼈던 그때, 우톈밍이 몸을 던져 나를 지켜 주었다. (…) 그가 없었다면, 다음 작품에서도 분명 나다움을 잃고 뒤틀리고 말았으리라. 그분 덕분에 지금껏 내가 정말 표현하고 싶은 것, 흥미로운 제재를 찍을 수가 있었다."[41]

우톈밍 감독

또한 우톈밍은 젊은 제5세대 영화인들 즉 천카이거, 장이머우, 톈좡좡을 시안으로 불러들여, 그들에게 참신한 영상 표현을 실천할 수 있는 장을 마련해 주었다. 당시 천카이거 등은 다른 지역의 영화 촬영소에 소속되어 있어,* 구태의연한 연공서열제 때문에 재능을 제대로 펼치지 못하고 있었다. 〈아이들의 왕〉, 〈말 도둑〉, 〈붉은 수수밭〉은 우톈밍의 강력한 지원 아래 태어날 수 있었던 것이다.

〈흑포 사건〉(1985)

한편 우톈밍은 시안영화촬영소의 지역색 표출을 역설하며, '시안 향토 영화西安鄕土電影' 제작을 호소했다. 각본가와 영화 이론가를 개입시켜 가능성 여부를 거듭 타진한 뒤, 〈야산野山〉(1985), 〈오래된 우물〉(1987) 등 중국 서북 지방의 농촌을 무대로 한 걸작을 연이어 세상

* '베이징 전영학원 78학번'으로 한데 묶이기도 하는 이들 제5세대 감독들은 1982년 졸업 뒤 전국 각지의 촬영소로 뿔뿔이 흩어져 배속된다. 장이머우는 광시영화촬영소에 배속되어 장쥔자오의 〈하나와 여덟〉의 촬영을 맡았고, 톈좡좡은 베이징영화촬영소로, 천카이거는 베이징아동영화촬영소를 거쳐 광시영화촬영소로 이동했다.

에 내보낸 것이다.

이에 더해, 우톈밍은 오락 영화 제작에도 힘을 기울였다. 시안영화 촬영소는 1983년 시점에서 출품작 흥행 성적이 전국 영화 촬영소 중 꼴찌로 베이징, 상하이, 창춘 등 대형 영화사와는 전혀 상대도 되지 못했는데, 그러던 중 1985년이 되자 일약 흥행 성적 1위에 군림하게 되었다. 그리고 1987년에는 시안영화촬영소가 출품한 9편이 편당 흥행 수입 400만 위안을 달성하여, 250만 위안이라는 전국 평균 흥행 수입을 훨씬 웃돌았다. 참고로 같은 해에 유서 깊은 상하이영화촬영소가 출품한 18편의 경우, 편당 흥행 수입이 270만 위안이었다.[42]

1988년 〈아이들의 왕〉을 들고 '제41회 칸느 국제영화제'에 참가한 우톈밍은 기자회견에서 다음과 같이 말했다. "어째서 이 3년간 시안영화촬영소의 출품작이 60개 이상의 국내외 영화상을 수상할 수 있었는가. 첫째, 감독들에게 단지 이데올로기적인 요청에 따르도록 하지 않고 최대한의 자유를 주어 제각각 개성을 살릴 수 있게 했기 때문이다. 둘째, 시안영화촬영소는 다른 유서 깊은 촬영소들과는 달리 고참들의 권위가 거의 없어 젊은 영화인들이 활약하기 쉬운 환경이기 때문이다."[43]

이렇게 1980년대 후반, 시안영화촬영소는 흥행적으로도 대성공을 거두었을 뿐 아니라 국내 영화상을 모조리 휩쓸었다. 이러한 극적인 변화가 "중국 영화의 희망은 시안에 있다"라고까지 상찬받으며, 중국 영화계에 큰 충격을 가져오는 요인이 되었다.[44]

다음에 서술할 중국 '성인 영화'의 출현도 촬영소의 각종 시스템 개혁과 오락 영화로의 방향 전환 등, 제작 측에 의한 일련의 새로운 시도의 일환으로 보아야 할 것이다.

2. 영화 검열의 구조와 실태

검열 제도에 관해, 마치 검열이라는 이름의 블랙박스 안에 작품을 집 어넣기만 하면 기계적으로 심사 결과가 나올 것 같은 인상을 품고 있 는 사람들이 많다. 더욱이 중국은 사회주의를 국시로 하는 이상, 영화 검열 제도에서도 사회의 지배적 이데올로기에 저촉되는 테마는 절대 로 허용되지 않을 거라며 막연한 선입견을 갖는 이가 압도적으로 많 을 것이다. 그러나 자세히 검토해 보면, 중국의 영화 검열 제도를 이렇 게 정형화한 방식으로 결론짓기란 불가능한 일이다. 검열 제도도 사 람들이 모여 움직이는 제도인 이상, 실제 현실은 더욱 복잡한 양상을 보인다.

중국에서는「중앙 전영국 각 촬영소 각본 및 영화 심사 변법中央電 影局各廠劇本及影片審查變法」(1950년 4월),「극영화 각본 심사 임시 변법 초 안故事影片劇本審查暫行變法草案」(1993년 11월),「영화 각본, 영화 심사 시행 변법電影劇本, 電影審查試行變法」(1999년 12월),「영화 관리 조례電影管理條例」 (2002년 2월),「영화 각본(시놉시스) 준비안, 영화 심사 관리 규정電影劇本 (梗概)備案, 電影片審查管理規定」(2006년 6월) 등 영화 검열에 관련한 규정이 연신 교체되며 기능해 왔으나, 법률로서 효력이 있는 '영화법'은 아직 껏 존재하지 않는다. '영화법' 제정이 1980년대 후반부터 20년 이상에 걸쳐 간헐적으로 논의되어 왔음에도 불구하고 아직까지 실현에 이르 고 있지 못한 게 현실이다.

그런데 이처럼 특이한 측면이 1980년대 중국 영화 검열 제도에 존 재했음에도 불구하고, 일본에서 이루어지는 중국 영화 연구에서는 이런 측면이 거의 주목을 받지 못했다. 또한 중국에서도 영화 검열에 관한 언급이 여기저기 여럿 눈에 띄기는 하지만, 『신중국 영화 이데올로기 1949~1979新中國電影意識形態 1949~1979』(胡菊彬 著, 中國電影出版社, 1993), 『마오쩌둥 시대의 인민 영화(1949~1976)毛澤東時代的人民電影(1949~1976)』(啓之 著, 秀威資訊科技股份有限公司, 2010)로 대표되듯, 중화인민공화국 건국(1949)부터 문혁 종결(1976)까지의 영화 검열 제도 구조를 개관한 것이 주류다. 문혁 종결 이래, 특히 1980년대 영화 검열 실태를 구체적인 영화 작품 텍스트를 훑으며, 거시(검열 제도 구조)와 미시(검열 측과 제작 측 간의 갈등과 관객 측의 수용) 양방향 관점에서 객관적으로 검증하는 연구는 전무한 실정이다.

이에 이하 이어지는 글에서 1980년대 중국 영화 검열의 제도적인 짜임새와 구체적인 검열 흐름 속에서 검열 측과 제작 측 간의 '공방'을 포함한 세부에 이르기까지의 경위를, 주로 당시의 문자 자료와 제작 측의 증언을 토대로 검증하고자 한다.[45]

1) 영화 검열의 기본 구조

중국의 영화 검열은 크게 나누면 각본에 대한 검열과 완성된 작품에 대한 검열의 이중 구조를 이루고 있다. 또 중국 영화 검열의 특징으로 검열을 행하는 기관이 몇 겹씩 층층이 존재함을 먼저 들 수 있다. 즉 검열 피라미드 정점에 정부를 대표하여 영화 산업을 지도하는 '전영국'이 있고, 그다음 각 촬영소의 검열 부문과 영화 촬영소 소재지의 지방 정부도 각기 검열 권한을 쥐고 있다. 이러한 검열 제도는 1950년대 전반에 소련으로부터 배운 것이라 한다.[46]

그러나 개혁개방이 시작된 뒤인 1986년에 이제까지 영화를 관할하던 독립 정부 부문 '전영국'이 '라디오·영화·텔레비전부'와 합병되어 '라디오·영화·텔레비전 관리 총국'으로 재편됨으로써, 정부에 의한 미디어 관리가 일원화되었다. 이 절에서는 검열 기구의 정점에 있는 이 기구를 편의상 '전영국'으로 부르기로 한다.

각본에 대한 검열

각본 검열을 다루기 전에, 먼저 제작 측이 각본을 입수하는 경로에 관해 언급할 필요가 있다. 당시 영화 제작의 방향성을 결정짓는 데 대단히 중요한 역할을 했던 것은 각 영화 촬영소의 기획부에서 편집, 발행하는 각본 게재지였다. 『전영창작電影創作』(베이징영화촬영소), 『전영신작電影新作』(상하이영화촬영소), 『전영문학電影文學』(창춘영화촬영소), 『팔일전영八一電影』(인민해방군팔일영화촬영소), 『대서북전영大西北電影』(1986년부터 『서부전영西部電影』으로 제명 변경, 시안영화촬영소), 『전영작품電影作品』(쓰촨성어메이峨眉영화촬영소) 등이 그것이다.

이들 잡지에 각본이 게재된다는 것은 영화화의 가능성을 의미했기에, 프로 각본가에 의한 작품 외에도 아마추어가 쓴 엄청난 수의 투고가 쇄도했다. 즉 이들 잡지는 아마추어에게는 영화계의 등용문을 의미하기도 한 것이다. 1970년대 말에 창춘영화촬영소에 투고된 아마추어 각본은 연간 4,000편을 넘었는데, 오탈자투성이의 도저히 쓸 수 없는 것이 과반수를 차지했기 때문에 이 각본들이 채택된 사례는 극소수였다고 한다.[47] 그렇지만 1986년 시점에서 중국의 프로 각본가는 추정컨대 고작 20~40명에 지나지 않아서 당시 소설가나 아마추어의 각본이 80퍼센트 이상을 점하고 있었던 게 사실이다.[48]

한편 각본이 게재되었다고는 해도 그대로 영화화되는 것도 아니었다. 영화 관계자와 일반 독자로부터 취합된 의견을 반영하여 새로 써야 했던 사례나 아예 무산되어 버리는 사례도 적지 않았다. 촬영소 측에서는 새로 쓸 필요가 있다고 판단된 경우, 각본가를 영화 촬영소로 불러 각본 게재지 편집자와 때로는 감독까지 개입시켜 공동으로 각본에 손을 대는 일이 종종 있었다. 이런 작업은 대체로 꽤 엄격했다고 한다. 〈저 집 좀 보게!瞧這 一家子〉(왕하오웨이, 1969)에 관여한 각본가 린리林立는 1년 동안 일곱 번 고쳐 써야 했고, 〈아! 요람啊! 搖籃〉(셰진, 1979)의 각본은 3년에 걸쳐 여덟 번 정도 완전히 다시 쓰지 않으면 안 되었다.[49]

그러나 "초고와 2고에서는 볼 만한 곳이 적지 않은데, 3고와 4고에서는 대담함이 없어지고, 5고와 6고는 졸렬해질 뿐, 7고와 8고는 초고보다 한참 뒤떨어지더니, 9고와 10고에 이르면 이미 쓸 만한 게 못 되고 만다"는 세간의 설과 마찬가지로, 몇 번이고 거듭 고쳐 쓰는 작업이 결코 좋은 결과를 가져온다고 할 수는 없는 법이다. 그도 그럴 것이, 이런 새로 쓰기 작업은 각본의 질을 높이기 위해서라기보다는 정치적 요청에 대응하는 것이거나 사회 상황 변화에 맞추기 위해 행해진 예가 많았기 때문이다.[50]

이렇게 칠전팔기 끝에 완성된 각본은 드디어 각본 검열대에 오를 운명에 처한다. 이전에는 각본 검열이 주로 '전영국'에 의해 행해졌으나, 1980년대 무렵에는 그 권한이 사실상 각 촬영소로 넘어가게 되었다.[51] 법적으로도 1982년 12월에 문화부에서 반포한 「극영화 각본에 관한 약간의 규정關於故事片電影文學工作的若干規定」에 의해, 각본의 영화화 여부를 결정하는 권한을 각 촬영소에 귀속시키는 것이 명문화되었다. 단 촬영소에서 통과 여부를 도저히 결정 내리지 못할 경우에 한정하여 '전영국'과 촬영소 소재지 당정부黨政府의 지시를 청하면 된다는 내용이 덧붙었다.

검열을 통과한 다음에는 의무적으로 각본 복사본과 기획서 개요를 전영국과 촬영소 소재지의 당정부에 제출해야 했다.[52] 여기서 문제가 없으면, 각본과 기획서는 공문서로 취급되어 그대로 보존소로 들어가는데, 혹 문제가 발생한 경우에는 상부 기관에서 즉각 각본을 새로 쓰라고 명령을 내리게 된다.

그렇다고는 하나, 각본 검열을 주체적으로 행했던 것이 어디까지나 각 촬영소 자체였기에, 각본 검열에서 무효화한 부분을 촬영 단계에서 스태프들의 판단에 따라 부활시키는 등 느슨한 데가 있었던 것도 부정할 수는 없다. 일례로 문혁 중의 농촌을 무대로 한 〈주천정秦川情〉(황쭈모黃祖模, 1985)의 각본에서는 중년 남성과 같은 침대에서 밤을 보내게 된 소녀가 정조를 지키기 위해 바지 끈을 단단히 동여매는 장면이 있었는데, 각본 검열 단계에서 성적 함의가 강하다는 이유로 삭제되고 말았다. 그런데 촬영 중 스태프들의 판단으로 이 장면은 부활되었고, 다행히도 최종 검열까지 무사히 통과할 수 있었다고 한다.[53]

한편 정치적 문제가 얽혀 있는 경우에는 각본 검열 단계에서부터 속을 끓여야 하는 각본가가 적지 않았다. 일례로, 〈타이얼좡 혈전血戰臺兒莊〉(자이췬제, 1986)의 각본은 처음으로 중국 영화에서 터부시되던 국민당의 항일 운동이란 역사적 사실을 정면에서 다루었기에, 검열 기준에 저촉되고 말 것이 불 보듯 뻔했다. 타이얼좡 혈전은 중일 전쟁이 한창이던 1938년 3월부터 4월에 걸쳐, 중국 국민당군이 일본군을 상대로 산둥 성 남부의 타이얼좡臺兒莊에서 벌인 전투를 말한다. 각본가 톈쥔리田軍利는 당시 정경을 다음과 같이 회상했다. "12일간 여섯 번 정도 검열 측에 의한 엄격한 심사가 이루어졌다. 다행히도 그 자리에서 검열관과 대면하여 발언할 기회를 얻을 수 있었다. (⋯) 내 역사관을 정당화하기 위해, 타이얼좡 전투를 객관적으로 평가한 마오쩌둥 등 위인이 한 말을 적은 60쪽짜리 원고를 지참해 갔다. 조목조목 인용하면서 심사 측의 비판에 반론했다. 노력한 보람이 있어 무사히 통과할 수 있었다."[54]

이상 언급한 각본 검열과 비교하여, 완성된 필름에 대한 검열 프로세스는 더욱 복잡하고 엄격한 것이었다고 할 수밖에 없는데, 이어지는 내용에서 그 경위를 구체적으로 살펴보기로 한다.

완성된 영화에 대한 검열

완성된 필름에 대해서도 몇 번이고 거듭되는 검열이 대기하고 있었다. 먼저 해당 작품을 제작한 영화 촬영소 내부에서 1차 검열이 행해졌고, 경우에 따라서는 촬영소 소재지의 정부 요인이 심사에 가담하는 때도 있었다.

1차 검열

엄밀히 말하자면, 촬영소 내부에서의 검열은 촬영 단계에서부터 이미 시작되어 있었다. 촬영 중에도 스태프가 완성된 필름을 며칠 간격으로 현상하여 촬영소 측에 제출하는 것이 의무였기 때문이다. 촬영소 상층부로부터 다시 찍으라 명령받는 일도 일상다반사였다. 일례로, 〈아큐정전阿Q正傳〉(천판, 1981)에서는 완성된 필름을 촬영소 측에 2, 3일마다 제출했는데, 지시가 내릴 때까지 새로 찍어야 할 경우를 대비하여 세트를 해체하지 않고 대기하고 있었다고 한다.[55]

게다가 베이징영화촬영소의 경우에는 완성된 영화에 대한 검열이 여러 명의 검열관에 의한 투표로 결정되고 있었다. 문제가 되는 장면의 삭제와 수정에 관해서는 스태프에게 통보하지도 않은 채, 촬영소 지도부의 판단에 따라 자체적으로 행해지는 경우도 있었다. 일례로

〈신비로운 불상〉(1980)의 1차 검열에서 문제시되었던 그로테스크한 장면의 경우, 감독인 장화쉰을 제쳐 두고 촬영소 소장 왕양汪洋의 판단에 따라 여러 컷이 잘려 나가기도 했다.[56]

2차 검열

1차 검열을 무사히 통과한 작품의 필름은 검열관의 소견을 기재한 서류와 함께 전영국에 제출되어 2차 검열을 받게 된다. 검열에 걸린 작품에 대하여, 이 단계에서 비로소 일부 내용의 삭제나 재촬영을 비롯해 해외 유출 금지, 상영 금지 등 여러 가지 조치가 취해졌다.

2차 검열의 첫 단계는 전영국 안에 설치된 시사실에서의 작품 상영인데, 검열관의 반응을 좀 더 일찍 살피기 위해 촬영소 측 대표자와 제작 스태프가 시사실 바깥에서 대기하다 영화를 보고 나오는 검열관에게 작품의 인상이 어땠는지 직접 묻는 것도 가능했다. 일례로 티벳을 무대로 한 〈무정한 연인無情的情人〉(천궈쥔, 1986)이 완성된 뒤, 검열에 임한 제작자 겸 주연 배우 류샤오칭은 검열관의 냉담한 반응을 보고 검열에 걸렸음을 짐작할 수 있었다고 한다.[57]

최종 검열 결과는 대개 공문서 형식으로 촬영소 측과 스태프들에게 통보되었다. 그 공문서에는 심사 결과와 이유에 덧붙여 수정해야 할 부분에 관해 대단히 구체적인 지시가 명기되는 일이 많았다. 일례로, 1989년 12월에 크랭크업한 〈측천무후의 첫사랑武則天的初戀〉에 대한 검열 결과가 1990년 4월 5일자 「광전총국 전영국 1990년 문건 제188호廣電部電影局90年電字188號」라는 공문서 형태로 촬영소 측에 전달되었다.[58] 이 검열 결과에 따르면, 다음과 같이 문제점 네 군데가 지적된 데 더해 재촬영을 포함한 수정이 요구되었다.

첫 번째, 영상미를 과도히 추구한 나머지 스토리 전개가 지극히 불분 명해진 점. 두 번째, 발가벗은 아이들이 마루에 적혀 있는 거대한 문자 위에서 놀고 있는 장면 등 스토리 전개로부터 일탈된 장면을 삭제할 것. 세 번째, "우리에게는 청춘이 없어我們沒有靑春"라는 삽입곡 가사와 황제가 변소에서 볼일을 보면서 여성을 희롱하는 장면, 수월암水月庵의 방 3곳을 수평 이동 촬영으로 보여주는 장면은 삭제하거나 수정할 것. 네 번째, 재촬영 시 우선 구체적인 수정안을 세우고, 촬영소와 전영국에 허가를 받고 나서 실시할 것.[59]

물론 이런 수정이나 재촬영이 영화를 만드는 이들에게는 고통스러운 작업이었음은 두말할 나위도 없는 일이었다.

영화 검열과 문단의 내분

한편, 영화 검열은 심사 기간이 일정치 않고, 심사 결과도 경우에 따라서는 변경이 가능했다. 문혁 시대의 혼란과 범죄를 고발한 〈당신이 원하는 대로如意〉(황젠중, 1982)에 대한 1차 검열 사례가 그 전형이다. 이 작품에 대한 1차 검열은 베이징영화촬영소 내부 심사 위원회에 의해 행해졌는데, 13명의 위원에 의한 투표 결과 7표 대 6표라는 근소한 차이로 1차 검열을 통과하게 되었다. 그러나 전영국에서 행한 2차 검열에서 검열관 사이에 견해차가 현저하게 벌어진 탓에, 가부 결정이 잠정 연기되었다. 이에 황젠중 감독이 영화계 중진이던 샤옌과 저우양에게 중재를 부탁한 결과, 마침내 전영국에서 이 영화를 통과시켰는데 이는 '국내 배급 한정'이라는 조건을 붙이고서였다. 이 제약을 해소하고자 황젠중 감독은 다시 영화계의 중진이던 천황메이에게 애원했고, 천황메이를 끼고 전영국과 교섭하여 마침내 해외 유출 해금 처분을 받아 냈다고 한다.[60] 이 영화는 1984년에 홍콩에서 개최된 '중국 영화제'에서 상영되어 관객들 사이에 화제가 되었는데 그중에 허우샤오셴候孝賢도 있었다. 당시 대륙과 타이완은 정치적으로 격렬한 대립 관계에 있었기에 문화 교류도 완전히 중단된 상황이었는데, 허우샤오셴은 몰래 이 영화를 보고 나서 완성도에 깜짝 놀랐다고 한다.[61]

여기서 영화 검열 배후에서 동시적으로 벌어지고 있던 문단 내부의 가일층 격렬해지던 알력 다툼에 관해서도 언급해야 할 필요가 있다. 당시 문예계의 원로 지도자들에 대해 1985년부터 1988년까지 문화부장을 맡은 왕멍은, 자유로운 표현과 민주주의를 추구하는 새로운 운동을 억압하고자 했던 '보수 강경파'와 젊은 예술가들의 새로운 시도에 관해 동정을 보이던 '개혁 온건파'의 두 당파·파벌로 분류할 수 있었다고 한다.[62]

지금 시점에서 되돌아보면, 왕멍의 언급대로 '개혁 온건파(천황메이, 샤옌)' 대 '보수 강경파(린모한林默涵, 류바이위劉白羽)' 도식으로 당시 문예사상계의 세력 판도를 그려 낼 수가 있다. 물론 이런 식의 논쟁이 늘 그렇듯이 양자 사이에서 기회주의적으로 행동하는 인물(예를 들면, 저우양 등)도 다수 존재했고, 또 뭉뚱그려 개방파라고 해도 구체적인 문제에 맞닥뜨리게 되면 자기 모순과 애매한 사상적 입장이 드러나 버리는 사례도 종종 볼 수 있다. 일례로 천황메이가 친구에게 보낸 편지를 보면 "자신이 보수파로부터는 '좌익적'이라고 야유받으면서, 또 동시에 개방파로부터는 '우익적'이라고 비판받았다"는 일화가 적혀 있다.[63]

사족을 달자면, 천황메이가 전영국의 요직에 있던 1985년 5월에 '프랑스 영화 회고전'이 베이징과 상하이에서 개최된 적이 있었다. 상영작 가운데 원시인의 생활을 그린 〈불을 찾아서La Guerre Du Feu, 火之

戰〉(장 자크 아노Jean-Jacques Annaud, 1981)가 화제를 불러일으켰는데, 이 영화 속의 누드나 섹스 신도 화제를 불러일으킨 이유 중 하나였다. 이 때문에 당국에서는 신경을 곤두세우게 되었고, 급기야는 '중앙기율검사위원회中央紀律檢查委員會'에서 사회 풍기 문란 혐의로 조사에 나서기 시작했다. 이때 그 작품을 통과시킨 책임자로서 천황메이가 도마에 올랐다고 한다.[64]

이 시기 젊은 영화인들은 저들 간에 논쟁이 일어날 때마다 저마다 자신들의 뒷배격인 영화계나 문단의 중진들에게 조언과 원조를 구하곤 했다. 그 결과, 논쟁의 불똥이 어느샌가 중진들 차원으로 튀어 올라 한층 격렬하게 타올랐다. 이런 복잡한 상황 안에서, 어느 파벌에도 속하지 않던 샤옌이 많은 영화인들에게 존경받게 되었다고 한다.

검열에 관련한 특수한 사례로 톈좡좡 감독의 데뷔작 〈사냥터에서〉가 언급되곤 한다. 이 영화는 1984년에 천카이거의 〈황토지〉와 거의 같은 시기에 완성되었는데, 검열을 통과하지 못한 채 방치 상태에 놓였다. 그런데 운 좋게도 요리스 이벤스Joris Ivens*가 우연히 이 작품을

---

* 요리스 이벤스(1898~1989)는 네덜란드 태생의 다큐멘터리 작가로 일평생 60여 년 넘는 세월 동안 세계의 혁명 현장들을 찾아다니며 다큐멘터리 작품들을 찍었다. 중국에서 특히 이벤스에 대한 애정은 각별한데, 우선 그가 1939년에 〈4억의 사람들The 400 Million〉을 찍어 중국의 항일전쟁을 기록했고, 1976년에는 〈우공이산Comment Yukong déplaça les montagnes〉으로 문혁 말기 중국 인민들의 생활상을 가감 없이 그렸기 때문이다. 〈우공이산〉을 찍을 때, 이벤스는 중국인 스태프들과 함께 작업했는데 미숙한 스태프들 탓에 작업 효율도 낮고 낭비되는 필름도 많았다고 한다. 이 일에 관해 중국에서는 그가 일부러 중국인들과 함께 작업함으로써 영상 제작 기술이 낙후했던 당시 중국인들에게 수업 기회를 제공했다며 긍정적으로 평가한다. 〈우공이산〉은 유럽에서 공개된 뒤, 중국공산당을 선전하는 작품이라며 거센 비판에 직면했고, 이 일로 이벤스는 한동안 일감을 얻을 수 없었다고 한다. 그렇지만 실제로 〈우공이산〉을 찍을 때 그는 중국 측의 요구에 화답하지는 않았다. 칭화대학 학생들의 판에 박힌 문혁 이데올로기적 발언

보고 높이 평가하여 검열 측에 적극적으로 요청해 주었다. 요리스 이 벤스는 전쟁 전부터 중국 공산당과 연줄이 있었던 데다, 마침 당시 는 중국 문화부의 외국인 고문을 겸임하고 있었다. '중국 인민의 오랜 벗'인 그의 체면을 살려 주기 위해, 전영국에서는 "아무도 보고 싶어 하지 않을, 봐도 모를 작품을 두 번 다시 만들지 말라"고 감독을 질책 하면서도 이 작품에 특별 허가를 내릴 수밖에 없었다.[65]

'전영국' 이외의 주체에 의한 검열

그러나 실제로는 전영국만의 판단으로는 결정할 수 없는 경우도 있 었기에, 작품을 상급 기관인 문화부로 이송하는 일도 종종 있었다. 여 기서도 결정되지 않는 경우에는, 최후의 수단으로 당 지도부의 주요 멤버에게 최종 재가裁可를 요청했다. 예를 들어, 1983년 10월에 크랭 크업한 〈황허 기슭黃河之濱〉(리첸콴李前寬·샤오구이윈肖桂雲)은 그때까지 중 국 영화에서는 터부시되던 1960년대 전후에 일어난 대기근과 '삼면홍 기三面紅旗'라 불리던 과격한 정치 운동* 장면을 포함한다는 이유로 검 열에 걸려 일반 공개가 연기되었다. 그런데 1985년 초여름이 되자, 보 이보薄一波, 황전黃鎭을 비롯한 공산당 지도부의 정치가들이 이 작품을

이나 중국이 선전하던 다자이 마을을 〈우공이산〉에 넣지 않았던 일화가 한 예다.
* 흔히 '대약진 운동'으로 통칭된다. 1957년 마오쩌둥은 삼면홍기 운동을 제창한 다. 삼면홍기는 '세 개의 붉은 깃발'로 번역되는데, "전 인민이 단결하여 더 많이, 더 빨리, 더 좋게, 더 건설적으로 사회주의 중국을 건설한다"는 구호 즉 사회주 의 건설의 총 노선과 대약진, 인민공사를 이른다. 사회주의에서 공산주의로 이행 하는 단계에 중국이 있으며, 영국의 발전상을 15년 내에 따라잡겠노라 의욕적으 로 시작되었으나 결국 실패로 끝났다. 민가의 쇠붙이를 모아 재래식 제철 방법으 로 만들어낸 철은 쓸 수가 없었고, 농업 생산성은 과장되었으며, 1959년에는 자 연 재해까지 닥쳐 대기근으로 이어졌다. 이 시기 3년간 계속된 대기근으로 1,500 만 명 이상의 아사자가 발생했다고 한다.

높게 평가함에 따라 마침내 세상에 내보낼 수가 있었다.[66]

또 공산당 내부의 부패나 관료주의 폐단을 예리하게 지적하는 작품은 당시 당의 최고 책임자였던 덩샤오핑이나 후야오방의 허가를 얻고 나서야 일반 공개에 나설 수가 있었다. 〈피고의 배후〉(창옌, 1983)와 〈대리시장〉(양자이보, 1985)이 이에 해당한다. 〈대리시장〉에서 감독·주연·제작자 세 역할을 겸한 양자이보는 상영 금지라는 검열 결과에 승복하지 않고, 중국 공산당 중앙부 소재지인 '중난하이中南海'를 방문하여 후야오방 총서기에게 진정서를 제출했다. 진정서를 읽은 후야오방이 "개혁개방 현실과 하등 관계 없는 다른 작품들과 비교하면, 〈대리시장〉은 훨씬 의미 있는 작품이라 할 것이다. 다소간 과격한 부분이 있는 건 분명하나, 일반 공개를 꺼릴 이유가 없다"며 지지해 준 덕분에 〈대리시장〉은 일반 공개를 할 수가 있었다.[67]

검열 대상의 제재에 따라, 전영국에서 다른 정부 기관에 대리 심사를 의뢰하는 사례도 드물지 않았다. 이를테면 소수 민족을 그린 작품은 민족문제위원회에, 탐정물은 공안 부문에, 외국을 무대로 하는 작품은 외교 부문에, 학원물은 교육 부문에 의뢰하는 식이었다. 이는 작품이 상영된 뒤에 일어날 트러블을 회피하기 위한 조치였는데, 사실상 검열 장벽을 한층 더 높이는 결과를 낳았다. 노예 제도하의 티벳을 무대로 한 〈무정한 연인〉은 "티벳인을 야만인으로 그리고 있다"는 민족 문제 전문가의 비판에 따라 해외 유출이 금지되었고, 한 교사를 악인으로 그린 〈붉은 블라우스의 소녀〉(루샤오야, 1984)도 "교사 이미지를 실추시켰다"는 교육 부문의 문제 제기 때문에 일시적이었다고는 하나 일반 공개가 연기되었다.[68]

혹은 푸이溥儀의 아내들의 운명을 그린 〈최후의 황후末代皇后〉(천자린陳家林, 1985)나 공자孔子 일족의 비화를 그린 〈공부비사孔府秘事〉(린눙林

農, 1987) 등과 같이 역사적인 실존 인물의 가족과 자손의 반대로 일반 공개가 한시적으로 연기되는 사례도 있다.[69]

비록 전영국의 검열을 통과했더라도, 전국 각지에 배급될 때 지방 정부의 비판으로 상영이 정지되는 경우도 있었다. 일본 영화 〈산다칸 8번 창관/ 망향サンダカン八番娼館/ 望郷〉(쿠마이 케이熊井啓, 1974), 〈가마타 행진곡蒲田行進曲〉(후카사쿠 킨지深作欣二, 1982) 등은 청소년들에게 자본주의 국가의 해독을 끼칠 수 있다는 이유로 일부 지역에서 아예 상영되지 못했다.[70]

2) 검열 측과 제작 측 간의 공범 관계

촬영에 이르기까지의 우여곡절

기획 단계에서 일반 공개에 이르기까지의 세부적인 프로세스와 검열 측·제작 측 간의 복잡한 관계를 더욱 구체적으로 파악하기 위해, 1982년에 창춘영화촬영소에서 제작되어 중국 사회에 커다란 반향을 불러일으킨 히트작 〈중년이 되어人到中

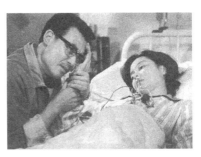

〈중년이 되어〉(1982)의 과로로 쓰러진 여주인공 (판훙潘虹 분)과 남편(다시창達式常 분). (사진 협력: 공익재단법인 카와기타 기념 영화문화재단)

年〉(쑨위孫羽·왕치민王啓民) 사례를 고찰해 보자.

먼저 천룽諶容의 소설을 원작으로 하는 이 작품의 스토리를 소개해 두자. 의과 대학을 졸업하고 18년째 안과의로 근무를 하고 있는 중년의 여의사 루원팅陸間婷은 병원의 핵심 일원으로 제일선에서 활약하고 있는 데도 불구하고 주치의 자격조차 얻지 못했다. 반나절에 3건이나 되는 수술을 해야 하는 등 중노동에 시달리는 한편, 50위안(한화 9,000원가량)의 박봉으로 버텨야만 했다. 그 때문에 가족들의 경제적 처지도 열악해져 좁은 방 한 칸에 가족 네 명이 살아야만 하는 상황이다. 게다가 그녀는 직장에서 퇴근하면 아이를 돌보거나 식사 준비를 하는 등 가사에 쫓기는 몸이기도 하다. 그런 중노동의 결과, 그녀는 결국 심근경색으로 쓰러지고 마는데….

당시 지식인을 둘러싼 열악한 환경과 대우를 직설적으로 그린 〈중년이 되어〉의 원작 소설은 당시 중국에서 사회적 반향을 불러일으켜 많은 영화인들이 이 원작을 탐내고 있었다. 그러나 베이징영화촬영소, 상하이영화촬영소, 시안영화촬영소에서 각각 영화화 가능성을 타진한 결과, 스토리가 너무 암울하고 현존 체제 비판에 이어질 수도 있다는 이유로 방기할 수밖에 없었다. 결국 영화화에 도전하게 된 것은 창춘영화촬영소뿐이었다.

〈중년이 되어〉의 기획 단계에서부터 관여했던 창춘영화촬영소 기획부 소속 차오이셴肖尹憲이 2008년에 증언한 내용을 보면, 1980년 당시 창춘영화촬영소에서는 "결말을 해피엔딩으로 할 것"을 조건으로 원작자 천룽에게 영화화 의향을 타진했으나, 천룽이 "각본은 작가 자신이 집필할 것과 완성된 각본을 최종본으로 삼고 절대로 손을 대지 말것"을 전제로 허락했다고 한다. 그러나 원작자가 제출한 각본은 원작 소설을 조금 단축한 것으로, 촬영용 각본과는 완전히 동떨어진 것이었다.

한시라도 빨리 영화화하고 싶은 마음에 차오이셴과 쑨위 감독은 일부러 이 불완전한 각본을 들고 촬영소의 각본 검열 회의에 출석했다. 거기서 두 사람은 "현 단계에서는 각본이 완성되지 않았으나 손질해서 반드시 만족할 만한 것으로 마무리하겠다"고 장담한 뒤에 영화화

가능성에 관해 열변을 토했는데, 검열관들이 예상을 뒤엎고 여기에 설득되고 말았다. 이로써 창춘영화촬영소의 각본 검열사에서 이 작품은 각본 자체를 검열 대상으로 한 게 아니라, 원작 소설에 기초하여 영화화 허가를 내린 최초의 사례가 되었다.[71]

검열을 통과한 다음, 차오이셴과 쑨위는 원작자를 설득하여 다시 각본을 고쳐 쓰는 작업에 착수했고, 1981년 4월에 완성된 각본을 기초로 드디어 〈중년이 되어〉 촬영을 시작했다. 그런데 촬영 개시 이후, 예기치 않은 해프닝에 줄지어 맞닥뜨리게 되었다.

먼저 지린 성吉林省 요인이 영화 내용에 클레임을 걸어 왔다. 전년도에 창춘영화촬영소에서 제작한 〈짝사랑〉(1980)의 상영 금지 사건으로 그 영화를 제작한 창춘영화촬영소의 소재지인 지린 성 당 위원회 요인이 〈짝사랑〉 사건의 감독 책임을 추궁당한 일이 있었다. 체제 비판적인 〈중년이 되어〉가 촬영 허가를 받았다는 소식을 듣자 요인들은 격렬히 동요했고, 촬영소 책임자를 불러들여 "〈중년이 되어〉의 테마에 커다란 결함이 있으니 〈짝사랑〉 때 같은 실책을 반복하지 않도록 하라"며 경고한 것이다. 이어서 전영국에서도 각본 중 세 군데를 수정하도록 명령했다. 즉, 지식인의 곤궁한 주거 상황을 그린 장면, 지식인 부부가 생활고를 견디지 못해 외국으로 떠나 버리는 장면, 그리고 우스꽝스럽게 그려진 공산당 고급 간부 부인인 '마르크스-레닌주의 노부인馬列主義老太太'이 등장하는 장면이 그것이었다. 게다가 이에 박차를 가하듯, 거의 동시기에 "문화대혁명의 고난을 정면으로 그려서는 안 된다"라고 명기한 「1981년 중공 중앙발 제30호 문건[1981] 中共中央中發30號文件」이 반포되어, 회상 장면에 문혁이 등장하는 〈중년이 되어〉가 문제시되고 말았다.

이런 각종 클레임들로 인해, 창춘영화촬영소 내부에서는 격렬한 논쟁이 일어났다. 소장인 쑤윈蘇雲과 부소장 지즈紀之를 뺀, 촬영소 소속 당 위원 멤버들이 〈중년이 되어〉 촬영을 즉각 중지해야 한다는 데 의견을 일치하여, 실제로 촬영을 연기하는 지경에 이르게 된 것이다.

그러나 이 무렵부터 "지식인의 지위를 향상시켜야 한다"는 사회적 풍조가 힘을 얻는 가운데, 〈중년이 되어〉를 부정하는 여론도 어느새인가 잦아들어 촬영 재개가 결정되었다. 그런데 촬영 재개를 기뻐하려던 바로 그때 찬물을 끼얹는 사실이 발각되었다. 바로 저작권 문제였다. 원작자 천룽이 영화 촬영 중단 기간 중에 영화화 권리를 다른 영화 촬영소(베이징 전영학원 청년영화촬영소)에 양도해 버린 것이다. 차오 이셴과 쑤윈은 당황하여 영화계 중진과 전영국 유력자의 조력을 얻어 원작자 설득에 나섰고, 우여곡절 끝에 영화화 권리를 탈환했다.

교체된 라스트 신

〈중년이 되어〉의 스태프들은 촬영 재개 뒤에도 검열 대책으로서 이 심각한 작품에 일말의 경쾌함을 부여하고자 갖은 애를 썼다. 수술을 앞두고 있는 농민 환자의 입을 빌어, "같은 백내장으로 고통받던 아버지는 눈이 먼 채로 일생을 보냈는데, 나는 나을 수 있다니… 사회주의는 얼마나 훌륭한가!"라며 사회주의의 우월성을 어필하거나, 여주인공과 남편이 사별하는 심각한 장면에서는 집에 남겨진 어린 두 아이를 이웃이 열심히 보살펴 주는 장면을 부자연스러운 형태로 삽입하는 등의 궁리책이었다.

또 비극적인 여주인공의 삶을 그리는 데서도 스태프들은 언제나 '슬퍼도 절도를 잃지 않도록' 신경 쓰며, 환자를 완치시킨 만족감과 고양된 애국심으로 지탱되는 그녀의 내면 묘사에 중점을 두는 데 주의했다. 이를테면, 동료 의사가 고된 생활을 견디다 못해 캐나다로 이민 가기로 결정하자 그녀가 이를 말리며 "생활은 고달파도, 나는 도무지 조국을 못 본 체하지도, 떠나지도 못하겠어"라며 기개를 보이는 장면 등이 그러했다.

그러나 스태프들이 가장 고심했던 것은 라스트 신이었다. 그들은 검열에 대비하여 세 가지 버전을 미리 촬영해 두었다. 즉 과로 탓에 쓰러져 입원한 여주인공의 생사에 관해 언급하지 않은 채 막을 내린다는 최초 구상에 기반을 둔 오리지널 버전에 더해, 회복해서 퇴원한 여주인공을 남편이 자전거에 태워 정답게 귀가하는 엔딩, 그리고 상부 기관의 당 간부가 고급차로 여주인공을 집에 데려다 주는 엔딩의 세 가지 버전이었다.

심각한 결말을 지닌 오리지널 버전은 1982년 12월에 촬영소에 의한 1차 검열을 무사히 통과한 뒤, 전영국에서의 2차 검열에서도 전영국 책임자였던 딩차오丁橋를 비롯한 검열관들이 입을 모아 절찬함으로써 바로 통과되었다. 작품을 들고 2차 검열에 임한 스태프들이 아직 베이징에서 창춘으로 돌아오지도 않은 새에, 이 작품을 절찬한 전영국으로부터 '축전祝電'이 이미 창춘영화촬영소에 도착했을 정도로 심사 기간은 대단히 짧았다.

그런데 이렇게 절찬 일색이던 와중에 검열에 깊이 관여했던 영화계의 중진 천황메이가 라스트 신에 클레임을 걸었다. 그는 해피엔딩으로 변경할 것을 제안하며, "이렇게 하면 공개 뒤에 트러블을 피할 수 있을 뿐 아니라, 내년 영화제에서도 수상할 게 분명하다"며 쑨위 감독을 설득했다. 그의 지시를 따라 쑨위 감독은 오리지널 버전을 포기하고 사전에 준비해 두었던 해피엔딩 버전, 즉 상부 기관의 당 간부가 고급차로 여주인공을 맞이하는 장면으로 변경했다. 이렇게 함으로써 체제 측의 노골적인 비판을 완전히 회피할 수 있었다.[72]

여기서 주목해야 할 것은 천황메이가 해피엔딩을 추가할 것을 제안할 때, 무조건적으로 지령을 내린 것이 아니라 어디까지나 "이런 쪽으로 하는 게 좋지 않겠느냐"며 유도하는 태도를 취한 점, 그리고 제작 측에서도 이 제안에 아무런 저항 없이 유순하게 따른 점이다. 이 배경에 검열 측과 제작 측 사이에 일종의 공범 관계가 존재하던 사실을 간과해서는 안 될 것이다.

실은 천황메이는 기획 단계에서부터 〈중년이 되어〉를 줄곧 지지하던 인물로, 창춘영화촬영소의 기획이 난항에 부딪쳤을 때에는 〈중년이 되어〉의 각본을 청년영화촬영소에 추천하여 어떻게든 영화화를 실현시키려고 했던 인물이다. 해피엔딩은 이런 의미에서, 그야말로 제작 측과 검열 측 간의 양쪽 입장을 숙지하고 있던 천황메이에 의한 절충안에 다름 아니었다.

더 나아가 추가된 해피엔딩도 관객에게 지극히 다의적多意的인 인상을 남기는 것이었기에, 당국의 요청에 따른 것이라고 가볍게 단죄해서는 안 될 것이다. 왜냐하면 영화 속에서는 중태에 빠진 여주인공이 보는 일련의 환각 장면—사막 속에서 고통스럽게 걷고 있는 그녀가 탈진해 쓰러지고 마는 장면, 공원에서 아이들과 즐거운 한때를 보내는 장면—다음에 추가된 해피엔딩 장면이 이어지고 있기에, 이 대단원의 장면도 어디까지나 여주인공의 환각은 아니었을까 하는 인상을 관객들에게 전할 가능성이 있기 때문이다. 마치 루이스 브뉘엘Luis Bunuel의 영화에서 사람들이 종종 그러한 인상을 품는 것처럼 말이다. 이는 제작 측에 의한 편집의 묘라고도 볼 수 있을 것이다.

첨언하자면, 최초의 오리지널 버전이 내부 시사회를 통해 이미 널리 유포되어 대단한 화제가 되었기 때문에, 교체된 해피엔딩이 천황메이의 지시에 의한 것임은 영화계 내부에서는 공공연한 사실이었다. "여주인공을 데리러 온 검은 고급차가 천황메이의 차는 아니냐"며 야유하는 영화인도 있었을 정도였다고 한다.[73] 한편 비록 이런 무대 뒷사정을 모르더라도 일반 관객들 또한 작품 전반의 사실적인 묘사와 초현실적이고 부자연스러운 해피엔딩 사이의 간극을 금세 알아차릴 수 있었을 것이다. 이 간극 때문에 작품에 대한 당국의 개입을 눈치챈 이도 적지 않았으리라. 그렇다면 이 영화는 스스로 작품 자체의 파탄을 통해 당국의 요청을 따돌렸다고도 할 수 있지 않을까.

천황메이가 예견한 대로 〈중년이 되어〉는 검열을 무사히 통과했을 뿐 아니라, 1983년도 영화상을 석권했다. 그렇지만 이는 천황메이의 선견지명 때문이라기보다는 "지식인의 역할을 더욱 중시해야 한다"는 사회적 풍조가 강화된 결과라는 측면이 크다. 특히 당시 최고 권력자였던 덩샤오핑이 이 작품을 절찬한 일이 결정적이었다. 덩샤오핑은 1983년 1월에 〈중년이 되어〉를 보고 다음과 같이 감상평을 남겼다. "지식인층 수가 적고, 중년이나 청년 지식인들이 재능을 한껏 발휘할 수 있는 환경이 여태껏 마련되지 못한 게 현실이다. 앞으로 지식인에 대한 당의 우대 정책을 철저히 시행하지 않으면 안 된다. 특히 지식인의 생활 면에 대한 대우를 개선하는 게 급선무다. 이런 의미에서 〈중년이 되어〉는 볼 만한 가치가 있다."[74]

3) 암묵적인 게임의 법칙

이제까지 고찰한 바와 같이, 사회의 지배적 이데올로기 변화와 정계의 권력 균형과 같은 영화 외적인 힘에 의존하는 습성, 심사 위원 구성과 심사 기간에 보이는 비일관성, 애매한 심사 기준 등이 1980년대의 중국 영화 검열을 특징짓고 있었다. 이러한 지표들이 영화 검열에 관한 법률이 정리되지 못하고, 확립되지 못한 사실에 기인했음은 부정할 수 없을 것이다.

한편 영화법이라는 명시적이며 구체적인 형태의 룰이 존재하지 않는 상황이었기에, 영화인들이 한계와 줄타기를 하며 사회 비판적 모티프를 작품에 도입하는 것이 가능했다. 그 예로서 1980년대 초두 중국 둥베이(東北, 옛 만주) 지방의 어느 탄광을 무대로 노동자 청년과 경영자·관리자인 공산당 간부의 격렬한 대립을 그린 〈지금 무슨 생각해?你在想什麼〉(왕티王緹·천잉陳鷹·싱지텐刑吉田, 1983)의 클라이막스 장면을 살펴보자.

탄광의 사원 식당에서 제공된 만터우가 덜 익은 것을 발단으로 분노가 폭발한 노동자 청년들이 만터우를 식당 창구에 던지며 항의하자, 요리사들이 뜨거운 물을 끼얹으며 반격했다. 이 대혼란을 멈추려고 들어온 당 간부가 요리사들에게 만터우를 다시 쪄 오라고 명했는데, "연료로 쓰는 석탄 중에 돌이 섞여 있어서, 아무리 시간을 들여도 쪄 낼 수가 없다"는 해명이 돌아왔다.

연료의 공급 부족이라는 사회의 구조적 문제를 도저히 해결할 길이 없는 당 간부가 일본 점령하 만주 시절의 고난을 말하기 시작하더니, "현재의 생활은 옛날과 비교하면 나은 편이니까 참으라"고 청년들에게 설교했다. 그런데 이들 청년들은 같은 이야기를 몇 번이고 듣는 동안에 간부의 이야기를 전부 외워 버릴 지경이 되어, 설득되기는커녕 간부의 이야기를 먼저 가로채어 흉내 내고 조롱해 보였다. 이 간부들은 다양한 물질적 차원의 문제를 해결하지 못한 채, 현실과는 유리된 정신론을 들고나오자마자 그 정형적인 언설의 경직성 때문에 거꾸로 조소의 대상이 되어 버린 것이다.

영화 후반에 이르자, 청년과 간부 간의 화해가 부자연스러운 형태로 연출되었다. 당 간부는 비가 새는 청년들의 숙사 지붕을 수리하려고 퍼붓는 빗속에서 지붕 위에 올라 몸을 사리지 않고 작업을 하고, 청년들이 그 모습에 감격하여 결국 마음을 연 것이다. 이 얼렁뚱땅한 결말이 검열에 대한 타협이었음은 쉽게 추측할 수가 있을 것이다.

〈지금 무슨 생각해?〉에서 청년들과 화해하는 간부(화면 앞 뒷모습)

그렇지만 이런 식으로 해피엔딩을 연출해 보임으로써, 거꾸로 사회와 현실에 대한 비판적 시선을 관객들에게 제시할 수 있었던 것은 아닐까. 새로운 논리와 가치관 아래 이미 움직이기 시작한 개혁개방 시대 민중들에게 종래의 사상 교육 수단이 그들을 따라잡지 못하고 있으며, 간부들이 물불을 가리지 않고 몸을 던져 시련을 감내하지 않는 한 민중들의 마음을 되찾을 수는 없으리란 심각한 상황이, 이 영화에 의해 여실히 그려지지 않았나 한다.[75]

타이완의 영화 연구자 쑨정궈孫正國는 중국 본토 영화에서의 사회 비판 테마에 관해, 1986년에 다음과 같이 지적했다.

대륙의 영화는 프로파간다적인 성격을 띠고 있다는 막연한 선입관을 가지고 있었는데, 실제로 영화를 보니 수많은 대륙 영화들이 사회의 어두운 부분을 숨기지 않는 데다 솔직하고 치밀한 비판을 하고 있음을 알 수 있었다. 이러한 자기 비판은 작품에 설득력을 부여할 뿐 아니라, 한층 더 높은 교육 효과를 내기도 할 것이다. 이와 비교하면, 타이완 영화에서 행해지는 사회 비판은 오히려 빈약하고 표면적인 것처

럼 보인다. (…) 그렇지만 이와 같은 비판은 어디까지나 개별적인 사
회 현상에 대한 비판으로, 결코 공산당 정권을 근본적으로 부정하는
것은 아니다. 그렇기는커녕, 이 정도 비판은 체제 측에는 오히려 유리
한 것이리라. 현실에 대한 국민의 불만이나 울분을 발산할 배수구가
되어 주기 때문이다.[76]

쑨정궈가 지적한 대로, 당국으로서는 사회 비판을 완전히 봉쇄하기
보다는 "정부에서는 이러한 사회 문제의 존재를 인식하고 있다"는 메
시지를 영화 표상을 통해 국민에게 전하는 편이 모종의 배설 작용을
기대할 수 있어 오히려 안성맞춤이었다. 다만 이 비판에는 한계선이
있었다. 다시 말해 틀에 박힌 표현만 허용되던 문혁 시대와는 달리, 검
열 측에서는 자유를 허용하면서도 그 자유의 틀을 제어하려고 했다.
그 때문에 많은 작품에서 행해진 사회 비판은 어디까지나 개별 사회
현상에 대한 비판이었고, 조준 범위가 사회의 제 문제를 낳는 근본적
인 시스템 문제에까지는 도달하지 못했다고 할 수밖에 없다.

이렇듯 검열 측과 제작 측 사이에는 "여기까지는 비판해도 좋지만,
그 이상은 안 된다"는 암묵적 룰이 분명 존재하고 있었다. 그렇지만
이 룰은 어디까지나 가변적인 것이어서 영화인들에게 편리함과 자유
를 부여하는 경우도 있었다. 말하자면, 일종의 게임의 법칙이라고도
하겠다.

4) 검열 제도에 의한 영화인들의 트라우마

제4세대 감독 딩인난의 〈영화인電影人〉(1988)은 영화인의 생활과 일을
테마로 한 영화로, 특히 영화 검열에 대해 그들이 안고 있던 콤플렉스

와 트라우마를 정면으로 다룬 점에서 당시 크게 주목을 받았다. 영화 평론가 후커胡克는 1988년에 다음과 같이 분석했다.

> 이 작품에서는 제작 측과 검열 측 간의 충돌이 직접 비춰지지 않고, 촬영 과정에서 영화인들에 의한 자기 검열이라는 간접적인 형태로 표현되었다. 예를 들어, 연인 사이인 감독과 여배우가 영화 검열 제도에 대한 불만을 토로하는 대화 장면이 그렇다. 주목해야 할 것은, 이 장면이 둘의 침실이라는 개인적인 공간으로 설정되었음에도 불구하고, 연인 사이임을 떠올리게 하는 친밀함이 엄격히 배제되어 있다는 점이다. 즉 마루 위에 선 채 연설조로 영화 검열 문제를 길게 지적하는 영화 감독을 침대에 누운 여배우가 곁눈질로 응시한다. 그러나 명백히 성적인 암시의 뉘앙스를 품고 있는 여배우의 포즈와 표정을 남자 쪽에서 완전히 무시하고 있는 것이다. 이러한 연출을 통해, 영화인의 욕망과 생명력이 외부의 무언가로부터 주어지는 압력에 의해 부정 혹은 억압되고 있는 모습이 나타나는 것이다. (…) 여기서는 영화 제작 과정에서의 외압이 사생활에서의 성적 억압을 통해 간접적으로 표현되고 있다.[77]

한편 〈비둘기 나무鳩子樹〉(1985)가 상영 금지 처분을 받는 쓰라린 경험을 한 제5세대 감독 우쯔뉴는 1988년에 자신의 고뇌를 다음과 같이 토로했다.

> 한 편의 영화를 만드는 데, 세 가지 단계를 거치지 않으면 안 된다. 첫 번째 단계는 각본을 완성하는 것으로, 이때는 복수 부문에 의한 검열이 행해지며 검열 측과의 갈등과 더불어 몇 번이고 거듭해야 하

는 각본 수정을 강요받으며 고통을 겪는다. 그리고 크랭크인한 다음, 촬영이라는 두 번째 단계에서는 즐거울 일이 많아져야 하는데, 완성한 영화가 검열을 통과할 수 있을지를 걱정하다 의기소침해지고 만다. 검열 측의 반응을 상상하거나, 이전에 검열에 걸렸던 쓰라린 경험을 떠올리며 언제나 노심초사하면서 작업을 계속해야만 하는 것이다.[78]

또 톈좡좡 감독은 두 번째 작품 〈말 도둑〉이 검열에 올랐던 때의 기억을 2006년에 다음과 같이 술회했다.

이 작품을 제작한 시안영화촬영소의 소재지인 산시 성 당 위원회의 검열을 통과한 다음, 전영국의 검열에 임했다. 전영국 시사실에서 검열 측이 삭제할 부분을 구체적으로 지적하며, "통과되고 싶으면, 시키는 대로 하라"며 노골적으로 주문해 왔다. (…) '천장天葬'이라 불리는 티벳의 장례 풍습을 찍은 장면은 인도주의적인 테마, 즉 이 작품의 혼을 표현하는 데 핵심적인 역할을 하는 장면인데도 불구하고 삭제할 수밖에 없었다. 이때 중국 영화계의 한계를 절감했다. 적어도 내가 이 세상에 살아 있는 동안은 중국에서는 좋은 작품을 만들 수가 없다고까지 생각했다. (…) 〈말 도둑〉 뒤에, 나는 오기로 직업 감독이 되겠다고 결심했다. 그러니까 돈만 내 주면 어떤 영화든 찍어 버리겠다고 마음먹은 것이다. 1980년대 후반부터 1991년까지, 너댓 편 작품을 찍었지만 내가 정말 찍고 싶던 것은 하나도 없었다.[79]

이렇듯 검열에 대한 영화인들의 불만은 급기야 합리적인 검열 제도를 확립하자는 움직임을 불러일으켰다. 검열 제도의 재검토와 '영화법' 제정에 관련한 논의가 1980년대 후반에 이르러 영화인들 사이에서 활발히 이루어지게 된 까닭이다. 특히 1988년 9월에 '영화법 제정에 관한 연구 토론회電影法立法研討會'가 베이징에서 개최된 일은 커다란 의의가 있었다. 즉 검열을 비롯해, 영화 제작, 배급, 상영 등 영화 시스템 전면을 아우르는 법률인 '영화법' 제정을 둘러싸고, 국무원과 전영국 임원, 법률 전문가, 영화 연구자, 영화 제작자 등 전국에서 20여 명의 전문가들이 모여 의견 교환을 벌인 것이다.

이때 장래의 영화 검열의 바람직한 형태로 다음과 같은 모습이 상정되었다. 즉 '영화법'에 기초하여 영화검열위원회를 설치하고, 이 위원들의 다수결 원리에 따른 무기명 투표로 영화의 일반 공개 가부와 부분적 수정의 필요성 등을 결정한다. 또한 제작 측이 검열 결과에 불만이 있는 경우에는 상부 기관에 불복종을 제기하거나, 민사 재판을 벌이는 것이 가능해야 한다.[80]

그러나 이 시도는 이듬해 일어난 '톈안먼 사건'으로 중단되어 버리고, 실현되지 않은 채 현재에 이르고 있다. 현재의 중국 영화에는 미국식의 성인 대상 등급 제도가 없이, 어린이부터 노인까지 모두가 볼 수 있는 한 가지 등급밖에 존재하지 않는다. 이 또한 폭력이나 성적 내용에 대한 검열이 지극히 엄격해진 현실을 낳은 한 요인일 것이다. 이어서 등급 제도 확립을 향한 일련의 시도가 1980년대 말에 이미 행해지고 있던 사실에 주목해 보자.

3. 등급 제도와 '성인 영화'

중국에 성인 영화는 있었는가

2007년, 영화 〈색, 계色, 戒〉(리안李安)는 중국 본토에서 일반 공개되자마자 대대적인 성공을 거두었다. 그러나 과격한 베드신이 검열에 의해 삭제되었기 때문에 무삭제판을 보려고 많은 중국 본토인들이 관광 명목으로 홍콩에 건너가는 '〈색, 계〉를 보기 위한 홍콩 투어'가 은밀하게 붐을 이루었다. 또 그 이듬해에는 일본의 인기 탤런트 이이지마 아이飯島愛가 급사한 뉴스가 중국의 인터넷에서 대대적인 화제가 되었고, 2012년에는 아오이 소라蒼井そら가 웨이보微博(중국판 트위터)를 시작하자마자 중국인 팔로워가 즉각 1,000만 명을 넘어섰다.[81] 둘 다 전직 AV배우였다는 점에서, 중국 사람들의 성적 호기심이 자극된 사건을 시사한다 할 것이다.

이처럼 중국에서 '성인 영화'에 대한 수요가 충분히 형성되어 있음에도 불구하고, 제작과 유통은 사회 일반에 풍기 문란을 불러올 수 있다고 여겨져 아직도 허용되지 못하고 있다. 그 때문에 일부 중국인들이 인터넷 동영상 사이트나 해적판 DVD 등의 형태로 해외 영상물에 기댈 수밖에 없는 게 현실이다.

그런데 중국 영화사를 더듬어 보면, '성인 영화少兒不宜'라 불리던 영화가 1980년대 말에 이미 존재하고 있었음을 알 수 있다. 그러나 이 '성인 영화'는 제작 기간이 극히 짧고, 작품 편수도 적으며, 성인 영화라고는 해도 실제로는 과격한 장면도 없이 기껏해야 소프트 포르노 정도에 그치는 감을 부인할 수가 없다. 그래서인지 이제껏 중국 영화사 연구에서도 거의 주목받지 못했으나, 중화인민공화국의 긴 영화사에서 처음으로 체제 측에 공인받은 성인 영화라는 장르는 대단히 커다란 의의를 지닌다 할 것이다.

1) 중국의 '성인 영화'와 일본 영화인

〈산다칸 8번 창관/ 망향〉의 충격

중국 국민이 본 최초의 '성인 영화'는 1978년 10월부터 중국에서 일반 공개된 일본 영화 〈산다칸 8번 창관/ 망향〉(쿠마이 케이, 1974)이었다. 아시아 여성사 연구자인 미타니 케이코(三谷圭子, 쿠리하라 코마키栗原小卷 분)가 과거 '카라유키 상からゆきさん*'이었던 노파 오사키(おさき, 다나카 키누요田中絹代 분)와 행한 인터뷰를 축으로 삼아, 해외 매춘부의 실태를 그리는 내용의 이 작품은 중국에서 상영된 외국 영화사상 공전무후한 대히트작이 되었다. 〈산다칸 8번 창관/ 망향〉은 일단 제재 자체부터 문혁 후 중국 관객들의 호기심을 끌기에 충분했는데, 이 영화를 통해 처음으로 '창부'라는 단어를 접한 관객이나 처음으로 여성의 누드를 본 젊은이도 적지 않았다고 한다. 실제로 많은 관객들이 〈산다칸 8번 창관/ 망향〉을 성인 영화로 수용한 것이다.

〈산다칸 8번 창관/ 망향〉 상영에는 문혁 후 중국 정부의 '사상 해방' 정책이 짙게 반영되어 있었다. 덩샤오핑 등 '탈문혁파'는 개혁개방으로의 노선 전환 메시지를 영화라는 오락 미디어를 통해 일반 대중에게 시각적인 형태로 호소했다. 여기에 외국 영화가 가져온 금단의

---

* 　규슈九州 지방의 아마쿠사天草 섬에서 외지로 돈을 벌러 떠났던 여성을 이르는 말. 에도 시대에서 제2차 세계대전까지 지속되었는데, 주로 보루네오나 프놈펜 등지에서 성매매에 종사했던 이들이 많았다고 한다.

과실을 맛보는 듯한 쾌락과 문혁기에 제도화한 수많은 터부를 깨트리는 카타르시스를 절묘하게 이용함으로써, 개혁개방 노선에 국민의 지지를 모으려 한 주도면밀한 계획이 엿보인다.

신정부의 '사상 해방' 호소에 대해, 중국의 영화인들도 작품을 통해 적극적으로 화답하고자 했다. 이에 그때까지 허용되지 않던 연애 영화가 1980년대 전후에 붐을 이루었다. 그러나 '사상 해방' 운동과 동시에 삽시간에 퍼진 자유주의적인 분위기에 대항해, 자본주의 사상이 만연하게 되는 것을 막기 위한 정치 운동 또한 정부 주도로 행해졌다. 그 일환으로 중국 영화에서는 1981년을 경계로 직설적인 성 묘사가 다시금 규제되었고, 1980년대 중반까지 중국 영화에서 성적인 내용이 거의 구조적으로 회피되었다.

신도 카네토新藤兼人 등에 의한 '성의 부재' 지적

중국 영화에서 성적 묘사가 부재하는 경향을 일찍이 지적한 것은 일본의 영화인들이었다. 1984년 10월 15일부터 19일까지, 베이징의 샹산 호텔香山飯店에서 개최된 '중일 제1회 영화시나리오심포지엄中日第1屆電影劇作研討會'에서 이데 마사토井手雅人, 신도 카네토新藤兼人, 스즈키 나오유키鈴木尚之, 가토 다이加藤泰, 코우야마 세이지로神山征二郎, 타사카 케이田坂啓, 야스미 토시오八住利雄는 1983년부터 1984년 사이에 제작된 중국 영화 6편을 감상한 뒤 중국 측과 의견을 교환했다.[82] 이때 일본 영화인들이 입을 모아 지적한 것이, 이들 중국 영화에서 성 묘사가 전혀 등장하지 않는다는 점이었다. 〈추운 밤寒夜〉(줴원闕文 · 리원옌李文彦, 1984)에 등장하는 아내, 병약한 남편, 부유한 애인이라는 3자 간의 성적 관계가 어떻게 되는가, 〈인생〉(우톈밍, 1984)의 주인공과 그에게 차인 여성 사이에 육체적 관계가 있었는가, 〈청춘만세青春萬歲〉(황수친

黃蜀芹, 1983)에서 성폭력을 당한 소녀가 가해자 남성에 대해 이성으로서 어떤 감정을 품고 있었는가 하는 등의 의문이 제기되었다. 이러한 의문점들은 스토리 전개상 중요한 부분임에도 불구하고 화면 안에서 직접 묘사되는 일 없이 편지나 제3자의 말을 통해 가볍게 처리되기만 했기 때문이다.[83]

영상 표현에서 나타나는 이런 부자연스러움이 일본인이라는 바깥의 시선에 의해 뚜렷이 드러난 것이다. 중일 관계가 밀월蜜月 단계에 놓여 있었기에 중국에서 일본 영화의 영향력도 절대적이었던 당시, 문혁의 공백을 거쳐 새로이 출발하는 중국 영화가 일본 측으로부터 노하우를 얻고자 하던 때였다. 그렇기에 신도 카네토 등의 비판적 조언이 즉각 제작 측에 전달되어 중국 영화인들에게 중요한 작용을 했다.

여기서 중일 영화 교류사에서 축적된 양국 영화인들 사이의 신뢰 관계에 관해 언급할 필요가 있다. 신도 카네토가 독립 프로덕션 체제하에 제작한 〈축도縮圖〉(1953), 〈늑대狼〉(1955), 〈벌거벗은 섬裸の島, 裸島〉(1960)은 모두 일본 공개 뒤 얼마 지나지 않아 중국 전역에서 일반 공개되어, 신도 카네토 감독도 이 무렵부터 중국 영화인들과 교류를 시작했다.[84] 당시 중국 영화인들과 외국의 교류는 소련과 동유럽, 북한과는 어느 정도 행해지고 있었다고는 하나, 대부분이 공식적으로 기획된 정치적인 문화 교류의 틀을 벗어나지 못한 채 종종 정치적 상황에 휘둘리며 오래가지 못했다. 이에 반해, 신도 카네토 감독을 비롯한 일본 영화인들은 이러한 정치적 맥락 혹은 의례적인 친분을 넘어 중국 영화의 제재부터 표현 방식에 이르기까지 중국 측에 기탄 없는 의견을 제시하며 훗날 중국 영화 제작이 향할 방향성에 많은 영향을 미쳤다.[85]

위에 언급한 일본 영화인들의 지적을 받아들여, 이듬해인 1985년부

〈주천정〉에서 술기운을 빌어 소녀(위야余姫 분)를
덮치려 드는 중년 남성(뤼샤오허呂曉禾 분)

터 즉각 성의 문제를 다루는 중
국 영화가 등장했다. 문혁 와중
산시 성의 가난한 농촌을 무대
로 한 〈주천정〉(1985)에서는 중
년 남성이 열네 살 걸인 소녀
의 목숨을 구하고, 둘이 한 지
붕 아래 생활하게 된다. 육체적
관계 없이 5년이 지나고 소녀가 다른 남자를 사랑하게 되는데, 생명의
은인인 중년 남자를 등질 수 없어 딜레마에 빠진다. 이를 안 중년 남
자가 그녀의 행복을 위해서 스스로 목숨을 끊으려 했으나, 마을 사람
에게 구조된다. 최종적으로 소녀는 젊은 연인과 맺어지며, 중년 남자
와 양녀 관계를 맺음으로써 대단원을 맞이한다는 내용이다.

이 영화에 대해 당시 중국의 영화 평론은 다음과 같이 평했다. "5년
간 같은 침대에서 자던 중년 남자와 사춘기 여성 사이에 육체적 관계
가 전혀 없다는 건 상식적으로 상상할 수가 없는 일이다. (…) 남성이
얼마나 온후하고 독실한지, 혹은 여성이 얼마나 순진무구한가를 구
구절절하게 그린 이 영화는 전적으로 위선적이라 할 것이다."[86] 이렇
듯 성이 일단 표현의 대상이 되었다고는 하나, 여전히 많은 억압을 동
반하고 있던 것이다.

2) 1980년대 후반의 '여성 영화'

그러나 억압된 것은 반드시 어떤 형태로든 되돌아오기 마련이다. 이
러한 경향에 대한 일종의 반동으로 1980년대 중반부터 성의 문제를
정면으로 그리고자 하는 이른바 '여성 영화'가 유행했다. 주류가 된

장르는 제4세대 감독들이 관여하여 여성의 성적 억압을 다루는 작품들로 그중에서도 황젠중 감독이 찍은 〈양갓집 여인良家婦女〉(1985)과 〈정숙한 여인貞女〉(1987)이 대표적이라 할 것이다.[87] 〈양갓집 여인〉에서는 1940년대 말 벽지를 무대로 가난 때문에 여섯 살짜리 남자 아이에게 억지로 시집간 여성의 불행이 그려졌다. 또 〈정숙한 여인〉에서는 성적 불능 상태의 농촌 남성이 아내의 정조를 시도 때도 없이 체크하고 속박하는 1980년대 현재의 이야기와 남편을 잃은 여성이 정조를 지켜가는 청나라 말기 이야기를 때로는 상호 대비시키고, 때로는 중첩시키면서 봉건주의적인

〈목인의 신부〉(1985). 사진 협력: 공익재단법인 카와기타 기념 영화문화재단

〈정숙한 여인〉(1987). 사진 협력: 공익재단법인 카와기타 기념 영화문화재단

폐습이 여전히 사람들 사상 속에 뿌리 깊게 잔존하고 있음을 제시하고자 했다.

주목해야 할 것은 이들 작품에서 여성이 '전통'과 '기원'으로서 표상되고 비판적인 요소가 다분히 도입되었다는 점인데, 이는 당시 언론계의 움직임과 연동하는 것이다. 1980년대 중반 무렵부터 지식인들 사이에서 중국의 정치와 문화를 둘러싼 다양한 논의가 행해졌는

데, 그 내용에 점차 변화가 보인다. 즉 "중국의 전통 문화를 비판적으로 재검토함으로써 중화 문명의 새로운 활로를 개척한다"는 식의 테마로부터, '민족주의적 정치 제도의 바람직한 양태', '현대에 있어서의 새로운 유학儒學의 형태', '지식인의 양식과 사명'을 비롯한 테마로 논의 대상이 확대된 것이다. 그런데 그 논점이 결코 산만해지는 게 아니라, 오히려 더욱더 심화되어 갔다.[88]

이와 병행하여 "1980년대 중반을 경계로 중국 영화에 커다란 변화가 발생했다. 그것이 현저하게 드러난 것이 영화 평론가 천시허가 1987년에 지적했듯, '문화의 뿌리를 찾는尋根' 영화 장르의 출현이었다."[89] 이렇듯 중국 영화인들은 자신들의 작품을 통하여 내셔널 아이덴티티가 갖는 부정적인 측면, 특히 봉건적인 국민성을 비판하고서 중국 사회 현실에 대하여 역사적 근원과 문화의 뿌리 차원으로 거슬러 올라가는 시각을 제시하고자 했다. 이러한 흐름 안에서 '여성 영화'는 주된 장르가 되었고, 제작 측에서는 여성에 대한 성적 억압이라는 시점에서 국민성의 어두운 측면을 냉철히 비판함으로써 개혁개방의 필연성과 어려움을 호소하고자 했다. 따라서 '여성 영화'에서 그려지는 여성상은 제작 측에게는 자신들의 욕망을 투사하는 대상임과 동시에 일종의 자기 투사이기도 했다.

한편, '여성 영화'에 관여한 영화인은 감독을 비롯한 대부분이 남성이었다. 이에 그들이 작품 안에서 전통과 기원, 대지 이미지를 여성으로 변환한 이상, '남성적인' 페티시적 시선 혹은 관음증적 취향이 자연히 드러나게 되었다.[90] 이 또한 전통의 재발견이라는 테마가 언제나 여성과 결부되어 표상되는 한 원인이지 않았을까.

그러나 1980년대 말이 되자, 억압된 여성이란 모티프는 결국 상업화에 이르게 된다. 그 분기점이 된 것이 '중국 최초의 성인 영화'라는

중국영화의 열광적 황금기

선전으로 공개 전부터 큰 화제를 불러일으켰던 〈과부촌寡婦村〉(왕진王進, 1988)이다.

3) '성인 영화'의 내실

제4세대 감독 왕진의 〈과부촌〉은 1940년대까지 푸젠 성 어촌에 실재하던 기묘한 성 풍속을 다룬 작품이다. 이 마을에서는 부부임에도 불구하고 1년 중에 지정된 며칠간밖에 부부 생활이

〈과부촌〉(1988) 중 가족들에게 의해 하반신에 표식을 붙이게 되는 여성

허용되지 않고, 그 며칠간 이외에는 별거 생활을 강요당하며, 신혼부부의 경우는 결혼 직후 3년간 육체적 관계가 엄금된다. 이 기묘한 법도를 유지하기 위해, 결혼하고 3년이 채 지나지 않은 아내가 남편을 만나러 갈 때에는 남편과 성적 관계를 맺지 못하도록 처갓집 식구가 그녀의 하반신에 미리 표시를 해 두고 그녀가 집에 돌아왔을 때 엄격히 확인을 한다.

이 영화에서는 그러한 법도를 깨트리고 마는 남녀가 등장한다. 여자가 목욕을 하던 남자의 벗은 몸과 맞닥뜨리고 성욕을 참을 수 없게 되어 남자에게 안겨 금단의 관계를 맺고 만 것이다. 그러나 격렬하게 가쁜 숨을 내쉬며 침을 삼키는 여성의 표정이 클로즈업으로 포착되었을 뿐, 사랑의 행위 자체는 화면에 비춰지지 않는다. 또한 최초의 오리지널 버전의 화면 밖에서 들려오는 성교하는 남녀의 신음 소리도

검열로 삭제되어 있다.[91]

　이렇듯 〈과부촌〉은 성적인 내용과는 모순되게 누드나 베드신이 전혀 등장하지 않는다. 그렇지만 1989년 1월에 개봉되었을 당시에는 '중국 최초의 성인 영화中國首部少兒不宜影片'를 표방하며 흥행에서 대성공을 거두어, 연간 흥행 성적 3위에 올랐다.[92] 〈과부촌〉은 중국 본토의 영화 촬영소 '광저우주장영화촬영소廣州珠江電影製片廠'와 홍콩의 영화 제작사 '실-메트로폴銀都機構, Sil-Metropole Organization Ltd.'에 의한 합작 영화로, 홍콩에서 공개되었을 때 기존의 현지 등급 제도를 따라 '성인 영화'로 지정되었는데, 중국 본토 배급 측에서 이에 편승하여 '성인 영화'란 명목으로 배급했다는 설도 있다.[93]

　〈과부촌〉에 이어 몇 편의 '성인 영화'가 연이어 중국 본토에서 공개되었는데, 모두 〈과부촌〉과 마찬가지로 나체나 성교 묘사가 들어 있지 않았다. 같은 해 3월에 공개된 성범죄를 담은 영화 〈광기의 대가瘋狂的代價〉(저우샤오원周曉文, 1988)의 목욕 장면은 노출 과다over exposure를 사용한 촬영 기법으로 눈부실 정도로 새하얀 화면에 누드 윤곽이 흐릿하게 떠오를 따름이었다. 또한 같은 해 4월에 개봉된 쿵푸 영화 〈강희제가 오대산에 소란을 일으키다康熙大鬧五臺山〉(위더수이於得水, 1989)는 누드 장면이 있다는 이유로 '성인 영화'라 불렸으나, 실제로는 한밤중에 먼 거리에서 번갯불에 일순 여성의 벗은 등이 보이는 데 불과했다.

　그러나 '성인 영화'가 단지 배급 측과 제작 측의 상업주의에 치우친 술수에 그치지 않고, 그 뒤에 정부의 지원이 작용하고 있었음을 간과해서는 안 될 것이다. '성인 영화' 붐을 가능케 한 것은 바로 "영화와 텔레비전 프로그램 심사에 등급 제도를 도입해야 한다"고 촉구한 「1988년 중공 중앙발 제14호 문건(1988)中共中央中發14號文件」이었다.[94]

　더욱이 '성인 영화'의 합법성을 정식으로 인가한 것은 1989년 전영국에서 배포하여 같은 해 5월 1일부터 시행된 「영화에 대한 심사 및 상영에서의 등급 제도 도입에 관한 통지關於對部分影片實行審查, 放映分級制度的通知」였다. 이 조례에서는 "등급 제도 도입이 이제까지의 영화 검열 심사 기준을 완화함을 의미하는 것이 아니다"라고 분명하게 말하면서, 에로스와 폭력의 요소를 포함한 네 종류의 영화를 "16세 이하 청소년과 아동에게 적합하지 않다"고 한 뒤, 영화 포스터와 광고, 필름 시작 부분에 '청소년·아동에 적합하지 않음少兒不宜(성인 영화)' 표기를 의무화했다.[95] 이 조례가 적용된 최초의 '성인 영화'는 문혁 와중에 강간당한 뒤 살해된 소녀가 유령이 되어 범인에게 복수한다는 내용의 호러 영화 〈흑루고혼黑樓孤魂〉(무더위안穆德遠·량밍梁明, 1989)이었다.[96]

이 조례는 등급 제도 확립을 향한 첫걸음이자 새로운 표현의 가능성을 제작 측에 제공하는 것이었다. 그러나 그 직후에 일어난 '톈안먼 사건' 이후의 문화 규제 정책과 영화 미디어의 현저한 쇠퇴로 인해 이 조례는 실효성을 잃게 되었고, '성인 영화'라는 명칭도 중국 영화계에서 자취를 감추었다.[97]

그러나 '성인 영화'를 일회적인 문화 현상이라고 안일하게 일축해 버려서는 안 될 것이다. 왜냐하면 바로 그 성인 영화를 특징짓던 관음증적 시선이 그 뒤 〈국두菊豆〉(장이머우, 1990), 〈홍등〉(장이머우, 1991), 〈패왕별희〉(천카이거, 1993) 등 제5세대 감독들의 작품에 계승되었고, 더 나아가 상업주의에 치중하던 제작 태도는 2000년대 이래 중국 영화의 대작 노선과 상통하는 데가 있기 때문이다. 어떤 의미에서는 왕년의 '성인 영화'가 모습을 바꾸어 지금껏 연명하고 있다고도 하겠다.

그러나 폭력과 에로스를 둘러싼 묘사라는 점에서는 근년의 중국 대작 영화가 예전의 '성인 영화' 차원을 훨씬 뛰어넘어, 외국인 관객들마저도 눈이 휘둥그레질 정도의 과격함을 보이는 데 이르고 있다.

그럼에도 중국 영화계에는 등급 제도가 없어, 아이부터 노인까지 모두가 볼 수 있는 한 등급밖에 존재하지 않는 게 현실이다. 지금이야말로 중국 영화 등급 제도의 본격적인 도입을 검토해야 할 때이지 않을까. 그러므로 1980년대 말의 '성인 영화' 붐은 현재 중국의 영화 제도가 지향해야 할 지점과 표현의 가능성을 생각하는 데서도 대단히 시사하는 바가 크다 하겠다. 이어서 제4장에서는 에로스의 문제를 여배우의 신체에 준거한 미디어 텍스트(영화 작품을 비롯한 텔레비전 작품, 핀업 사진, 포스터, 브로마이드 등과 같은 2차원적 도상, 자서전과 인터뷰, 보도 등의 언설) 속의 문제로 파고들어 보고자 한다.

스타 탄생
−개혁개방 후, 물신이 된 여배우

이 장에서는 문혁 종결 뒤의 중국 영화를 빛낸 두 명의 여배우, 류샤오칭劉曉慶과 조안 첸(천충陳沖)에게 스포트라이트를 비추기로 한다.

공교롭게도 이 둘은 영화 〈작은 꽃小花〉(장정張錚, 1979)을 통해 동시에 영화계 톱스타로 등극했다. "천충(조안 첸)과 류샤오칭의 출현은 문화대혁명으로 파괴된 정상적인 생활을 되찾았음을 의미하는 것"이라고 당시 중국을 대표하던 영화 평론가 중뎬페이가 언급한 것[1]처럼, 이 둘의 청순한 여성미는 문혁으로 황폐해진 중국인들의 마음에 여유로운 정감을 선사했고, 국민적 아이돌로서 이 둘은 인기를 떨치게 되었다.[2]

그러나 그 뒤 이 둘은 여배우로서 대조적인 길을 걷게 된다. 조안 첸이 1980년대 초두에 미국으로 건너가 〈마지막 황제〉(베르나르도 베르톨루치, 1987) 등에 출연하며 세계 무대에 섰던 데 반해, 류샤오칭은 어디까지나 중국 국내에 활동 근거를 두고 국내에서 소비되는 작품에 출연했다. 그렇다고는 하나, 이 둘은 각각의 위치에서 문혁 후 중국인들의 사고 구축에 지대한 영향을 끼치고 있었다.

이 장에서는 미디어 텍스트에 나타나는 두 스타 여배우에 얽힌 의미 작용 분석을 기초로, 중국 영화를 둘러싸고 냉전 시대에서 전 지구화 시대로, 사회주의 계획경제에서 시장경제로 이행하는 국내외 상황 변화를 먼저 오롯이 하고, 그 다음으로 여배우의 표상과 실생활에 드러나는 경제적 혹은 정치적 자유와 인간 소외 간의 관련을 해명하고자 한다.

이러한 문제 설정을 분석하는 데 리처드 다이어Richard Dyer의 『스타-이미지와 기호Stars』[3], 에드가 모랭Edgar Morin의 『스타Les Stars』[4], 그리고 모리 하스켈Molly Haskell의 『숭배에서 강간까지-영화에 나타난 여성상 From Reverence to Rape-the Treatment of Women in the Movies』[5]을 주로 참고했음을 미리 밝혀 둔다. 이들 선행 연구는 스타 여배우에 관련한 일반적인 이론으로서 참고할 만한 가치가 있다. 그러나 다른 한편으로는 초기 류샤오칭과 상하이 시절의 조안 첸이 위의 선행 연구들에서 논하는 자본주의 사회에서의 생산, 소비 시스템의 산물로서의 영화 스타상과는 확연히 선을 긋고 있음도 사실이다. 그러므로 여기서는 '현존하는 사회주의 국가(중국)'에서의 영화 스타의 이미지 형성과 그 수용의 특수성을 해명함으로써, 즉 영화 스타 소비 형태의 중국적 특수성을 명백히 함으로써 스타 여배우의 표상에 비춰진 1980년대 이래 중국 사회의 변화상을 파악하는 데 이 장의 전체적 과제를 두고자 한다.

1. 시대적 욕망의 체현자-류샤오칭

1980년대 중국 영화를 대표하는 여배우. 덩샤오핑보다도 중국 국민에게 더 알려졌다고 하는 유명인. 정계 진출에 이어, 실업계에서도 활약 중. 탈세 용의로 인한 체포 전과. 거듭된 결혼과 불륜으로 점철된 사생활로 '중국의 엘리자베스 테일러'라고도 불리지만,[6] 강한 자기 현시욕과 화제가 끊이지 않는 점에서 '중국의 마쓰다 세이코松田聖子'라

---

* 마쓰다 세이코(1962~): 일본의 가수, 배우. 1970년대 말에 은퇴한 야마구치 모모에의 뒤를 이어 일본의 1980년대 연예계를 풍미한 아이돌 가수였다. 헤어스타일, 패션, 말투에 이르기까지 유행을 주도할 정도로 인기가 대단했고, 이혼, 불륜

1984년경의 류샤오칭

고 부르는 편이 일본 독자들에게는 더욱 친숙할지도 모르겠다.

류샤오칭은 1951년에 태어나, 1976년 〈남해장성南海長城〉(리쥔, 1976)으로 데뷔했다. 〈작은 꽃〉(1979), 〈저 집 좀 보게!〉(왕하오웨이, 1979)로 각광을 받으며 일약 톱스타에 올랐다. 대표작으로 〈벌판原野〉(링쯔, 1980), 〈불타는 원명원火燒圓明園〉(리한샹李翰翔, 1983), 〈부용진〉(셰진, 1986), 〈봄 복숭아春桃〉(링쯔 펑凌子風, 1988), 〈대태감 리렌잉〉(톈좡좡, 1990)이 있고, 국내외의 상을 다수 수상했다. 1990년대부터 장편 텔레비전 드라마의 주연으로 자주 출연했는데, 대표작으로는 〈측천무후武則天〉(1994), 〈사랑의 도피逃之戀〉(1999), 〈측천무후비사武則天秘史〉(2011), 〈수당영웅전隋唐英雄〉(2012) 등이 있다. 또 '중국작가협회' 회원 자격으로 세 권의 자서전을 썼는데, 모두 베스트셀러가 되었다.[7]

한편 그녀는 영화 활동을 하는 중에 실업계에도 진출했다. 부동산부터 화장품 개발에 이르기까지 폭넓게 활약하여 단기간에 부를 축적하고 『포브스』지(1999년 10월호) 선정 중국인 백만장자 50인 중 45위에 랭크되었다. 그러나 2002년 7월, 1,000만 위안(한화 17억 8천5백만 원 상당) 이상의 탈세 혐의로 중국 사법 당국에 체포되었다. 1년 넘게 투옥 생활을 하고 석방되어서는 이 스캔들을 오히려 상업적인 기회로 이용, 단기간에 10여 편의 영화와 텔레비전 드라마에 출연함으로써 여배우

으로 점철된 사생활로 트러블 메이커, 스캔들의 여왕으로 불리기도 했다.

중국영화의 얼굴들 훑어보기

로서 부활에 성공했다.

이 절에서 전반부는 1970년대 후반부터 80년대 전반까지 류샤오칭의 초기작에 초점을 맞춰 영화 배우로서 그녀의 이미지와 개혁개방초기 민주화, 자유화 운동 사이의 연계를 고찰할 것이다. 그리고 후반부에서는 해외 시장을 시야에 넣고 활동한 여배우 궁리鞏俐와의 대조적 관계를 논함으로써 여배우로서 류샤오칭의 본질 규정—전자가 아폴론, 후자가 디오니소스에 대응할 것이다—을 행한 뒤, 신흥 시민(프티 부르주아)의 대표주자로서 여러 개의 가면과 희롱하는 류샤오칭 이미지를 해명할 것이다. 이러한 분석을 통해, 조안 첸과 함께 '물신物神'으로서 문혁 체제부터 개혁개방 시대까지를 반영하던 그녀의 발자취를 되짚고자 한다. 이런 의미에서 이 절의 목표는 류샤오칭이라는 한 여배우를 통해 1980년대 이래 중국 사회의 한 측면을 비춰 보는 데 있다 하겠다.[8]

1) 뒤틀린 섹슈얼리티 표현

억압된 섹슈얼리티-문혁 말기의 류샤오칭

류샤오칭은 사회의 상식적 성윤리를 대변하는 검열에 맞서, 언제나 도발과 공격을 가하는 여배우로 알려져 있다. 그녀가 주연한 〈벌판〉은 키스신과 베드신 등 대담한 성묘사 때문에 8년간 상영이 금지되었다. 또 그녀 자신이 제작과 주연을 맡은 〈무정한 연인〉(천궈쥔, 1986)에서는 마음에 둔 남자를 유혹하려고 스커트를 허벅지까지 걷어 올리는 장면이 검열에 걸려 삭제당했다.[9] 중국 영화사상 가장 긴 키스신에 도전한 〈부용진〉 역시 검열에서 여러 군데가 삭제되었다. 그러나류샤오칭이 섹스어필한 여배우로서 사회적으로 인지되기까지는 문

데뷔작 〈남해장성〉(1976)에서 민병을 연기하는
류샤오칭

혁의 종결이란 역사적 경위가 끼어 있었다. 우선, 이 기간 동안의 류샤오칭의 영화적 표상부터 검토해 보자.

류샤오칭이 데뷔를 한 것은 문혁 말기에 제작된 〈남해장성〉에서였다. 잠입해 들어온 타이완 스파이를 푸젠 성의 민병民兵 조직이 체포한다는 내용의 프로파간다 영화로, 류샤오칭은 수많은 남자 배우들 속에서 홍일점의 여성 민병 역으로 등장했다. 그녀는 촬영에 들어가기 몇 개월 전부터 준비를 시작했는데, 햇볕을 쐬어 새까맣게 살갗을 그을리고 다듬지 않은 단발머리에 허름한 단벌 노동복 차림으로 촬영에 임했다.[10] 극 속에서는 손에 권총을 쥐고, 맨발로 여기저기 뛰어다녔다. 적 앞에서는 위압적인 태도를 취할 뿐 아니라, 언제나 미간에 주름을 잡고 결코 틈을 보이지 않았다. 강인함을 강조하기 위해 거친 탁류를 배로 건너는 대목에서는 수많은 남성들을 물리치고 손수 노를 잡는 장면도 준비되었다. 문혁 당시 강인한 여성을 형용하던 관용구 '무쇠 팔다리를 지닌 처녀'* 그대로의 모습이었다. 여기서는 성차性差를 말살하려던 제작진의 의도를 읽을 수 있다.

---

* '톄구냥鐵姑娘'을 이른다. 문혁 시기의 프로파간다 포스터에서 기관총으로 무장한 여성 전사, 망치나 곡괭이를 쥔 여성 농민으로 등장하는 이 여성상은 당시 마오쩌둥이 말하던 "시대가 바뀌었다. 이제 남녀는 동등하다", "여성이 천하의 반을 짊어진다"와 같은 언설을 형상화한 것이다. 고대의 화무란花木蘭, 무꾸이잉穆桂英과 같은 여성 전사에 기원을 둔 이 이미지는 종래의 현숙하고 연약한 여성상을 대체하고 이를 소멸시켰다. 여성성은 완전히 부정된 대신 남성화한 여성상이 이 시기의 바람직한 여성상으로 상찬된 것이다.

1949년 이래 중국 사회에서 여성 해방이 진전됨에 따라, 영화에서의 여성 표상의 양상 또한 변화를 겪지 않을 수 없었다. 전족纏足으로 대표되던 문화, 즉 남성에게 종속되어 교태를 부리는 태도와 문화가 부정되었고, 성차를 말살하여 남성과 동등하게 행동하는 여성상이 주류가 되었다. 이러한 변화는 임전태세 속에서 여성을 같은

〈작은 꽃〉(1979). 매력적인 여성 공산당원으로 분한 류샤오칭

프롤레타리아 남성 집단에 소속시키고 인민 해방의 담당자로서 동원하기 위해 성차를 고의적으로 말살하던 정책의 일환이라 볼 수 있다. 게다가 문혁 시기에 이르자, 영화에서 성적 표현은 아무리 사소한 것일지라도 엄격히 배제되었다. 일례로 젊은 여성 민병 조직이 매일 훈련에 힘쓰며 타이완 국민당 스파이를 체포하는 등 대활약을 펼치는 프로파간다 영화 〈하이샤海霞〉(천화이아이陳懷皚·첸장錢江·왕하오웨이, 1975)에서는 20세 전후의 여배우들이 다수 등장하는데, 여성성이 억제된 인물 형상화를 꾀했으나 군데군데 이 젊은 여배우들이 지닌 여성성이 드러나곤 했다. 섹슈얼리티와 관련한 영화적 표현의 새로운 방향성을 암시하는 작품이 된 셈인데, 마오쩌둥의 부인 장칭이 이 영화를 보고 격노하여, 인민이 여자의 색기에 홀려 본래의 투쟁심을 잃어버린다며 비판했다.[11] 류샤오칭의 신체 또한 이러한 시대의 제약으로부터 벗어날 수는 없었다.

그렇지만 문혁 종결 후 류샤오칭은 〈작은 꽃〉, 〈저 집 좀 보게!〉, 〈신비로운 불상〉, 〈벌판〉 등의 작품에 출연하여 에로틱한 신체 표상으로 새로운 영역을 개척하게 된다. 그녀의 이러한 변모와 함께 이제

껏 억압되어 왔던 섹슈얼리티 표상 또한 서서히 명시적인 것으로 변용되어 갔다. 이 변화를 명료히 드러낸 기념비적 작품이 바로 〈작은 꽃〉이다. 이어서 이 작품의 표상을 분석해 보자.

여성 공산당원의 에로티시즘-〈작은 꽃〉

마오쩌둥의 인민 전술 이론(유격전과 근거지 전술을 결합한 혁명 이론)을 구현한 영화 〈작은 꽃〉에서 류샤오칭이 맡은 역은 1940년대 후반 국공내전 시기에 활약한 공산당 게릴라 여성 전사였다.[12] 전투하는 여성이라는 설정뿐 아니라, 단발머리에 허리는 벨트로 졸라매고, 어깨에 비스듬히 총을 걸치고, 다리에는 각반을 감고 있는 모습이 데뷔작 〈남해장성〉의 민병 역을 떠올리게 한다. 그렇지만 "다소 오른쪽으로 치켜 올라간 입가에 고른 치열이 슬쩍 보이는 미소,"[13] 허리를 지렛목 삼아 상반신을 뒤로 젖히고 비스듬히 선 유혹적인 자세, 가성에 가까운 요염한 발성 등 류샤오칭의 섹시한 신체성이 영화 전체에 걸쳐 강조된 연출을 보여 주었다.

예를 들어, 공산당원이 사람들에게 공산주의적인 대의를 가르치는 틀에 박힌 내용을 보여 주는 장면의 연출을 보자. 문혁 영화에서는 연설하는 모습을 그대로 카메라에 담는 평범한 연출이 대부분이었는데, 이 영화에서는 바지를 무릎 위까지 걷어 올린 류샤오칭이 물레방아 페달을 밟으면서 연설을 행하고 있다. 이에 극 중 연설이 담고 있는 이데올로기적인 내용보다도 오히려 류샤오칭의 각선미와 미소가 전면에 두드러졌다. 또 문혁 영화에서는 형장에 끌려가더라도 당황하지 않고 "공산당 만세, 마오쩌둥 만세"라고 연호하며 죽음을 맞거나, 총탄에 쓰러지더라도 피로 물든 지폐를 마지막 힘을 다해 꺼내면서 "내 당원비…"라며 최후의 말을 남기고 숨을 거두는 등의 상투적인 모습

이 빈번히 보였다. 그런데 이 영화에서
는 공산당원의 죽음 장면에서조차 치
명상을 입은 류샤오칭이 인조 속눈썹
을 붙인 아름다운 눈을 천천히 감으며
고요한 죽음을 맞는다. 백색으로 통일
된 화면 색조, 햇볕의 난반사를 아름
답게 포착한 카메라 워크, 신디사이저
에 의한 서정적인 배경 음악(BGM)이

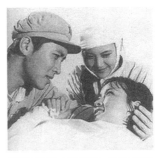

〈작은 꽃〉 중 숨을 거두는 여성 공산당
원의 모습

어우러짐으로써 이 장면은 기존 혁명물의 전형과 차별화에 성공했다
고 할 수 있다.[14]

더군다나 이 영화에서는 카메라가 스토리와는 관계없이 류샤오칭
의 미소를 과도할 정도로 많이 담거나, 그녀의 신체를 호색적인 시선
으로 핥듯이 촬영하고 있다. 실제로 류샤오칭은 자서전에서 다음과
같은 일화를 소개한 바 있다. "처음으로 〈작은 꽃〉 각본을 봤을 때, 화
가 나서 각본을 집어던져 버렸다. 내가 연기할 캐릭터가 스토리 전개
에는 아무런 기여도 하지 않는 살아 있는 도구와 같았기 때문이다. 그
랬더니 황젠중 감독이 '각본을 새로 써서 꼭 마음에 들게 해 주겠다'
며 나를 설득했다. 결국 이 영화는 훌륭하게 완성될 수 있었다."[15]

그렇지만 이 작품을 보는 한, 그녀가 연기하는 역할이 스토리 전개
와 유기적으로 연결된다고는 말하기 어렵다. 굳이 말하자면, 오히려
그녀는 일종의 성적인 볼거리, 즉 물신으로 제시되어 있다. 그녀가 등
장하는 장면에서 스토리는 더 이상 진전되지 않고, 여러 각도에서 클
로즈업으로 그녀의 미소짓는 얼굴이 제시될 뿐이었으며, 물론 대사도
거의 없었다. 대신에 서정적인 음악이 그녀의 몸과 미소의 배경으로 삽
입되었다. 이는 문혁 이후의 영화에서 이루어지는 여성의 섹슈얼리티

부활이 플롯 차원에서 시작하는 것이 아니라, 여성의 신체를 욕망하는 남성의 시선 즉 시각적인 차원에서부터 시작하고 있음을 보여 준다.

〈작은 꽃〉은 정형적인 양식을 지니면서도 동시에 일부러 그것을 저 버리는 형태로 표상함으로써 이미지의 반전을 가능하게 했고, 상투 성으로부터 일탈한 이미지를 여배우 개인의 매력으로 강조하는 획기 적인 작품이 되었다. 그리고 더 나아가, 같은 1979년에 제작된 코미디 영화 〈저 집 좀 보게!〉에서는 류샤오칭의 섹슈얼리티가 지닌 또 다른 측면이 그려지게 된다.

강한 여성과의 '신랄한 대화'-〈저 집 좀 보게!〉

〈저 집 좀 보게!〉(1979)에서 헤엄칠 줄 모르는 연 인을 호수로 밀어넣는 신경질적인 여주인공

공장 노동자 일가의 생활을 코믹하게 그린 〈저 집 좀 보게!〉에서 류샤오칭이 맡은 역은 멋내기와 향락적인 소비 생활에만 흥미를 느끼고, 남자도 향락의 대상으로 삼아 희롱하는 데서 보람을 얻는 저속한 여자다. 연인 사이인 남자는 키만 클 뿐, 결정적인 때에는 조금도 도움이 되지 않아서 둘의 관계는 노상 여자 쪽이 주도권을 잡고 남자 쪽은 시쳇말로 '여자 등쌀에 기를 못 펴는' 꼴이다. 여자는 헤엄칠 줄 모르는 그를 호수에 뛰어들게 하거나 쓴맛이 나는 아이스캔디를 입속에 쑤셔 박는 등, 매몰차게 그를 대하며 심술궂은 말을 퍼부을 뿐이다.

이 작품에서 보이는 믿음직하지 못하고 멋대가리 없는 남자와 미인 이지만 드센 여자 사이에 험악하고 떠들썩한 대화가 오고가는 연출에는 커다란 의미가 있다. 유들유들하면서 다소 얼간이 같은 남성이 강한 여자에게 괴롭힘을 당하는 설정이 가령 남녀 사이에 분위기가 달아오르더라도 사랑의 행위에는 미치는 일 없게끔 하는 안전 장치로서 작용하는 것이다. 실제로 〈저 집 좀 보게!〉에서 연인 사이인 둘이 등장하는 장면은 공원이나 백화점, 극장같은 공공 공간으로, 둘만 있는 오붓한 장면은 한 번도 나오지 않는다. 다시 말해, 역전된 남녀 관계가 섹스까지는 도달하지 못하는 사랑을 성립하게 하며, 탈성화脫性化하는 효과를 작품에 가져오는 것이다.

〈저 집 좀 보게!〉는 코미디 영화라는 이유로 류샤오칭의 작품 중에서는 다소 소홀히 여겨진 감이 있다. 그러나 코미디이기에 더더욱 다양한 실험이 자유롭지 않았을까. 심각한 드라마와는 달리 일반적으로 코미디는 현실의 남녀 관계에 걸쳐진 사회적 코드를 변형한 연출 설정이 수월하다는 장르적 특성을 갖는데, 이 작품에서 류샤오칭의 신체성은 소비에 미친 저속한 여자라는 과장된 설정을 통해 다음에 살펴볼 새로운 여성의 신체성을 전개하는 데 성공한 것이다.

주목해야 할 것은 류샤오칭의 신체에 1949년 이전 모더니즘 시대의 여성에 걸쳐진 행동 코드와 1949년 이래 사회주의 시대의 행동 코드가 공존하고 있다는 점이다. 모더니즘 시대의 클리셰에서는 부르주아적이고 여성적인 신체 표상이 지배적이었다. 하이힐을 신은 경쾌한 걸음걸이며, 요염한 말투, 손수건이나 부채와 같은 소도구를 동원한 나긋나긋한 몸짓 등이 그것이다. 반면에 사회주의 시대에는 모더니즘을 연상하게 하는 여성성이 배제됨과 동시에 남성과 동등하게 생산에 직접 관여하는 노동자로서의 여성상이 추구되기 시작했다. 이러한 정치적 요청에 따라 여성스러움을 말살당한 신체는 신중국에서 지배적인 것이 되었다.

그러나 〈저 집 좀 보게!〉에서 표현되는 류샤오칭의 몸을 관찰하면, 모더니즘 시대 여성상의 요소들이 부활했음을 알 수 있다. 그녀는 등장할 때마다 새로운 머리 모양과 패션을 과시했으며, 색색의 원피스 단은 무릎까지 올라왔고, 옷깃은 크게 열려 있었다. 이러한 패션은 류샤오칭의 섹시한 신체성을 강조하고, 다양한 머리 모양을 과시하기 위한 것이었다. 이 때문에 류샤오칭의 머리카락은 파마와 세팅으로 심하게 손상되었다고 한다.[16] 또 과장된 감정 표현과 억지스러운 발성법 그리고 자연스럽지 않은 연기 또한 그녀의 섹스어필을 강조했다.

그런데 다른 한편으로 류샤오칭과 모더니즘 시대 여성상의 사이에는 커다란 차이점이 있었다. 류샤오칭의 몸짓에는 1949년 이래 혁명 여성 표상의 전통도 존속되고 있기 때문이다. 민첩성이 바로 그러한 몸짓의 지표다. 이 작품에서 그녀의 시선과 동작은 대단히 재빠른데, 특히 머리를 돌리는 장면에서 기민한 반사 신경이 현저히 드러난다. 이러한 몸짓은 일찍이 문혁 시대까지는 여성 게릴라 전사의 전투성을 표현하는 것이었다. 그러나 이와 같은 특징이 이데올로기로부터 분리되어 희극을 연기하는 류샤오칭의 신체에 나타나자, 그녀의 표상은 남성을 갖고 노는 불안한 정서의 신경질적인 여성상으로 바뀌게 된다.

류샤오칭 본인이 "〈저 집 좀 보게!〉가 내 연기 스타일의 원형이 되었다"[17]라고 술회했듯, 이 작품은 그녀가 이후 다수 연기하게 되는 가학적이고 팜므 파탈적인 여성상의 원형이 되었다. 그리고 이 가학적인 측면은 이듬해 쿵푸 영화 〈신비로운 불상〉의 액션 장면에서 더욱더 뚜렷해진다.

여성 무술가와 가학적인 욕망-〈신비로운 불상〉

쿵푸 영화는 1920년대 상하이에서 확립된 장르로, 그중에서도 여성 무술가를 주인공으로 하는 이른바 '여검극 女劍劇'이 가장 인기를 모으고 있었다.* 그러나 1949년 신중국 건국을 경계로, 쿵푸 영화가 허구적이고 폭력을 노골적으로 묘사한다는 이유로 '봉건 사회의 잔재'라며 스크린에서 자취를 감추었다. 이러한 흐름 속에서 〈신비로운 불상〉은 신중국 건국 이래 최초의 쿵푸 영화가 되었다.

〈신비로운 불상〉(1980)의 포스터

〈신비로운 불상〉은 1930년대 쓰촨 성 러샨 지역을 무대로, 실재하는 총 길이 71미터 불상을 둘러싸고 벌어지는 선과 악의 결투를 그린 서스펜스 액션 영화다. "스턴트맨 없이 미녀 배우 류샤오칭 본인이 쿵푸에 도전한다"는 선전 문구, 사람 눈을 칼로 도려내는 그로테스크한

---

* 1920년대 중반 이후 상하이 영화계에서 상업화 현상이 두드러지기 시작했다. 여기에는 5·4 운동 이후의 신문, 잡지를 통한 독서 보급과 군벌의 횡행으로 인한 상무尙武 사조, 남양南洋 화교들의 오락 영화 수요가 배경으로 지적된다. 이들 영화는 당시 유행하던 무협 소설이나 민담에서 소재를 취한 경우가 많았는데, 특히 무협 영화가 대세를 차지했다. 1925년 톈이공사天一公司의 무협 시대극 〈여협객 리페이페이女俠李飛飛〉, 밍싱영화사의 신괴무협神怪武俠 영화 〈불타는 홍렌스火燒紅蓮寺〉 등이 그 예다. 특히 〈불타는 홍렌스〉는 대히트하여 1928년부터 1931년까지 18편의 시리즈로 제작되었고, 수많은 아류작을 낳았다. 협객의 초자연적이라고도 할 수 있는 비범한 능력을 과장하는 신괴무협물에 대해 1930년대 초 국민당 난징 정부가 미신, 봉건, 비과학이라며 금지령을 내려 쇠퇴한 듯도 했으나, 훗날 홍콩의 쇼브라더스를 위시한 영화사들을 통해 상하이 영화의 무협 영화 전통이 계승된다.

시각적 효과, 류샤오칭이 연기하는 여주인공이 공산당 공작원이라는 원작 설정을 빼면, 통쾌한 전래담처럼 작품을 완성한 취향이 1949년 이전의 상업주의에 투철한 오락 영화의 특징을 답습하고 있다고 할 수 있다. 문혁 종결 후에 재출발한 중국 영화계가 프로파간다 영화에서 산업으로서의 오락 영화로 전환할 때, 우선 1920년대 쿵푸 영화 장르를 경유한 사실은 주목할 만하다 하겠다.[18]

〈신비로운 불상〉에서 류샤오칭은 남자들의 접근을 허용하지 않는 신비로운 여성을 연기했다. 전반부에서는 모던한 여성으로서 몸에 딱 맞는 치파오에 카디건, 웨이브를 준 세미 롱 헤어스타일에 하얀 머리띠를 하고, 꽃무늬 양산을 쓴 뒷모습으로 등장하여, 뒤돌아보면서 트레이드 마크인 예의 그 미소를 보인다. 이러한 연출에서 엿볼 수 있는 것은 인물의 내면 묘사를 결여한 채, 관객의 기호에 한없이 다가가고자 하는 제작 측의 자세다. 그 결과, 류샤오칭이 연기하는 세속적 미인의 이미지가 스크린을 점령하게 되었다.

그런데 후반에 이르면, 이러한 위장을 벗어던진 류샤오칭이 여성 무술가로 변모한다. 어둠이 깔린 험한 산과 절간 지붕을 가뿐하게 달려 나오거나, 높은 곳에서 공중제비를 돌면서 내려오는 등 대활약을 펼친다. 권총을 쥐고 악행을 벌이려고 하는 악당의 손목에 채찍을 명중시키는 데다 그를 채찍으로 후려친다. 그녀가 채찍을 내리칠 때마다 남자 얼굴에는 피가 세차게 솟아 나오며, 얼굴 전체에 지렁이같이 부풀어 오른 채찍 자국이 생긴다. 당시 이를 본 관객들이 질러 대는 환성으로 극장은 흥분의 도가니였다고 한다.[19]

상하이에서는 관객들의 요청에 부응해 새벽 5시에 특별 상영이 마련되었는데 그마저도 금세 매진될 정도였고, 암표상이 파는 입장권 가격은 10배로 뛰었다. 그런데도 여전히 입장권을 손에 넣을 수가 없어, 영화관 앞에서 입장권을 강탈하는 사건도 일어났다고 한다.[20] 이 작품의 영향력은, 일개 오락 영화가 간과할 수 없는 임팩트를 지닌 데 우려하던 정부가 공개 직후 필름의 추가 인화를 멈추도록 명한 데서도 드러난다. 그러나 이러한 정부의 통제에도 불구하고 〈신비로운 불상〉은 2억 명 이상의 관객을 동원하여 1981년도 흥행 성적 1위에 빛난 작품이자, 류샤오칭을 국민적 대스타로 히트시키는 데 결정적인 작품이 되었다.[21]

이렇듯 대중 모두가 가학적인 여성상에 열광하는 현상이 생겨난 데는 문혁 종결 직후라는 시대 상황이 요인으로 작용했을 것이다. 즉 오랜 기간에 걸친 성적 표현의 억압 뒤에, 영화를 포함한 대중 매체에 침범적이라고도 형용할 수 있을 만큼 과격한 폭력 표현이 해방됨으로써 뒤틀린 형태로 섹슈얼리티 표현이 격화된 것이다.

이상 개관한 바와 같이, 〈작은 꽃〉, 〈저 집 좀 보게!〉, 〈신비한 불상〉에서의 류샤오칭 표상에 관해 공통적으로 언급할 수 있는 것은 그녀가 맡은 배역이 결코 수동적이고 연약한 존재가 아니었다는 점이다. 또 류샤오칭의 성적 매력이 직접적으로 표현되게끔 연출되었음에도 불구하고, 처녀성 상실이나 성 행위를 연상하게 하는 장면이 플롯상에서 구조적으로 회피되어 있다는 사실도 특징의 하나라고 할 수 있다.

그리고 이들 작품에서는 류샤오칭의 트레이드 마크인 강한 의지를 지닌 눈과 허리를 축으로 상반신을 뒤로 젖히는 유혹적인 자세, 교묘하게 시선을 옮기면서 애교를 부리는 모습 등을 볼 수 있었으나, 그녀는 작품의 특성과 장르에 맞춰 연기 스타일을 바꿔 갔다.

이러한 배우로서의 특성들과 성적 매력이 한 작품 속에서 총체적으로 통합됨으로써 특이한 에로티시즘을 연출하는 데 성공하고, 그 결과 시대를 앞서 가는 여성상을 제시하는 데도 성공한 것이 영화 〈벌판〉이다. 이어서 이 작품을 분석해 보자.

2) 낭만주의와 검열 제도

에로티시즘 표현과 검열 제도-〈벌판〉

〈벌판〉(1980)은 극작가 차오위曹禺가 1937년에 각본 집필에 관여했던 무대극話劇을 영화화한 것으로, 1920년대 중국 둥베이 지방의 농촌을 무대로 주위의 봉건적인 인습에도 아랑곳없이 죽음을 무릅쓰고 진정한 사랑을 성취하려 한 여주인공이 그녀의 남편인 지주를 죽인 농민 남자와 자유를 찾아 이상향으로 떠난다는 이야기다. 그러나 이 영화는 완성되고 나서 8년간에 걸쳐 중국 내에서 일반 공개가 연기되었다.[22] "농민이 지주에게 복수한다는 테마가 문혁 종결 후의 사회 질서 재건에 악영향을 끼친다"는 것이 주된 이유였는데, 대담한 성 묘사 또한 그 이유 중 하나로 보인다. 분명 〈벌판〉에는 베드신이 나오기는 하나, 지극히 간접적인 묘사에 불과했다. 등 뒤에서 여자가 요염한 표정을 지으며 서서히 몸을 눕히고 남자가 천천히 그 위로 몸을 기울이는 데서 장면이 커트되고, 다음 장면에서는 둘이 옷을 입은 채 침대 위에 나란히 누워 있는데, 앞섶이 풀어 헤쳐진 여자의 옷깃에서 사랑의 행위가 연상되는 정도다. 〈벌판〉이 검열에 걸린 데는 이런 정도의 베드신 이상으로 류샤오칭의 섹슈얼한 신체 그 자체에 의거한 바가 컸던게 아닌가 추측된다.

〈벌판〉에서 류샤오칭은 성적 매력으로 남자를 포로로 삼는 유혹자다. 특히 그 요염한 곁눈질이 화제가 되어, 그녀가 연기하는 캐릭터 '진쯔金子'의 이름을 따서 이 눈빛을 '진쯔의 눈초리金子眼神'라 따로 명명한 평론가까지 있었다. 이 영화에서 표현되는 류샤오칭의 섹슈얼리티는 그때까지 그녀가 연기해 왔던 성적으로 충만한 배역들과 달리, 위험한 냄새를 풍긴다. 또 남편과 연인 사이에서 흔들리는 여성 주인공의 욕망 자체가 이야기를 진전시키는 원동력이기 때문에 이 작품은 "문혁 후 최초의 여성 영화"라는 평가를 받았다.[23]

〈벌판〉(1980)의 히로인 류샤오칭

또 이 작품에서 구현되는 표현의 특징으로 언제나 시간적 요소가 포함되어 있는 경위도 주목할 만하다. 플롯에서도 남녀가 곧장 다정한 사이가 되는 게 아니라, 류샤오칭이 "사랑한다는 본심과는 정반대로 부러 무뚝뚝한 태도를 취함으로써, 거꾸로 상대의 마음을 끈다"[24]고 말한 것처럼 남녀 간의 거리가 우여곡절을 거치며 서서히 좁혀져 간다. 이처럼 사랑의 행위를 적나라하게 그리는 대신에 성적 함의를 띤 대사를 주고받음으로써 에로스의 분위기를 풍기게 되어, 사랑의 행위에 이르기까지의 시간적 전개도 완만해지고 에로스에 대한 보는 이의 관심도 지속되는 것이다.

구체적으로 들어가 보자. 영화 초두에서 류샤오칭이 남편에게 묻는다. "만약에 시어머니와 내가 강에 빠지면, 당신은 어떻게 할 거야?" 남편이 곤혹스러워하면서 "오른손으로 당신을 구하고, 왼손으로 어머니를 구할 거야"라고 대답한다. 이 대답에 만족할 수 없던 아내가 특유의 요염한 매력을 무기로 어머니에 대한 남편의 애정을 질책하고, 결국에는 "당신만 구할 거야. 어머니는 물에 빠져 죽어도 좋아"라는

〈벌판〉에서 시어머니에게 학대당하는 히로인(왼쪽)

대답을 얻어낸다. 이미 〈저 집 좀 보게!〉에서 전개되었던 바의 대화 장면이 여기서도 반복되고 있다. 그러나 그 효과가 여기서는 전혀 다른 것이었음은 두말할 필요가 없다.

이와 같은 완곡한 성 표현이 검열 때문에 강요된 산물이었음은 분명할 것이다. 그러나 앞에서 서술했듯이 검열 제도는 억압을 의미할 뿐만 아니라, 제작 측과 검열 측 간의 타협의 산물로서 복잡하고 의미심장한 영화적 표현의 창조를 의도치 않게 촉진하는 가능성 또한 지니고 있다.[25] 일찍이 프로이트가 초자아에 의한 억압이 꿈을 복잡하고 풍요롭게 한다고 말했듯. 류샤오칭이 체현한 에로티시즘의 내실을 고찰할 경우, 검열 제도가 가져온 얄궂으면서도 부차적인 연출 효과—철학자 헤겔이라면 '검열의 교활한 지혜'라고도 불렀을 법한—를 간과해서는 안 된다. 즉 다리를 슬쩍 내보이거나, 옷깃의 단추를 하나 풀어 두거나, 돌아보면서 요염한 곁눈질을 보내는 등의 유혹적인 동작은 개시開示와 은폐隱蔽라는 서로 대립하는 작용이 공존함으로써 이루어진 것인데, 이러한 이율배반적인 의미 작용에 의한 에로티시즘은 또한 검열 제도와 연출 측 사이의 의도치 않은 '타협'의 산물인 것이다.

이러한 의미에서 비록 '타협'이 '언론의 자유'의 원칙—자유 선거와 대의제 민주주의가 기능하기 위한 형식적, 절차적 전제이자 근대 자유주의 원칙 중 하나인—에 저촉되며 연출 측에는 굴욕적인 것이었다 하더라도, 결과적으로는 영화 표현에 기여하는 측면도 역사적으로는 존재했었다고 할 수 있을 것이다.

페미니즘적인 낭만주의와 민주화 운동과의 연동

그런데 〈벌판〉이 단지 중국 영화사에서만 아니라 널리 사회적인 사건으로서도 충격적으로 받아들여질 수 있었던 것은 류샤오칭의 신체를 통해 달성된 에로스 표현에서만 기인한 것은 아니다. "스타의 카리스마성은 그것을 둘러싼 이데올로기 편성의 구체적 상황 속에서 규정되지 않으면 안 된다"라고 리처드 다이어가 지적했듯, 에로틱한 정서가 얽힌 그녀의 몸이 충격적이었던 것은 당시 중국 사회 안에서 류샤오칭의 신체가 체현한 이데올로기적 효과에 그 원인이 있었다.[26] 그 이데올로기적 효과란 그녀의 신체를 통해 표출된 근대적인 자아, 개체로서의 주체의 문제였다. 또한 주체의 문제가 사회적인 마이너리티인 여성의 시점에서 그려진 데서 페미니즘과 연계되는 지점도 발견된다. 엄밀히 말해 〈벌판〉을 '여성 영화'라고 할 수 있는 까닭이다.[27]

〈벌판〉은 당초 일반 공개가 연기되었다고는 하나, 내부 상영이나 비디오를 통해 수많은 영화 관계자와 지식인들에게 깊은 인상을 남겼고, 특히 자신의 사랑을 관철시키려는 대담한 여주인공 상像이 젊은 관객과 지식인층에 충격으로 받아들여졌다. 왜냐하면 사회주의 리얼리즘 시기와 문혁 시기에도 개인과 전체 간의 긴장 관계를 개인의 신체와 그로부터 기인하는 정서나 감정의 측면에서 다룬 작품은 전무했기 때문이다.

이렇게 〈벌판〉에 발단을 둔 '사랑에 살고 죽는 여자'라는 이미지는 그 뒤 류샤오칭의 주연작에서 되풀이된다. 예를 들어, 결혼 상대 후보로 주위에서 강권하는 고급 간부의 아들을 뿌리치고 노동자 출신 남자와 대담한 연애를 전개하는 상류계급 여성 역(〈헤어날 수 없는 그물潛網〉

〈북국홍두〉의 포스터

왕하오웨이, 1981), 결혼을 앞두고서 자신이 한 사랑의 선택에 번뇌하는 농촌 처녀 역(〈북국홍두北國紅豆〉 왕하오웨이, 1984) 등, 이들 작품에서 류샤오칭이 연기하는 캐릭터는 〈벌판〉의 여주인공과 같은 계보에 속해 있다. 즉 사랑 때문에 무언가 주체적인 결단과 선택을 채근당한다는 플롯이 이들 작품을 꿰뚫는 공통 테마가 되고 있는 것이다.

여기서 낭만주의를 개인의 감정과 정서의 해방이자 개인의 감정과 정서를 억압하는 제도와의 투쟁을 찬미하는 사상 운동이라고 거칠게 정의한다면, 〈벌판〉을 통해 류샤오칭은 개혁개방 정책에 의해 자유화, 민주화로 나아가는 중국 사회의 이데올로기적 변화를 체현한 존재가 된다. 〈벌판〉이 중국에서 낭만주의 운동의 원점에 자리하게 된 까닭이다.

그 뒤 이러한 낭만주의적 경향은 그녀가 주연한 다른 작품에서 더욱 심화되기에 이른다. 〈북국홍두〉에서는 삼림 벌채에 종사하는 여성 루쉐즈魯雪枝(류샤오칭 분)가 동료인 팡건주房根柱와 약혼하는데, 형부인 루민쯔陸民子가 그녀를 지역 유력자에게 시집보내려 한다. 그녀가 이를 거부하자 형부가 손을 써서 둘을 갈라놓으려 한다. 그녀는 저항하다 실패한 끝에 자살 미수 사건을 일으키나, 마을의 소학교 교사 장江 선생에게 구조된다. 장 선생의 협력을 얻어 그녀는 형부를 상대로 민사 소송을 벌이는데, 약혼자(동료)가 형부에게 얼마간의 돈을 건네며 합의를 제안한다. 약혼자의 기회주의적 태도와 연약함에 실망한 그녀는 점차 교양과 용기를 겸비한 장 선생에게 마음이 기울게 된다. 그러

나 약혼자에 대한 의리 때문에
그를 배신할 수가 없던 그녀는
고민 끝에 밤중에 약혼자의 방
에 가서 "오늘밤 나를 취하세요.
어서! 안 그러면, 당신은 반드시
후회하게 될 거예요"라고 울면
서 말한다. 즉 여주인공은 '자기
자신을 제어할 수 없게 되어 버

〈북국홍두〉(1984)에서 사랑의 선택에 고뇌하는
히로인(오른쪽)

렸으니, 어서 나와 맺어지지 않으면 다른 남자에게로 가 버릴 것'이라
고 말하고 있는 것이다.

〈북국홍두〉의 이 엔딩 장면은 "성적인 함의가 담겨 있고 부르주아
자유화 정서를 띠고 있다"고 간주되어 촬영 단계에서 설정을 변경하
도록 전영국 요인으로부터 명령이 떨어졌다. 왕하오웨이 감독은 이를
따르지 않고, 완성 작품을 들고서 당시 '자산 계급 정신 오염資産階級精
神汚染'을 비판하는 캠페인을 총지휘하던 중앙 지도부의 후차오무胡喬
木에게 직소한 끝에 검열을 통과시켰다.[28]

류샤오칭에게는 표상의 한계점이라 할 이러한 여성상이 문혁 후의
급격한 가치관 변동과 자유화에 의해 아이덴티티를 둘 곳을 잃어버린
중국의 젊은이상과 중첩된다. 앞서 제2장에서 서술했듯, 문혁 종결을
경계로 가치관, 연애, 라이프스타일의 다양화가 급속히 진전되었으나,
선택지가 많아진 만큼 중국의 젊은이들은 사르트르가 말한 바의 '자
유의 형벌'에 신음하게 되었다.

한편, 1980년대 전반에 중국의 지식인들 사이에서는 "봉건적이고
뒤처진 국민성을 규탄하고, 중국의 전통 문화를 비판적으로 돌아보
자", "문화대혁명이라는 비극을 낳은 역사적 요인을 찾자", "중국 문화

의 뿌리(내셔널 아이덴티티)를 되짚어 보자", "인간성의 해방을 추구하자" 같은 구호를 연호하는 일련의 사상 운동이 우후죽순처럼 생겨나고 있었다.[29] 예전과 같은 확고한 가치관을 잃어버린 뒤에 그들에게 남은 것은 주체적으로 보자면, 스스로의 신체와 지성을 기초로 새로운 세계를 구축하는 길—그러나 이것이 중국에서 계몽주의와 낭만주의의 반복임은 한눈에 알 수 있다—이었다. 이러한 시대 정신을 선취하면서 이를 작품 안에서 반복한 것이 바로 〈벌판〉을 비롯한 류샤오칭의 출연작들이었다.

더욱이 이 절의 후반부에서 상세히 서술할 예정이지만, 1983년에 류샤오칭은 베스트셀러가 된 자서전 『나의 길我的路』을 출판하여, '개인의 노력에 의한 자기 표현個人奮鬪'이라는 관점을 내놓는 한편, 자신의 처지를 한탄하며 "여자는 괴롭다做女人難"란 명언을 남겼다. 이러한 언설 또한 개체로서의 주체의 문제 혹은 페미니즘의 문제와 연계된 것이라 봐야 할 것이다. 그렇기에 스크린 안팎에 걸쳐진 류샤오칭의 이미지가 기성 사회 질서와 지배적 이데올로기를 공격하는 낭만주의적 급진주의의 상징으로 사람들에게 압도적인 공감을 불러일으킨 것이다.

그러나 시대의 조류를 선취한 '사랑에 살고 죽는 여자'의 낭만적이고 페미니즘적인 이미지는 사회적 질서 변화와 함께 점차 마모됨으로써 신선함을 잃어 가게 되었다. 이 이미지를 계승하며 중국 영화의 세계 진출에 활용한 것이 여배우 궁리다. 이어서 류샤오칭과 궁리의 상호 대비를 통해, 이 둘의 본질을 규명해 보고자 한다.

궁리와의 비교

궁리는 1965년에 태어나 〈붉은 수수밭〉으로 1987년에 데뷔했다. 대표

작으로는 〈국두〉, 〈홍등〉, 〈패왕별희〉,
〈귀주 이야기〉, 〈인생活着〉, 〈상하이
트라이어드搖啊搖, 搖到外婆橋〉(장이머우,
1995), 〈풍월風月〉(천카이거, 1996), 〈차이
니즈 박스Chinese Box〉(웨인 왕Wayne Wang,
1997), 〈시황제 암살荊軻刺秦王〉(천카이거,
1999), 〈아름다운 어머니漂亮妈妈〉(쑨저우
孫周, 2000), 〈에로스〉(왕자웨이王家衛, 2003)
가 있다. 할리우드 진출에도 성공하여
〈게이샤의 추억Memoirs of a Geisha〉(롭 마
샬Rob Marshall, 2005), 〈마이애미 바이스

류샤오칭과 궁리가 함께 출연한 〈서태
후—代妖后〉(1988)의 포스터

Miami Vice〉(마이클 만Michael Mann, 2006), 〈상하이Shanghai〉(미카엘 하프스트롬
Mikael Hafstrom, 2010) 등에도 출연했다.

　　봉건적인 관습에 억압당하는 여성, 성적으로 무능한 남편을 섬기
는 여성, 목숨을 걸고 사랑을 쟁취하는 여성, 이들이 장이머우 감독의
작품에서 궁리가 연기한 주인공인데, 그 원형은 모두 〈벌판〉에서 찾
을 수 있다. 또한 〈벌판〉에서는 류샤오칭이 연기하는 주인공이 갈대
가 우거진 물가에서 연인과 재회하여 육체 관계를 맺는데, 〈붉은 수
수밭〉에서는 수수밭에서 여주인공 궁리와 연인이 재회하여 맺어진다.
애초에 장이머우가 궁리를 발탁한 것도 아직 학생이던 그녀가 무대에
서 〈벌판〉의 주인공을 연기하던 모습을 본 것이 계기가 되었다고 한
다.[30] 그 때문에 당시 궁리의 연기에는 류샤오칭의 영향이 완연했다.
그러나 궁리는 이러한 국내 취향 스타의 전형을 변형하며 이를 서양
인의 오리엔탈리즘 환상을 충족하는 기호로 전환했다. 훗날 이 이미
지는 중국에 역수입되어 정착되기에 이른다.

일찍이 홍콩의 어느 평론가는 이 둘을 평하여 다음과 같이 서술했다. "류샤오칭의 패션과 분위기 등이 대단히 중국적인 데 반해, 궁리는 세계 어디에 내놓아도 이상하지 않을 국제성을 몸에 익혔다."[31] 적절한 평이라 하겠다.

우선 그 둘은 용모부터가 달랐다. 궁리가 작은 얼굴에 키가 168센티미터로 빼어난 비율을 자랑하는 데 반해, 류샤오칭은 키가 고작 160센티미터에 머무른 데다 키에 비해 얼굴이 약간 큰 편이었다. 체격도 다부진 편이어서 문혁 시기에는 노동자 역에 기용되기도 했다. 또 궁리가 종종 야마구치 모모에山口百惠나 린칭샤林青霞, 메이옌팡梅艶芳 등 해외 여배우들과 비교되는 데 반해, 류샤오칭은 다른 여배우들과 비교되는 일이 거의 없었다. 오히려 본인이 나서서 "중국에서는 점괘에 따라 인간의 유형을 나누는 오랜 전통이 있다. 나는 남자를 유혹하는 문란한 여자의 특징인 길게 째진 눈에 촉촉한 눈동자와 나긋나긋한 허리 양쪽을 갖추었다"라며 자평할 정도였다.[32]

둘째로, 이 둘이 지닌 미의 위상이 달랐다. 〈붉은 수수밭〉에서든 〈풍월〉에서든 간에, 궁리가 처음 등장하는 장면에서는 완전히 무표정한 얼굴이 클로즈업으로 비춰졌다. 그것만으로도 존재감이 충분하여 화면 전체에 긴장이 흘렀다. 이러한 여배우는 세계에서도 드문 예라 할 것이다. 즉 궁리는 정적인 이미지에서 절대적인 미를 발휘했다. 이에 반해 류샤오칭의 경우, 동적인 이미지일 때 매력을 십분 끌어낼 수 있었다. 예를 들어, 팔다리의 움직임 특히 얼굴 표정에 변화가 있고서야 비로소 아름다움이 살아나는 것이다. 그렇기에 비평가들로부터 종종 연기가 과장되었다고 비판받기도 했으나, 그녀가 궁리 이상으로 중국 일반 대중에게 수용되었던 데는 그야말로 이러한 과장된 연기가 한몫했다 할 것이다. 경극京劇의 과장된 연기에 오랫동안 익숙해 있던 중국의 관객이 이러한 연기에 친밀함을 느끼고 공감을 느꼈던 것이다.

　이상 살펴본 내용에서 분명해지듯, 류샤오칭과 궁리의 연기는 성질상 큰 차이를 보인다. 류샤오칭은 스스로 에로틱하면서 동적인 신체 이미지를 견지하고 있었으며 여기에 미묘한 변용을 가미하면서 다양한 역할에 자신의 이미지를 적용한 데 반해, 궁리는 지적이며 가면과 같은 얼굴과 균형 잡히고 풍만한 신체 이미지를 지녔기에 다양한 이미지와 기호를 흡습지처럼 수용하며 국제 무대에 설 수가 있었다.

　이런 의미에서 두 여배우의 신체와 연기에 걸쳐진 표상의 본질은 니체가 『비극의 탄생』에서 그리스 비극의 본질을 표현하는 형상으로 골랐던 디오니소스와 아폴론에 대응하는 것처럼 보인다. 전자가 류샤오칭에 대응함은 더 말할 것도 없을 것이다. 그리고 디오니소스가 성적인 풍요로움과 술의 신이었기에 집단적 광란과 도취가 그의 제전祭典에 동반되었던 것처럼, 류샤오칭을 둘러싼 이미지도 민주화 운동의 좌절과 1990년대 이래의 시장 경제의 급격한 진전을 동반하여 젊은이와 인텔리 층에게 지지되었던 낭만주의적인 여주인공으로부터 대중 소비 사회에서의 과시적·향락적인 소비에 힘쓰는 신흥 시민(프티부르주아)층의 상징으로 변모하는 것이다.

3) 신흥 시민층의 소비 욕망

남성의 욕망의 대상으로의 회귀-텔레비전 드라마 제작

궁리의 세계 진출과는 대조적으로 류샤오칭은 연령적 한계를 생각하여 이른 시기에 세계 진출을 단념한 뒤, 베르톨루치 감독의 〈마지막 황제〉의 카와시마 요시코川島芳子 역을 거절하고 자신의 스타성을 오로지 중국 관객을 향해 호소하길 계속했다. 류샤오칭은 궁리의 출현으로 밀려난 것이 아니라 1990년대부터 영화계를 떠나 텔레비전 드라마로 활약 무대를 옮긴 셈인데, 이는 오히려 현명한 선택이라 할 수 있었다.

1990년대 이래 중국의 영화 제작은 점차 바닥으로 떨어졌고, 제작비 조달이 곤란해져 해외 투자가들에게 의지할 수밖에 없었다. 그리하여 제작비를 회수하기 위해 입장료가 저렴한 국내 시장뿐 아니라 해외 시장에도 기대지 않으면 안 되었다. 한편 텔레비전이 보급됨으로써 텔레비전 드라마가 본격적으로 유행하기 시작했다. 텔레비전은 중국에서는 미개척지였고 장래성 있는 시장이었다. 또 검열 제도도 텔레비전과 영화가 상이해 영화의 경우, 정부의 전영국에 의한 검열이 각본 단계에서 먼저 이루어지고 나서 완성된 작품에 대해서도 다시 검열이 행해졌다. 이에 반해 텔레비전은 각 지역 텔레비전국 관할 아래, 사전 검열 대신 일단 방영이 되고 나서 문제가 있을 때만 처분을 내리는 구조였다. 그렇기에 후자 쪽이 오히려 자유를 보장받았고, 이 점에서도 텔레비전이 영화보다 더욱 유리한 지점에 설 수 있었다. 이러한 이유들로 류샤오칭은 구미가 좌지우지하던 세계 시장에 아랑곳하지 않고, 중국 내에 초점을 맞춘 것이리라.

그러나 1980년대 초두 낭만주의적인 여성 이미지의 담당자였던 류샤오칭은 1990년대 이래의 개인 프로덕션에 의한 텔레비전 드라마 제작에서는 순식간에 기존의 급진성을 잃게 되었다. 초대작超大作 텔레비전 드라마에서 그녀는 캐릭터 여하를 불문하고 화려한 의상과 진한 화장을 통해 10대나 20대 여성으로 변신했다. 그 모습은 언제나 소프트 포커스soft focus로 처리되었고, 나르시시즘에 빠진 것처럼 보였다.

1999년 5월, 류샤오칭 주연의 텔레비전 드라마 〈사랑의 도피〉가 방

영되자 평론가와 시청자들로
부터 혹평을 뒤집어쓰는 사건
이 일어났다. 신해혁명을 둘러
싼 역사적 사실을 기초로 한 이
작품이 결과적으로는 매춘굴에
얽힌 저속한 이야기가 되어 버
린 데다 특히 창부가 손님 앞에
서 노래하며 춤추는 장면이 추
악하다고 비판받았다. 여기에

텔레비전 드라마 〈사랑의 도피〉(1999). 50세에
가까운 류샤오칭이 18세 창부를 연기해 화제가
되었다.

는 실제 연령이 50세에 가까운 류샤오칭이 18세 창부 역을 맡고, 성적
인 뉘앙스가 강한 연기를 한 것도 관련이 있을 것이다. 이 댄스 장면
에서는 허벅지를 적나라하게 드러내고 다리를 높이 치켜든 류샤오칭
이 남자 무릎에 걸터앉는 모습이 방영되었다. 그러나 이런 혹평에도
불구하고 그녀는 마치 취미 생활이라도 즐기는 양 기꺼이 제작비를
대면서까지 드라마 제작을 계속했다.

　아무리 급속한 발전상을 보이고 시장 메커니즘의 지배를 받는 세계
라고는 하더라도 중국의 텔레비전 시장은 너무나 노골적인 수법으로
악명이 높은데, 특히 드라마 방영 중에 빈번히 광고가 삽입되는 관례
가 그렇다. 이는 텔레비전 제작 체제를 감안할 때 당연하다 하겠으나,
심지어 광고에서 다뤄진 상품이 광고 직후에 방영되는 드라마 가운데
다시 등장하여 극중 인물의 입을 빌려 선전이 행해지도록 연출이 이
루어지기도 한다. 류샤오칭은 바로 이 수법으로 제작 단계부터 컨텐
츠와 광고가 일체화한 프로그램을 준비하여, 그것을 통째로 텔레비전
방송국에 팔아 이로 얻는 광고비를 비용 회수에 대는 제작 시스템을
확립했다.

이러한 제작 상황 아래서는 관객의 욕망을 드라마에 강력히 반영하는 것이 필수적이다. 그렇기에 새로운 제작 체제 아래서 '자유'를 겨우 손에 넣었음에도 불구하고, 혹은 역으로 자유를 얻었기에, 류샤오칭이 만드는 텔레비전 드라마에는 성적인 암시와 겁탈 위험에 처한 여성이라는 포르노그라피적인 요소가 그대로 관객의 시청 의욕을 자극하기 위한 상품성을 지니게 되었다. 그 결과, 시대극이든 현대극이든 간에, 현대 신흥 시민층의 성에 관련한 소외된 기호와 취향이 그대로 반영되는 형국이 되었다. 따라서 여주인공이 최고의 미소를 보여 주는 때는 남자에게서 값비싼 선물을 받거나, 남자가 그녀 자신을 위해 큰돈을 쓰는 순간(《사랑의 도피》)인 것이 당연한 수순이 된다. "시장 경제가 침투함에 따라, 중국 영화에서의 여성상은 남성의 욕망의 대상이 되었다. 비록 여성 감독이라 할지라도 남성의 시선으로 그리지 않을 수 없게 되었다"[33]라고 여성 감독 장난신이 1995년에 지적한 대로, 류샤오칭의 드라마 제작 또한 자본주의 생산 양식 아래서 남녀 간의 소외된 섹슈얼리티를 확대 재생산하기를 피할 수 없었다. 아니, 그러한 경향을 비판하고 그로부터 벗어나려는 태도의 편린조차 엿볼 수 없게 된 것이다.

1980년대에는 낭만주의적인 주체 문제를 페미니즘적인 관점으로 체현함으로써 시대의 총아가 되었고, 1990년대에는 제작에서 방영까지 도맡아 함으로써 표현의 자유도 확보할 수 있던 류샤오칭. 그런 그녀가 결과적으로는 돈벌이를 위해, 시청자의 기호—남성이 가족 제도 안에서 경제적 헤게모니를 쥐고 있기에 섹슈얼리티의 헤게모니 또한 주로 남성에 의해 지배, 결정되는 기호를 따르게 된다—로 상정된 남성 편향적 취향에 맞추어 여성의 사회적 입장을 무시하고 희생하게 하는 드라마 제작에 기꺼이 손을 대는 데서 역사의 얄궂음을 본다. 거기서 굳이 여성의 입장에 선 관점을 찾는다면, 극 중 매춘부들끼리 나누던 잡담 장면에서 자신을 속인 남자가 성병에 걸려 괴로워하며 죽어가는 모습을 보고 "체증이 내려갔다"(《사랑의 도피》)던 대사를 통해 드러나는 르상티망ressentiment(거듭된 원한·증오·질투 등의 감정이 가슴속에 쌓인 상태)에 가득 찬 여성의 심리 묘사 정도일 것이다.

여기서 1980년대 전반에 급진적 여성상을 체현한 류샤오칭의 타락을 그녀의 인격과 결부하여 도덕적으로 비판하기는 쉬운 일이다. 그러나 그녀에게 나타난 퇴행 현상은 현대 중국의 사회 구조적 변용 그리고 그와 깊숙이 관련된 스타 시스템과의 관계에 의한 것이라 볼 수 있지 않을까. 이어서 과시적 소비와 미디어 간의 관계로부터 그 실상과 원인을 찾아보고자 한다.

패션과 과시적 소비

리처드 다이어는 다음과 같이 지적한다. "의상, 헤어스타일, 액세서리 같은 치장은 문화적으로 코드화되어 퍼스널리티를 널리 드러내 주는 것이다. 통상적으로 의상은 사회의 일반적 질서와 몸에 밴 개인적 기질 둘 다를 보여 주는 것으로 여겨진다."[34] 다이어의 언급처럼, 류샤오칭의 이미지 변화는 패션 면에서도 현저히 드러난다.

문혁 종결 직후 대부분의 중국 여성은 문혁 중에 장칭이 걸치고 있던 것과 같은 여성용 인민복을 착용하고 있었다. 현대 남성이 착용하는 쓰리 버튼 슈트와 비슷한 옷이었다. 이 때문에 인민복은 저렴하고 튼튼해서 실용적이긴 했지만, 옷감 색상도 회색 같은 수수한 색 일색이라 도저히 세련되었다고는 볼 수 없었다. 얕은 네크라인에 블라우스를 받쳐 입는 게 상례였는데, 당시 이러한 복장의 멋내기 포인트는 옷깃 부분에 있었다. 류샤오칭은 인민복 안에 선명한 색상의 블라우

1979년 무렵의 류샤오칭

1998년 무렵의 류샤오칭

중국영화의 열광적 황금기

스 두 장을 겹쳐 입고서 안에 받쳐 입은 블라우스를 끄집어냈는데, 맨 아래 받쳐 입은 것까지 잘 보이게끔 한, 레이어드 패션으로 매스컴에 자주 등장했다.

이렇듯 경제적으로 넉넉지 않던 상황 아래서도 한껏 멋 내는 데 열중했던 그녀가 1980년대 후반부터 갑작스럽게 주머니 사정이 좋아지자 벼락부자 취향으로 일변하게 되었다. 그녀는 1988년경 중앙 텔레비전CCTV에서 매주 방영되던 프로그램 〈세계 영화사〉 진행을 맡았는데, 매번 다른 드레스 차림으로 등장했다. 당시 그녀는 "중국의 패션 리더가 되겠노라"고 선언했으나 이 패션은 시청자와 평론가들로부터 호된 비난을 받았다.[35]

그럼에도 불구하고 이 프로그램은 결과적으로는 높은 시청률을 얻었다. 왜냐하면 요란스럽다고 혹평하면서도 시청자들 중에는 그녀가 다음에는 어떤 차림새로 나올지 기대하는 이도 많았기 때문이다. 여기에는 대중 소비 사회에서 원자화한 개인의 '에로 그로 난센스'*에 대한 거스를 수 없는

---

* 에로틱과 그로테스크의 합성어로 '에로 그로 난센스エログロナンセンス'는 선정적이면서도 엽기적이고 우스꽝스러운 것을 지칭한다. 본래는 일본의 다이쇼大正 말기, 쇼와昭和 초기 즉 1930년대의 저속한 풍조를 이르는 말로 등장했고, 우리나라에서도 안석영이나 이동원의 이 시기 문장에 이 단어가 등장하기도 했다. 이들의 문장에서 '에로 그로'는 여성의 노출이나 차림새를 그로테스크하고 추악한 것으로 경시하는 의미로 쓰였지만, 본문의 문맥에서는 류샤오칭의 파격적인 차

이끌림이 투영되어 있다 할 것이다. 다시 말해, 그녀를 바라보는 사람들의 시선 속에, 프로이트의 언설을 빌어 말하자면, 대중 안에 잠재되어 있는 초자아와 이드(성욕과 같이 근원적이고, 도덕률과는 무관한 욕망) 사이의 이율배반적인 자아의 배치가 표출된 것이다. 시장 자유화에 발맞춰 물질을 매개한 관계를 통해 욕망의 충족을 꾀하려던 중국의 대중이 류샤오칭의 화려한 차림새와 요란한 언동에 대해 종래의 상식을 따라 싸구려 취급을 하면서도, 한편으로는 그녀의 일거수일투족에 저항하기 어려운 매력을 느낄 수밖에 없었던 것이다. 이런 전략적 '악취미'는 류샤오칭 본인의 입을 빌리자면, "수많은 스타들이 모인다고 해도 모두의 시선을 우선 내 쪽으로 잡아끄는" 효과를 지니고 있었다.[36]

그런 의미에서 이 악취미란, 말하자면 관객들의 엿보기 취미를 환기하는 고도의 전략이라 할 수 있다. 그리고 그 전략이 시뮬라크르 원리에 기초한 금융 시장이 그랬듯, 상대방의 예측을 앞질러 이윤을 획득함으로써 타자와의 차별화를 이루어 스스로의 물신으로서의 상품 가치를 높이는 항상적인 버블 구조—그야말로 정보 사회의 기초 구조이자 경기 순환에서 정점에 달한 붐을 특징짓는 것이기도 하다—에서 물신 상품(스타 여배우)이 취하는 이미지 전략임은 두말할 필요도 없다.

이렇게 류샤오칭은 〈작은 꽃〉에서 함께 출연한 조안 첸과 함께, 활동 무대는 중국 국외와 국내로 서로 달랐지만, 물신으로서 공통적인 입장과 에토스를 거의 동시기에 획득했다. 이는 곧 자본제 생산양식에서의 쇼 비즈니스 세계에서 '승자'가 되기 위해, 모순적이지만 그 구조 자체와 동일화하기를 의미한다. 이렇게 류샤오칭은 스스로의 이미지를 끊임없이 변형하도록, 무한정한 이미지의 '차이화'를 강요받는

림새가 주는 감각적 자극을 지칭하는 것으로 이해하면 적절할 것이다.

지경에 이르게 되었다.

그리고 여기서도 류샤오칭은 시대를 앞서가면서, 거꾸로 시대정신을 스스로의 이미지로 반전시키게 된다. 1980년대 후반에 그녀가 취했던 '걸어다니는 쇼윈도'로서의 물신 상품 전략이, 곧이어 1990년대에 대두할 신흥 시민층의 과시적 소비를 미리 보여주었기 때문이다. 이어서 이 문제를 미디어와의 관계를 통해 고찰해 보고자 한다.

미디어 노출-미디어 · 관객과의 관계

스타의 이미지는 스크린과 사생활에 걸쳐져 있다. 이는 미디어와 여배우, 그리고 관객이라는 세 공범—물론 헤게모니는 캠페인의 주체라 할 미디어가 쥐고 있겠지만—에 의해 완성되는 표상인데, 이 세 공범 간의 역학 관계 변화와 더불어 변모를 겪는다. 이미지 또한 역사적이기 때문이다.

1949년에 신중국이 성립되자 정부 미디어는 여배우를 노동 개조의 모델로 삼고 노동자의 이상형에 다가가고자 노력하는 여배우의 모습을 선전 재료로 활용했다. 더욱이 문혁 시기에 이르면 여배우는 자신이 연기하는 영웅 캐릭터와 일체화된 존재로 여겨졌고, 인민이 보고 배워야 할 모델로서 관객이 숭배하는 이상형으로 변모했다.[37] 그러나 문혁이 끝나고 지도자의 완전무결한 이미지가 붕괴되어 소멸하자마자, 그때까지의 억압에 대한 반동인 양 여배우도 추문으로 얼룩진 공격을 받았다.

류샤오칭은 에로틱한 신체와 공격적인 성격 탓에 좋은 표적이 되었다. 촬영 중 사고로 얻은 얼굴의 상처가 그녀에게 원한을 품은 사내의 범행에 의한 것이라는 중상모략에 시달리거나, 〈신비로운 불상〉에 등장한 황금 불상을 훔쳐서 팔아 치우려던 찰나 체포되었다는 그럴싸

한 헛소문이 퍼지기도 했다. 이상화된 인민의 모델 이미지가 더는 통용되지 않았고, 관객들은 그때까지 베일에 싸여 있던 여배우의 진짜 사생활에 대해 저마다 상상력을 발휘하여 연출·유포함으로써 미디어·여배우·관객 삼자 간의 새로운 힘의 균형 가운데 관객의 상상력과 입소문의 힘이 점하는 비율이 늘어났다.

이러한 시대 환경 속에서 류샤오칭은 자살 미수 사건을 일으킬 정도로 궁지에 몰렸다.[38] 이에 자신의 이미지를 수정하기 위해 1983년에 사생활을 적은 자서전 『나의 길』을 발표하는데, 이 책이 베스트셀러가 되었다. 그녀는 이 자서전을 통해 "휴머니즘에 가득 찬 내용을 이제껏 볼 수 없던 소박하고 성실한 어조로 호소함으로써 자신을 사회적 약자이자 피해자인 양 그려냈다"는 평가를 받았다.[39] 무더운 여름날 촬영소로부터 스태프들에게 수박이 배급되었을 때 더위로 비틀거리면서도 수박을 먹지 않고 어머니에게 주려고 가져갔다는 일화, "달팽이처럼 가는 길마다 자신의 가족을 등에 짊어지고 갔다"는 술회, 상하이 게上海蟹 두 마리로 없어져버릴 만큼 박봉을 받았다는 것 등, 이러한 그녀의 일화들은 당시 예술가들이 얼마나 경제적으로 어려웠는지를 증언한다.

그러나 이 자서전 출판은 마침 1983년에 정부에 의해 행해진 '자본가 계급의 정신적 오염' 비판 캠페인과 시기적으로 겹침으로써, 일시적으로 그녀는 반면교사로서 공격 대상이 되기도 했다.[40]

그때 류샤오칭에게 성원을 보낸 것이 홍콩의 미디어였다. 그녀에게 동정적인 기사가 『명보明報』와 『경보鏡報』 등 홍콩의 신문에 종종 게재되었고, 안쯔제安子介* 같은 실력자는 베이징에 올 때마다 잊지 않고

---

* 안쯔제(1912~2000): 홍콩의 저명한 사회활동가, 기업가. 상하이 출신으로 홍콩으로 건너가 무역 회사에 취직한 뒤 사업을 일으켜 섬유 사업으로 많은 돈을 벌

그녀의 안부를 물을 정도였다. 그녀가 무심결에 "텔레비전이 없어 쓸 쓸하다"고 푸념하면 곧장 홍콩으로부터 텔레비전이 도착했고, "마작이라도 하면서 쉬고 싶다"고 불평하면 순식간에 고급 마작패가 당도했다.[41] 이렇게 류샤오칭은 중국 정부가 지식인과 예술가를 어떻게 대우하는지를 보여 주는 리트머스 시험지가 되었고, 해외의 지원 덕분에 국내에서의 비판도 잦아들었다. 홍콩에 이어 미국과 프랑스에서도 그녀가 주연한 영화 특집이 기획되어 그때까지 몇 번이고 해외 방문 파견단 배우 리스트에서 제외되던 그녀가 드디어 해외에 초대되는 계기가 되었다.[42]

일개 스캔들 여배우로 전락할 뻔했던 류샤오칭은 이렇게 자서전을 써서 스스로 자신의 사생활 일부를 털어놓음으로써 먼저 해외의 여론을 아군으로 돌렸고, 국내 독자들을 거머쥠으로써 자신의 부정적인 이미지를 긍정적으로 전환시켰다. 제멋대로 퍼져 나가는 스캔들에 대항해 여배우가 자서전을 쓰고 내면을 솔직히 털어놓음으로써 여론에 충격을 가하는 전략—여배우판 '쇼크 독트린'이라고도 할 만한 전략—은 이미 야마구치 모모에의 『푸른 시절蒼い時』(1980)을 시초로 일본에서 성공한 바 있었다. 중국에서도 절대적 인기를 모았던 야마구치 모모에의 자서전은 출간되자마자 즉시 중국에서 번역 출판되었다.* 자서전을 통한 류샤오칭의 자기 이미지 회복과 반전 전

중국영화의 열광적 황금기

었다. 이후 홍콩TV, 쇼브라더스, 상하이 상업은행의 이사를 맡기도 했다. 제9회 중국인민정치협상회의 전국위원회 부주석을 역임했다.

* 야마구치 모모에(山口百惠: 1959~)는 1972년 오디션 프로로 데뷔한 뒤 아이돌 스타로서 일본의 1970년대를 주름잡고 있었다. 그랬던 그녀가 1979년 10월 돌연 미우라 토모카즈三浦友和와 연애 사실을 밝히고, 이듬해 3월에 결혼 및 은퇴 선언을 하면서 일본인들은 충격에 휩싸이게 되었다. 같은 해 가을 은퇴 심경을 밝힌 자서전 『푸른 시절』을 출간하고, 10월 5일 부도칸武道館에서 고별 콘서트를 연 뒤 평범한 가정주부가 되었다. 야마구치 모모에가 미우라 토모카즈와 함께

략은 시기적으로 볼 때『푸른 시절』을 모델로 했을 가능성도 배제할 수 없다.[43]

어쨌든 자서전을 쓴다는 행위를 통해 류샤오칭은 스크린과 사생활에 걸쳐진 복합체로서의 여배우 이미지를 자신의 통제 아래 두는 데 성공했다. 스캔들에 대해 수동적으로 자신을 방치하는 것이 아니라 능동적으로 맞서며, 때로는 그 기세를 타고 노출증적인 소재를 스스로 연출함으로써 톱의 자리를 지켜 가는 것. 이러한 상품 전략을 실천하는 가운데 류샤오칭은 정부 측에서 장려되던 청초한 여배우 이미지보다 추문적 측면을 내건 쪽이 그녀 개인의 스타성을 한층 더 발휘할 수 있음을 눈치챘고, 여배우의 사생활에 대한 대중의 훔쳐보기 욕망에 적극적으로 응하게 되었다.

이렇게 미디어를 통해 관객의 욕망에 화답함으로써 훗날 류샤오칭은 미디어·관객과의 관계 가운데서 헤게모니를 쥘 수 있었다. 스스로 앞장서 미디어에 등장하는 류샤오칭은 마치 공기와도 같이 중국인들의 일상생활 속에 존재하게 되었으며 "중국에 내가 없다면, 사람들이 얼마나 쓸쓸해하겠어"라고 호언장담할 정도에 이르렀다. 류샤오칭은 사소한 일로도 매스컴이나 사업 상대를 고소하여 트러블 메이커로 이름을 떨쳤고, 연이은 이혼과 불륜으로 점철된 사생활을 자서전을 통해 적나라하게 드러냈다.

또한 그녀는 손수 사람들을 놀라게 할 기삿거리를 만들어 매스컴에 흘리기도 했다. 1989년에는 야마구치 모모에를 모방하여 영화계 은퇴를 선언했는데, 이 소식이 그녀의 노림수대로 톱 뉴스로 세간에 퍼지자마자 〈대태감 리렌잉〉(1990)의 서태후 역으로 다시 영화계에 복귀하

출연한 드라마 〈붉은 의혹赤い疑惑〉(1974)은 1980년대 초에 중국에서도 방영되었고, 중국에서도 야마구치 모모에 붐이 불었다.

여 엄청난 홍보 효과를 얻었다. 2001년에는 그녀가 제작한 드라마에 출연한 젊은 여배우가 실은 그녀의 숨겨 둔 딸이라는 소문도 퍼졌는데, 이 뜬소문이 드라마 시청률을 올리기 위한 전략이었다는 중국 매스컴의 지적도 있다.

류샤오칭의 미디어 전략은 그녀의 주위마저 휩쓸며 규모를 확대해 갔다. 류샤오칭에 관한 폭로 서적이 그녀의 전 남편, 전 제작자 등 남자들에 의해 출판되기에까지 이른 것이다.[44] 그런데 곧장 고소를 남발하던 그녀치고는 드물게도 이들의 폭로 서적에 대해서는 침묵을 지켰고, 오히려 남자들 쪽이 "내 책이 그녀가 또 주목받는 데 도움을 주고 말았구나"라며 후회할 정도였다. 류샤오칭 본인이 이러한 폭로 서적 때문에 상처를 입기는커녕 오히려 이를 홍보 기회로 이용하는 지혜와 술수를 갖추고 있었기 때문이라 하겠다. 마치 마녀 사냥 게임 속을 살아가는 허구 속 마녀와 같이 누구나 그녀를 공격할 수는 있었지만, 그녀 쪽에서도 이 공격을 거꾸로 이용하여 자기 이미지를 비대하게 키우는 것이다.

물신으로서 스타 여배우의 '가치'는 버블과 마찬가지로 욕망의 시뮬라크르, 자기 증식 안에서만 존재할 수 있다. 영화가 꿈이고 촬영소가 꿈의 공장이라고 불리는 것처럼, 영상 매체에 등장하는 스타의 '가치'에는 본디 실체적인 기반이 없다. 그렇기에 류샤오칭은 진실이건 스스로 날조한 거짓이건 간에 자신의 상상적인 '가치'를 높여 줄 정보라면 무엇이든 활용한 것이다. 이렇듯 스타란 구조적으로 버블 그 자체라 할 것이다. 이와 관련해 에드가 모랭은 일찍이 『스타』에서 다음과 같이 지적한 바 있다.

스타는 완벽한 상품이다. 1센티미터의 신체, 한 줄기 영혼의 섬유, 한 조각 생활의 추억 모두 시장에 내놓이기 때문이다.

스타에게는 가격이 매겨지고, 이 가격은 수요와 공급의 변동에 따라 규칙적으로 변화하며 수요는 티켓 시장과 '팬 레터 부문'에 의해 정기적으로 평가된다.

스타는 모두의 소유물이 되어도 변함없이 고유하며, 진귀하고, 독특한 존재다. 스타는 자기 자신의 이미지의 소중한 조형祖型이고, 그러므로 리오 틴토사의 광산이나 패런티스의 유전油田처럼 언어의 주식 거래소적 의미에서 가치임과 동시에 일종의 고정 자본이다. 그렇기에 월 스트리트의 은행은 베티 그레이블Betty Grable의 다리, 제인 러셀Jane Russell의 가슴, 빙 크로스비Bing Crosby의 목소리, 프레드 아스테어Fred Astaire의 발에 날마다 가격을 매기는 전문 사무소를 두었다. 따라서 스타는 규격품인 동시에 사치품이며 가치를 낳는 자본이기도 하며 자본으로서의 상품이기도 한 것이다. 금은 귀중하기에 자본의 관념 자체가 사치품(보석) 관념과 혼동되어 신용 화폐에 가치를 부여하는데, 스타는 꼭 금과 같은 존재다.[45]

이러한 스타의 구조는 1980년대 후반 이래 류샤오칭의 이미지에 관해서도 거의 들어맞는다.

그런데 미디어 대책에서는 언제나 공격적이고 과격한 노선을 취해 돌진하던 그녀가 정치적으로는 1980년대 중반부터 거꾸로 권위적인 방향으로 전향을 꾀한다. 1983년의 자서전 출판과 출연한 영화에서의 이미지로 인해 그녀가 마치 중국 정부와는 다른 정치적 견해를 지닌 인물인 양 여겨져 해외 미디어에서도 그렇게 그녀를 다루었으나 그녀 본인은 어디까지나 애국자로서 조국에 호소하고 있었다. 일례로 1984년 10월 싱가포르 방문 중에는 타이완으로 망명하여 정부 비판을 벌이던 '정치 난민' 홍훙紅虹을 재빨리 비난했고, 1986년 미국 방문 중에는 방문 학자 자격으로 장기 체재를 권유하던 미국 측에 대해 "내 뿌리는 중국에 있고, 내 뒤에는 만리장성이 있다"며 거절했다. 중국 측에서도 이에 화답하여 그녀를 찬미하는 기사를 『인민일보人民日報』에 실었다.[46]

이처럼 류샤오칭은 매스컴을 이용하는 이미지 전략에 나서는 한편, 섹슈얼리티를 대담하게 추구하는 추문적이고 반체제적 이미지를 지닌 여배우에서 체제를 지지하는 애국자로 정치적인 이미지 쇄신을 꾀해 급기야 1988년에는 국회의원에 해당하는 '정치협상회의(제7회, 제8회) 위원'에 발탁되기에 이르렀다.

실제로 정치적인 건전성을 체제에 어필한 류샤오칭은 그 뒤 정계와의 연줄을 이용하여 실업계에서도 높은 위치에 오른다. 사회주의적 국가 통제와 시장 경제가 병존하는 중국적 국가 케인즈주의라 이름 붙일 법한 체제는 마치 일본이 메이지 초기 식산흥업 시대에 몇몇 재벌들에게 그랬듯이, 통제 물자의 우선 판매와 토지 사용권 전매 등의 이권을 산업 전쟁의 새로운 '영웅'들에게 제공하고 있었다. 류샤오칭도 그중 하나였다. 1980년대 전반에는 몰래 지방 공연에 나가 용돈을 버는 정도였으나, 1990년대가 되자 연줄과 지명도를 갖춘 그녀에게 온갖 이권과 자금이 몰려와 눈사람처럼 불어 갔다. 고작 2년 만에 1억 위안 이상의 부를 모았을 정도니, 얼마나 엄청난 자본을 축적했을지 짐작할 수 있으리라.

이렇게 류샤오칭은 실업계에 데뷔했고, 글로벌화된 산업 전쟁의 승자가 되었다. 관객들은 마치 영화에서나 볼 법한 그녀의 성공을 보며 차이나 드림을 본 양 환호했고, 시기했으며, 즐겼다. 류샤오칭은 1980년대의 섹스 심볼에서 1990년대의 신흥 프티부르주아층으로 변신을 꾀했고, 시장경제의 성공담을 현실 세계에서도 실연해 보인 것이다.

그리고 다시금 영화 같은 사건이 그녀에게 일어났다. 2002년 7월, 탈세 혐의로 체포된 것이다. 시장경제 역사가 짧은 중국에서는 본디 납세 의식이 낮았다. 중국 텔레비전 방송국이 베이징, 상하이, 광저우에서 실시한 여론 조사에 따르면 시민 700명 중에 18.2퍼센트가 개인소득세를 납부하지 않았다고 대답할 정도였다.[47] 납세 의식이 낮기에 탈세는 일상다반사였고 류샤오칭도 1989년에 탈세 혐의가 제기된 바 있었다. 이때는 저자세를 취함으로써 빠져나올 수 있었으나 1999년 무역 거래를 둘러싼 트러블에서는 벌금이 부과되었는데도 불구하고 지불을 거부했다. 당시 이 일로 부동산 차압에 처해지기도 했으나 차압에 임한 공무원 쪽이 오히려 그녀의 복수를 두려워하며 숙사를 옮겨 다녀야만 했을 정도로 곤란을 겪었다고 한다.

그랬던 것이 2002년의 체포는 일벌백계를 노린 탈세 적발로, 당국의 엄격한 자세를 보여 줄 절호의 선전 재료로 그녀가 이용된 감이 있다. 이때만큼은 류샤오칭도 미디어에 대한 헤게모니를 잃고 다시금 스캔들이 범람하기에 이르렀다. 검은 머리가 실은 염색한 것으로 감옥에서 백발이 들통났다거나, 그녀가 수감된 곳이 욕실과 에어컨이 있는 호화 감방이라거나, 그렇지 않고 5인실이라거나 하는 소문, 급기야는 '자살했다'는 사망 기사까지 옐로 저널리즘을 통해 유포되었다.

2003년 10월에 류샤오칭이 석방되고 2005년 4월에는 불기소 처분이 내려졌으나 세금 미납분에 벌금을 합쳐 합계 2,168만 3천 위안(한화 38억 7천만 원 상당)을 지불하게 되었다.[48] 보석으로 풀려난 직후에 그녀가 이전과는 달리 줄곧 미디어에 침묵을 지켰기에 도촬과 날조 기사가 넘쳐났다. 그런 미디어의 주목을 이용이라도 하는 양 그녀는 단기간에 십수 편의 영화와 드라마에 출연함으로써 다시금 여배우로서 각광받았다.

류샤오칭의 현재

요즘도 여전히 류샤오칭은 영화, 드라마, 무대극에 다수 출연하고, 영화제 등의 행사에도 변함없이 빈번하게 모습을 보이고 있다. 톱 클래스 스타일리스트를 불러들여 가발과 두꺼운 메이크업 위에 풍만한 가슴을 과시하는 드레스를 걸치고 젊은 여배우들 사이에 섞여 경쾌하게 레드 카펫 위를 활보한다. 예전처럼 빈번하게 각종 미디어에 자주 모습을 드러낼 뿐만 아니라 미디어의 다양화에 발맞추어 블로그나 웨이보를 이용하여 거짓 기삿거리를 유포하는 것 또한 한결같다. 이러한 행위가 그녀의 퍼스널리티에서 유래하는 자기 현시욕을 만족시키기 위한 목적임은 분명할 터이나 그 이상으로 미디어 대책으로서의 의미를 지니고 있음 또한 쉽게 추측할 수가 있다. 즉 시장경제에서의 물신으로서 자기 선전을 '업무 중 하나'로 당연시하고 있는 것이리라.

"내가 이제까지 연기해 온 어떤 캐릭터보다 내 자신의 캐릭터가 훨씬 강렬하다"[49]며 어느 인터뷰에서 스스로 호언장담하고 있듯, 이제까지의 류샤오칭의 인생은 다양한 캐릭터를 폭넓게 연기해 온 스타로서 그녀가 겪어 온 천변만화와 중첩된다. 스캔들 여배우에서 애국자로, 정치가에서 억만장자로, 지식인 대표에서 신흥 시민층의 상징으로, 그리고 탈세 체포로, 이렇게 스캔들로 가득한 류샤오칭의 인생이 영화 표상에 요구되는 가면성假面性을 과도할 정도로 체현하고 있는 것이다. 어쨌든 간에 그녀가 중국의 디오니소스가 되는 까닭이다.

류샤오칭은 영화와 텔레비전 드라마 이미지뿐 아니라 자서전, 보도, 소문 등 영화 밖의 매체들까지도 손수 조종함으로써 이 여러 요소

들의 복합체로서의 '류샤오칭'으로
서 개혁개방 시대를 빠져나왔다. 여
배우라는 상품의 가치 증식 기제를
속속들이 알고 있던 그녀는 물신의
'가면성=버블성'을 극한까지 모순
적으로 추구한 드문 존재였다. 이
렇듯 류샤오칭은 물신 상품의 허무
적인 과도함을 1990년대 이래 공과
사에 걸쳐 줄곧 체현해 왔다. 몸소
중국이 글로벌화한 경제 상황 속에
서 '세계의 공장'으로서 '승자' 자리
로 뛰어오른 과정의 한 측면을 반

2011년 6월, 제14회 상하이 국제영화제에서
레드 카펫 위에 선 류샤오칭

영하고 있다고 할 수 있을지도 모른다.

2. 이질성에서 동질성으로-조안 첸

지금은 장쯔이張子怡나 궁리 등 중국 본토 출신 여배우들이 차례차례 할리우드 진출을 이루어 국제적 여배우로서 널리 인정받고 있는데, 그들의 뿌리는 조안 첸陳沖까지 거슬러 올라갈 수가 있다. 조안 첸이라고 하면, 이탈리아·미국·중국 합작 영화 〈마지막 황제〉에서 퇴폐적이고 파멸적인 매력이 넘치던 황후 완룽婉容을, 혹은 데이비드 린치David Lynch의 텔레비전 드라마 〈트윈 픽스Twin Peaks〉(1990~1999)의 섹시하고 신비로운 홍콩 여인을 떠올릴 독자가 많을 것이다. 그런데 상하이에서 태어나고 자란 조안 첸이 미국으로 건너가기 전에 이미 조국에서 스크린 데뷔를 했고, 인기 여배우로서 중국에서 일세를 풍미한 사실을 아시는지.

1) 아이돌 여배우였던 상하이 시절

동작 코드의 무화無化

문혁 말기인 1975년에 상하이영화촬영소의 배우 훈련소 연수생으로 채용된 조안 첸은 배우 수련을 거쳐, 1977년에 셰진 감독이 연출한 〈청춘靑春〉으로 데뷔했다.[50] 〈청춘〉은 인민 해방군 군의관의 치료로 농아였던 여자아이가 순식간에 장애를 극복하고 인민해방군에 들어가 통신병으로 대활약하게 된다는 혁명 신데렐라 스토리라고도 할 만한 내용으로, 당시 열여섯 살이던 조안 첸은 앳된 모습과 자연스러운 연기로 대단한 화제를 불러 모았다. 이어서 이 장 서두에서 언급한

〈작은 꽃〉에서는 1940년대 후반 중국 국공내전 시대의 농촌에서 살아가는 거친 시골 소녀 호연으로, 당시 중국 최고의 영화상이었던 '백화장'(1980) 최우수여우상을 획득하고 국민적 아이돌이 되었다.

〈마지막 황제〉(1987)에서 황후를 연기한 조안 첸(왼쪽)

　이 시기 조안 첸의 외모는 관객의 욕망 어린 시선을 잡아끄는 것이기는 했으나, 각선미보다 얼굴에 방점이 놓여 있었다. 〈마지막 황제〉에서 조안 첸과 함께 출연한 같은 상하이 출신의 할리우드 배우 비비안 우(우쥔메이鄔君梅)는 2006년 필자와의 인터뷰에서 "당시 중국 영화에서는 여배우의 얼굴 표정을 잡는 데 중점을 둔 나머지, 팔다리의 움직임이나 여배우의 몸매 비율은 거의 중시되지 않았다"고 지적한 바 있다.[51]

〈작은 꽃〉(1979)에서의 조안 첸

1970년대 말은 '얼굴의 시대' 혹은 '클로즈업의 시대'였다. 신체가 노출될 것 같은 의상이나 여배우의 팔다리를 노골적으로 훑는 카메라워크는 노골적인 성적 함의 때문에 허용되지 않았고, 여배우의 신체를 욕망하는 관객 즉 카메라의 시선은 얼굴에 머물러 있었다.

　당시 조안 첸을 전신 쇼트로 포착한 장면에서는 언제나 신체의 날렵함이 강조되었고, 훗날 할리우드 시절의 그녀를 특징짓던 완만함에서 나오는 에로티시즘은 배제되어 있었다. 〈작은 꽃〉에서 논두렁길을 맨발로 달려가는 장면, 〈충성스러운 해외 동포海外赤子〉(어우판歐凡·싱지톈邢吉田, 1979)에서 산에서 내달려 오는 장면 등이 그러했다. 반면에 〈마지막 황제〉를 비롯한 할리우드 작품에서는 나른하게 몸을 움직이며 무언가에 기대거나 눕는 등 마치 연체동물과 같은 움직임을 보였다. 동작을 완만히 함으로써 에로티시즘을 자아낸 것이다. 이렇듯 중국 영화 시절의 조안 첸의 신체는 훗날의 성적인 '할리우드적' 신체와는 동떨어져 있었다.

그러나 이 시절 그녀의 신체는 문혁 시기의 양식화된 탈성적脫性的 신체와는 선을 긋고 있었다. 제2장에서 이미 언급했듯, 문혁 시기에는—문혁 사상이 참조한 '사회주의 리얼리즘'이 '리얼리즘'을 본령으로 삼은 이상, 내용뿐 아니라 표현 형식에서도 구체적인 제재 묘사와 재현을 대전제로 삼았음에도 불구하고—신체가 저차원적인 것으로 여겨져, 영화의 동작 코드도 관념적이고 주체주의적인 문혁 사상에 맞추어 완전히 정형화되어 있었다. 중국 영화 시절의 조안 첸은 그러한 관념론적이고 정신적인 속박에서 벗어나, 천진난만하게 웃거나 화내고 눈물을 흘리는 등 감정을 드러내며 본능이 향하는 대로 행동하고 있었다. 이는 주체주의적인 이데올로기에 의해 미리 규정된 신체 코드에 대한 모종의 반동이었다. 이리하여 당시의 영화인들은 조안 첸이라는 소녀의 신체를 매개로 스크린을 통해 동작 코드의 무화, 문혁 코드의 해체, 철학적으로 형용한다면 감성적인 인간 본성을 탈환하고자 하는 영화의 (재)유물론화를 시도했다고 볼 수 있을 것이다.

얼굴의 정치학-핀업 사진의 정치적 이용

조안 첸의 시각적 이미지는 영화뿐 아니라 스틸 사진이나 브로마이드, 회화 작품을 통해서도 소비되고 있었다. 일례로, 문혁 종결 직후에

유행하던 '사인방 타도'와 "농
사는 다자이大寨 마을을 보고
배워라"를 주제로 한 프로파간
다 유화 작품(자오웨이량趙渭凉·
우젠吳健 공동 창작, 1977)은 명백
히 조안 첸을 모델로 한 것이었
다.[52] 이 그림에서 그녀는 농사
에 열중하는 농민으로 그려져,

조안 첸을 모델로 한 프로파간다 유화

문혁 이데올로기가 여전히 잔존하던 포스트 문혁기의 시대 분위기를
증언한다. 이 유화 작품에서 조안 첸의 이미지가 퇴행적인 방향으로
이용되었다고 한다면, 영화 잡지『대중전영』1979년 제5호 표지에 실
린 그녀의 핀업 사진은 '개혁개방'의 새시대 개막을 의미하는 상징성
을 띠고 있었다.

　여기서 조안 첸을 매개로 드러난 새로운 여배우 이미지를 분석하기
전에, 종래의 여배우에 드리워진 이미지의 역사적 변천에 관해 정리해
두고자 한다.

　1920년대 중국 초기 영화는 사회적 지위가 낮아서 "예술을 명분으
로 한 매춘"이라고까지 불릴 정도였다. 엑스트라나 조연 여배우들 대
개가 창부였고, 실제로 당대의 스타 쉬안징린宣景琳**이 창부 출신이라

*　　다자이 마을은 산시 성山西省 제양 현借陽縣의 산악 지대에 위치한 마을로 열악
　　한 자연 환경 탓에 오랫동안 빈궁한 상태에 놓여 있었다. 중국공산당 다자이 촌
　　지부 서기로 부임한 천용꾸이陳永貴의 지도 아래 마을 주민들이 관개와 개간 작
　　업을 하여 풍작을 거두었고, 1963년에는 이 마을에 닥친 수해를 극복하여 '자력
　　갱생'의 표본으로 상찬되었다. 1964년 마오쩌둥은 이 마을과 다칭大慶 유전의
　　사례를 들며 "공업은 다칭에서 배우고, 농업은 다자이 마을에서 배워라工業學大
　　慶, 農業學大寨"라는 구호를 채택, 자력갱생 운동을 벌였다.
**　쉬안징린(宣景琳: 1907~1992). 상하이 밍싱 영화사의 스타였다. 가난한 집에서

는 것은 공공연한 사실이었다.[53] 게다가 당시 미디어는 대중의 선정적이고 엽기적인 엿보기 취미에 영합하여 여배우의 추문적인 사생활 폭로를 꺼리지 않았다. 1935년에 상하이 영화의 톱스타 롼링위阮玲玉[*]가 매스컴의 공격을 견디다 못해 "사람들의 말이 무섭다人言可畏"는 유서를 남기고 자살한 사건은 여배우와 미디어의 관계를 여실히 보여 주는 예였다. 이처럼 1949년 이전의 여배우 이미지는 실제 사회에서의 창부 이미지와 중첩되어 대체로 경박하고 타락한 부정적인 것으로 굳어져 있었다.

그런데 1949년에 중화인민공화국이 성립되자 여배우의 사회적 지

태어나 기독교 계열 학교를 잠시 다녔으나 거듭 학비가 밀리고 학우들의 따돌림에 학교를 그만두고 경극을 배웠다. 가세가 기울면서 기녀가 되었고, 1925년부터 밍싱 영화사의 영화에 출연하기 시작했는데 출연료를 모아 기루에서 벗어나려는 목적에서였다. 훗날 이 일이 들통 나서 저금한 돈을 기루에 몰수당했다. 그녀의 재능을 높이 사던 정정추鄭正秋 감독이 밍싱 영화사 명의로 돈을 치르고 기적에서 빼 주었다고 한다. 기녀의 이야기를 담은 정정추 감독의 영화 〈상하이 부인上海-婦人〉에서 주연을 맡았고, 신중국 건립 이후에는 상하이영화촬영소의 〈집家〉(1956)에 출연하기도 했다.

[*] 롼링위(阮玲玉: 1910~1935). 1930년대 상하이 영화계를 대표하는 스타였다. 밍싱, 다중화바이허大中華百合 영화사를 거쳐 롄화 영화사로 옮기면서 연기의 폭을 넓혔다. 롄화 영화사에서 우융강吳永剛, 쑨위孫瑜, 부완창, 페이무費穆, 차이추성 등의 감독들과 작업한 영화들은 오늘날에도 중국 영화사의 명작들로 이름이 남았다. 〈신녀神女〉(우융강, 1934), 〈신여성新女性〉(차이추성, 1935) 등이 현존하는 그녀의 대표작인데, 롼링위는 〈신여성〉 발표 후 악의적인 보도에 시달렸다. 자살로 삶을 마감한 작가, 배우 아이샤艾霞를 모델로 한 이 영화는 아이샤를 죽음에 이르게 한 미디어 권력에 대한 항의를 담고 있었고, 마침 롼링위의 전 연인이던 장다민張達民이 롼링위와 동거남 탕지산唐季珊을 상대로 소송을 걸었다. 심기가 뒤틀린 기자들, 여배우의 스캔들 외에도 '국산 영화 부흥 운동'을 벌여 사회 비판적인 영화를 만들던 롄화 영화사에 대한 국민당의 미디어를 이용한 압박이 작용했다는 설도 있는데, 여하간 이러한 요인들이 〈신여성〉 발표 후 연일 롼링위에 관한 추문 기사가 오르내리도록 했다. 1935년 3월 8일, 롼링위는 "사람들의 말이 무섭다"라는 유서를 남기고 자살로 생을 마감했다.

위가 비약적으로 향상되었고 일종의 공직자 대접을 받게 되었다. 이와 병행하여 그녀들이 연기하는 캐릭터도 이전의 부르주아적인 모던 걸에서 수수한 노동자나 농민, 병사로 변모해 갔다. 또한 사회주의 아래의 미디어가 여배우의 사생활에 얽힌 가십은 전혀 다루지 않게 된 대신에 노동자에 다가가고자 노력하는 여배우의 모습은 그럴듯한 선전 재료로 보도함으로써, 여배우는 노동에 의한 개조 모델로 여겨지게 되었다.

이와 보조를 맞추어, 1949년 이후에는 기존의 미인화美人畵*가 봉건 사회의 잔재 혹은 부르주아적 데카당스 문화의 상징이라며 폐지되고, 영화 잡지 표지에서도 스타의 핀업 사진이 서서히 실리지 않게 되다가 문혁 시기에 이르자 완전히 자취를 감추게 되었다. 그 대신 영화 잡지 표지에는 정부에서 권장하는 신작 영화의 스틸 사진이 채택되었다. 비록 배우의 사진이 표지에 실린다고 할지라도, 어디까지나 영화 작품 중 한 장면으로서 소개될 따름이었다. 게다가 프롤레타리아트가 주인공으로 스크린을 독점하던 시대를 반영이라도 하듯, 영화 잡지 표지를 장식하던 것은 좋게 말하자면 소박한, 나쁘게 말하자면 허름한 차림새의 배우들이었다. 이런 상황은 문혁 종결 뒤에도 계속되었다.

---

* 1930년대 초 전성기를 맞이했던 달력 포스터月份牌를 이른다. 달력 포스터의 기본적 양식은 다음과 같다. 전통 중국화의 장방형 화폭의 3분의 2가량 크기로 여성의 초상화가 그려지고 맨 밑에는 캘린더, 맨 위쪽에는 회사명이나 상품 광고가 표시된다. 주로 담배나 약품 회사가 많았고, 당대의 여배우들을 연상케 하는 모습의 미녀들이 그려졌다. 이러한 달력 포스터는 1930년대 상하이에서의 도시 문화의 발달 즉 영화의 융성, 영화 스타들의 화보집 유행과 맥락을 함께한다. 달력 포스터와 삽화로 명성을 얻은 화가 단두위但杜宇가 상하이잉시공사上海影戲公司를 차려 영화 감독, 제작을 했던 일도 이와 관련해 언급해 둘 만하겠다.

『대중전영』 1979년 제5호 표지

중국영화의 열광적 황금기

그런데 이와 대조적으로 『대중전영』 표지에 실린 조안 첸의 모습은 일반 국민이 남녀 불문하고 남색이나 카키색 인민복을 몸에 걸치던 당시치고는 대단히 모던한 차림새를 보였다. 하얀 스웨터에 밀짚모자를 쓰고 연한 화장을 한 얼굴이 크게 박혀 있던 표지 화면 속 조안 첸의 슬쩍 올려다보는 시선은 투쟁의 욕과 반항심을 드러내는 것이 아니라, 계급 투쟁 이데올로기와는 관계없는 중립성을 담보했다. 전경의 붉고 노란 꽃은 가냘픈 느낌을 도드라지게 했다. 한술 더 떠 사진 캡션에는 캐릭터 명이나 작품명만 기재되던 종전과 달리, '여배우 천충'이라고 명기되어 있었다. 영화 잡지 표지에 여배우의 핀업 사진을 사용하는 것은 지금으로서는 당연한 일이지만, 당시로서는 획기적인 시도였다.

이 사진을 포함해, 문혁 종결 뒤인 1976년 10월부터 조안 첸이 미국으로 건너가는 1981년 8월까지 조안 첸은 당시 최고의 영화 잡지였던 『인민전영』(1976년 3월 창간, 1976년 12월 폐간)과 『대중전영』(1979년 1월부터 복간) 표지와 속표지를 도합 다섯 번이나 장식했다. 이와 관련해 같은 시기 다른 여배우들의 게재 횟수를 세어 보면 류샤오칭과 장위가 세 번, 리슈밍李秀明, 쑹샤오잉宋曉英, 장진링張金玲이 두 번에 그쳐 조안 첸이 당시 특권적인 위치를 점하고 있었음을 알 수 있다.

그렇지만 용모만 놓고 보자면 이 시절의 조안 첸은 여성미가 딱히 두드러지는 스타는 아니었다. 다소 통통한 체형에 10대였기에, 다른 여배우들과 비교하면 오히려 성인 여성의 성적 매력을 결여하고 있었다. 그러나 이 또한 당시 시대 상황과 결부된 것이었다. 금욕적인 문혁 시기에는 남성의 욕망을 자극하는 여성의 성적 측면이 퇴폐적으로 간주되었다. 그랬던 것이 문혁 종결 뒤에는 문혁 코드 타파의 일환으로 그동안 말살되었던 여성스러움을 탈환하여 국민들에게 시각적으로 제시하는 게 신정권이 영화인들에게 주문한 급선무 중 하나였다. 그러나 문혁 시기에 국민들에게 명쾌하게 제시되던 이데올로기와 가치관, 행동 양식의 기호 체계를 해체하고 반전시키기가 용이한 일은 아니었다. 여성 표상에 관해 살펴보자면, 노골적인 섹스 어필은 보수파로부터 필연적으로 반발을 초래할 게 분명했고, 관객 측에게도 급격한 변화가 위화감을 느끼게 할 수도 있었다. 이에 소박함과 소녀다운 청순함을 지닌 조안 첸이 적당한 섹슈얼리티를 보여 줌으로써 일종의 완화제로서 이용된 것은 아닐까. 즉 당국에서 조안 첸의 신체를 '미의 규범' 혹은 일종의 표준으로 삼음으로써 '서로 모순되는 두 개의 이데올로기를 하나는 억압하고, 다른 하나는 현저히 드러내는'[54] 이미지 조작을 행하고자 한 것이다. 개혁개방 노선을 확립하는 과정에서 조안 첸이 일종의 보조적인 역할을 했다고도 할 것이다.

2) '외부'를 욕망하는 여배우들

커리어 향상의 욕구

1981년 8월, 인기 절정이던 조안 첸이 미국 유학을 결단하자 중국 사회는 충격에 휩싸였다. 그 후, 그녀의 뒤를 이어 중국 영화계 제일선에서 활약하던 젊은 여배우들이 대거 해외로 떠나며 '스타들의 출국 붐明星出國熱'이 일었다. 비비안 우, 장위, 궁쉐龔雪, 천예陳燁, 양하이렌楊海

蓮, 인팅루殷婷茹, 옌샤오핑嚴曉蘋, 리이李藝, 뤄옌羅燕, 인신殷新, 주비윈朱碧雲, 가이커蓋克, 왕지王姬, 장웨이신張偉欣, 장원옌姜文燕, 자오웨趙越, 바이링百靈, 리커춘李克純, 장리리姜黎黎 등이 미국으로 건너갔다. 그 밖의 나라들로는 프랑스(리펑쉬李風緖, 충산叢珊), 영국(나런화娜仁花), 스위스(쓰친가오와斯琴高娃), 독일(선단펑沈丹萍), 오스트레일리아(렁메이冷眉), 싱가포르(우위팡吳玉芳, 딩란丁嵐)가 있고, 또 저우리나周麗娜, 자오야민趙雅敏, 량옌梁彥, 량웨쥔梁月軍이 일본으로 건너갔다. '스타들의 출국 붐'은 '1986년 중국 영화계 10대 뉴스'에 선정되기도 했다.[55]

조안 첸을 비롯한 여배우들의 출국 목적은 대부분 자비 유학이었다. 그 배경에는 1981년 1월 14일에 중국 국무원에서 「자비 유학에 관한 잠정 규정關於自費出國留學的暫行規定」을 반포하면서, 외국으로 떠날 수 있는 길이 열린 사정이 있었다. 1981년에 토플 시험이 베이징, 상하이, 광저우 등 대도시에서 처음 시행되었을 때 고작 285명이던 수험자 수가 1986년에는 18,000명까지 급증했다.[56] 이 붐이 영화계에도 밀어닥쳤고, 스타 여배우들이 그때까지 쌓아올린 지위와 명예를 버리고 일제히 이국 땅으로 떠나 버린 것이다.

출국 붐을 일으킨 요인 중 하나로 여배우들의 커리어 향상 욕구가 거론된다. 여배우 장위가 "10년간 여배우 생활을 하면서 에너지를 죄다 소진해 버린 것 같아서, 새로운 지식을 익히지 않으면 안 될 것 같았다"고 말한 것처럼, 마침 문혁 혼란기에 학생 시절을 보냈기에 제대로 된 학교 교육을 받지 못했던 그녀들이 다시 공부하고 싶다는 열정에 사로잡히게 된 것은 분명한 사실이었다. 이와 관련해 당시의 잡지 편집자 예줴린葉覺林이 1985년에 영화 스타들의 낮은 학력 수준을 한탄한 적이 있다. "수학이라면 덧셈, 뺄셈, 곱하기, 나누기밖에 할 줄 모르고, 지식 수준이 초등학생이나 다를 바 없는 스타가 드물지 않았다. 그

들이 손으로 써서 보내 온 원고
는 글씨가 너무 엉망이라 읽을
수 없는 것도 많아서 머리를 절
레절레 흔들고 만다."[57]

또 자유 시장을 도입하던 과
정에 있던 당시 중국에서는 인
기에 기초한 성과급 임금제가
극에 달한 형태라 할 스타 중심
의 제작 체제나 보수 제도(스타

여배우 장위(『중국은막』 1982년 제1호에서. 마구
이윈馬貴雲 촬영)

시스템)도 다른 사회주의 나라들과 마찬가지로 존재하지 않았고, 여전
히 연공서열적인 임금 제도가 지배적이었다. 이런 시스템에 대한 불만
도 '스타들의 출국 붐'에 박차를 가했다. 중견 여배우라면 설령 영화
에 출연하지 않더라도 임금이 지급되었으나, 출연 횟수도 많고 인기
도 있는 젊은 여배우의 '노동력 지출'에 대한 보수가 임금에 반영되는
일은 드물었고, 또 개인주의와 대치하는 이데올로기가 지배적인 사회
였기에 거의 스타 대접을 받지도 못했기 때문이다.

한편 당시 영화 작품도 여배우의 매력을 끌어내기보다는 각각의
캐릭터들이 체현하는 이데올로기를 제시하는 데 여전히 방점이 놓여
있었다. 당시 영화의 이런 경향성이 또 다른 문제를 초래하기도 했
다. 연애 영화 〈루산의 사랑廬山戀〉(황쭈모黃祖模, 1980)에서 도회적인 화
교 처녀 역으로 일세를 풍미한 장위는 그 뒤 정부에서 권장하는 정치
색 짙은 영화에 연이어 기용되었다. 신해혁명 70주년 기념으로 제작
된 〈지음知音〉(셰테리·천화이아이·바홍巴鴻, 1981)의 여주인공, 〈금붕어小金
魚〉(리셰푸李歇浦·왕제王潔, 1982)의 불량 청년을 지도하는 간부, 〈밍 아가
씨明姑娘〉(둥커나, 1983)의 마음씨 고운 장애인, 〈청수만, 담수만清水灣, 淡

水滸)〉(셰테리, 1984)의 유산을 전부 국가에 기부하는 모범적 여성 등이 그것이다. 이런 캐릭터를 집중적으로 연기한 탓에 연기의 폭이 좁아져 버린 그녀는 차츰 인기를 잃게 되었다. 이렇듯 "연기하고 싶은 역이 들어오지 않고, 재능을 발휘할 수 없다"는 고뇌를 껴안고 여배우 일에 불편함을 느낀 탓에 해외 진출을 선택한 젊은 여배우도 적지 않았던 듯하다.[58]

개혁개방에 얽힌 모순의 산물

이처럼 '스타들의 출국 붐' 배후에는 문혁까지 잔존하던 농본주의적이고 평등주의적인 생산 양식과 국가에 의한 이데올로기 통제가 품고 있던 여러 가지 문제가 근저에 놓여 있었다. 그렇지만 해외로 뛰쳐나가는 데 필사적이었던 여배우들의 강렬한 욕망은 커리어 향상에 대한 욕구나 영화계 시스템 문제에 대한 불만만으로는 설명하기 어려운 측면이 있다. 일례로, 1985년 당시 유일한 영화 대학이던 베이징 전영학원에서 사회인 입학 전형으로 24명의 영화 스타들을 받아들여 단기 대학이나 전문학교 수준에 해당하는 특별 코스로 '청년 배우 전수과정青年演員專修班'을 설치한 적이 있다. 그러나 이 조치도 인재 유출에 제동을 걸지 못한 채 그곳을 졸업한 여배우 리펑쉬, 자오웨, 우위팡, 장리리 그리고 남자 배우 류신이劉信義가 외국으로 떠나 버렸다.[59]

'스타들의 출국 붐' 근저에는 외국 특히 서쪽 나라들에 대한 동경과 선망이 놓여 있었다. 서방 선진국과 중국 간의 경제적 격차가 뚜렷했던 당시 여배우들은 공무원 대우를 받으며 대부분 출연료 없이 월급으로 수십 위안의 기본급밖에 받지 못했다. 또 커리어를 통해 사회적 승인을 얻고자 하더라도 캐릭터가 제한되어 버리는 등의 문제가 있었다. 이러한 문제를 간과해서는 안 되겠지만 한층 더 파고들어 보면 시

중국영화의 열광적 황금기

장 자유화에 따라서 문혁의 집단주의에서 개인주의로 사회 규범과 가치관이 급격히 변화하던 당시 물질적·정신적 유토피아를 서방 세계에 투영하는 경향은 필연적인 것이기도 했다. 그런 의미에서 그녀들에게는 국경을 넘는다는 것이 잘만 하면 쇼 비즈니스 세계에서 인기와 물질적으로 윤택한 생활 둘 다를 손에 넣을 수 있는 유토피아로 향하는 등용문을 뜻했다.

게다가 '스타들의 출국 붐' 속에 '여배우의 상품화'라고도 할 현상이 급격히 전개되던 사실도 무시할 수 없다. 실제로 수많은 여배우들이 외국인이나 화교, 재외 중국인과의 결혼을 해외로 뛰쳐나가기 위한 디딤돌로 삼았다. 당시 그녀들이 지닌 '상품 가치'는 여성이기에 가능했던 것으로, 남성에게서는 그러한 경향이 거의 인정되지 않았다. '스타들의 출국 붐'이 주로 여배우들 사이에서 일어난 까닭이다. 첨언하자면, 1983년에서 1987년에 걸쳐 상하이에서 외국인과 결혼한 중국인 중 97퍼센트가 여성이라는 통계도 있다.[60] 이런 상황 속에서 수많은 여배우들은 동양인 여성이 가상의 가치를 지닌 상품임을 자각한 채 기꺼이 국경을 넘었던 것은 아닐까 한다.

중국의 개혁개방 노선은 실제로는 생산 양식의 시장 자유화를 뜻했다. 이에 동반하는 물질 지배가 개인이 살아가기 위해서는 자신의 노동력을 시장에 팔지 않으면 안 되는 상황을 낳았고, 또 개인은 노동력을 더욱 유리하게 팔기 위해 다른 개인과 경쟁하길 강요받은 결과, 조금이라도 더 유리한 시장을 국내외에서 찾지 않으면 안 되었다. 이리하여 수많은 여배우들은 가치 생산적 노동에 관련된 다른 노동자들과 마찬가지로 스스로의 서비스 노동을 유리하게 팔 수 있는 유토피아로서의 '외국', 구체적으로는 서방 국가들의 이미지에 사로잡혀 연기뿐 아니라 자신의 섹슈얼리티마저도 상품화하는 물신(fetisch)으로서

자살로 생을 마친 여배우 러윈

국경 밖으로 나아간 것이다.

그러나 실제로는 그 나라들에서 목도한 생활 실태와 국경을 넘기까지 그녀들이 외국에 대해 품고 있던 이미지 사이에는 좋건 나쁘건 간에 거대한 간극이 존재했다. 여배우 러윈樂韻은 1980년대 후반에 홍콩 남성과 사랑에 빠져 홍콩으로 이주했다. 그런데 홍콩 이주 뒤, 상대 남성이 이미 가정이 있는 데다 그녀와는 얼마간의 생활비만 건네며 불륜 관계를 유지하려던 속셈이었음을 깨닫는다. 이런 굴욕적인 처사에 견디다 못한 그녀는 스물아홉의 젊은 나이로 스스로 목숨을 끊었다.[61]

물신은 증권 시장에서 매매되는 금융 상품과 마찬가지여서 모종의 이유로 법적·사회적 승인, 즉 화폐화에 실패하면 단순한 물질(=사용 가치로서의 종이조각)로 전락해 버린다. 이와 마찬가지로 국경을 넘은 그녀들도 이국에서 남성으로부터 법적·사회적 승인을 얻지 못할 경우 물질적·인격적 종속 관계에 기초한 성 상품 처지로 전락해 버릴 위험을 안고 있었다.

문혁 이후의 서방 국가들에 대한 정보 부족, 시장 자유화에 동반한 개인주의와 배금주의의 만연, 쇼 비즈니스에서의 스타로서의 사회적 승인에 대한 욕망 등 중국 '국내'와 '국외' 사이에 존재하던 모종의 시간차 혹은 닫혀진 개방성이라는 모순이야말로 개혁개방 초기 '스타들의 출국 붐'을 낳았다고 할 것이다.

3) 할리우드 시절의 조안 첸

이제 조안 첸으로 이야기를 되돌려 보자. 1979년 11월, 그녀는 중국 영화 대표단 일원으로 일본을 방문하여 풍요로운 일본 사회를 목격하고 큰 충격을 받았다. "첫 외국 체험이었던 일본 방문으로 눈이 트였고, 외부에 대한 호기심과 욕망이 싹트기 시작했다"며 1991년에 술회한 대로다.[62]

그런데 그녀가 유학지로 정한 건 일본이 아니라 미국이었다. 조안 첸은 유학 직전까지 상하이 외국어대학 영문과에 적을 두고 미국 유학에 필요한 어학 능력을 갖추고 있었다. 거기다 어머니가 그녀보다 먼저 학자 신분으로 미국에 체재 중이었던 점, 주인공을 맡았던 중미 합작 텔레비전 드라마 〈베이징에서의 만남相會在北京〉(1980) 촬영 중에 수많은 미국인 스태프들과 접촉한 점, 중국을 방문한 미국 영화 관계자로부터 유학을 권유받은 일 등이 그녀가 미국을 유학지로 선택한 이유로 거론된다.[63]

당시는 중국의 일반인이 해외로 건너가기가 지극히 어려운 시절이었다. 건너편에 수용 태세가 갖춰져 있는지, 보증인의 유무, 본인의 경제적 상황 등을 묻는 상대편 국가의 엄격한 심사를 통과하지 않으면 안 되었고, 거절당하는 사례도 적지 않았다. 여배우 또한 예외는 아니었다. 그러나 조안 첸은 당시 출연 중이던 〈소생蘇醒〉(텅원지, 1981)의 촬영지인 베이징에서 촬영 틈틈이 비자 신청 수속을 마치고 1981년 8월에 뉴욕 주립 대학 연극학과에 입학했고, 얼마 지나지 않아 영화를 좀 더 전문적으로 공부하기 위해 캘리포니아 주립 대학 예술학부 영화학과로 학교를 옮겼다.[64] 그녀의 사례는 유학까지 대단히 순조롭게 흘러간 축에 든다.

실험대로서의 조안 첸

조안 첸의 도미를 두고 중국 매스컴에서는 강렬한 관심을 표했다. 1983년 창춘영화촬영소의 홍보 잡지 『전영세계』에서는 조안 첸의 미국 동정을 추적하는 연재 칼럼을 개설했고, 『대중전영』 1984년 제12호에서는 사진을 곁들여 「미국에서의 천충」이라는 기사를 실었다. 한술 더 떠 1984년 말, 중국의 다큐멘터리 전문 영화 촬영소 '중앙뉴스기록영화촬영소中央新聞記錄電影制片廠'에서는 미국 현지 로케를 감행하여 〈로스앤젤레스의 천충陳沖在洛杉磯〉이라는 작품을 제작했다. 이 다양한 언설과 영상 속에서 조안 첸은 면학에 힘쓰며 애국심에 불타는 모습으로 그려졌다.

이렇듯 중국 매스컴에서 조안 첸의 미국 유학은 대체로 호의적으로 다루어지고 있었다. 이는 가치관의 공백기라고도 할 수 있던 당시 중국 사회 전체에 흐르던 온화한 분위기와 함께 소련의 페레스트로이카의 시작이라는 냉전 말기 세계 정세 변화와 연동하는 것이었다. 재미 중국인 연구자 천샤오메이陳小梅는 에드워드 사이드Edward Said의 오리엔탈리즘Orientalism 연구의 연장으로, 냉전 시대 중국에서의 옥시덴탈리즘Occidentalism 실태를 다음과 같이 분석하고 있다. "냉전 시대 사회주의 중국은 가상의 적으로서의 서양 이미지를 구축하면서 서양으로부터의 해방이라는 언설을 이용해 공산당 정권을 정당화하는 근거로 삼고자 했다."[65]

그러나 1970년대 말에 이르자 덩샤오핑은 전후 세계 구조를 형성하던 냉전 구조의 종언을 예감하여, 이후 '평화와 발전의 시대'가 올 거라며 세계 조류를 적확히 포착했고, 서방 선진국을 모델로 한 경제 발전을 제창함으로써 거의 단절되어 있던 서방 세계와의 교류를 재개하려 했다. 이때 서방 세계와 어떤 식으로 인적 교류를 할 것인가를 모색하던 중국 입장에서 조안 첸은 절호의 실험대가 되었다. 외국에서 배운 지식을 갖고 돌아와 중국의 근대화에 기여하길 바란다는 조국의 큰 기대가 조안 첸에게 덧붙여졌다. 말하자면, 동물에 센서나 발신기를 부착해서 숲속에 풀어 놓고 동향과 생태를 관찰하는 것과 동일한 메커니즘이 작용하고 있던 셈이다.

드래곤 레이디 이미지 답습

그러나 조안 첸이 실제로 놓여 있던 현실 상황은 중국의 매스컴 보도와는 꽤 어긋나 있었다. 중국에서 생활하던 때에는 의식주와 관련한 걱정을 해 본 적이 없던 그녀가 "미국 사회는 돈이 없으면 절대로 움직이지 않는 기계"[66]임을, 즉 자본주의 시스템의 냉혹함을 처음으로 통감한 것이다. 생활비와 학비를 벌기 위해 다른 자비 유학생들처럼 웨이트리스, 베이비시터, 중국어 가정교사 등 온갖 아르바이트를 전전해야만 했고, 미국 영화에 엑스트라나 단역으로 출연하는 것도 마다하지 않았다. 그런 고학 시절을 보내던 와중에, 스스로가 단순한 '물질'이나 상품임을 자각하지 않을 수 없던 그녀 안에서 모종의 변화가 일어난 듯하다. 그녀가 할리우드 메이저 영화에 출연하고 싶다는 강한 의욕을 불태울수록 그녀와 조국 간에 균열이 벌어지기 시작한 것이다.

이러한 균열의 발단이 된 것이 1985년 춘절을 맞아 잠시 귀국했을 때 일어난 사건이었다. 중국 중앙 텔레비전 방송국의 생중계 프로그램 출연 중에 말실수로 내뱉은 "당신들 중국인…"이란 발언에 시청자들의 항의가 빗발쳤던 것이다. "시청자들더러 '당신들 중국인…'이라니, 그러는 당신은 무엇인가? 중국인이라는 정체성을 잊어버렸는가" 하는 게 주된 항의 내용이었다. 중국인들은 조안 첸의 외견과 말투에서 그녀가 서양 물이 들어 버렸음을 민감하게 알아챘고, 불쾌감을 드러냈다.[67] 이는 1950년에 일본배우 다나카 키누요田中絹代가 미국 방문에서 일본으로 귀국했을 때 매스컴을 향해 키스를 날렸다가 비난을 받은 사건*과 흡사했다. 그러나 그 후 조안 첸의 변신은 중국인들의 예상을 한층 더 뛰어넘는 것이었다. 할리우드 대작 영화 〈타이판Tai-Pan〉(다릴 듀크Daryl Duke, 1986) 상영에 이르러, 그녀에 대한 비난은 한층 더 과격해졌다.

앞서 서술했듯, 문혁 종결 직후 중국에서는 조안 첸의 자연스러움이 사람들의 공감을 불러일으켰다. 그런데 이와 대조적으로 할리우드 진출을 이룬 그녀는 서양인이 보는 동양인 여성의 정형적인 이미지에 의도적으로 자신을 맞춤으로써, 소위 말하는 '부자연스러움'을 스스로 앞장서 두르고자 했다. 왜냐하면 서구, 특히 미국이 날조한 오리엔탈리즘적인 시선이야말로 그녀에게 '물신'으로서의 가치를 가져다주었기 때문이다. 할리우드에서 성공하기 위해 그들의 '물신 숭배'를 거꾸로 이용하는 전략에 나선 것이다.

---

*　다나카 키누요는 1924년 열네 살의 어린 나이로 데뷔한 이래 50여 년간 일본 영화의 역사와 함께한 스타였고 미조구치 겐지의 뮤즈였다. 오즈 야스지로의 무성영화 〈대학은 나왔지만大学は出たけれど〉(1929), 일본 최초의 토키 영화로 기록되는 고쇼 헤이노스케五所平之助의 〈이웃의 아내와 내 아내マダムと女房〉(1931)같이 영화사적 의미가 있는 영화들에 출연했고, 일본 패망 직전에는 일본의 군국주의 영화에도 출연하여 '군국軍國의 어머니' 같은 칭호를 얻기도 했다. 1949년 10월 마이니치 신문사每日新聞 후원 아래 미일친선대사 자격으로 미국을 방문하여 이듬해 1월 귀국했는데, 이때 그녀가 취했던 행동이 도마에 올라 물의를 빚게 된다. 공항에서 마중 나온 팬, 기자들을 향해 선글라스를 낀 채 "헬로우"라고 인사하며 미국인처럼 키스를 날리는 제스처를 취한 것이다. 패망 뒤 GHQ(연합국 최고사령부)의 통치 아래 놓여 있던 당시 일본의 상황과도 맞물려 그녀의 행동은 "어줍잖은 미국물이 든 것"으로 간주되었고, 『마이니치 신문』을 제외한 전 언론의 집중 공격을 받았다. 1952년 미조구치 겐지의 〈오하루의 일생西鶴一代女〉으로 재기하기까지, 영화계로부터 거의 추방당한 것이나 마찬가지의 상태에 놓였고, 이로 인해 극심한 스트레스와 우울증에 시달렸다고 한다.

오래전부터 할리우드 영화에는 중국인 여성의 정형화된 이미지가 존재하고 있었다. 수수께끼에 휩싸여 위험한 냄새를 풍기는 쿨한 미녀, 수풀에 숨어 있는 독사를 떠올리게 하는 드래곤 레이디Dragon Lady*가 그것이었다. 오리엔탈리즘에 의해 생성된 이러한 표상은 중국계 여배우에 의해 몇 세대를 거

초대 드래곤 레이디, 안나 메이 웡

처 거듭 연기됨으로써 중국인 여성의 표상을 규정지어 왔다. 원조 드래곤 레이디였던 안나 메이 웡Anna May Wong(黃柳霜)은 1920년대부터 1930년대까지 할리우드에서 동양인 악녀 역으로 가장 빛을 발하던 여배우였다. 그녀는 미국에서 태어나 미국 국적을 갖고 영어로 말하

* 동양인 여성에 대한 할리우드 영화의 오래된 상투적 이미지로 '마담 버터플라이'와 '드래곤 레이디'가 언급되곤 한다. 전자가 지고지순하고 수동적인 여성상이라면, 후자는 음모, 복수, 타락, 아편 같은 부정적인 이미지와 결부되어 등장하는 매혹적이고 위험한 여성들이었고, 특히 중국인 여성들에 덧씌워지던 이미지였다. 본문에서 언급되었듯, 중국계 3세 미국인 안나 메이 웡은 할리우드의 이국적인 '중국 여인'으로서 여러 편의 영화들에서 이러한 드래곤 레이디 이미지를 거듭 연기해야만 했다. 라울 월시Raoul Walsh의 〈바그다드의 도둑The Thief of Bagdad〉(1924)의 몽골 노예, 요제프 폰 스턴버그Josef von Sternberg의 〈상하이 익스프레스Shanghai Express〉(1932)의 서늘한 미모의 중국인 창녀가 전형적 사례다. '드래곤 레이디', '차이니즈 뱀프Chinese Vamp', '차이나 돌China doll'로 불리던 안나 메이 웡의 이러한 캐릭터는 이후 낸시 콴(Nancy Kwan, 關家蒨) 같은 중국계 미국인 여배우들에게로 계승되어, 허벅지까지 트인 치파오 차림의 신비롭고 에로틱한 중국인 여성 캐릭터로 거듭 스크린에 등장했다.

는 완벽한 미국인이었으나 중국계였던 탓에 할리우드에서는 이방인 취급을 당하며 종종 드래곤 레이디를 연기해야만 했다. 그러나 1934년에 '헤이스 코드Hays code(검열 기준으로 제정된 프로덕션 코드)'가 등장하여 이인종異人種 간의 연애와 성적 유혹 묘사가 금지되면서 섹시하고 위험한 냄새를 풍기는 드래곤 레이디 연기에 탁월했던 안나 메이 웡의 출연 기회도 줄어들고 말았다.[68]

전쟁이 끝나고 시대가 흘러 조안 첸에 이르자 이인종 간의 섹슈얼한 묘사는 물론이고 누드신이나 베드신 연출도 이미 거리낄 것이 없어졌다. 이에 안나 메이 웡부터 시작된 중국인 여성의 섹슈얼한 측면이 조안 첸에 의해 더욱 직설적이고 과격한 형태로 반복되며 전개되기에 이른다.

육체 개조와 연기 재구축

그런데 미국에 건너온 초기, 조안 첸은 할리우드에서 오디션을 볼 때마다 '중국인으로는 보이지 않는다'는 이유로 연거푸 탈락했다. 치켜 올라간 가느다란 눈과 쭉 뻗은 긴 머리칼이라는 종래의 중국인 여성 이미지를 기준으로 보니, 쌍꺼풀진 큰 눈에 곱슬머리를 지닌 조안 첸이 중국인으로 보이지 않은 것이다.[69] 거기다 겉모습뿐만 아니라 언어에도 문제가 있었다. 〈이어 오브 드래곤Year of the Dragon〉(마이클 치미노Michael Cimino, 1985)의 유력한 여주인공 후보에 올랐으나 영어 억양이 문제가 되어 배역을 놓친 것이다.[70]

이에 풍만한 체형이었던 조안 첸은 어떻게든 드래곤 레이디 이미지에 근접하게끔 육체 개조에 착수했다. 단기간에 살을 뺐고, 홀쭉해진 볼 때문에 둥그런 얼굴은 날렵한 인상으로 변했다.[71] 또 어학 교사를 고용해 영어 발음 교정을 받으며 중국인 억양을 완전히 벗어 버리려

노력했다.[72] 이러한 그녀의 자기 관리와 개조 노력은 원자화한 근대적 주체의 한 전형을 보여 주고 있는 것처럼 보인다. 즉 자신의 '서비스 노동'을 팔 시장에서 경쟁에 승리하고자 감각적이고 신체적인 자신을 갈고 닦아 형성하고 제어하는 강인한 주체인 것이다.

미국형 쇼 비즈니스 시장에 적응하기 위한 이러한 자기 도야는 그녀의 연기 스타일에도 변화를 가져왔다. 미국에 건너가기 전까지 조안 첸은 소련에서 중국으로 도입된 스타니슬랍스키 시스템Stanislavsky System의 영향을 강하게 받고 있었다. 스타니슬랍스키 시스템은 "퍼포머는 최대한 자신이 연기하는 캐릭터로 완전히 '살아야' 하며, 그/그녀가 내면에서 어떻게 생각하고 있는가를 퍼포먼스의 기초로 삼아야만 한다. (…) 내적 감각의 적절한 정도가 설정되고 나면 거기서 퍼포먼스 행위가 절로 나올 것이다"[73]라는 이념에 그 정수가 응축되어 있는 연기술을 말한다.

이 연기론은 1950년대부터 1980년대에 걸쳐 중국에 절대적인 영향력을 미치고 있었다. 일례로 조안 첸의 은사 격이라 할 셰진 감독의 촬영 팀에서는 배우의 역할 만들기 일환으로 각자 맡은 등장인물의 '자서전'을 일인칭 시점으로 쓰는 것이 의무였다. 스토리 전개에 따라 등장인물의 심리가 어떻게 변화해 가는지를 정리함으로써 인물의 내면을 포착하길 바라는 감독의 의도였다.[74] 그러나 "분석 성과를 반드시 실제 연기 속에 반영할 수 있으리란 장담도 없고 별반 도움도 되지 않는 헛수고가 준비 작업에 적지 않게 들어간다"[75]며 배우 위양於洋이 탄식한 것처럼 중국의 영화 배우들 대부분은 관념적인 '내면'을 시각적인 '형태'로 전환하지 못했고, 그 결과 '내면'과 '행동'의 분열이 그들의 연기에 나타났다.

조안 첸은 미국에 건너가고 나서 이 스타니슬랍스키의 연기론이

제4장 스타 탄생

절대적인 것이 아님을 깨닫게 되었다. 1986년에 〈마지막 황제〉에 출연했을 때였다. 아편에 중독되어 발광하는 여주인공을 어떻게 연기해야 할지 당혹스러워하던 조안 첸에게 베르톨루치 감독은 등장인물의 심리 분석을 묻는 대신 한 치수 큰 구두를 신게 했다. 그 구두 때문에 움직임이 둔해진 조안 첸은 카메라를 거치자 자연스럽게 그 여주인공의 모습처럼 보였다. 연기가 '내면'으로부터가 아니라 '형태'를 만드는 데서부터 시작된다는 접근법에 조안 첸은 큰 충격을 받았다고 한다.[76]

이렇게 조안 첸은 육체와 언어뿐 아니라 연기 스타일까지도 재구축하게 되었다.

얼굴에서 신체로

중국에 있었을 적의 조안 첸 이미지가 얼굴을 빼고는 설명할 수 없다고 한다면, 미국에 건너간 뒤에는 몸이 그녀 이미지의 중심이 되었다. 육체 개조에 성공한 그녀는 드디어 대작 영화 〈타이판〉의 여주인공을 연기할 기회를 거머쥐었다. 이 작품에서 그녀는 식민 지배자 서양인의 시중을 드는 여자 노예 역을 연기했는데, 중국인으로서는 굴욕적인 역할 설정과 대담한 누드신으로 화제가 되었다.

〈타이판〉에 관해 조안 첸 자신은 다음과 같이 말한다.

저는 이 영화에 출연한 일을 조금도 후회하지 않아요. 왜냐하면 할리우드 진출에 이 영화가 결정적이었으니까요. 노예인 여성 주인공이 이런 식으로 서양인들 눈에 매력적으로 비치는 건 동양인 여성의 아름다움, 그러니까 종속된 자의 아름다움을 증명하는 것이죠. 그 영화 스태프들의 중국에 대한 이해가 그 정도였으니 그들을 설득하고 싶

은 마음도 들지 않더군요. 중국
인이 서양인을 묘사할 때도 같은
이야기를 할 수 있을 테죠.[77]

저는 카멜레온이에요. 이 땅, 저
땅의 색깔에 맞춰 계속 자신의 색
을 바꿔 가지요. 언뜻 경박하게
보일지도 모르겠지만 자기 자신
을 지키기 위해 필요한 거랍니다.
저는 자주 큰 소리로 웃곤 해요.
주위의 미국 사람들이 저더러 발

〈타이판〉(1986, 사진 출처 嚴歌笭, 『本色
陳沖』)

랄한 미국 아가씨 같다고 하지만
이건 제가 이국 땅에서 살아가기 위한 방책이죠. 진짜 속내는 겉에 드
러내지 않고 마음속에 담아 두는 겁니다.[78]

　이 증언들로부터도 조안 첸이 드래곤 레이디 같은 정형적 이미지를
전략적으로 이용하고 있음을 알 수 있다. 실제로 그녀는 미국의 매스
미디어로부터 "드래곤 레이디의 재림"이라고 불리고 있었다.[79]
　〈타이판〉은 공개되자마자 미국 내 중국인 사회에서 다음과 같은 불
평을 샀다. "이 영화의 규칙은 20분에 한 번씩 조안 첸이 나타나는 것
이고, 그때마다 관객들은 그녀의 가슴을 볼 수 있지 않을까 하는 기
대로 두근거렸다", "조안 첸을 더 보고 싶다면 조금만 참아라. 조만간
『플레이보이』에서 볼 수 있을 것이다." 또 서방의 매스컴에서도 "공산
권 국가의 톱스타였던 조안 첸의 변모는 자본주의 세계의 승리를 의
미한다 할 것이다"라며 야유를 보냈다.[80]

중국 본토에서는 1986년에 '자산 계급 자유화'를 비판하는 캠페인과 연동하여, 〈타이판〉과 조안 첸을 규탄하는 움직임이 일었다. 당시 〈타이판〉을 실제로 볼 수는 없었던 중국의 미디어에서는 외국의 영화평과 보도를 바탕으로, 상상력을 가미하여 조안 첸의 '자본주의의 해독에 더럽혀진 반면교사' 이미지를 만들어냈다. 그런데 이와 같은 비판의 배후에는 미국 사회에 대한 중국 측의 저항하기 어려운 관심과 호기심이 투영된 감이 있다. 실제로 1980년대 말부터 1990년대 초에 걸쳐 밀수입된 〈타이판〉 비디오테이프가 중국 각지에서 은밀하게 나돌던 일이 그 증거다.[81]

자본주의 사회인 홍콩과 타이완에서도 조안 첸의 활동은 사람들에게 위화감과 모순된 감정을 불러일으켰다. 그때까지 문화적으로 세련되지 않았던 탓에 종종 촌스럽고 우스꽝스러운 존재로 비웃음거리가 되곤 했던 대륙 출신 여배우가 육체 개조를 거쳐 이윽고 할리우드 영화에 출연하게 됨으로써 타이완이나 홍콩 여배우들의 서구화 정도를 능가하는 것처럼 보였기 때문이다.[82]

타이완의 미디어는 할리우드 진출에 성공한 조안 첸에게 선망하는 시선을 보내는 한편, 그녀에게서 보이는 서구적인 이질성에 거부 반응을 보이기도 했다. 1987년에 타이완의 『시보주간時報週刊』(491호)은 중국 대륙 여배우 특집을 처음으로 기획하고 조안 첸을 비롯해 일곱 명의 여배우들에 관해 다루었는데, 그녀에 관해서는 "서양 물이 든 감이 있다"며 냉담한 코멘트를 덧붙였다.[83] 그 밖에도 조안 첸 주연의 타이완 텔레비전 연속극 〈바람과 함께 사라지다隨風而逝〉(1990)가 기대한 만큼 높은 시청률은 얻지 못하자 이를 두고 타이완 미디어는 "서구적 분위기의 조안 첸이 함께 출연한 타이완 현지 배우들과 어우러지지 못했다"며 시청률이 낮은 원인을 그녀에게 전가했다.[84]

홍콩에서는 조안 첸의 누드가 상
업적인 선전 재료로 이용되었다.
1986년에 〈타이판〉에 이어 출연
한 홍콩 영화 〈악당惡男〉(천쉰치陳勳
奇, 1986) 홍보에서 물에 젖은 수영복
차림의 조안 첸을 클로즈업한 포스
터가 홍콩의 지하철 구내와 각 역
에 나붙었다. 홍콩의 매스미디어는
"조안 첸의 몸이 부위별로 전시되
는 것 같아서 가엾다", "파렴치하기
그지없다" 등 다양한 목소리로 술
렁였다.[85] 그 후 그녀가 출연한 홍

〈악당〉(1986, 사진 출처 嚴歌笭, 『本色陳沖』)

콩 영화 〈라스트 템테이션誘僧〉(뤄줘야오羅卓瑤, 1993), 〈레드 로즈, 화이트
로즈紅玫瑰白玫瑰〉(관진펑關錦鵬, 1994)에서도 전라 장면이나 베드신이 빠
지는 일은 없었다. 홍콩에서 조안 첸은 '누드신을 마다 않는 자유분방
한 할리우드 여배우'로 인식된 것이다.

이처럼 조안 첸의 이미지는 할리우드, 중국 본토, 홍콩, 타이완에서
어느 정도 공통성을 지니면서도, 서로 간에 미묘한 차이를 품고 있
었다. 리처드 다이어는 그의 저서에서 다음과 같은 경위를 지적한 바
있다.

영화 속에서의 동작이나 발화는 해당 영화 특유의 성격을 지니면서
도, 장르나 개별 스튜디오에 한정되지 않는 동작과 발화 코드 즉 문
화에 의해 규정된 일반성에 의해 해석되는 법이다.[86]

동일한 표정에서 생겨나는 서로 다른 의미 작용. 〈청춘〉(1977, 위쪽)과 〈타이판〉

그의 지적대로, 조안 첸의 이미지가 국가와 지역에 따라 제각기 대조적인 형태로 수용되는 것 또한 나라와 지역별로 다른 문화적 코드가 존재하기 때문이리라. 일례로 조안 첸의 동일한 표정을 두고서도 문화적 코드 차이에 의해 상이한 의미 작용이 발생하고 있다. 1977년 중국 영화 〈청춘〉의 오디션에서 셰진 감독은 "조안 첸은 그렇게 예쁘지는 않지만 개성적인 얼굴을 하고 있다. 특히 얼굴 표정에서 농아에 가까운 데가 있다"고 말하며, 인민해방군 군의관의 도움을 받는 장애인 역으로 그녀를 기용했다. 이때 셰진 감독을 끌어당긴 것은 입술을 살짝 벌리고 눈썹을 '팔자八字' 모양으로 찡그리며 상대의 도움을 요청하는 것 같은 가련한 표정이었다.[87] 이 표정은 훗날 그녀의 할리우드 시절 출연작에서도 빈번히 보인다. 양쪽 다 그녀가 수동적인 역할이지만, 전자가 공산당에 의한 해방을 기다리는 인민의 표정인데 반해 후자는 서양인 남성에게 시각적 쾌락을 제공하는 동양인 여성이라는 에로틱한 오브제의 표정이다.

'연기적인 아이덴티티'와 소외 구조

1987년, 세계적으로 대히트한 〈마지막 황제〉에 대한 중국 국내의 반응은 찬반양론으로 갈렸다. 비판적인 의견의 논거는 배외적인 내셔널리즘과 영화인들의 질투, 반발에 기인한 것이 대부분으로, 이성적인 비판은 적었던 것 같다. 〈불타는 원명원〉(1983)과 〈수렴청정垂簾聽政〉(1983)을 비롯해, 청조를 무대로 한 시대극을 다수 찍은 노련한 감독 리한샹은 〈마지막 황제〉를 다음과 같이 혹평했다.

> 〈마지막 황제〉는 내가 〈불타는 원명원〉에서 사용한 대도구를 그대로 차용했을 뿐 아니라, 수많은 장면에서 공공연하게 내 작품을 표절하고 있다. 예를 들어, 〈불타는 원명원〉에 황제의 생신을 축하하며 곤극崑劇〈손오공孫悟空〉 공연을 벌이는 장면이 나오는데, 〈마지막 황제〉에서는 같은 극 무대를 고스란히 베낀 카메라 워크로 재현했다. 또 팔백 나한 조각상이 장식된 비윈쓰碧雲寺에서 로케 촬영한 〈불타는 원명원〉을 모방하여, 베르톨루치는 〈마지막 황제〉에서 임종을 맞는 서태후가 팔백 나한상에 둘러싸이게끔 설정했다. 그렇지만 어느 모방이든 죄다 부자연스럽기 짝이 없고, 리얼리즘과는 동떨어져 있다.

또 리한샹은 조안 첸도 비판했다.

> 조안 첸의 얼굴은 마치 점토인형처럼 새하얗게 분을 칠해 우스꽝스럽기 그지없다. 조안 첸은 〈타이판〉에서 가슴을 노출해 화제를 모았는데, 이 작품에서 황제가 황후와 빈 두 명을 동시에 침대에 들여 한 이불 아래서 희롱하는 장면은 한층 더 음란하다 할 것이다. 당시 허난성의 사교邪敎 신자들 사이에 이러한 풍습이 남아 있었다고는 하나, 궁정에서는 도저히 일어날 수 없는 일이다.[88]

그런데 훗날 이 작품이 제60회 '아카데미상' 작품상, 감독상을 비롯해 9개 부문에서 수상하자, 중국 국내의 여론 향방이 일변했다. 특히 수상식에서 조안 첸이 주연 배우 존 론John Lone(尊龍)과 함께 단상에 올라 영어로 유머러스한 수상 소감을 펼치는 모습이 전 세계로 중계된 일을 계기로 조안 첸에 대한 중국 내의 평가가 호의적으로 바뀌었다. '아카데미상' 무대에 서고 싶다는 수세대에 걸친 중국 영화인들의 꿈이 조안 첸에 의해 이루어졌기 때문이다.[89]

그러나 조안 첸은 "중국 문화의 훌륭함을 세계에 전해서 국위 선양에 기여하길 바란다"는 조국의 기대에 적극적으로 응하려 들지는 않았다. 그렇기는커녕, 그녀의 출연작에서 중국적인 색채는 점점 옅어져 갔다. 실존했던 중국인 여성 화가 판위량潘玉良을 주인공으로 한 중국 영화 〈화혼畵魂〉(황수친, 1992)의 여주인공, 그린 카드를 손에 넣기 위해 위장 결혼을 마다 않는 상하이인을 그린 〈결혼 피로연喜宴〉(리안李安, 1993)의 여주인공이 모두 조안 첸을 염두에 둔 배역이었음에도 불구하고 그녀는 여러 이유를 들며 출연을 거절했다.[90] 거기다 미국에서 중국인 이민자들의 생활을 사실적으로 그린 화제작 〈조이 럭 클럽The Joy Luck Club〉(웨인 왕, 1993)에는 당시 미국에 있던 중국계 배우들이 총출동했는데도 불구하고 조안 첸의 모습은 등장하지 않았다.

이 시기에 조안 첸은 베트남 사람[〈하늘과 땅Heaven & Earth〉(올리버 스톤Oliver Stone, 1993)]이나 이누이트 족 여인[〈죽음의 땅On Deadly Ground〉(스티븐 시걸Steven Seagal, 1994)] 아니면 근미래 세계를 그린 SF 영화의 여주인공[〈태양의 전사들The Blood of Heroes〉(데이비드 웹 피플즈David Webb Peoples, 1988)] 등을 연기하며, '국적 불명의 이방인' 이미지를 전면적으로 드러냈다. 이는 1990년대에 30대가 된 조안 첸이 젊음을 무기로 하는 차이나 돌China doll이나 드래곤 레이디 역에 어울리지 않게 되자 방황하기 시작한 상황과 관련이 있을 것이다. 〈하늘과 땅〉에서 당초 조안 첸이 도전하고 싶어 했던 것은 여주인공인 젊은 베트남 여성 역이었다. 그러나 실제로 들어온 배역은 여주인공의 어머니라는 나이든 여자 역할이었다.[91]

이와 같은 시기에 그녀가 연기한 중국계 여인 역할도 실제적인 중국인 여성이라고는 말하기 어렵다. 텔레비전 드라마 〈트윈 픽스〉에서 연기한 홍콩 미망인 역은 "아이덴티티는 너무나 애매모호하고, 완전히 오리엔탈리즘 취향에 사로잡혀 있다"는 평가를 받았다.[92] 또 상하이 출신 중국인 여성 역으로 출연한 〈와일드 사이드The Wild Side〉(도널드 캠멜Donald Cammell, 1995)에서 앤 헤이시Ann Heche가 연기하는 미국인 여성과의 대담한 레즈비언 베드신에 도전한 그녀는 외견에서도 행동거지에서도 이미 중국인으로는 보이지 않았다.

도미를 경계로 조안 첸의 정체성은 흔들렸고, 리처드 다이어가 말하는 바의 허구적인 '연기적演技的 아이덴티티'로 변용한 듯 보인다.[93] 연기적 아이덴티티의 존립 구조는 고정된 신분이 해체되고, 자신이 유동적인 타자와의 총체적인 관계성 안에서만 승인, 증명될 수밖에 없는 대인 관계 구조에 기반을 두는 것이다. 이렇게 보면 돈과 상품, 사람을 유동화하여 자본으로 결합시키고 그 결과 가치가 산출되는 사회 안에서 '연기적 아이덴티티'란, 여배우뿐만 아니라 자기 자신을 잠재적으로는 온갖 종류의 시장에서 노동 상품으로 팔 수밖에 없는 근대인에게도 해당된다 할 수 있을 것이다. 그러나 스타 여배우가 신체 부위까지도 상상적인 가치를 지닌 상품으로 소외당하며, 더 나아가서 생활 전반까지도 매스컴을 통한 소비의 대상이 되어 버리는 현실에 비추어 볼 때, 그 소외 정도가 소위 말하는 자기 소외에까지 이르게 되어 버림으로써 스타 여배우가 가지는 노동 소외 현상은 가치

생산적 노동자보다도 더 심각한 지경에 놓인다 할 것이다.

그러므로 조안 첸의 아이덴티티 혹은 퍼스널리티 변용은 그녀 자신의 의사에 기초해 자율적으로 형성되었다기보다는 주위 환경에 강요당하며 장애를 극복하는 과정에서 획득한 것이라 할 수 있다. 그녀 앞에 가로놓였던 장애란, 앞서 언급한 바의 중국과 미국 간의 문화적 차이, 사회주의와 자본주의 체제 간의 차이, 자본주의 체제에 기반을 둔 할리우드적 영화 제작 시스템 등이다. 할리우드에서 살아남기 위해 아시아 사회주의 체제 출신의 조안 첸이 가혹한 규율 훈련을 자기 자신에게 가하지 않을 수 없었던 것이다.

그녀의 공격적이라고도 할 수 있는 행동거지나 이미지 전략, 즉 오리엔탈리즘적 욕망을 역이용하여 자신의 신체 부위를 아시아산産 물신으로 연마하고 형성하여 에로틱한 이미지 상품으로 판매하는 전략은 이러한 경위를 통해 대부분 설명이 된다.

즉 생산 수단과 노동자가 분리되고, 물질(화폐)에 대한 종속에 의해 소외된 사회(자본주의 사회)에서 쾌락을 소비하는 형태가 전면적으로 소외된 형태―돈만 있으면 형식적으로는 모든 것을 얻을 수가 있지만, 욕망의 대상이 그저 '시장'에 의해 할당되는 대체물에 불과하며 자기 표현이라는 견지에서는 내실을 동반하지 않는 형태―를 취하는 이상, 그 사회에서 서비스 노동자(여성)의 노동은 물론 규율 훈련으로 스스로 자신의 상품 가치를 연마, 형성하는 과정 또한 소외된 형태로 나타날 수밖에 없는 이치다. 그런 의미에서 조안 첸은 지극히 냉소적인 태도로 자신이 놓인 상황과 위치를 자각하고, 이국에서의 이 소외된 상황에 스스로를 동일화했다고도 볼 수 있다.

조안 첸은 중국의 개혁개방 정책이 보내는 순풍을 맞으며 자유 세계에서 헤게모니를 쥔 국가 미국에서 성공을 거둠으로써 중국이 낳은 글로벌 여배우 제1호가 되었다. 그러나 그녀의 고통스러운 얼굴과 단련되고 다듬어진 신체가 아무래도 판매 전략만으로는 회수되지 않는 재미 중국인 여성의 비애 또한 전시하고 있는 것처럼 보이는 느낌은 억누를 길이 없다. 근대적이고 추상적인 개인의 확립과 그가 누리는 형식적인 자유가 소위 말하는 인간으로부터의 소외(군중 속의 고독)와 동전의 앞뒤 관계를 이루고 있기 때문이다.

이질성에서 동질성으로-조안 첸의 현재

그런데 조안 첸이 미국으로 건너간 직후 서구 미디어에서 그녀를 정치적인 선전물로 취급했던 것도 눈에 띄는 대목이다. 공산권 국가의 톱스타였던 그녀의 할리우드 진출이 '자본주의 세계의 승리'로 간주되거나 그녀가 리처드 기어Richard Gere가 주연한 흥행 영화 〈뉴욕의 가을Autumn in New York〉(2000) 감독으로 대활약했던 시기가 정확히 중국 당국으로부터 그녀가 중국 내 촬영 금지 처분에 처해진 직후였다는 사실이 그 증거다.[94] 조안 첸은 그녀가 도달한 철저한 서구화 때문에 거꾸로 중국 본토에서는 오랫동안 체제 측의 승인을 얻을 수 없었고, 때로는 반면교사로 간주되기도 했다.

그러나 한편으로는 정치적인 의도를 일탈한 형태로, 중국의 수많은 민중들이 왕년의 친숙한 아이돌이던 그녀를 매개로 '외부' 세계를 욕망하고 있었다고도 할 수 있다. 중국인들에게 아직은 생경하기 이를 데 없는 서양 문화와 자본주의 국가의 문화가 조안 첸을 매개로 처음으로 수용 가능하게 된 것이다. 조안 첸의 신체는 동서 간의 국경을 가로지르는 트랜스 내셔널Trans National 문화 교류를 활성화하는 데 기여하는 완충재가 되었고, 중국인이 품고 있던 '외부'의 이미지를 더욱 친근하게 느끼게 했다.

근년 들어, 조안 첸은 중국 본토의 스크린으로 되돌아왔다. 〈해바라기向日葵〉(장양張揚, 2005), 〈자스민 우먼茉莉花開〉(허우융侯詠, 2006), 〈태양은 다시 떠오른다太陽照常昇記〉(장원姜文, 2006), 〈24시티二十四城記〉(자장커, 2008) 등이 그것이다. 이들 영화 홍보차, 성공한 중국계 미국인 의사인 남편과 미국에서 낳은 두 딸을 데리고 종종 매스컴 앞에 모습을 드러내는 조안 첸은 중국인들에게 아메리칸 드림을 이룩한 승리자로 비춰진다.

미국으로 건너가기 전 아이돌 시절의 조안 첸에게 오마주를 바친 〈24시티〉나 베이징 뒷골목의 어머니 역으로 출연한 〈해바라기〉 혹은 옛 상하이를 무대로 한 〈자스민 우먼〉을 비롯한 일련의 작품에서 그녀가 연기하는 역할들은 일상미가 넘치는 중국인이다. 중국의 매스컴은 이를 "조안 첸은 점점 '상하이식'으로 변해간다"며 호평했고, 조안 첸은 이에 "미국에서 지내면 지낼수록 세계화니 국제화니 하는 것들이 결코 한 가지 패턴이 아니라 다원적인 것임을 알게 되었다. 자기 자신의 원점으로 되돌아가 의식적으로 상하이 사람다운 모습을 표현하려 한다"고 화답했다.[95] 한술 더 떠 〈해바라기〉와 〈17세十七歲〉(지청姬誠, 2007)의 감독들은 자신의 자전적인 이들 영화에 앞을 다퉈 조안 첸을 자신의 어머니 역으로 기용하고자 했다.

이러한 변화는 과거 이질성이 두드러지던 조안 첸의 신체와 글로벌화가 급속히 전개되고 있는 현재의 중국 사이에 모종의 동질성이 생겨났을 뿐 아니라, 더 나아가 그녀의 신체가 하나의 기호로서 중국인들의 자기 표상으로 수용 가능해졌음을 의미한다. 세계화가 진전됨에 따라 동양과 서양의 지정학적 범주를 가르던 경계선 자체가 점점 애매해지고 오리엔탈리즘과 옥시덴탈리즘 어느 쪽도 성립하기 어렵게 되었다. 조안 첸은 그러한 시대의 변화를 체현해 왔다.

더욱이 그녀가 밟아 온 궤적이 장쯔이를 비롯한 중국의 젊은 여배우들에 의해 되풀이되고 있는 것 또한 간과할 수가 없다. 새로운 세대의 중국 영화인들에게 조안 첸은 할리우드로 이르는 길을 개척한 선구자로서뿐만 아니라, 세계를 향해 날갯짓하려는 자신들을 지원하고 지켜봐 줄 어머니 같은 존재가 되었다. 과거 얼굴과 몸에 의해 강조되던 조안 첸의 에로틱한 신체성이 옅어 가는 한편, 지금은 메타포로서의 어머니 이미지가 점차 두드러지기 시작한다. 중국 본토가 '세계의 공장'이 된 현재, 조안 첸의 표상이 중국 본토와 연계되어 앞으로 어떻게 변모해 갈 것인가를 주목하지 않을 수가 없다.

맺음말

현대 중국의 원점을 되짚는다

지금 2, 30년 전의 중국 영화를 되돌아보는 데는 커다란 의의가 있다. 고도 성장기에 놓인 현재 중국 사회의 원점이 바로 그 시대에 있기 때문이다. 1980년대는 중국이 극좌적 이데올로기를 높이 내걸던 문혁기에서 벗어나 생산력을 중시하는 개혁개방 노선으로 방향을 튼 전환기였고, 현재 중국 사회의 원점이라 할 것들 대부분이 형성된 시기였다. 그렇기에 급격한 변화를 겪고 있는 지금의 중국 사회를 이해하기 위해서는 1980년대를 조명하는 것이 무엇보다 중요하며 필수적이라 하겠다.

시행착오를 거듭하던 이 시기 중국에서 가장 커다란 역할을 맡던 미디어가 바로 영화였다. 당시 중국 영화는 단순한 엔터테인먼트 역할을 훨씬 뛰어넘어 문학에 의한 정신적 자폐 상태로부터의 탈출, 상실된 휴머니즘 정신의 회복, 윤리관과 도덕의 재건, 더 나아가서는 근대화 노선을 추진하는 중국 국민들의 사고 형성에 이르기까지 다양한 형태로 중국 국민들의 집단적 의식에 절대적인 영향을 끼쳤다.

이 책은 '문화대혁명'이라는 커다란 트라우마를 안고 있는 중국 사회가 '톈안먼 사건'(1989년 6월)이라는 새로운 역사적 사건을 조우하고 나서 고도 경제 성장기로 돌입하는 과정에서 개혁개방 노선을 어떻게 확립해 갔는가 하는 프로세스를 영화를 매개로 한 대중 문화의 진통을 고찰함으로써 오롯이 함과 동시에 그 프로세스와 상통하는 오늘날 중국 사회의 복잡한 심리 구조와 이데올로기적 위상을 해명하고자 시도한 결과물이다.

이 과제를 수행하기 위해 거장들의 명작을 축으로 영화사를 서술하는 풍조가 최근 두드러지는 가운데, 이 과제를 수행하기 위해 이 책에서는 일부러 명작 영화들의 울타리 안으로는 수렴되지 않는 영화 장르나 문화적 현상을 다루고자 했다. '문혁 표상', '덩샤오핑 표상', '제4세대 감독', '댄스 붐', '성인 영화' 등이 이에 해당할 것이다.

1989년에 발생한 '톈안먼 사건'은 중국 영화와 관련해서도 시대를 가르는 경계선이라 볼 수 있다. 톈안먼 사건 이후 제5세대 영화인들이 해외 자본으로 찍은 대작 역사물들이 점차 중국 영화를 대표하는 작품이 되었다. 이들 작품을 제작하는 데 서구의 시선을 점점 더 강하게 의식하게 되면서 일반 중국인들이 놓여 있던 현실과 정면으로 마주하려는 진지한 자세가 사라진 것은 부정할 수 없는 사실이다. 과거 중국 영화인들이 사회주의적 계획경제 제도 아래의 촬영소 시스템이 선사한 윤택한 제작 환경 속에서 채산성을 아랑곳하지 않고 정치적 요구와 실랑이하면서 제작한 〈황토지〉(1984), 〈부용진〉(1986), 〈오래된 우물〉(1987), 〈붉은 수수밭〉(1987)으로 대표되던 풍요로운 영화 문화는 영화 제작 체제와 미디어 환경의 변화와 함께 이윽고 지나간 역사가 되었다.

그러나 '80년대 영화'가 그저 사라져 버리지는 않았다. 그 뒤로 이어지는 중국의 사회와 문화에 폭넓은 영향을 끼치며 오늘에 이어지고 있기 때문이다. 여기서는 1990년대부터 현재에 이르기까지의 중국 영화 제작 상황을 되짚어 80년대 영화와의 단절과 변화, 혹은 계속과 계승을 오롯이 하고자 한다.

영화 시스템의 대변동

1990년대 들어 영화 시장 위축이 급속히 전개되었다. 특히 1993년에 이르자 흥행 수입과 관객 동원 수가 전년도와 비교해 각각 40퍼센트와 60퍼센트 정도까지 감소했다.[1] 이에 1993년에 배급에 중점을 두는 개혁이 다시 시행되었고, 국가 라디오·영화·텔레비전 관리 총국國家廣播電影電視總局에 의해 반포된 「영화 업계 시스템 개혁에 관한 약간의 의견關於當前電影行業機制改革的若干意見」과 「실시 세칙實施細則」은 사회주의 계획경제 시대의 영화 시스템에 종결을 고하는 획기적인 분수령이 되었다. 이로써 그때까지 배급망 피라미드 정점에 있던 '중국영화발행방영공사'를 거치지 않고 영화 촬영소 등 제작 측에서 직접 각 지방 배급사에 배급권과 판권을 판매하고 계약에 기초해 흥행 수입 일부를 배분하는 게 가능해졌다(단, 외국 영화의 배급권은 종래대로 '중국영화발행방영공사'가 쥐고 있다). 또 종래 국가에 의해 통제되던 입장권 가격 상한선도 해제되어 각 지방에 맡겨졌다.[2] 이에 1990년대 초두까지 1장에 0.20~0.35위안 정도의 저가였던 입장권 가격이 1990년대 후반 이후에는 10~50위안까지 상승했다.

1994년에는 할리우드 영화가 10편 수입되어 중국 영화 시장에 커다란 파문을 던졌다. 이에 관해 영화 연구자 다이진화戴錦華는 다음과 같이 지적하고 있다.

> 1980년대 말부터 1990년대 전반에 걸쳐, 영화관 경영은 바닥을 치게 되었다. 그런데 1994년에 이르러 할리우드 대작 영화가 정식으로 중국에 도입됨에 따라 황폐화한 영화관이 다시 열광하는 관객들로 붐비게 되었다. 그러나 이 사실이 중국 영화가 부흥했음을 의미하는 것은 아니다. 펑샤오강馮小剛* 감독의 코미디 영화 같은 극소수의 예외를

---

* 펑샤오강(馮小剛: 1958~) 현재 중국을 대표하는 흥행 감독으로 명성이 높다. 1980년대 말부터 텔레비전 방송국에서 일을 하기 시작했고, 1994년에는 장원이 주연으로 출연한 드라마 〈뉴욕의 베이징인北京人在紐約〉으로 이름을 알렸다. 영

중국영화의 열광적 황금기

제외하면, 중국 영화는 할리우드 대작 영화에 전혀 대적할 수 없었고, 영화 시장 주변부로 내몰리고 말았다.[3]

설상가상으로 1999년 11월 15일, 중국대외경제무역부의 쉬광성石廣生 부장과 미국 통상대표부USTR의 샬린 바세프스키Charlene Barshefsky 대표가 「중국 세계무역기구 가맹에 관한 중미 양국 간 협정서」에 조인했다. 이 협정서에는 세계무역기구 가맹 후, 매년 할리우드 영화 20편을 정식으로 중국 시장에 도입하고, 해를 거듭할수록 편수를 늘려 가겠다는 방침이 명기되어 있었다. 또 영화관 건설과 영화 관련 상품 개발에 최대 49퍼센트까지 외국 자본을 도입하는 게 승인되었다.[4]

한편 2001년 중국 정부에서는 영화 산업을 진작하기 위해, 제작 자금이 마련되고 기획이 심사를 통과하기만 하면 누구든 영화를 만들 수 있다는 내용의 '영화 제작 민영화 지향 정책電影單片攝制許可證制度'을 내놓았다. 이에 과거 영화 제작 기구였던 전국 각지에 산재하던 영화 촬영소들이 2001년부터 서서히 재편되기 시작하여 제작, 배급, 상영을 비롯한 제 기능이 일체화한 그룹電影集團公司으로 탈바꿈하게 되었

화뿐 아니라 드라마, 만담相聲 연출로도 유명한데, 트렌드를 재빨리 포착하고 중국 도시민들의 기호에 맞는 작품들을 내놓아 높은 흥행 성적을 거두고 있다. 2008년 12월까지 총 흥행성적을 합산한 금액이 10억 위안을 넘어, 감독 개인으로서는 중국 내에서 가장 흥행 실적이 높다. 1997년 〈갑방을방甲方乙方〉의 성공 이후 음력 설을 전후한 연말 영화 시장을 노린 흥행작들을 연달아 내놓아, 연말 영화 하면 자연히 그를 떠올릴 정도다. 2014년 1월 중앙텔레비전에서 방영되는 설 특집 버라이어티쇼 '춘완春晩'(〈춘지에롄환완후이春節聯歡晚會〉의 약칭)의 연출을 맡아 화제가 되었다. 대표작으로 〈올 때까지 기다려줘不見不散〉(1999), 〈핸드폰手機〉(2003, 한국에서는 '수기'라는 제목으로 소개되었다), 〈야연夜宴〉(2004), 〈쉬즈 더 원非誠勿擾〉(2008), 〈대지진唐山大地震〉(2010) 등이 있다.

다.* 그리고 민간 자본에 의한 영화 제작이나 독립 영화 제작 등 다양한 제작 스타일도 가능케 되었다. 2003년에 민간 영화 제작 기구에서 제작한 작품 편수는 중국 영화 연간 제작 편수 중 60.5퍼센트를 점했고 흥행 수입의 3분의 2를 창출했다. 이전의 영화 촬영소를 대체하며 민영 영화 제작사가 중국 영화의 담당자가 된 것이다.[5]

게다가 2002년부터는 정부 지도하에 일본의 '쇼치쿠 계열'이나 '토호東宝 계열' 같은 배급과 상영이 일체화한 시스템이 다수 만들어짐으로써 전국을 커버하는 새로운 배급망이 짜이기에 이르렀다. 이러한 배급 시스템院線制**의 도입으로 배급/상영 측에서 시장의 수요에 맞춰 작품 상영권을 중간 기구를 거치지 않고 직접 구입하거나 자유로이

중국영화의 열광적 황금기

* 1999년 베이징영화촬영소, 베이징아동영화촬영소, 중국영화합작제작공사 등 8개 조직이 연합하여 중국영화그룹中國電影集團公司이 설립되고, 2003년부터 상하이영화촬영소, 상하이미술영화제작소, 상하이영화번역제작소 등이 연합하여 상하이 영화그룹上海電影集團公司이 설립되고, 2005년 창춘영화촬영소가 창잉그룹長影集團有限責任公司으로 체제를 개혁한 일 등이 사례다.

** 신중국 건립 이후부터 1990년대까지 중국 영화의 배급, 상영은 중국영화발행방영공사에서 '일괄 구매, 일괄 배급'하는 방식으로 이루어졌다. 이 과정에서 중국영화발행방영공사에서 사들인 영화가 다시 각 지방의 영화관에 걸리기까지 몇 단계를 거치게 되어 개봉까지 시간이 오래 걸리고 비용이 낭비되는 폐단이 심했다. 원선제院線制는 일원화된 한 개의 원선 회사(자산 연결식 원선) 혹은 특정 원선에 가입한 영화관들(계약 가맹식 원선)로 구성된 배급 상영 체제를 가리키는데, 영어로는 시어터 체인theater chain으로 표기한다. 제작 측으로부터 영화를 사들여 곧바로 상영할 수 있게끔 한 체제다. 1993년 영화 촬영소가 자체적으로 영화를 판매할 수 있게끔 허가한 무렵부터 논의가 시작되었고, 2001년 광전총국과 문화부에서 발표한 「영화 발행 방영 메커니즘 개혁에 관한 실시 세칙關於改革電影發行放映機制的實施細則」에서 원선제가 중국의 영화 발행, 방영 주요 기구로 명시되었다. 2009년 기준으로 37개의 원선이 존재하며, 자산 연결식 원선을 대표하는 완다 원선, 상하이 영화그룹 소유의 상하이 렌허 영화 원선上海聯和電影院線, 계약 가맹식 원선인 중잉싱메이 원선中影星美院線이 선두를 차지하고 있다.

상영 프로그램을 결정할 수 있게 되었다. 또 각각의 배급 시스템 간에 경쟁 원리가 도입된 덕에 제작 측에서도 자신들의 작품을 이상적인 가격으로 판매할 수 있게 되었다. 시네 콤플렉스多功能放映廳 보급이 급격히 진행되기 시작한 것도 이 무렵부터다.

대작 영화 노선의 우여곡절

영화를 둘러싼 미디어 환경도 눈에 띄게 변화했다. 1990년대 후반부터 VCD · DVD 시대의 도래와 인터넷 보급으로 관객들의 영화관 이탈 현상에 더욱 가속이 붙었다. VCD는 비디오 콤팩트디스크의 약칭으로, 중국에서는 1990년대 후반부터 현재에 이르기까지 DVD와 나란히 영상 소프트 가운데 주류를 이루었다. 화질, 용량, 기능이 DVD에 비해 다소 떨어졌기 때문에 DVD의 전신이라고도 할 수 있다. 이런 영상 소프트는 가격도 저렴해서 극영화 소프트가 편당 10~30위안(한화로 1,800~5,000원 상당)에다 해적판이라면 편당 10위안 이하로 손에 넣을 수가 있었고, 그 때문에 엄청난 기세로 유통되기 시작했다. 한편 인터넷이 보급됨에 따라 히트작이 극장에 걸리고 나서 한 달도 채 지나지 않아 인터넷에 업로드됨으로써 무료로 다운로드하는 것도 가능하게 되었다.

이처럼 영화관에 가지 않고서도 영화를 DVD나 인터넷으로 부담 없이 보는 일종의 '문화'가 1990년대 후반 중국에 뿌리내리기 시작했다. 이 '문화'로 인해 해적판 범람 같은 심각한 저작권 문제가 발생하는 한편 그때까지는 경험할 수 없던 형태로 외국 영화를 자유로이 감상할 수 있게 되어 할리우드 대작 영화를 중심으로 새로운 '관객층'이 등장하게 되었다. 그들은 종래의 중국 영화에 불만을 품고 할리우드 영화와 같은 실감 나는 감동을 추구하는 가운데 역설적이게도 점차 화질과 음질이 나쁜 해적판에 신물을 느끼고 충실한 설비를 갖춘 영화관에서 영화 관람하기를 바랐다. 이러한 새로운 영화 마니아들의 욕구에 시의 적절하게 화답한 것이 〈영웅英雄〉(장이머우, 2002)이었다. 이 작품이 중국 국내뿐 아니라 미국에서도 흥행적으로 대성공을 거두면서 국제 시장을 겨냥해 CG 기술을 구사한 판타스틱한 쿵푸 영화 〈연인十面埋伏〉(장이머우, 2004)이나 〈무극無極〉(천카이거, 2005) 같은 대작 노선이 중국 영화계에 확립되기에 이른 것이다.

이렇게 2004년에는 중국 영화 연간 제작 편수가 단번에 212편에 도달했고, 흥행 수입도 15억 위안(약 2,700억)에 달함으로써, 중국 영화 시장에서의 국산 영화 흥행 수입이 처음으로 할리우드 영화를 앞질렀다. 그러나 이러한 중국 영화 번성은 불균형을 동반하는 것이었다. 212편 가운데 대부분이 국내 시장 수요에 맞지 않았기에 배급 측에 팔리지 못한 채 기껏해야 텔레비전 영화 전문 채널에서 방영되는 게 고작이었고, 세상에 공개되지 못한 채 끝난 작품도 적지 않았다. 실제로 영화관에서 상영된 작품은 30편 정도에 불과했고, 15억 위안 흥행 수입도 전적으로 〈연인〉 같은 소수의 대작 오락 영화로 벌어들인 것이다.[6] 1980년대에는 중국 국내에서 '히트작'이라고 하면 억 명 단위 관객 동원을 의미했다. 장쯔이 주연의 〈야연夜宴〉(펑샤오강, 2007)이 1억 4천만 위안 흥행 수입을 자랑하고 중국 영화 연간 흥행 수입 중에 10퍼센트를 점했다고는 하나 실제 관객 동원 수는 600만에 불과하여[7] '히트작'이 뜻하는 내실도 종전과는 달라졌음을 알 수 있다.

한편 스타 배우의 출연료와 제작비 급등 같은 비용 문제에다 중국인들이 실제로 놓여 있는 현실 세계와 영화 제재가 너무 동떨어져 있다는 비현실성이 종종 지적되면서 대작 영화 노선에도 그늘이 드리워지기 시작했다. 이러한 흐름 아래 2000년대 후반부터 대작 영화는 서서히 다양화 노선을 취하기 시작했다. 〈집결호集結號〉(펑샤오강, 2007), 〈매란방梅蘭芳〉(천카이거, 2008), 〈양자탄비讓子彈飛〉(장원, 2010)는 각각 전쟁, 인물 전기, 총격 액션을 특색으로 하는 작품들로, 종래의 와이어 액션 시대극이 대세를 이루던 대작 영화와는 확연히 구분된다.

바람직한 중국 영화 시장 다원화

2005년 이래 중국 영화는 호황기를 맞고 있다고 일컬어진다. 해외 자본 유치 등으로 팽창된 거대한 국내 자금이 영화계로 흘러들어 영화 제작에 활력을 가져다 주었다. 그리고 1980~1990년대에 태어난 신세대 중국인들이 영화관에 다니는 습관을 되찾는 중에 있다. 2006년부터 2011년에 이르는 5년 동안에는 영화 흥행 수입이 다섯 배로 증가했다. 2011년 흥행 수입은 전년 대비 28.9퍼센트 증가한 131억 1,500만 위안(한화 약 2조 3,411억 6천만 원 상당)에 달했고, 스크린 수는 9,200개를 넘어 전년 대비 50퍼센트 증가를 보였다.[8]

그러나 2011년에 공개된 국내외 영화 흥행 성적 10위 가운데 할리우드 대작 영화가 5편을 차지했고, 1위는 10억 위안(한화 1,785억 1,000만 원) 흥행 수입을 자랑하는 〈트랜스포머: 다크 오브 더 문Transformer: Dark of the Moon〉(마이클 베이Michael Bay, 2011)이었다. 게다가 2012년부터는 이전 해까지 매년 20편이던 할리우드 영화 수입 상한이 확대될 예정이므로 중국 영화에 가해질 충격은 명약관화다.

이런 가운데 2011년, 저예산 코미디 영화 〈실연 33일失戀33天〉(텅화타오騰華濤, 2011)이 3억 5천만 위안(약 624억 7,850만 원) 흥행 수입을 벌어들여 수많은 대작 영화를 제치고 중국 내 작품 연간 흥행 성적 4위로 뛰어올랐다. 이 작품의 대히트는 중국판 트위터(웨이보微博)를 활용한 배급 측의 입소문 마케팅이 성공을 거둔 것이라 해석되지만, 어쨌든 할리우드 영화와 경쟁을 강요당하는 중국 영화인들에게 용기를 불어넣어 주는 고무적인 성과라 하겠다. 또 2012년 5월에는 3D 버전 〈타이타닉Titanic〉(제임스 카메론James Cameron, 2012)과 〈배틀쉽Battleship〉(피터 버그Peter Berg, 2012)이 중국 영화 시장을 석권하는 가운데, 닝하오寧浩의 〈황금대겁안黃金大劫案〉, 양수펑楊樹鵬의 〈필부匹夫〉, 관후管虎의 〈살생殺生〉 등 '제6세대 감독'들의 영화가 동시에 개봉되어 2주간 각각 1억 4천만 위안, 2,500만 위안, 2천만 위안의 흥행 수입을 획득했다. 이들 영화에 보이는 제재의 다양화 그리고 두드러지는 중국적 지역색은 영화 제작의 새로운 방향을 보여 주는 사례로 중국 영화계로부터 주목을 받고 있다.[9]

중국 영화 산업을 보호하기 위해 2012년 6월 하순부터 정부 주도로 '국산 영화 월간'이 실시되었다. 할리우드 대작 영화를 상영 프로그램에서 제외한 뒤 국산 영화 20여 편을 한꺼번에 개봉한 것이다. 그래도 막상 뚜껑을 열어 보았더니 흥행 수입의 3분의 2가 대작 호러 시대극 〈화피 II畵皮 II〉(우얼산烏爾善, 2012)로 벌어들인 결과가 되었다.[10] 이 〈화피 II〉의 대히트를 두고 작품 자체의 힘에 의한 것이라고만은 볼 수 없으며, 정부의 보호 정책이 없더라면 할리우드 대작 영화와 대적할 수 없었으리라고 보는 견해도 있다.[11]

"할리우드 영화를 그저 부러워만 하거나 미워해서는 아무런 의미가 없다. 어째서 우리들이 관객의 요구에 응할 수 있을 만한 작품을 못 만드는지를 깊이 반성해야만 할 것이다"라고 천카이거 감독이 지적한 대로, 상업주의를 고집하는 중국 영화는 다양한 문제를 껴안고 있는 것처럼 보인다.[12]

근년 들어 중국 영화의 폭력과 에로스 묘사가 과격화 일변도를 보이나, 이미 앞서 제3장에서 서술했듯이 중국에는 등급 제도가 존재하

지 않는다. 장이머우 감독의 〈황후화滿城盡帶黃金甲〉(2006)나 난징 대학
살에 동반한 성폭력 문제를 다룬 〈진링의 13 소녀金陵十三釵〉(2011)는
미국 공개 시에 '성인 영화'로 지정되었으나* 중국에서는 남녀노소 누
구라도 볼 수가 있다. 이들 작품의 과격한 묘사는 중국 청소년들에게
악영향을 미칠 우려가 있다. 게다가 제작 측 또한 더 많은 관객을 획
득하기 위해 선정적인 내용을 도입하면서 동시에 검열도 의식해야 하
기에 한 발짝 더 나아간 표현을 할 수 없는 딜레마에 빠져 있다. 영화
가 청소년에게 끼칠 수 있는 영향을 고려하면서 제작자에게 더 큰 표
현의 자유를 부여할 수 있게끔, 지금이야말로 중국 영화계에 등급 제
도를 도입하길 검토해야 할 때가 아닐까.

또 저예산 예술 영화가 국내에서 거의 배급되지 못하는 상황도 여
전하다. 극소수의 예외적인 사례로서, 중국 일반 서민들의 모습을 담
담하게 그린 자장커 감독의 〈스틸 라이프〉(2006)는 줄곧 대작이나 코
미디 영화들이 독점하던 연말 영화 시장賀歲片档에 낄 수 있었다.** 여기

*   〈황후화〉와 〈진링의 13 소녀〉 모두 미국 공개시에 R(Restricted) 등급을 받았다.
    폭력적이거나 성적인 내용이 포함되어, 17세 이하는 부모나 보호자와 동반 관람
    해야 하는 등급이다.
** 여름방학이나 크리스마스를 대목으로 하는 다른 나라들과 달리, 중국 영화 시
    장에서는 연말부터 음력 설 연휴에 이르는 기간을 대목으로 친다. 중국어로 '허
    수이피엔賀歲片'이라 불리는 영화들은 이 시기를 노려 개봉되는 일련의 영화들
    을 칭한다. 허수이피엔은 본래 1980년대 홍콩에서부터 비롯했는데, 대륙에서
    는 1995년 청룽의 〈홍번구紅番區〉가 개봉하면서 연말 영화 시장이 시작되었다.
    1995년 이전까지는 친지 방문이나 쇼핑으로 극장을 찾지 않으리라 예상하여 극
    장도 쉬는 경우가 많았는데, 〈홍번구〉의 히트로 이 시장이 지닌 잠재력이 발견된
    것이다. 1997년 평샤오강의 〈갑방을방〉이 대성공을 거둔 뒤 평샤오강은 2003년
    까지 해마다 연말 영화 시장을 주도했다. 이후 장이머우의 〈황후화〉, 〈진링 13 소
    녀〉, 천커신陳可辛의 〈8인: 최후의 결사단十月圍城〉 등 유명 감독들의 신작이 가
    세하면서 현재는 화제작들의 각축장이 되었다. 본문에 언급된 자장커의 〈스틸 라
    이프〉는 해외 영화제 수상이라는 화제성으로 진입할 수 있던 경우라 할 수 있는

에는 이 작품이 '제63회 베네치아 국제영화제'에서 그랑프리를 획득함으로써 상영 전부터 중국 사회에서 화제를 모았던 덕이 컸다. 그러나 〈스틸 라이프〉는 같은 시기에 공개된 〈황후화〉에 밀려 흥행적으로는 참담한 결과로 끝을 맺었다.[13] 이렇듯 현재 중국 영화 시장이 흥행면에서도 극소수의 대작 영화가 중심을 차지하는 불균형한 상황임은 변함이 없다. 대작 영화 이외의 작품도 감상하고 싶어 하는 관객의 육성과 아트 시어터 확립이 중국 영화의 급선무가 아닐까.

제6세대 감독과 1980년대

한편 자장커를 비롯해 제6세대로 불리는 새로운 세대 감독들은 근현대 중국 역사를 의식하면서 중국인들이 놓인 현실을 다큐멘터리 기법으로 쭉 그리면서 오늘에 이르렀다. 제작 환경과 작풍, 수용 방식에서 차이를 보이기는 하나, 1980년대 중국 영화의 긍정적인 전통이 그들 작품에 계승되고 있는 것처럼 보인다.

특히 자장커 감독은 댄스 붐같이 당시 유행하던 문화를 〈플랫폼〉(2000) 등의 작품을 통해 재현하거나 여배우 조안 첸을 〈24시티〉(2008)의 주연으로 맞이하는 등 1980년대에 오마주를 표해 온 감독이다. 게다가 그는 당시 중국 본토에서도 대유행했던 〈영웅본색〉(우위쩐, 1986)을 비롯한 '홍콩 누아르'로부터의 영화사적 인용을 작품 곳곳

데, 공교롭게도 〈황후화〉와 같은 날짜에 개봉을 하게 되었다. 그러나 〈황후화〉가 대대적인 광고 물량 공세와 원선 스크린을 거의 장악하다시피 한 데 반해 〈스틸 라이프〉는 오전 9시 30분, 오후 1시 하루 두 번밖에 상영 기회를 얻지 못해 공정한 경쟁이라고는 할 수 없었다. 2007년 『빙점주간氷点週刊』의 기자 쉬바이커徐百柯와 나눈 대담에서 자장커는 이 일을 언급하며, 실은 자기 쪽에서 일부러 〈황후화〉와 같은 개봉일을 제안했으며, 이는 상업 노선 일변도로 나아가는 원선 시스템에 대한 이의 제기였음을 밝힌 바 있다.

에서 보여 주기도 했다.

　이렇듯 자장커 등 제6세대 감독들의 작품을 이해하기 위한 전제로서도 1980년대 중국 영화는 필요불가결하다 할 것이다. 이 책을 마치기에 이르러 이러한 제6세대 감독과 80년대와의 깊은 정신적 연계의 증거랄 수 있는 자장커 감독의 인터뷰를 싣는다. 중국 영화에 대한 이해와 앞날을 묻는 데 조금이라도 도움이 될 수 있다면 다행이겠다.

부록/ 자장커 감독 인터뷰

자장커賈樟柯

중국 제6세대 감독의 기수. 1970년 중국 산시 성山西省 펀양汾陽에서 태어났다. 그림 공부를 한 뒤, 1993년에 베이징 전영학원 시나리오 과에 들어갔다. 재학 중에 단편 영화 〈어느 날, 베이징에서有一天, 在北京〉(1994), 〈소산회가小山回家〉(1995), 〈뚜우뚜우嘟嘟〉(1996)를 찍었고, 1997년에 〈소무〉를 감독하여 일약 각광을 받았으며, 〈플랫폼〉(2000), 〈임소요〉(2002), 〈세계〉(2005), 〈스틸 라이프〉(2006), 〈24시티〉(2008)로 중국의 거장 감독으로 세계에 인정을 받기에 이르렀다. 〈공공장소公共場所〉(2001), 〈동東〉(2006), 〈해상전기海上傳奇〉(2009), 〈어로語路〉(공동 연출, 2011)를 비롯한 다큐멘터리 영화도 제작하고 있다.

— 감독님 작품을 보면, '무대', '유행가', '퍼포먼스' 같은 모티프가 늘 나타나는 것 같습니다.

그건 제 소년 시절 생활 체험과 밀접하게 관련되어 있습니다. 당시 제가 살고 있던 펀양이라는 시골 마을은 굉장히 폐쇄적이었는데, 변화 없는 일상이 지루하게 반복될 뿐이었지요. 그런 와중에 서커스단이나 유행가, 댄스 쇼 순회 극단이 들어오기라도 하면 펀양 사람들에게는 그날만 갑자기 잔칫날로 변하는 겁니다. 그런 열기 속에서 받아들인 통속적인 유행 문화가 소년 시절 제 마음속에 윤기를 더해 주었습니다. 말하자면 힘겨운 현실에서 벗어나기 위한 도피처 같은 것이었겠지요.

헌데 제가 보기에 인간은 어떤 가혹한 환경에 놓여 있더라도 매일 눈물을 흘리고 고생만 한다고는 잘라 말할 수 없는 것 같습니다. 낙관적인 태도로 참을성 있게 상황에 임하고 있으면 고난 속에서도 한순간 꿈을 꾸거나 순간적인 쾌락을 맛보는 일이 가능할 테니까요. 그래서 저는 현실 사회의 가혹한 측면에 초점을 맞춤과 동시에 등장인물의 찰나적인 꿈이나 쾌락도 포착해야 한다고 생각했습니다. 그래서 의식적으로 혹은 무의식적으로 노래나 춤 같은 비일상적인 장면을 늘 작품 안에 집어넣었던 게 아닐까요.

— 〈스틸 라이프〉에서 자오타오趙濤 부부가 다리 옆에서 사교 댄스를 추는 장면의 배경으로 1980년에 제작된 중국 영화 〈붉은 단풍이 들 때까지等到滿山紅葉時〉의 주제가가 흐릅니다. 감독님에게 당시 중국 영화에 대한 기억이 남아 있나요.

1970년대 말부터 1980년대 전반까지는 중국 영화가 가장 활기찼던 시대로 모두들 영화에 넋을 잃고 있었습니다. 어린아이였던 저도 부모님 손에 이끌려 자주 극장에 다녔는데, 〈작은 꽃〉(1979)이나 〈고뇌하는 자의 미소〉(1979), 〈중년이 되어〉(1982) 같은 중국 영화는 지금도 선명히 제 기억 속에 각인되어 있습니다. 특히 그 시기 중국 영화에 문화대혁명을 '중화민족의 고난'으로 센세이셔널하게 그린 작품이 대단히 많던 게 인상적이었지요.

— 〈소무〉, 〈임소요〉, 〈스틸 라이프〉를 보면, 우위썬의 〈영웅본색〉이나 〈첩혈쌍웅〉이 빈번하게 인용되고 있는데요. 우위썬 감독에 대한 특별한 감정이 있는 건가요.

우위썬의 영화는 소년 시절 제 기억의 일부를 이루고 있습니다. 1980년대 중국에서는 해외 오락 영화가 비디오 상영으로 유통되던 시절이 있었는데, 저도 6년간에 걸쳐 수많은 홍콩 쿵푸 영화나 액션 영화를 비디오로 봤습니다. 우위썬의 〈영웅본색〉과 〈첩혈쌍웅〉을 만난 것도 그 시절이었는데, 완전히 매료되고 말았지요. 그렇다고는 해도 우위썬 감독이 제 영화 스타일을 확립하는 데 미친 영향은 딱히 없습니다.

— 〈플랫폼〉 시나리오를 읽어 보면, 젊은이들이 〈그대여, 분노의 강을 건너라君よ憤怒の河を渉れ〉(1976)나 〈조립 부품들의 거리アッシイたちの街〉(1981) 같은 일본 영화에 열광하는 장면이 그려져 있는데, 완성작에서는 보이지 않더군요.

1970년대 말에서 80년대 초에 걸쳐, 중국에서는 일본 영화가 대단히 인기를 모았습니다. 원래는 〈플랫폼〉에 〈그대여, 분노의 강을 건너라〉와 〈조립 부품들의 거리〉뿐 아니라, 야마구치 모모에가 주연한 텔레비전 드라마도 집어넣을 예정이었죠. 그러니까 〈붉은 의혹赤い疑惑〉에 흠뻑 빠진 이루이쥐안(伊瑞絹(자오타오 분)이 드라마 여주인공의 머리 모양이나 옷을 흉내낸 차림으로 맞선 자리에 나가는 장면입니다. 실제로 촬영도 마쳤습니다만 오리지널 영화 일부를 사용하려면 판권 문제를 해결하지 않으면 안 되는데 예산이 부족해서 결국 단념할 수밖에 없었지요.

— 일본 영화가 중국의 영화인들에게 모종의 영향을 미쳤다는 말씀이신가요.

그렇지요. 오즈 야스지로小津安二郎와 미조구치 겐지溝口健二부터 1960~70년대의 이마무라 쇼헤이今村昌平, 오시마 나기사大島渚에 이르기까지 일본 영화는 중국의 영화인들에게 대단히 큰 영향을 미쳤습니다. 일례로 오구리 코헤이小栗康平의 〈진흙강泥の河〉(1981)에 쓰인 고정된 롱 테이크에서 힌트를 얻은 중국 감독이나 카메라맨이 적지 않을 겁니다. 제가 베이징 전영학원에 다니고 있던 무렵에는 일본 고전 영화는 단편적으로밖에 볼 수가 없었습니다. 예를 들어, 일본 영화사 수업에서 〈도쿄 이야기東京物語〉가 다뤄질 때에도 시간 관계상 20분밖에 보여주질 않았어요. 그렇지만 대학을 졸업하고 나서, 온갖 루트를 통해 일본 영화 명작을 입수하고 연구를 거듭했습니다. 오즈와 미조구치 외에 오시마 나기사의 〈소년少年〉(1969)에 특히 공명했습니다.

— 감독님이 쓰신 논문을 읽어 보면 문학적 재능도 뛰어난 감이 드는데요. 문학과는 어떤 접점을 갖고 계십니까.

소년 시절에 제가 처음으로 접한 문학 작품은 산시 성 출신 '산약단파山藥蛋派*' 작가들의 중국 혁명을 제재로 한 소설이었습니다. 그러다 중학교에 들어가서 국어 선생님 권유로 국내외 시 작품이나 소련, 동유럽권의 소설을 읽기 시작했지요. 지금도 그 선생님께는 감사하고 있습니다. 그 선생님 덕분에 책 읽는 습관을 들여서 문자 그대로 문학청년으로 변했으니까요. 제 인생에서 한 전환점이 되었다고 해도 과언이 아닐 겁니다.

영화 일에 관여하게 되고 나서 저와 동세대의 수많은 감독들에게 문학적 재능이 넘치는 걸 보고 놀랐습니다. 이건 저희들 소년 시절이 문자 문화 시대라서 무언가를 읽거나 쓰는 것 외에는 달리 선택할 만한 오락이나 자기 표현 수단이 없었기 때문이겠지요. 실은 저는 아코디언을 배우고 싶었어요. 그런데 악기를 구입할 금전적 여유가 전혀 없어서 단념할 수밖에 없었죠. 그런데 시나 소설은 붓 한 자루와 종이 한 장만 있으면 자유로이 쓸 수가 있습니다. 그래서 중학생 때부터 글

---

* 산시파山西派라고도 부른다. 1950년대에서 1960년대 중반까지 산시 성 태생의 작가들을 중심으로 결성된 소설 유파다. 자오수리趙樹理, 마평馬烽, 시룽西戎, 쑨젠孫謙, 리수웨이李束爲 등이 대표 작가들로 산시 성 일대의 농촌 사회의 정서, 농민들의 생활을 그린 작품들을 남겼다.

을 쓰기 시작했는데, 몇 편인가가 신문과 잡지에 실려서 산시 성 작가 협회의 주목을 받기도 했습니다. 또 베이징 전영학원에 다니고 있던 동안에도 감독으로 데뷔하기 전까지 생활비를 벌려고 장편 텔레비전 드라마 각본을 많이 썼습니다.

— 감독님 영화 스타일에 영향을 미친 감독이나 작품이 있다면 말씀해 주세요.

영화 감독이 되고 싶다는 충동에 처음 휩싸인 것은 1990년에 천카이거 감독의 〈황토지〉(1984)를 보고 깊은 감명을 받았을 때였습니다. 그렇지만 개인의 인생 체험에 기반한 영화를 찍고 싶다고 결심하게 된 건 1996년 무렵 베이징 전영학원에서 허우샤오셴 감독의 〈펑구이에서 온 소년風櫃來的人〉(1984)과 만난 게 컸습니다.

전통적인 중국 영화에서는 전지전능한 신의 시점이 관철됩니다. 즉, 이제까지 영화를 만들던 이들은 마치 등장인물들의 심리나 행동 패턴, 운명까지 명확하게 파악하고 있는 양 연출을 행했고, 또 스토리 인과 관계도 분명히 보여 주려고 했습니다. 그런데 이런 건 실제로 우리들이 다른 이와 벌이는 커뮤니케이션과는 동떨어진 것입니다. 무언가 인생의 전기가 될 사건이 벌어졌을 때 주위 사람들이 무슨 생각을 할지, 왜 그렇게 되었는지 우리가 다 파악하고 있을 리가 없지요. 예측 불가능하고 애매한 상황이야말로 우리가 살고 있는 현실 자체가 아닐까요. 그래서 〈플랫폼〉에서 저는 일부러 인과 관계를 무시하고 왜 그렇게 되었는가 하는 설명적 부분을 전부 삭제해 버렸습니다. 그럼으로써 신의 시점에서 개인의 시점으로 옮겨 가려고 했습니다.

— 감독님 영화는 어른이 되어 지나간 청춘 시절을 되돌아보는 게 아니라 사춘기 한 가운데 있는 젊은이의 시선으로 세계를 그리는 듯한 감이 듭니다.

저는 중국 사회의 '지금'을 일종의 '현장감'을 갖고 그리려고 해왔습니다. 즉 그렇게 회고하거나 서정적으로 미화하는 게 아니라 영화 세계 속에 저 자신이 깊숙이 파고들게끔 다큐멘터리 느낌으로 찍으려한 것이지요. 여기에는 또 스물일곱에 감독으로 데뷔한 제 경력도 관련이 있을 겁니다. 혈기 왕성하고 자유분방한 나이였던 데다, 자신이 놓여 있던 현실 자체를 영화 제재로 삼았으니까요.

— 〈임소요〉와 〈세계〉를 보면 자오타오가 옷이나 우비를 머리 위로 펼쳐 들고 걷는 장면이나 창가에 앉은 등장인물들이 역광 속에서 대화를 나누는 장면이 몇 번이고 등장하는데, 이런 모티프들은 어떻게 나온 건지요.

모두 각본 단계부터 구상하고 있었습니다. 저는 어려운 물질적 조건 아래서 열심히 살아가는 사람을 좋아합니다. 그러니까 빗속에서 허술한 우비를 양손으로 펼쳐 들고 달리는 여성의 모습에서 아름다움을 느끼는 것이겠지요.

역광 장면이 제 영상 표현에서 트레이드 마크가 되리라고는 당초에는 예상치 못했습니다. 햇볕을 등진 인간의 모습에서는 그들 안에 서려 있는 희망이 꿈틀거리는 듯한 느낌이 듭니다. 촬영에 들어가서는 조명 세팅이 너무 복잡해서 쉽사리 생각대로는 못 찍겠구나 하는 걸 알면서도 굳이 역광 효과를 계속 추구하려고 고집했지요. 이후에 허우샤오셴 감독이 처음으로 그 특징을 알아채 주었죠.

— 감독님은 아마추어를 많이 기용하는데, 연기 지도는 어떻게 하고 계십니까.

저는 최대한 배우에게 자유를 주려고 애씁니다. 어디에 서 있어야 한다고 위치를 지시하는 일도 없고, 현장의 조명을 가능한 한 줄이거나 바닥 케이블을 되도록 정리하려는 것도 배우들이 거침없이 연기할 수 있는 공간을 제공하고 싶어서입니다. 그래서 카메라맨에게도 주위 환경에 신경 쓰지 않고 자연스럽게 힘을 빼고 행동하는 배우의 모습을 다큐멘터리 느낌으로 찍도록 주문해 왔지요.

— 감독님이 찍은 일련의 작품을 보면, 기술면에서도 변화가 보입니다.
〈소무〉는 16mm 필름, 〈플랫폼〉은 35mm 필름, 〈임소요〉는 DV 카메라, 〈세계〉와 〈스틸 라이프〉는 HDV 카메라를 각각 사용했으니, 기술적인 조건이 완전히 다릅니다. DV 카메라의 경우, 적은 조명으로도 촬영이 가능한 데 반해, HD 카메라로 촬영하는 경우는 조명이 많이 필요하지만 자연스러운 색감을 낼 수 있다는 점에서 DV 카메라를 능가합니다. DV와 HD의 특징을 일체화한 것이 HDV지요. 또 이들 촬영 기자재는 손에 들고 자유로이 움직일 수 있는 이점이 있기도 한데, 촬영할 때는 의식적으로 카메라 움직임을 억제하려고 했습니다.

— 음악과 음향 효과에 관한 생각도 들려주세요.
제 작품들에는 모두 유행가와 음악이 잔뜩 들어가 있는데, 〈소무〉, 〈플랫폼〉, 〈임소요〉에서는 등장인물이 부르는 유행가와 테이프 레코더에서 흘러나오는 음악 등 음원을 특정할 수 있는 환경음들뿐이었지요. 한노 요시히로半野喜広 씨가 〈플랫폼〉을 위한 음악을 작곡해 주셨지만 아주 일부밖에 사용하지 않았습니다.

〈세계〉와 〈스틸 라이프〉에서는 린창林強 씨가 작곡한 오리지널 전자 음악이 큰 비중을 점하게 되었습니다. 이런 변화는 영화 제재에 의한 것이지요. 〈세계〉는 테마 파크 '세계 공원'이라는 극히 인공적인 공간을 무대로 했기에, 디지털 감각의 영상과 전자 음악이 어울린다고 생각했습니다. 또 〈스틸 라이프〉에서는 거기에 등장하는 옛날과 변함

없는 싼샤三峽 풍경 속에 현대 문명을 연상시키는 전자 음악을 삽입함으로써 낡은 중국과 새로운 중국의 충돌을 그려 내고자 했습니다.

더 나아가 〈스틸 라이프〉에서는 또 하나 새로운 시도를 해 봤습니다. 즉 음원을 명확히 제시하고 대사, 음향 효과, 배경 음악을 유기적으로 융합함으로써 전체적인 음악성을 두드러지게 하는 시도였지요. 예를 들어, 영화 속의 쇠망치를 내려치는 소리나 파도 소리, 배의 기적 소리 등은 동시 녹음된 소리에다 각기 다른 장소에서 채집해 온 사운드를 믹스해서 영화 속에 삽입한 겁니다. 이 과정은 작곡 과정과도 대단히 비슷합니다.

— 감독님 작품은 문혁 직후에서 현재에 이르기까지의 중국 젊은이들의 모습을 그려 왔는데요. 1980년대, 1990년대, 그리고 2000년대 이래의 현재 중국에 대해 각기 어떤 인상을 갖고 계신지요.

1980년대는 중국이 시장경제 시대로 서서히 전환해 가는 단경기端境期였기에, 희망으로 가득 찬 시대였습니다. 또 지식인들이 문화대혁명으로 잃어버린 개인의 자유와 문화의 뿌리를 찾는 데 열중하던 문화의 시대이기도 했지요. 〈플랫폼〉은 그 시대에 바치는 오마주였습니다.

이에 반해 1990년대는 사람들이 여러 가지 난제에 부딪쳐 곤혹스러워하던 시대라 할 수 있을 겁니다. 그런 곤혹감은 엄청난 기세로 급성장하던 경제에 수반하여 사람들의 사회적 지위가 눈에 띄게 변화한 데서 왔습니다. 일례로 과거 중국 헌법에는 각 사회 계급 가운데서도 공장 노동자가 리더십을 쥔다고 규정되어 있었는데, 1990년 이래 그들의 존재감이 현저하게 약해져서는 사회 주변으로 밀려나게 되었습니다. 해고당한 공장 노동자의 아이들 속에 쌓인 불만과 울분을 그린 〈임소요〉는 2001년 산시 성 다퉁 시大同市를 무대로 한 작품이지만 오히려 90년대의 사회적 상황이 반영되었다 할 것입니다.

그래서 2000년 이후는 결단의 시대에 와 있다고 봅니다. 그러니까 1980년대, 90년대에 시행착오를 거듭하며 모색을 계속한 결과 사회 전체가 서서히 성숙해짐으로써 마음에 여유가 생긴 겁니다. 개인의 자유라는 의식이 정착하고 자기 자신의 인생을 자신의 힘으로 결정한 다는 행동력도 생성되었지요. 〈스틸 라이프〉는 바로 그러한 결단이라 는 테마와 관계되는 영화입니다. 자오타오가 연기하는 간호사가 남 편과 이혼을 결심한 것도, 탄광 노동자가 16년 전에 헤어진 아내와 연 을 회복하길 결심한 것도 모두 인생의 결단입니다. 이러한 이야기 설 정은 이전의 중국 사회에서는 성립할 수 없었을 테지요. 1980년대 중 국 영화에 자주 나오는 패턴 중에 연애가 진전되지 않는 주인공이 뭔 가 타개책을 찾아내질 못하고 비관적으로 고뇌한다는 패턴이 있는데, 현재 중국 사회에는 전혀 들어맞지 않게 되었다고 봅니다. 왜냐하면 현재의 중국인들은 뒤엉킨 연애 감정쯤은 스스로 여유롭게 처리할 수 있기 때문이지요.

— 영화라는 미디어의 장래 가능성에 관해 감독님은 어떻게 생각하시는지요.
미디어로서의 영화가 오락 영화의 범람과 뉴 미디어의 출현이라는 두 가지 난제에 직면하고 있는 사실은 부정할 수 없습니다. 이는 오늘날 젊은이들이 사물을 진지하게 생각하거나 사회의 부정에 대항해 분노 를 터뜨리는 '젊은이의 특권'을 스스로 방기하고 있는 현실과 밀접하 게 연동된 것처럼 보입니다. 그럼에도 저는 영화의 미래를 비관적으로 보지는 않습니다. 왜냐하면 어떤 사회에 놓이더라도, 어느 시대가 되 더라도 관객에게 스스로 사고하기를 재촉하는 영화가 요구될 것이고, 인간의 근본에 영상이라는 거울에 비친 자신의 모습을 들여다보고 싶다는 욕망이 자리하고 있다고 믿기 때문입니다.

한편, DVD나 인터넷 보급이 영화 시장에 영향을 미칠 것은 확실히 피할 수 없으리라 봅니다만, 같은 영화관에서 수십 명이 같은 영화를 감상한다는 종래의 형태에서 집에서 혼자 영화를 보거나 혹은 지하철에서 휴대 전화 액정 화면으로 30분 정도 시간을 때우려 영화를 본다는 식의 형태로 바뀔 따름일 테지요. 어쨌든 영화라는 미디어가 소멸할 일은 없다고 봅니다.

2006년 11월 18일
마루노우치의 카페에서

주(註)

서장

1 楊勁松,「'藝術人生'今晚首播外國明星/ 懷舊風吹栗原小卷」,『京華時報』2002年 5月 24日.

2 孫渝烽,「譯制中的卓別林影片」,『電影故事』1979年 第5號, p.27;『中國電影年鑑 1981』(中國電影出版社) 수록.

3 〈도브〉는 문혁 도중에 수입되어 내부 상영을 거친 뒤 1980년에 중앙 TV에서 방영되었다.

4 1985년에 「영화 비디오 소프트의 유통에 관한 전국 업무 회의全國電影錄像發行 工作會議」가 개최되어 비디오 소프트의 제작에서 배급 · 상영에 이르기까지의 관리를 강화하는 정책이 나왔지만 비디오 상영의 기세는 1990년대 초까지 쇠퇴할 줄을 몰랐다(「中影公司將發行電影錄像帶」,『電影評介』1985年 第9號, p.44).

5 「全國有多少電影刊物」,『銀幕與觀衆』1980年 第3號, p.14.

6 洛谷,「千里之行始足下-全國主要期刊第二屆主編聚談會散記」,『大西北電影』 1988年 第1號;姚國華 外,「主編聚談錄」,『大西北電影』1988年 第3號.

7 「影協書記處一年工作匯報提綱」, 中國電影家協會編『電影藝術參考資料』1986年 第9號, p.66.

8 팡수, 장샤오민, 린팡빙 모두 스크린 데뷔가 일렀고 연기도 어느 정도 호평을 얻고 있었음에도 불구하고 그라비아 여배우 이미지가 훨씬 강하다는 감은 부정할 수 없다.『대중전영』에서는 1986년에 그녀들을 포함해 젊은 여배우들을 십수 명 모아 중국 남부 산야三亞의 바다를 배경으로 수영복 사진을 촬영했고, 잡지 표지나 캘린더에 그 사진들을 잔뜩 사용했다.

9 嚴寄洲,『往事如煙 嚴寄洲自傳』中國電影出版社, 2005, p.207.

10 欣欣,「銀河茶座」,『電影世界』1988年 第10號, p.6.

11 章柏青,「論新時期群衆影評的崛起」,『當代電影』1988年 第4號, p.44.

12 袁放榮, 童蒙志,「'西宮'的'拼命三郎'」,『電影評介』1988年 第7號, pp.18~19. 王得后,「群衆影評三問」,『大衆電影』2008年 第8號, p.1.

13 李超, 趙葆華,「電影理論的失重與傾斜」,『電影藝術』1987年 第10號, pp.16~17.

14 劉國彬,「戰士的懷念-紀念鐘惦棐同志逝世一周年」,『電影評介』1988年 第4號, p.15.

15 『全國首屆青年電影評論徵文獲獎作品選』中國電影出版社, 1987.

16 梅沈,「1949~1989 中國電影發行放映」,『中國銀幕』1990年 第3號, p.6.

17 「親切的會見 有益的交流-記日本電影評論家青水晶訪問成都」, 『電影作品』1985年 第5號, pp.57~58.

18 高軍, 「關於 ‘周康渝現象’的思考」, 『電影評介』, 1988年 第5號, p.4.

19 錢世梁, 「電影觀客的多與少」, 『電影藝術』1986年 第1號, p.48.

20 胡忠謙, 「堪憂的 ‘痞子電影’」, 『工人日報』1989年 3月 19日, 第1面. 톈좡좡이 1988년에 찍은 〈로큰롤 청년〉은 촬영도 시작하기 전에 이미 프린트 예약이 140건이나 쇄도해 있었다.

21 馬銳, 「百花賞評選的啓示」, 『電影藝術』1986年 第9號, p.17; 孫一文, 「同樣是淡」, 『電影評介』1986年 第11號, p.17.

22 洪穎, 「獨立製作·藝術影院·娛樂片-陳昊蘇談我國電影發展諸問題」, 『光明日報』1988年 7月 17日, 第2面.

23 〈붉은 수수밭〉은 1988년 중국 영화 흥행 성적 1위였다. 「1988年國産影片發行情況小資料」, 『中國電影年鑑 1989』中國電影出版社, 1991, p.301.

24 洪穎, 「胡其明廠長離任前答本刊記者問」, 『北京畵報』1988年 第3號, pp.8~9.

25 ‘남순강화’란 덩샤오핑이 1992년 1월 18일부터 2월 22일에 걸쳐 우창武昌, 주하이珠海, 선전深圳, 상하이 등 중국 남부 도시를 시찰하고 발표한 일련의 주요 담화를 지칭한다.

26 극영화 제작 편수에 관해서는 『중국 영화 연감中國電影年鑑』(中國電影出版社, 1981~91년), 『중국 영화 도사 1905~2005中國電影圖史 1905~2005』(中國電影圖史編輯委員會編, 中國傳媒大學出版社, 2007)를 참고했다.

제1장

1 1966년에 시작된 프롤레타리아 문화대혁명(본문 중에서는 ‘문혁’으로 약칭)은 국가 주석이었던 류샤오치를 타도하고, 마오쩌둥 개인 숭배에 의한 구심력을 유지하면서 공산주의 이상을 단번에 실현하고자 했던 ‘영혼 개조 혁명’이었다. 문혁 시기 이데올로기는 마오쩌둥 사상을 절대시하고, 경제보다 정치를 우선시했으며, 종래의 중국 전통 문화나 자본주의 국가들의 문화를 봉건주의·자본주의·수정주의적이라며 꼬리표를 붙임으로써 배제하고자 하는 것이었다. 이런 탓에 1976년에 문혁이 종결되기까지 십 년에 걸쳐 중국은 거대한 혼란에 휩싸였다.

2 蘇雲, 「長春電影製片廠的發展歷程」, 『中國電影年鑑 1981』, 中國電影出版社, p.101.

3 嚴寄洲, 『往事如煙 嚴寄洲自傳』, 中國電影出版社, 2005, p110.

4 鳳凰衛視控股有限公司「魯豫有約 白樺」VCD, 深圳音像公司出版發行, 2003.

5 謝晉, 『謝晉談藝錄』, 上海文藝出版社, 1989, p.105; 代琇·庄辛, 『謝晉傳』, 華東師範大學出版社, 1997, p.57.

6 前揭 『謝晉傳』 p.49. 王炎, 『一個導演的自述』, 中國電影出版社, 2006, p.61.

7 西川隆・德永博正・池尻義隆・八田直己・正木慶大・廣常秀人・武田雅俊, 「PTSDとその周辺をめぐって」, 『臨床精神醫學』 增刊號, 2002年 12月, pp.79~89.

8 이 절의 초고는 「망각의 욕망/트라우마의 회귀-문학 직후의 중국 영화에 보이는 문혁 표상(忘却への欲望／トラウマの回帰—文革直後の中国映画における文革の表象)」이란 제목으로 표상 문화론 학회지 『表象01』(月曜社, 2007年 4月)에 게재되었다. 선행 연구로서 Ban Wang, *Illuminations from the Past: Trauma, Memory and History in Modern China*, Stanford University Press, 2004를 들 수 있다. 이 책은 문혁 이후의 문학과 영화를 '문혁의 트라우마'와 '글로벌리제이션'의 관점에서 논하고 있는데, 트라우마와 관련하여 다루고 있는 주된 작품이 왕안이王安憶의 소설이나 〈황토지〉, 〈푸른 연〉 등으로 문혁 직후의 중국 영화에 대해서는 언급하지 않는다. 구미와 일본에서의 중국 영화 연구에서도 제5세대 감독 이전, 즉 문혁 종결 직후 중국 영화에 관해서는 거의 다뤄지지 않는다. 아마도 작품으로서의 완성도가 낮았기 때문일 터이나 이 시기 영화들 대부분이 검토되지 않았던 것은 맹점이라 할 수 있다. 중국 국내에서도 이 시대에 관한 연구는 결코 충분하다고는 할 수 없는 실정이다.

9 1977년에는 〈봄〉과 내용상 거의 흡사한 뮤지컬 영화 〈10월의 승리〉(리쥔 감독)도 제작되었다. 李俊, 『從士兵到導演』, 中國電影出版社, 2005年, pp.138~139.

10 藝軍, 「揭示心靈的戰鬪歷程—反映與四人幇作鬪爭的電影創作的幾個問題」, 『電影藝術』 1979年 第1號, p.25. 이 시기의 대표적인 작품으로 〈평온하지 않은 나날不平靜的日子〉(위더수이於得水, 1978), 〈등燈〉(인이칭尹一靑, 1978), 〈기억 상실자失去記憶的人〉(황주오린黃佐臨, 1978), 〈거친 여정嚴峻的歷程〉(수리蘇里・장지엔위張健佑, 1978), 〈전쟁을 대비하다走在戰爭的前面〉(하오광郝光・웨이롱魏龍, 1978) 등을 들 수 있다.

11 그 밖에 〈서광曙光〉(선푸沈浮, 1979), 〈감수창망贛水蒼茫〉(장슈썬, 1979), 〈스파이奸細〉(하오광, 1980), 〈최후의 8인最後八個人〉(위언푸於彦夫, 1980) 등 국민당과의 내전 시대나 항일 전쟁을 무대로 한 역사물이나 서스펜스 영화들에서도 영화 중간에 무고한 죄를 뒤집어쓰고 박해받는 공산당원의 굴욕이 그려진다. 이러한 인물상은 분명 문혁 중에 박해를 받았던 자신의 은유일 것이다. 또한 상흔 영화 붐에 앞서 '상흔 문학'이라 불리던 소설이 대유행을 일으켰다. 대표적인 작품으로 류신우劉心武의 「담임 선생班主任」(1977), 루신화盧新華의 「상흔傷痕」(1978)이 있다.

12 '상흔 영화'에서 보이는 유혈 장면이나 상처 장면의 대표적인 예로 〈버들 그늘에 피는 꽃〉, 〈신성한 사명〉, 〈사랑 때문은 아니야不是爲了愛情〉(샹린向霖, 1980), 〈톈윈산 전기〉를 들 수 있다.

13 下河辺美知子, 『歷史とトラウマ 記憶と忘却のメカニズム』, 作品社, 2000,

pp.77~82.

14 샤옌은 〈부용진〉의 여성 간부라는 인물상이 문혁의 본질을 가장 잘 체현하고 있다고 평가한다. 「夏衍放談錄」, 『夏衍電影文集 四』, 中國電影出版社, 2000, p.577.

15 〈버들 그늘에 피는 꽃〉의 원래 각본에서는 이 여성 조연이 어디까지나 가해자로만 그려졌는데, 샤옌이 피해자로서의 측면도 강조하도록 스태프들에게 지시했다고 한다(夏衍, 「對於『柳暗花明』的幾点意見」, 『夏衍電影文集 二』, 中國電影出版社, 2000, p.283). 그 밖에도 의료 사고를 둘러싼 다툼을 그린 〈괴로운 마음苦難的心〉(창전화常甄華, 1979)이나 〈순간〉에서 권력자의 노리개로 등장하는 여성 또한 이 계보에 속한다고 볼 수 있다.

16 문혁 와중에 복수의 남성들에게 강간당하여 신세를 망치고 흉악 범죄자로 치닫게 된 여성의 운명을 그린 각본 「사회의 행장 기록 속에서在社會檔案里」(『電影創作』 1979년 第10號에 게재)는 각본 검열에 걸려 무산되어 버렸다. 그런데 당시 중국과 긴박한 대립 관계를 이루던 타이완에서 이 각본이 반공 재료로 활용되어 〈상하이 사회 행장 기록—소녀의 초야권上海社會檔案—少女初夜權〉(왕쥐진王菊金, 1981)이란 제목으로 영화화되었다.

17 문혁 종결까지 오랜 기간에 걸쳐 태양의 이미지는 마오쩌둥 주석을 형용하는 특권적인 상징으로 기능했다. 일례로 1982년에 제작된 〈태양의 딸太陽的女兒〉(증슈에창曾學強)에서는 태양 에너지 전문가인 여주인공이 문혁 와중에 "태양에 흑점이 있다"고 말한 탓에 마오 주석 비판 죄를 심문 당하는 장면이 나온다. 문혁 종결 직후에도 '태양'이라고 하면 관객들이 즉각 마오 주석의 이미지를 떠올릴 정도였다. 본문 뒤에서 언급될 〈단풍나무〉와 거의 동시기에 제작된 〈짝사랑〉은 완성 단계에서 〈태양과 인간〉으로 제목을 변경했다. 훗날 이 영화는 "태양 이미지를 부정적으로 다룸으로써 마오 주석을 풍자했다"고 간주되어 규탄당하게 된다.

18 상영 금지에 처해진 '상흔 영화'는 그 밖에도 있었다. 예를 들어 앞서 서술한 〈순간〉은 상영이 시작되고 나서 고작 일주일 만에 상영 금지에 처해져 '순간의 영화'라는 야유를 받았다. 여배우 황메이잉黃梅瑩은 주연작 〈순간〉, 〈짝사랑〉(1980), 〈동 틀 무렵星星欲曉〉(1980)이 연달아 상영 금지, 촬영 중지에 처해지는 쓰라린 체험을 해야만 했다. 그녀는 이들 작품들이 내부 시사회에서만 세상의 빛을 볼 수 있었던 탓에 '내부 스타'라는 야유를 받기도 했다. 또 문혁의 고통과 어두운 유산을 생생히 그린 「내가 진짜라면假如我是眞的」(1979년 발표)과 「여도적女賊」 등의 각본도 영화화에는 이르지 못했다.

19 〈단풍나무〉는 올 로케 촬영을 감행한 작품이다. 서로 대립하는 홍위병들이 교사 안에서 공방전을 펼치는 클라이막스 장면은 문혁 중에 실제로 무력 투쟁의 무대가 되었던 '쓰촨 성 시창린 학원四川省西昌林學院'의 폐교사를 사용해 재현되었다. 또한 문혁에 얽힌 장면들 대부분은 해 뜰 무렵이나 저녁에 촬영되었다고 한

다(乙丁, 「『楓』在西昌」, 『電影評介』, 1980年 第8號, p.7;李爾康, 「『楓』片攝影手記」, 『電影評介』, 1980年 第9號, p.27).

20 각본가 바이화白樺의 증언에 따르면, 각본에 적혀 있던 물음표 설정은 체제 비판 함의가 있다는 이유로 촬영 단계에서 당시 중앙선전부 부장이었던 왕렌종王任重의 지시에 의해 변경될 수밖에 없었다고 한다. 완성된 영화 마지막 장면에서는 거대한 태양을 배경으로 흔들리는 한 줄기 갈대가 비춰진 뒤 북소리 리듬에 맞춰 여섯 개의 검은 점들이 하나씩 스크린에 박힌다. 그런데 변경 뒤 이 마지막 장면은 시사회 때 "권총을 태양(마오쩌둥)에 겨누어 여섯 발 발포하는 것처럼 보이는 불쾌한 표현"이라고 간주되었다 한다(「【事件】『苦戀』: 被嚴厲批判的未公映電影」, http://www.douban.com/group/topic/3538735/ 최종 확인일 2012년 10월 1일).

21 夏衍, 「爲提高影片質量而奮鬪」, 『夏衍電影文集 二』, 中國電影出版社, 2000, pp.3~6.

22 온갖 규제들을 뚫고 문혁을 제재로 한 작품을 연속 히트시킨 이가 셰진 감독이다. 그의 〈목동牧馬人〉(1982)은 억 명 단위의 관객을 동원하여 대히트했다. 이 작품에서는 '반우파 투쟁'과 문혁에 의한 박해로 절망한 주인공에게 모성의 광채를 발하는 성스러운 여성이 아내로 등장하여 사랑의 결실을 맺어 출산과 육아를 맡고 주인공의 마음에 윤기를 더해 주었다. 비참한 처지에 조우하면서도 구원이 찾아올 순간을 기다리는 주인공을 지탱해 준 것이 이 '아내'로 상징되는 순박한 인민이라는 테마다. 문혁 후 명예 회복의 카타르시스, 단란한 가족이 그리는 해피 엔딩도 예정 조화적인 메시지를 전한다. 셰진 감독의 작품에서 몇 번이고 반복되는 이러한 유토피아 구도는 1980년대 중반 들어서는 '셰진 매너리즘 謝晉模式'이라며 주다커朱大可 등 중국 평론가들에게 비판을 당하기도 하나, 이런 멜로드라마 작법은 문혁 시대의 진정한 폭력과 권력 구조를 회피하기 위한 완화 장치로 이해되어야 할 것이다. 또 문혁 와중에 가난한 농촌에서 얼마 되지 않는 돈 때문에 딸을 생면부지의 남자에게 시집보내는 매매혼 현실을 그린 이색작 〈사랑에 버림 받은 벽지被愛情遺忘的角落〉(장치張其·리야린李亞林, 1981)도 공개되자마자 화제를 불렀다. 그러나 이 작품은 건국에서 문혁에 이르는 17년간(1949~1966), 문혁기, 문혁 후라는 세 시기를 엄격히 구분하고, '문혁 이전-좋았던 그리운 옛 시절', '문혁 암흑기', '희망에 넘치는 문혁 후'란 식으로 그림으로써 검열에 걸리지 않았던 것 같다. 그러다 1980년대 후반에 이르자, 중국 영화가 다양화하고 번영을 구가하는 가운데 문혁의 영화 표상도 새로운 국면을 맞게 된다. 생활인으로서의 중국인이라는 내면적 시점에서 문혁의 본질을 파고들고자 한 〈후퉁 정경小巷名流〉(충롄원叢連文, 1985), 〈부용진〉, 〈아이들의 왕〉(천카이거, 1988) 등은 일본의 중국 영화팬들에게도 친숙한 작품이다.

23 張頤武, 「分裂的挑戰: 後新時期中國電影」, 『當代電影』 1994年 第5號, pp.4~11.

張頤武, 「全球化與中國電影的二元性發展」, 『當代電影』1996年 第6號, pp.13~22.

24 劉新, 「透析90年代中國當代藝術的〈文革〉資源」, http://www.518ic.com/Html/article/2005/0401/30,1112321204.html(최종 확인일 2012년 10월 1일).

25 前揭 「透析90年代中國當代藝術的〈文革〉資源」.

26 牧陽一・松浦恒雄・川田進, 『中国のプロパガンダ芸術—毛沢東様式に見る革命の記憶』(岩波書店, 2000) 및 졸저 『영화 속의 상하이-표상으로서의 도시・여성・프로파간다(映画のなかの上海—表象としての都市・女性・プロパガンダ)』(慶應義塾大学出版会, 2004)에서 미술, 연극, 영화를 주된 대상으로 삼아 문혁 시대 마오쩌둥의 표상에 관한 분석을 행하고 있다.

27 영화 〈가파른 쿤룬산巍巍崑崙〉(하오광・칭무쿠이景慕逵, 1988), 〈개국대전開國大典〉(리첸콴李前寬・샤오구이원肖桂雲, 1989)에도 덩샤오핑이 그려져 있다.

28 문혁 중의 프로파간다 경극 〈용강송龍江頌〉, 〈두견산杜鵑山〉, 〈항구〉를 떠올려 봐도 될 것이다.

29 前揭 拙著, 『映画のなかの上海—表象としての都市・女性・プロパガンダ』, pp.140~177.

30 1949년과 1957년, 마오쩌둥은 두 번에 걸쳐 소련을 방문한 바 있다.

31 저우언라이를 연기하는 배우 중 일인자라고 할 왕톄청王鐵成은 원래 중국 아동 예술극원 소속의 무명 연극 배우였다. 어느 날 그는 무심결에 자신의 사진과 저우언라이의 사진을 겹쳐 빛에 비춰 보았다가 얼굴 윤곽 특히 눈가가 완전히 일치한다는 사실을 발견했다. 그 뒤 무대 공연 막간에 대기실에서 저우언라이로 분장하여 동료들에게 보이고는 "많이 닮았다"고 칭찬을 받았다. 그때부터 언젠가 저우언라이를 연기해 보고 싶다고 꿈꾸게 되었다고 한다(方舟, 「王鐵成口述: 一生只演周恩來」, 『大衆電影』2008年 第13號, pp.42~43).

32 〈대하의 세찬 흐름〉과 거의 동시기에 창춘영화촬영소에 의해 영화화된, 마오쩌둥의 전처 양카이후이楊開慧를 주인공으로 한 무용극 〈접련화蝶戀花〉(위안나이천袁乃晨・허커런何可人, 1978)에서도 한쉬韓適가 연기하는 마오쩌둥이 등장한다.

33 吳大棠, 「關於毛主席藝術形象的塑造」, 『大衆電影』1979年 第4號, p.10.

34 저우언라이가 등장하는 작품으로 〈신문팔이 꼬마報童〉(첸장錢江, 1979), 〈리쓰광李四光〉(링쯔펑, 1979), 〈북두北斗〉(후쑤胡蘇, 1979), 〈산성에 내리는 눈山城雪〉(첸첸리錢千里, 1980), 〈빛나는 화살閃光的箭〉(왕펑王楓, 1980), 〈대도하大渡河〉(린눙林農・왕야뱌오王亞彪, 1980) 등을 들 수 있다.

35 「周恩來形象不容冒瀆」, 『電影評介』1985年 第12號, p.37.

36 「中共中央書記處會議提出—革命歷史題材作品必須遵循四條原則」, 『電影評介』1985年 第11號, p.44. 그 뒤 마오쩌둥, 저우언라이에 더해 주더朱德, 류샤오치, 허룽賀龍, 천이陳毅도 종종 영화에 등장하게 되었다. 배우 류화이정劉懷正은 〈대

도하〉, 〈난창 봉기南昌起義〉(탕샤오단湯曉丹, 1981), 〈적수를 네 번 건너다四渡
赤水〉(차이지웨이蔡繼渭 · 구더셴谷德顯, 1983), 〈주더와 아그네스 스메들리朱德
和史沫萊〉(리쿤, 1985), 〈가파른 쿤룬산巍巍崑崙〉(청무쿠이, 1988), 〈펑더화이
장군彭大將軍〉(류빙劉斌 · 리위차이李育才 · 류지에슈에劉潔學, 1988), 〈개국대
전〉(리첸콴 · 샤오구이원, 1989) 등에서 주더를 연기했다(蔡方, 「形似與神似—訪
『開國大典』演員郭法曾」, 黃凱, 劉懷正, 『電影世界』1989年 第4號, p.10). 또 류샤
오치 명예 회복 운동의 일환으로 류샤오치와 관련한 각종 영화, 텔레비전 드라마
가 1980년대부터 제작되기에 이르렀는데, 이러한 움직임 속에서 배우 궈파청郭
法曾은 〈가파른 쿤룬산〉, 〈개국대전〉 등에서 류샤오치를 연기했다.

37 李宣良, 「人民永遠不會忘記—演員盧奇眼中的小平」, 『人民日報』2004年 8月 14
日;盧奇, 「我演鄧小平」, 『中國電影年鑑 1990』, 中國電影出版社, p.66;陳家林, 「紀
實框架 · 演劇內核 · 史詩風格—『百色起義』演員構思」, 同前, p.64.

38 덩샤오핑이 세상을 떠난 1997년부터 2012년 현재에 이르기까지 그를 주인공으
로 하는 영화, 텔레비전 드라마가 이십여 편 제작되었다. 그중 덩샤오핑의 반생을
훑는 장편 극영화 〈덩샤오핑〉(딩인난, 2003)이 대표적인 작품이라 할 것이다. 그
런데 근년 들어 덩샤오핑의 영화 표상에 변화가 일고 있다. 일례로 1928년에 덩
샤오핑이 국민당 점령하의 상하이에서 비밀 활동을 벌인 역사적 사실을 기초로
한 전기 영화 〈덩샤오핑 1928〉(2004)은 역사적 사실에 충실하다고는 말하기 어
려운 필름 누아르 풍의 서스펜스 영화로 완성되었다. 이 영화에서 덩샤오핑은 적
의 추적을 따돌리기 위해 다양한 직업으로 위장하고, 제임스 본드 같은 화려한
자동차 추격전을 벌인다.

39 1976년 2월, 장칭을 필두로 한 사인방이 '주자파 타도'를 테마로 하는 영화를 제
작하도록 요구했고, 이에 몇 달도 지나지 않아 영화 8편이 완성되었다. 또한 위
의 테마와 연관된 영화가 13편 촬영을 개시하여, 전부 합산하면 1976년 연간 제
작 편수의 3분의 2가 이런 영화들로 채워졌다. 게다가 이듬해인 1977년에 촬영
을 예정하고 있던 동종 작품은 39편에 달했다. 그러나 1977년 10월에 사인방이
실각하면서 이들 기획 대부분은 실현에 이르지 못했다. 이들 작품에 등장한 '주
자파' 악당들의 구성을 보면 당 하부 조직 책임자가 21명, 현縣 책임자가 12명,
중앙 혹은 성省 레벨의 책임자가 9명, 부총리 1명, 총리 1명이 포함되어 있다(張
駿祥 · 丁嶠, 「淸算"四人幇"搞陰謀電影的政治陰謀」, 『人民電影』1978年 第8號,
p.2).

40 개혁개방 정책이 생산 양식에 초래한 변화를 직설적으로 그린 '개혁 영화'에 더
해, 부부나 연인 간의 승강이, 가족 내의 다툼 등 이른바 '미시 정치'를 통해 개혁
개방 시대를 은유적으로 표상하는 작품군도 존재한다. 〈고향의 노래鄕音〉(왕진,
1984), 〈야산野山〉(옌슈에顔學恕, 1985), 〈해변海灘〉(텅원지, 1986)은 대표적
사례라 할 것이다. 한편, 농촌 지역에서의 개혁개방 정책 전개를 그린 작품도 다

수 제작되었는데, 1984년을 경계로 중국 개혁개방 정책의 중점이 농촌에서 도시로 이행된 경위를 감안하여 본문에서는 이들 작품을 생략했다.

41 任殷, 「步履堅難――九八五年電影劇作長短錄」, 『電影藝術』 1986年 第4號, p.28.

42 1980년 8월부터 선전, 주하이, 샨터우汕頭, 샤먼廈門에 경제 특구가 설치되어 해외 자본과 기술 도입이 장려되고, 외국 기업의 단독 자본 경영과 국내 기업과의 합병 경영을 우대하는 정책이 실시되었다. 그 결과, 1980년대 전반에는 홍콩과 인접한 주장 델타를 중심으로 한 광둥 성廣東省이 때이른 경제적 자립을 달성했다. 광둥 성에서도 특히 시골 마을에 불과했던 선전은 고작 4년 만에 고층 빌딩들로 빽빽한 근대적 대도시로 변모했고, 이 엄청난 '선전의 스피드深圳速度'에 당시 중국인들은 경탄했다. 그런 선전을 동경하며 자신의 재능을 꽃피우고 인생의 신천지를 개척하겠다는 꿈을 품고 수많은 인재들이 전국 각지에서 선전으로 모여들었다. 한편, 문혁기에 자취를 감추었던 택시, 서양 음식점, 댄스홀 같은 자본주의적 라이프 스타일이 재빨리 경제 특구에서 부활했고, 외국산 컬러 텔레비전이나 테이프 레코더를 밀수입해서 내륙에 되팔면 높은 이윤을 올릴 수도 있었다. 이런 이유도 작용하여 중국 각지의 햇병아리 기업가들이 선전이라는 신세계에 날아든 것이다.

43 陸力, 「傅麗莉: 與電影的難忘約會」, 『大衆電影』 2011年 第1號, p.43; 「藝術人生 張小磊, 岳紅」, 中央電視臺三套, 2011年 12月 30日 放映. 류샤오칭이 선전에서 '샤오칭 공사曉慶公司'를 설립했다는 뉴스는 1980년대 중반에 각 미디어에서 빈번히 보도되었다. 회사의 실체는 불분명하지만 1985년에 류샤오칭이 손수 제작자로 나선 영화 〈무정한 연인〉이 당시 선전 시장이던 량샹梁湘의 지원 아래 제작된 것은 사실이다(傅溪鵬, 「劉曉慶在靑藏高原『無情的情人』拍攝散記」, 『靑年文學』 1985年 11月號, p.69).

44 톈안먼 사건 직후 덩샤오핑은 다음과 같이 말한다. "중국이 개혁개방 노선을 추진하는 데는 안정된 정치적 환경이 무엇보다 중요하다. (…) 중국은 사회주의적 민주 제도의 실현을 최종 목표로 하고 있으나 조급하게 실행에 옮겨서는 안 된다. (…) 만약 중국이 지금 당장 10억인 선거를 시행한다면, 틀림없이 문화대혁명 같은 대혼란을 초래하고 말 것이다." "중국이 경제 발전을 수행하려는 이때 명목뿐인 민주주의를 추구하는 것은 진정한 민주주의 제도를 가져오기는커녕 경제발전 또한 정체시킴으로써 나라 전체가 혼란 상태에 빠지고 민심도 뿔뿔이 흩어져 버리는 결과를 초래하고 말 것이다. 이러한 최악의 결과를 우리는 문화대혁명 시대의 실제 체험으로부터도 추측할 수가 있다."(鄧小平, 「關於堅持四項基本原則反對資本主義自由化的論述」, 『人民日報』 1989年 6月 24日). 위의 발언에서 덩샤오핑이 톈안먼 사건을 문화대혁명과 동일시했음을 알 수 있다. 즉 직접 민주주의적인 대중 운동이 공산당 지도 체제를 뒤흔들어 국가 분열 위기로 귀결되는 사태를 두려워한 것이다. 어쩌면 톈안먼 사건에 힘으로 대처한 것도 문혁에 얽힌 혼

란의 기억과 무관하지 않을지도 모른다.

45 王樹舜, 「改革題材影片創作的新收穫」, 『當代電影』1991年 第2號, p.22.

46 푸신성은 중국 남부의 조그마한 시골 마을에서 양복점 아들로 태어났다. 근면하고 장삿속에 밝았던 덕에, 개혁개방 정책의 순풍을 받자 재빨리 두각을 드러냈다. 1980년대 초두에 저장 하이옌浙江海鹽 와이셔츠 생산 공장의 책임자가 되고, 경영 개선을 위한 다양한 조치를 고안함으로써 단기간에 능률을 배 이상으로 향상시키는 데 성공했다. 이때 노동 규율 강화를 통한 생산성을 높이기 위해 노동자 간의 상호 감시와 경쟁 제도를 도입했다. 즉 노동 의욕을 결여한 종업원에 대해 감봉이나 해고 같은 엄격한 조치를 취한 것이다. "많이 일하는 사람에게는 많은 급료를 주고, 별로 일을 하지 않는 자에게는 더 적은 급료를 주고, 전혀 일을 하지 않는 자에게는 아무것도 주지 않는다"라는 식의 성과급제 슬로건의 원조가 바로 푸신성이다. 현재의 중국에서는 이 슬로건이 당연한 양 들린다. 그러나 최저한의 생활 보장과 평등주의가 건재했던 문혁 종결 직후 당시만 해도 이 슬로건은 다양한 물의를 빚었다. 이러한 푸신성의 경영법은 기업 개혁에 한 가지 방향성을 제시한 것으로서 당시 중앙 총서기였던 후야오방胡耀邦에게 높이 평가받았다. 『인민일보』에 후야오방의 코멘트가 실리자 푸신성은 일약 유명인이 되었다(「一個有獨創精神的廠長—步鑫生」, 『人民日報』1983年 11月 16日). 이 일을 계기로 미디어에서도 앞을 다투어 그를 다루게 되었는데, 일례로 신화통신新華社에서만 그에 관한 기사 총 수가 한 달간 27건에 달할 정도였다. 그 뒤 푸신성에게 기업과 미디어로부터 강연 의뢰가 쇄도하여 그는 전국 각지를 분주히 돌아다니게 되었다. 또 그의 경험을 배우고자 하는 경영자들이 전국 각지에서 몰려들었다. 급기야는 1984년이 되자 그는 국회의원에 해당하는 '전국 정치 협상 회의 위원'에 선출되어 정치가 지위에까지 오르게 되었다.
1984년은 중국 개혁개방 정책의 중점이 농촌에서 도시로 이행한 전환점이었다. 푸신성은 바로 그 상징이었고, 그의 사례는 수많은 벤처 기업가들에게 용기를 북돋아 시장 경제에 참여하도록 인도했다. 허베이 성河北省 쉬자좡石家莊 시의 어느 국영 제지 공장 종업원이던 마성리도 그중 한 명이었다. 연속 적자를 내던 쉬자좡 국영 제지 공장에서 연간 17만 위안의 이윤 목표 달성을 조건으로 청부 공모를 시행하자 마성리는 손수 이윤 목표를 70만 위안까지 끌어올리고는 그 공장의 책임자 자리에 앉았다. 그가 공장장으로서 다양한 경영 개선책과 노동 규율 강화 조치를 취한 결과 1년 뒤 이윤액이 148만 위안, 3년 뒤에는 560만 위안에 다다르게 되었다. 마성리의 사례는 기업 개혁의 모범으로 중앙 지도부에 의해 평가되었고, 각 미디어에서 다뤄졌다. 푸신성과 마찬가지로 그는 미디어가 주목하는 대상이 되었고, 전국 네트워크를 지닌 중앙TV에서 자신의 경험을 세 시간에 걸쳐 이야기하거나 전국 각지에서 수백 회에 달하는 강연회를 행했다. 그 기간 중에 네 번가량 덩샤오핑과 접견도 할 수 있었다고 한다.

그러나 채 몇 년도 지나지 않아, 이 두 '개혁 영웅'은 몰락의 길을 걷게 된다. 푸신성은 1986년부터 정부 측의 제안과 지원 아래 와이셔츠 생산에 그치지 않고 양복, 넥타이, 직물 프린트를 일체화한 생산 시스템을 확립하고 생산 규모를 대폭 확대했다. 그러나 제품 매출이 예상한 만큼 좋지 않았던 데다 자금 조달도 원활하지 못했고, 기술이나 관리 면에서도 각종 문제들이 서서히 드러나기 시작했다. 결국 이 생산 시스템은 고작 1년 만에 파탄에 이르렀고, 푸신성은 책임을 추궁받고 1988년 면직 처분에 처해진다. 한편, 마성리는 정부 측의 요청을 받아들여 1988년 경영 부진에 빠진 전국 각지 100군데에 이르는 제지 공장을 한꺼번에 인수하게 되었다. 당연한 결과겠지만, 이 너무나도 무모한 경영 확대 방침은 3년도 채 못 가서 파탄에 이르렀고, 결국 1995년에 마성리는 상부 기관으로부터 면직 처분을 받았다. 이 해고 처분에 승복하지 못했던 마성리는 "내가 개혁개방 정책을 위해 솔선수범 활약해서 많은 공헌을 했는데 그런 내가 부당한 해고 처분을 받게 되다니"라며 불만을 토했고, 자신이 생산하는 종이 제품에 '무고죄寃枉'라는 상표명을 붙이거나 정부 기관 옆에 노점을 열어 고기 만두를 팔며 불만을 호소하려고 했다고 한다(DVD「魯豫有約第三部·馬勝利專訪」, 深圳音像公司發行, 2004). 이 둘의 불행은 '정기불분(政企不分, 정부 기관이 행정 수단을 사용하여 기업 경영에 개입하는 것)'의 폐해에 의해 초래되었다고도 볼 수 있으나, 그보다 개혁개방 시대 중국에서의 산업 '영웅'의 본질을 보여 주는 구체적 사례로 간주하는 것이 더 적절할 것이다.

그런데 선전을 비롯한 각 경제 특구들은 세기 전환 뒤에 그에 필적할 수많은 대도시들이 등장하면서 특권적 지위를 잃어 갔다. 각종 시장 경제화 개혁 정책을 실시함으로써 물의를 빚고 1992년에 퇴직을 강요받았던 주하이 경제 특구 책임자 위안겅袁庚은 다음과 같이 술회한다. "에디슨이 전구를 발명했던 당초에는 텅스텐 선이 고작 8분밖에 버티지 못했다. 그렇지만 그 발명은 세계에 빛을 가져다주었고 새로운 시대를 열어준 획기적 사건이었다. 내가 시행했던 개혁 또한 에디슨의 전구와 같다. 나의 개혁은 실패로 끝나지 않았다."(經濟觀察報編著,『開放中國—改革的30年記憶』, 中信出版社, p.79).

47 騰文驥,「『鍋碗瓢盆交響曲』導演闡述」,『電影新時代』1984年 第5號, p.65.
48 王蒙,『王蒙自傳第二部 大塊文章』, 廣東省出版集團花城出版社, 2007, p.289.

제2장

1 王剛,「中國交誼舞是怎樣解禁的」,『時代郵刊』2008年 9月 5日.
2 1952년에 출판된『국제 사교 댄스(國際交誼舞)』(顧也文 編, 上海文娛出版社)에서 편저자는 "스텝을 간략화하고 반주 음악으로는 중국의 민족적 음악 혹은 소련을 비롯한 사회주의 국가의 음악을 사용해야만 한다"고 주장하고 있다.

3 졸저『映画のなかの上海』, 慶應義塾大学出版会, 2004年, pp.140~177.

4 嚴建設, 「唉, 七十年代的甩手療法」, http://bbs.hsw.cn/149542/viewspace-306328.html(최종 확인일 2012년 10월 1일).

5 張閎, 「廣播體操, 甩手療法與現代中國的身體」, http://blog.sinacom.cn/s/blog_4c5c13f0010095bn.html(최종 확인일 2012년 10월 1일). 문혁기에 일어난 유행 현상으로 '쏴이쇼 요법' 외에도 '다지슈에(打鷄血, 닭피를 인체에 주사함으로써 만병이 낫는다)', '훙차쥔러(紅茶菌熱, 홍차 버섯 붐)' 등도 들 수 있다.

6 前揭「中國交誼舞是怎樣解禁的」. 王蒙, 『王蒙自傳第二部 大塊文章』, 廣東省出版集團花城出版社, 2007, p.267.

7 同前.

8 상하이 시내의 댄스홀 수는 1988년에 227, 1989년에 292, 1990년에 310곳으로 증가했고, '톈안먼 사건'에 의한 침체는 볼 수 없었다. 李大成 主編, 『上海文化藝術誌』(上海社會科學院出版社, 2001年).

9 「非常記憶 · 遲志强專訪」東方衛視 2008年 4月 9日 放映. 츠즈창은 1987년에 석방된 뒤 가수로 데뷔했다. 자신의 수인囚人 생활을 테마로 한 노래를 수록한 「회한의 눈물悔恨の淚」, 「내일을 끌어안고擁抱明天」라는 타이틀의 카세트테이프는 각각 600만 장을 넘는 경이적인 판매량을 기록했고, 거리에는 그가 부르는 〈수인의 노래〉가 울려 퍼졌으며, 츠즈창은 폭발적인 인기를 끌었다(「遲志强專訪: 對話八十年代」, 『新週刊』 2006年 7月 16日).

10 「銀幕上的新星 生活中的罪犯-記遲志强從墮落到犯罪」, 『大衆電影』 1984年 第5號, pp.18~19.

11 당시 중국의 문화적 리더들 다수가 일종의 디스코 퀸인 존재였음을 지적해둔다. 사회적 논쟁을 불러일으킨 영화 〈오늘 밤엔 별빛이 찬란하다今夜星光燦爛〉(셰테리, 1980)와 〈짝사랑〉(1980)의 각본을 씀으로써 각광을 받은 바이화가 그중 한 명이다. 왕멍은 바이화에 대해 다음과 같이 평했다. "바이화는 사교적이고 활발하며 머리 회전도 빠르고 세련되서 대단히 매력적인 작가다. 그런데 나서기를 좋아하는 부분이 있어, 주목을 끌기 위해 대담하게도 작품 속에서 체제를 희롱하길 거리끼지 않았다. 그가 쓴 소설이나 대본, 영화 각본은 재능과 용솟음치는 감정으로 넘치고 있지만, 작품 테마가 부자연한 형태로 너무 앞서 나와서 깊이와 멋이 다소 뒤떨어지는 감마저 있다. 그렇기에 그는 작가라기보다는 오히려 연설가, 사회 활동가, 정치 활동가라 부르는 편이 더 적절할 것이다."(前揭, 『王蒙自傳第二部 大塊文章』, pp.142~143)

12 문혁 종결 직후인 1970년대 말, 덩샤오핑은 문혁 코드 타파와 '사상 해방'을 제창했다. 그 결과 중국 영화는 공전의 번영을 과시했다. 중국의 영화인들은 일본 영화나 구미 영화 등 외국 영화를 규범 삼아 드라마틱한 스토리 설정과 감상적인 어조, 슬로우 모션과 줌 쇼트 등의 영화 기법을 사용한 새로운 영화 창작을 실험

했다. 1979년부터 1980년에 걸쳐 중국의 오락 영화 제작 규모는 확대 일로였다. 한편, 정부에서는 이러한 해방적 기운 안에서 자유로운 풍조가 각 미디어를 통해 일거에 분출되는 데 대해 자유주의가 만연하는 게 아닐까 우려하여 부르주아 자유화를 비판하는 정치적 캠페인을 행했다. 이에 일단 완화된 미디어 규제가 다시 엄격해졌다. 이미 앞서 제1장에서 언급했듯이, 이러한 문화 정책상의 변화를 상징적으로 나타내고 있는 것이 문혁의 고난을 감상적인 터치로 그린 영화 〈짝사랑〉(1980)에 대한 비판 운동이었다.

또 감상주의와 나란히 오락 영화에 보이는 허구적인 요소 또한 '부자연스러운 것'으로 비판의 대상이 되었다. 즉 1981년을 경계로 수많은 오락 영화가 스토리의 허구성, 낮은 예술적 수준, 상업주의를 철저히 좇는 제작 태세 등의 이유로 공적인 영화 비평에 의해 통렬한 비판에 처해지게 된 것이다. 그중에서도 당시 가장 많은 규탄을 받은 악명 높은 작품으로 〈손님은 어디서 왔을까〉 외에, 스파이 영화 〈깊은 골짜기 연가幽谷戀歌〉(우궈장吳國疆 · 황옌인黃延恩, 1980), 쿵푸 영화 〈신비로운 불상〉(장화쉰, 1980), 호러 영화 〈숨은 그림자潛影〉(궈바오창, 1980)가 열거된다.

13 ホミ・K・バーバ, 『文化の場所ーポストコロニアリズムの位相』本橋哲也・正木恒夫・外岡尚美・阪元留美 訳, 法政大学出版局, 2005年, pp.379~381.

14 經濟觀察報編著, 『開放中國-改革的30年記憶』, 中信出版社, p.89.

15 실제 상하이의 공장 노동자였던 아마추어 각본가 대본을 쓴 무대극 〈빨간 스커트의 유행〉은 1983년경에 상연되어 대히트한 뒤, 이듬해 창춘영화촬영소에 의해 영화화되었다. 같은 해 12월, 당시 '공청단(共靑團, 공산주의 청년단)' 중앙 서기를 맡고 있던 후진타오胡錦濤는 막 완성된 이 작품을 감상하고 나서 스태프들을 접견하고 격려하기도 했다(「團中央領導評論新片『神奇的土地』」, 『電影世界』 1985年 第3號, p.2).

16 중국 최대의 청년 잡지 『중국청년』의 1980년 5월호 투고란에 판샤오潘曉라는 사람이 쓴 「인생의 길은 어째서 걸으면 걸을수록 좁아지기만 할까」라는 제목의 글이 실렸다. 고난으로 가득 찬 자신의 인생을 이야기하며, 사회와 현실에 대한 강한 불만과 절망을 드러낸 이 글은 수많은 젊은이들의 공감을 사고 사회 논쟁을 일으켰다. 그 뒤 반 년간, 1,000만 명을 넘는 젊은이들이 잡지에 투고하는 형태로 이 논쟁에 가담했다고 한다(前揭『開放中國-改革的30年記憶』, p.33). 실은 이 글은 『중국청년』의 편집자가 공장 노동자 황샤오쥐黃曉菊와 대학 1년생이던 판웨이潘禕에게 집필 의뢰한 원고를 합성한 것이었다. 그러나 이 논쟁은 추상적인 이데올로기보다 젊은이들이 직면하고 있던 현실적인 문제를 처음으로 주목함으로써 '사회와 타인에게 해를 끼치지 않는 한, 무엇을 해도 좋다. 그러므로 자신의 이익을 우선으로 생각하는 게 마땅하다'는 고전적 자유주의 사상이 젊은이들 사이에서 널리 받아들여지게 되는 계기가 되었다. 그때까지 집단이야말로 개인의 자

유를 구체적으로 실천할 기반이라고 여겨졌으나 그 기반이 정치적·경제적 이유로 인해 상실된 결과 추상적이고 보편적인 '개인'이라는 주체가 발견, 발명된 것이다. 이러한 사상적 상황이야말로 현재의 '붉은 자본주의'의 이데올로기적 기반이라 할 것이다.

이 논쟁을 역사적으로 어떻게 자리매김할 것인가를 두고 작자 중 한 명이던 판웨이는 2007년에 다음과 같이 지적했다. "문혁의 황폐함 뒤에, 억압되었던 것들이 한꺼번에 분출되면서 '판샤오 논쟁'은 분출구 중 하나가 되었다. '판샤오 논쟁'은 판도라의 상자를 연 거나 다름없었다. 이데올로기적 터부를 타파함과 동시에 악과 독소도 함께 방출해 버림으로써 이를 회수하고 억제할 수 없게 되어 버린 것이다. 그렇기에 '판샤오 논쟁'은 공중 도덕이 점점 떨어지고 있는 현재의 상황을 만들어 낸 발단이라고도 할 수 있다. (⋯) 당시 우리들은 '자아로의 회귀'를 제창하고 있었으나, 혹 양식이나 법률에 속박되지 않는 자아 즉 인간성의 악의 근원으로 회귀하는 것이 된다면 그 이상 두려운 일이 없으리라. 실제로 당시 우리들의 요청에 대해 27년이 지난 현재 중국 사회가 내놓은 회답은 너무나도 얄궂은 것이었다. 즉 양심을 완전히 상실하고, 얼마 되지 않는 이익을 위해 유해 화학 물질을 섞은 분유를 제조하는 것도 거리끼지 않는 악덕업자가 횡행하고 있는 것은 그 증거다."(前揭『開放中國-改革的30年記憶』, pp.41~42.)

17 前揭『文化の場所』, p.68.

18 劉偉宏,「與吳子牛談吳子牛」,『當代電影』1988年 第4號, p.104.

19 비디오 상영 시절의 상황에 관해서는 이 책「서장」을 참조할 것.

20 陳一,「一九八六年的國慶節, 天安門廣場是"霹靂舞"的海洋」2009年 9月 6日, http://blog.sina.com.cn/s/blog_503a5d750100fcu2.html(최종 확인일 2012년 10월 1일).

21 肖遙,「『女神探寶蓋丁』拍攝花絮」,『北影畫報』1989年 第7號, p.22.

22 前揭『文化の場所』, p.198.

23 同前, p.207.

24 호미 바바의 포스트콜로니얼리즘 이론이 중국 문맥에 적용 가능한가를 둘러싸고 중국 철학계에서는 의견이 갈린다. 예를 들어 2010년 12월, 중국사회과학원 소속의 철학 연구자 자오딩양趙汀陽은 중국을 방문한 바바 본인에게 직접 이의를 제기했다. "완전히 식민지로 전락했던 인도와는 달리, 아편 전쟁부터 20세기 중반까지의 중국은 '반식민지半植民地'였고 또 이 반식민지 시대에서조차 수천 년 전의 왕조 지배 안에서 형성된 '천하天下'라는 이념에 기초한 제국 체계가 단절되지 않았다. 따라서 포스트콜로니얼리즘은 중국과는 전혀 관계가 없다." 이러한 자오딩양의 주장에 대해 바바는 "콜로니Colony의 정의 방식에 따라 포스트콜로니얼리즘에 대한 해석도 달라진다"라고 응수했다. 필자의 생각으로는 이전의 식민지주의 시대의 기억은 차치하고서라도, 현재의 중국 역시 포스트콜로니얼리

즘의 문맥으로부터 완전히 벗어날 수 있다고 말하기는 어렵다고 본다. 주지하듯, 중국은 공산당에 의한 지도와 사회주의적 이데올로기 견지를 체제의 명분으로 삼으면서도 자본주의적인 시장 경제 시스템의 전면 도입을 통해 글로벌화한 세계의 공장이 되었고, 2008년의 글로벌 공황 이래 지금은 더더욱 경제 성장에 박차를 가하고 있다. 따라서 서쪽과의 관계에서 굴절된 양가감정Ambivalenz이 생길 수밖에 없다. 중국에서 일어나는 다양한 문화 현상을 검증할 때, 정치적으로 독립한 뒤로도 존속하는 문화적 지배를 묻는 포스트콜로니얼리즘 이론은 대단히 유효하다 할 것이다.

25 주연을 맡은 타오진과 마링馬羚은 당시 톱 클래스에 들던 프로 댄서였다.

26 朱迅, 『說出來就過時』, 遼寧省出版社, 2006, p.135.

27 앙드레 바쟁과 제4세대 감독의 관계에 관해서는, 졸저 『중국 10억인의 일본 영화 열애사-다카쿠라 켄, 야마구치 모모에서 기무타쿠, 아니메까지(中国10億人の日本映画熱愛史—高倉健、山口百恵からキムタク、アニメまで)』(集英社新書, 2006, pp. 87~95)에 언급한 바 있다. 이를 바탕으로 집필한 졸고 「중국의 '앙드레 바쟁'과 '누벨바그'-문혁 종결 직후 중국에서의 프랑스 영화 문화 수용(中国の"アンドレ・バザン"と"ヌーヴェル・ヴァーグ"—文革終焉直後の中国におけるフランス映画文化の受容)」은 2009년 8월에 탈고하여, 센슈 대학 사회과학연구소에서 주최한 연구 발표회에서 구두 발표 후 『센슈 대학 사회과학연구소월보(専修大学社会科学研究所月報)』(2010년 10월호)에 게재되었다.

28 중국에서의 바쟁 수용에 관해서는, 郝建, 「安德熱・巴贊在中國: 被言說與被消滅」(『當代電影』 2008年 第4號), 鄭洞天, 「一群中國年輕電影人與一個外國智者的神交」(『當代電影』 2008年 第4號)를 참조했다.

29 「八十年代初期的電影創作思潮」, 『當代電影』 2008年 第12號, p.10.

30 謝晉, 「『羅馬, 十一点鐘』學習札記」, 『中國電影年鑑 1985』, pp.619~635. 2006년 12월 16일에 행한 필자와 셰진 감독과의 인터뷰(도쿄 테아토르와 상하이전영그룹의 공동 주최로, 제1회 「중국 상하이 영화제」가 도쿄에서 개최되었을 때 메인 게스트로 일본을 방문한 셰진 감독과 단독 인터뷰를 행했다).

31 前揭 「一群中國年輕電影人與一個外國智者的神交」, p.4.

32 李亦中, 「中國電影滄桑錄」, 『當代電影』 2008年 第11號, pp.51~52.

33 「進口片・剪刀・再創造-著名演員施融同志談譯制片的幾個問題」, 『電影評介』 1986年 第9號, p.19.

34 陳墨, 「老電影資料館人訪談錄」, 『當代電影』 1987年 第9號, pp.38~39.

35 張子恩, 「影片平庸的根本原因在導演」, 『工人日報』 1987年 3月 1日, 第3面.

36 周予・李超・趙葆華, 「電影理論的失重與傾斜」, 『電影藝術』 1987年 第10號, pp.16~17.

37 前揭 「影片平庸的根本原因在導演」.

38 前揭「八十年代初期的電影創作思潮」, pp.6~7.

39 黃健中, 「電影應該電影化」, 『電影藝術』 1979年 第5號. 〈작은 꽃〉 제작에서는 황 젠중이 중심적인 역할을 맡고 있었음에도 불구하고, 연공서열이 지배적이던 당시 분위기 탓에 영화 크레디트에 그의 이름이 조감독으로밖에 표기되지 않았다(「昨 日之我/今日之我: 王好爲訪談錄」, 『北京電影學院學報』 1997年 第2號, p.33).

40 楊延晉, 「爲『小街』復陳荒煤同志」, 『文匯報』 1981年 11月 1日, 第5面.

41 鄭國恩, 「八十年代初期電影攝影探索描述」, 劉書亮主編 『電影藝術與技術』 所收, 北京廣學院出版社, 2000, pp.90~91.

42 鄭洞天, 「我的自述」, 『當代電影』 2006年 第4號, p.13.

43 前揭「老電影資料館人訪談錄」, p.44.

44 張瑤均, 「略論中國影視藝術的美學特色」, 『電影藝術』 1987年 第4號, p.10.

45 「影協書記處一年工作匯報提綱」, 中國電影家協會編 『電影藝術參考資料』 1986年 第9號, p.66.

46 「中國研究外國電影的現狀堪憂」, 『電影評介』 1986年 第7號, p.25.

47 「衆說謝飛」, 『當代電影』 2006年 第2號, p.4.

48 前揭「八十年代初期的電影創作思潮」, p.11.

49 前揭「安德熱·巴贊在中國: 被言說與被消滅」, pp.13~17.

50 張暖欣, 「我怎麽拍『沙鷗』」, 『中國電影年鑑 1982』, p.166.

51 「封面故事」, 『大衆電影』 2006年 第22號, p.21.

52 「改革開放 探索創新-關於新時期電影的歷史記憶」, 『當代電影』 1998年 第6號, p.45.

53 前揭「八十年代初期的電影創作思潮」, p.5.

54 「孫淳口述: 懷念純眞的電影時代」, 『大衆電影』 2008年 第24號, pp.42~43.

55 騰文驥, 「『鍋碗瓢盆交響曲』導演闡述」, 『電影新時代』 1984年 第5號, p.65.

56 前揭「八十年代初期的電影創作思潮」, p.8.

57 同前, p.11.

58 鄧燭非, 「紀實性札錄」, 『電影藝術』 1986年 第8號, p.25.

59 章柏青, 「荒誕, 變形, 魔幻, 不失其眞」, 『北影畫報』 1987年 第5號, p.38.

60 「艱難的"訪問"」, 『大衆電影』 2007年 第2號, p.41.

61 前揭「一群中國年輕電影人與一個外國智者的神交」, pp.4~6,

62 자장커는 〈스틸 라이프〉(2006)를 끝으로 독립 제작 스타일을 중단했다. 한편, 근 래 왕빙王兵을 비롯해 더 많은 수의 독립 계열 영상 작가들이 등장하여 정력적으 로 극영화와 다큐멘터리를 제작하고 있다. 일본에서는 그들의 작품이 주로 '도쿄 필멕스Tokyo FILMex'나 '중국독립영화제'를 통해 소개되고 있다.

63 이 절에서의 참고 문헌은 다음과 같다(주석에 표기한 것은 생략).
飯島正, 『ヌーヴェル·ヴァーグの映画体系I~III』, 冬樹社, 1980, 81, 84年; 遠山純生編, 『ヌーヴェル・ヴァーグの時代 1958−1963』, 株式会社エスクァイア・マガジン・ジャパン , 1999; カイエ・デュ・シネマ・ジャポン編集委員会編, 『ヌーヴェルヴァーグの現在 二世紀目の映画のために』, 勁草書房, 1996; アンドレ・バザン, 『映画とは何か I~IV』 小海永二訳, 美術出版社, 1967~77年.

제3장

1   夏衍, 「在影代會上的講話」, 『中國電影年鑑 1981』, p.10.
2   謝飛, 「要嚴於解剖自己」, 『電影藝術參考資料』 1984年 第10號, p.14.
3   1956년 쌍후는 상하이영화촬영소에서 신중국 최초의 컬러 영화 〈양산보와 주잉타이梁山伯與祝英臺〉를 연출했다.
4   阿新, 「『武則天初戀』拍攝錄」, 『電影世界』 1990年 第3號, p.16.
5   「改革電影管理體制要解決哪些矛盾」, 『文匯報』 1980年 10月 25日.
6   沈凱, 「藥不對症—中國電影改革不能用汪涇洋同志的"藥方"」, 『電影評介』 1988年 第2號, p.2.
7   劉泉, 成谷, 「電影也要競爭—關於改革電影體制的一点設想」, 『文匯報』 1980年 10月 26日.
8   同前.
9   前揭 「藥不對症—中國電影改革不能用汪涇洋同志的"藥方"」.
10 包同一, 張建勇, 「電影體制改革: 回顧, 思考與展望」, 『當代電影』 1990年 第4號, p.9.
11 白振華, 「關於電影制片廠與發行的經濟學探討」, 『經濟日報』 1988年 10月 1日, 第2面; 蘇辛群, 「從香港影壇看國産片的問題」, 『文藝報』 1986年 7月 19日, 第4面.
12 方松, 「我國每天電影觀客近八千萬 農村放映隊已逾十萬個」, 『大衆電影』 1983年 第1號, p.7.
13 「一九八五年中國電影界十大新聞」, 『大衆電影』 1986年 第1號, p.2.
14 前揭 「關於電影制片廠與發行的經濟學探討」.
15 同前. 「關於電影經濟利益的宏觀調節與微觀提高問題」, 『電影經濟』 1986年 第1號, p.5.
16 徐楚輝, 「中國電影在前進—陳昊蘇及電影界人士答外國專家記者問」, 『電影評介』 1988年 第3號, p.1; 高軍, 「關於「周康渝現象」的思考」, 『電影評介』 1988年 第5號, p.4.
17 趙紹義, 「新特點 新收穫」, 『電影年鑑 1988』, pp.1~5; 前揭 「藥不對症—中國電影改革不能用汪涇洋同志的"藥方"」.
18 2010년 12월 25일에 행해진 장화쉰 감독과 필자 간의 인터뷰에 의함.
19 紫明, 「電影體制必須改革—訪長影電影事業家, 藝術家」, 『電影世界』 1985年 第

　　10號, p.1.

20　高軍,「論電影票價改革」,『當代電影』1990年 第2號, p.108.

21　騰進賢,「尋求中國電影發展戰略」,『人民日報』1988年 7月 15日, 第5面.

22　前揭「論電影票價改革」, p.111.

23　前揭「關於電影制片廠與發行的經濟學探討」;前揭「關於電影經濟利益的宏觀調節與微觀提高問題」.

24　「院外常「客滿」場內座席空」,『電影評介』1986年 第7號, p.25.

25　方方,「電影:距我們日益遙遠」,『當代電影』1997年 第4號, p.84.

26　葉覺林,「"巧珍"回家以後—近訪吳玉芳」,『電影評介』1985年 第11號, p.28.

27　「張瑞芳的擔憂」,『解放日報 · 週末增刊』1985年 11月 30日.

28　「北影廠的裙帶風」,『電影評介』1986年 第12號, p.32.

29　周康渝,「再不能「吃大鍋飯」了—訪巴黎花火攝影棚有感」,『電影評介』1984年 第12號, p.7.

30　孔朝蓬,「長影集團產業轉型的思考」,『當代電影』2008年 第10號, p.56.

31　李爾葳,「她心中有一片淨土—記念鷄影后宋曉英」,『中國銀幕』1992年 第4號, p.21.

32　方舟,「叢珊口述: 凡事自然就好」,『大衆電影』2008年 第10號, p.45.

33　前揭「電影體制必須改革—訪長影電影事業家, 藝術家」, p.1.

34　劉漢銘,「從「停拍」說起」,『電影評介』1985年 第7號, p.6;『文匯報』1985年 3月 27日.

35　洪穎,「獨立製作 · 藝術影院 · 娛樂片—陳昊蘇談我國電影發展諸問題」,『光明日報』1988年 7月 17日, 第2面.

36　李少紅,「實話實說—我拍『銀蛇謀殺案』」,『北影畫報』1987年 第3號, p.8.

37　前揭 洪穎「獨立製作 · 藝術影院 · 娛樂片—陳昊蘇談我國電影發展諸問題」.
　　「胡其明廠長離任前答本刊記者問」,『北影畫報』1988年 第11號, pp.8~9.

38　吳雅山,「可貴的"犟勁"—訪影片『淨土』的編導皇甫可人」,『電影評介』1985年 第11號, p.28.

39　柳凌,「長影第一位獨立制作人—劉振中和『無罪的殺手』」,『電影世界』1988年 第11號, p.7.

40　前揭「電影體制必須改革—訪長影電影事業家, 藝術家」, p.1.

41　「黃建新口述: 黑色幽黙的領軍人」,『大衆電影』2007年 第24號, p.44.

42　前揭「關於電影制片廠與發行的經濟學探討」.

43　李彤,「『孩子王』憂納答問」,『當代電影』1988年 第6號, p.59.

44　羅雪瑩,「熱血漢子—我認識的吳天明」,『電影藝術』1986年 第2號. 1989년에 우톈밍이 촬영소 소장을 사직하고 유럽으로 건너가자 시안을 거점으로 시행된 촬영소 시스템 개혁도 중단되었다.

45 '영화법'이 존재하지 않고 이를 대체하는 '조례'가 지극히 추상적인 형태에 머물러 있던 상태에서 1980년대 중국의 영화 검열은 '조례'와는 동떨어진 채로 시행되었다고 보는 것이 실상에 가깝다. 즉 검열 원칙이 고정된 '조례'에 의해 규정되기보다는 늘 변화무쌍했던 중국의 그때그때의 정치적·사회적 상황에 좌우된 것이다. 따라서 중국의 영화 검열을 고찰하는 데 명문화한 '법령'과 그에 따라 행해진 심사 결과를 비추어 보는 식의 종래의 실증적 연구 방법이 반드시 유효한 접근법이라고는 할 수 없다. 또 공문서 등의 1차 자료에 관해서도, 저자가 일부 접근하는 게 가능했다고는 하나 중국 국내에서 비공개 문건 취급을 하는 게 대부분이므로, 트러블을 회피하기 위해 직접적 인용을 삼가고자 했다.

46 「孟廣鈞訪談錄」, 『當代電影』 2008年 第8號, p.73.

47 於敏, 『一生是學生』, 中國電影出版社, 2006, p.236.

48 王迪, 「冬日的沈思―電影藝術的失望與希望」, 『電影藝術』 1986年 第7號, pp.16~17.

49 林立, 「『瞧這一家子』創作後記」, 『電影新時代』 1983年 第6號, p.65.

50 汪涇洋, 「試論中國電影需要十個方面的改革」, 『文匯報』 1987年 7月 1日.

51 鳳凰衛視控股有限公司, 「魯豫有約 白樺」 VCD, 深圳音像公司出版發行, 2003;1955년부터 1960년대 초두에 걸쳐 각본 검열 권한을 각 영화 촬영소에 일임하는 시도가 세 번 정도 있었으나, 오래 지속하지 못했거나 혹은 아예 실현에 이르지 못했던 듯하다(啓之, 『毛澤東時代的人民電影(1949~1976)』, 秀威資訊科技股份有限公司, 2010, pp. 56~57).

52 『中國電影年鑑 1983』, 中國電影出版社, 1984, p.209.

53 曉雪, 「折射痛苦的太陽―青年作家鄭彦英和他的「太陽」」, 『電影評介』 1986年 第8號, p.25.

54 沈國凡, 「目標:奧斯卡金像獎―與第七屆金鷄獎最佳編劇獎獲得者田軍利一席談」, 『電影評介』 1986年 第12號, p.28.

55 「嚴順開口述:我喜歡觀衆帶点辛酸的笑」, 『大衆電影』 2009年 第14號, p.43.

56 蘇叔陽, 『燃燒的汪洋』, 中國電影出版社, 1999, p.382.

57 〈무정한 연인〉은 1985년에 완성되었으나 9개월간의 심사를 거쳐 26군데를 가위질 당한 뒤 1986년 8월에 겨우 검열을 통과했다. 그랬음에도 불구하고 상영 개시후 얼마 지나지도 않은 같은 해 12월에 '배급 정지' 처분을 받았다(陳國軍, 『我和劉曉慶:不得不說的故事』, 廣東人民出版社, 1998, pp.315~317, 399~400;徐如中, 劉曉慶, 「劉曉慶就是劉曉慶」, 『文匯月刊』 1986年 第10號, pp.49, 57;前揭 『中國電影年鑑 1987』 第7部, p.81).

58 於曉陽, 『於曉陽文集』, 國際文化出版公司, 1997, p.217.

59 同前, pp.217~218.

60 「影片『如意』前後」, 『電影藝術』 2005年 第3號, p.91.

61 同前, p.93.

62 王蒙, 『王蒙自傳第二部 大塊文章』, 廣東省出版集團花城出版社, 2007, p.258.

63 嚴平, 『陳荒煤傳』, 中國電影出版社, 2006, p.281.

64 前揭 『王蒙自傳第二部 大塊文章』, p.59. 前揭 『陳荒煤傳』, p.259.

65 查建英, 『八十年代訪談錄』, 三聯書店, 2006, p.410.

66 張笑天, 「從 『黃河之濱』 說開去」, 『電影世界』 1985年 第9號, p.1; 「『黃河之頻』 反響強烈」, 『電影世界』 1985年 第9號, p.1.

67 沐言, 「電影審查權究竟屬於誰」, 『電影評介』 1986年 第8號; 曾扎, 「電影廠廠長的思考」, 『電影評介』 1986年 第10號.

68 前揭 「電影審查權究竟屬於誰」, pp.2~3; 沐言, 「再談電影審查權究竟屬於誰」, 『電影評介』 1986年 第11號.

69 「電影的橫向干涉」, 『電影創作』 1989年 第3號, p.74.

70 前揭 「電影審查權究竟屬於誰」, pp.2~3.

71 肖尹憲, 「『人到中年』 的前前後後」, 『電影藝術』 2005年 第1號, p.67.

72 〈중년이 되어〉의 촬영 경위에 관해서는 샤오이시엔(肖尹憲)의 〈〈중년이 되어〉의 전후 사정(『人到中年』的前前後後)」, 『〈중년이 되어〉 소설에서 영화까지人到中年 從小說到電影』(中國電影出版社, 1986), 차오지산曹積三의 『붉은 도시의 영화 거장紅都影師』(中國文史出版社, 2007)을 참고할 것.

73 前揭 『紅都影師』, p.287.

74 鄧小平, 「視察江蘇等地回北京後的談話 一九八三年三月二日」, 『鄧小平文選』 第3卷, (北京) 人民出版社, 1993, p.26.

75 창춘영화촬영소에서 제작된 〈불의의 사건不該發生的故事〉(장휘張輝, 1983)에 관해서도 동일한 이야기를 할 수 있다. 이 영화에서는 문혁 후 농가 생산 청부제의 일환으로 농민들이 자유 의사에 따라 몇 명 단위로 그룹을 결성하는데, 이때 공산당원들은 '정치적 캠페인을 일으키는 것 외에는 아무것도 할 수 없는 자들'로 농민들에게 미움을 받고 어느 그룹에도 환영받지 못하는 충격적인 사건이 그려진다. 그러나 영화 마지막에서는 따돌림 당한 공산당원들이 스스로 '당원 그룹'을 결성하여 열심히 노동한 결과 농민들과의 유대감을 회복하게 된다. 이윽고 그룹 재편 순서가 돌아오자 당원들은 인기인이 되어 "우리 그룹에 들어와 달라"며 애원하는 마을 주민들이 줄을 잇게 된다. 이러한 결말에 대해 "너무 안이한 해피엔딩"이라며 당시 영화 평론가들이 지적하기도 했다(李文彬, 「催人奮進 發人深省─簡評影片 『不該發生的故事』」, 『電影世界』 1983年 第12號, p.2).

76 孫正國, 「比較海峽兩岸電影的創作心態與本質」, 中國電影家協會編 『電影藝術參考資料』 1986年 第9號, pp.12~13.

77 「『電影人』 三人談」, 『當代電影』 1989年 第2號, p.96.

78 劉偉宏, 「與吳子牛談吳子牛」, 『當代電影』 1988年 第4號, pp.106~107.

79　前揭『八十年代訪談錄』, p.414. 1980년대 후반에서 1991년에 걸쳐 톈촹촹 감독은 〈고서예인鼓書藝人〉(1986), 〈로큰롤 청년〉(1988), 〈특수 수술실特殊手術室〉(1989), 〈대태감 리롄잉〉(1990)을 제작했다.

80　「「電影法」立法硏討會總述」, 『中國文化報』 1988年 10月 16日, 第3面.

81　山本達郎, 『中國版ツイッターウェイボーを攻略せよ』, ワニブックス, 2012.

82　사단법인 시나리오작가협회 홈페이지에 따르면, '중일 시나리오 심포지엄(中日電影劇作硏討會/ 中日電影文學硏討會)'은 1984년을 시작으로 양국에서 격년제로 번갈아 개최되고 있다. 2011년에는 26회를 맞이하여 현재도 지속되고 있다(http://www.scenario.or.jp/china.html 최종 확인일 2012년 10월 1일). 특히 1984년, 1985년, 1986년에 각각 베이징, 도쿄, 다롄大連에서 개최된 제1~3회 심포지엄은 중국의 영화 전문지에서도 다루어졌고, 큰 반향을 불러일으킨 바 있다.

83　「中日第一屆電影劇作硏討會發言摘編‧關於六部中國影片的評論」, 中國電影家協會編 『電影藝術參考資料』 1984년 제14호, pp.18~19(〈추운 밤〉에 관한 야스미 토시오의 발언), p.34(〈인생〉에 관한 쿠니히로 다케오国広威雄의 발언), p.40(〈청춘만세〉에 관한 신도 카네토의 발언).

84　문혁 이후 중국에서의 일본 영화 수용에 관해서는, 졸저 『중국 10억 인의 일본 영화 열애사(中国10億人の日本映画熱愛史)』(集英社新書, 2006) 및 『증언 중일 영화인 교류(証言 日中映画人交流)』(集英社新書, 2011)를 참고하기 바란다.

85　1984년 3월 31일부터 4월 8일까지 중국영화인협회 주최로 심포지엄 '국제 영화 토론회國際電影硏討會'가 베이징 정협예당에서 개최되었는데, 이마무라 쇼헤이今村昌平 감독이 〈나라야마 부시코楢山節考〉(1983)를 가지고 참가했다. 이 작품에서의 대담한 성 묘사는 중국의 영화 관계자들 사이에서 커다란 화제가 되었다(2012년 1월 5일, 저자는 당시 심포지엄에서 이마무라 쇼헤이 감독의 통역을 맡았던 위다이친于黛琴 씨와 인터뷰를 했다).

86　丁道希, 「電影意識覺醒中的朦朧」, 『文藝理論家』 1986年 第3號, p.13.

87　그 밖에 〈숲속의 한 여인山林中的頭一個女人〉(왕쥔정王君正, 1985), 〈청춘제〉(장눤신, 1985), 〈여아루女兒樓〉(후메이胡玫‧리샤오쥔李曉軍, 1986), 〈후난의 소녀湘女瀟瀟〉(셰페이, 1986), 〈인귀정人鬼情〉(황수친, 1987)도 대표적인 '여성 영화'다.

88　花建‧天雲, 「新的文化空間和電影價値觀」, 『光明日報』 1988年 11月 3日, 第3面.

89　陳犀禾, 「新時期十年電影思潮走向─電影美學隨筆之六」, 『北京畫報』 1987年 第1號, p.23.

90　1980년대 중반에 출품작을 선정하기 위해 중국을 방문한 '유럽여성영화제' 주최자가 〈양갓집 여인〉과 〈후난의 소녀〉를 보고 여성 감독의 작품이라 생각하고 여성 영화제에 출품하길 강력히 권했다가 감독이 남성임을 알고 단념했다는 일화가 있다.「要麽融合, 要麽拒絶─王君正監督訪談錄」, 『北影電影學院學報』 1997年

第2號.

91 胡圖, 「床上戱的分寸—訪『寡婦村』導演王進」, 『電影評介』 1989年 第4號, p.6. 〈과부촌〉의 각본에서는 이 장면이 남자가 등을 씻는 동안 여자가 욕정을 참지 못하게 되는 것으로 설정되어 있는데, 촬영 중에 변경이 가해진 것으로 보인다(陳立洲, 王雁, 「寡婦村的節目」, 『中外電影』 1988年 第5號, p.48).

92 「一九八九年國産故事片發行放映前十名名單」, 『中國電影年鑑 1990』, 中國電影出版社, p.360.

93 趙輝, 「"『寡婦村』現象"小析」, 『電影評介』 1989年 第4號, p.7.

94 前揭 『中國電影年鑑 1990』, p.45.

95 同前.

96 「我國首部"少兒不宜"的驚險片」, 『人民日報·海外版』 1989年 5月 31日.

97 '톈안먼 사건' 뒤인 1989년 11월 2일, '전영국'은 '중국전영발행방영공사발 '성인 영화 상영에 대한 관리 방법'에 관한 통지關於轉發中國電影發行放映公司"關於放映"少兒不宜"影片的管理弁法"的通知」를 반포했다. 언뜻 보기에는 '사건' 전이었던 같은 해 5월부터 실시된 '조례'의 보강처럼 보이지만, 취지가 전혀 달랐다. 전자가 사실상 영화 제작에 대해 그때까지는 없었던 자유를 선사했다고 한다면, 후자는 '사건' 전에 양산된 오락 영화의 상영을 규제하는 데 중점을 둔 '억압'을 의미한다 할 수 있다. 일례로, 1989년 11월 20일에 '전영국' 지시에 의해 오락 영화 〈관동여협關東女俠〉(바이더장白德彰·쉬런싱徐迅行, 1989)과 〈전페이의 묘 도굴 사건夜盜珍妃墓〉(차이위안위안蔡元元, 1989) 두 작품이 이미 '성인 영화'로 검열을 통과했음에도 불구하고 상영이 취소되었다. 이는 문화적 단속 강화를 의미하는 사건이었다. 덧붙여 〈관동여협〉은 전년도의 히트작이었던 〈관동대협關東大俠〉(바이더장·쉬런싱, 1987)의 자매편임을 밝혀 둔다(前揭 『中國電影年鑑 1990』, pp.50~51, 518).

제4장

1 鐘惦斐, 「影獎隨筆」, 『大衆電影』 1980年 第6號, p.4.

2 조안 첸과 류샤오칭은 1980년도 '백화장'과 '문회전영장文匯電影獎' 중 최우수 여우주연상과 조연상을 휩쓸고, '문화부 청년 우수 창작상文化部靑年優秀創作獎'을 공동 수상했다.

3 리처드·다이어, 浅見克彦訳, 『映画スターの〈リアリティ〉拡散する「自己」』, 青弓社, 2006.

4 에드거·모란, 渡辺淳·山崎正已訳, 『スター』, 法政大学出版局, 1976.

5 몰리·하스켈, 海野弘訳, 『崇拝からレイプへ—映画の女性史』, 平凡社, 1992.

6 류샤오칭의 전남편 천궈쥔의 저서 『나와 류샤오칭: 말할 수밖에 없는 이야기我和

劉曉慶:不得不說的故事』(廣東人民出版社, 1998)와 류샤오칭의 자서전『나의 고백록-영화 스타에서 억만장자까지我的自白錄-從電影明星到億萬富姐兒』(上海文藝出版社, 1995)에 따르면, 류샤오칭은 예전부터 〈클레오파트라〉(1963)에서의 엘리자베스 테일러의 연기에 감탄하고 있었다고 한다. 1988년 베이징에 머물고 있던 엘리자베스 테일러와 이야기를 나누기도 했으며, 이후 연기뿐 아니라 삶에서도 엘리자베스 테일러로부터 강한 영향을 받았다고 한다.

7   류샤오칭이 쓴 세 권의 자서전은『나의 길我的路』(1983),『나의 8년我這八年』(1992),『나의 고백록-영화 스타에서 억만장자까지』다.『나의 길』은 1983년 5월에 신문『문회보文匯報』(上海)에 연재된 뒤, 월간 잡지『문회월간文匯月刊』(1983년 제7호)에 게재되었다.『예술과 사랑藝術與愛情』(劉曉慶, 上海文藝出版社, 1984),『영화 스타 류샤오칭影星劉曉慶』(郗侍仁編, 中國展望出版社, 1985)등에도 수록되었을 뿐 아니라 복수의 단행본이 존재한다.『나의 8년』은 신문『신민완보新民晩報』(天津)에 연재된 뒤 1992년에 인민일보출판사에서 책으로 출판되었다.『나의 고백록-영화 스타에서 억만장자까지』는 집필 전부터 제목만 발표된 상태에서 판권 경쟁이 붙어 10만 위안이라는 경악할 가격으로 낙찰되었다. 이 사건은 1995년에 선전에서 개최된 '전국제1회원고경매대회(全國首屆文稿拍賣會)'에서 톱 뉴스가 되었다. 게다가 1998년에는 중국전영출판사에서 이 세 권의 자서전과 그녀가 쓴 에세이 등을 묶어『역정-류샤오칭 문집歷程-劉曉慶文集』을 출판했다.

8   이 글은 졸고「시대의 욕망을 체현한 여배우-영화 배우 류샤오칭론(時代の欲望を体現した女優-映画女優·劉曉慶論)」(『映画学19号』早稲田大学映像学会, 2005)을 수정한 것이다.

9   徐如中·劉曉慶,「劉曉慶就是劉曉慶」,『文匯月刊』1986年 第10號, p.50.

10   前揭『我這八年』, p.33.

11   狄翟,「『海霞』事件本末 上」,『電影藝術』1994年 第3號, pp.61~74; 狄翟,「『海霞』事件本末 下」,『電影藝術』1994年 第4號, pp.79~90.

12   〈작은 꽃〉은 1972년에 출판되어 널리 인기를 모았던 첸서前涉의 장편 소설『동백 영웅桐柏英雄』을 원작으로 하고 있다. 하지만 원작에서는 중심이 되었던 전쟁 장면이 대부분 삭제되었고, 그 대신에 전쟁으로 생이별했다가 재회하는 남매간의 정이 스토리의 축을 이룬다.

13   前揭「劉曉慶就是劉曉慶」, p.53.

14   〈작은 꽃〉에서는 모노크롬 필름과 컬러 필름을 효과적으로 병용한 것이 전위적인 시도였다며 평론가들에게 호평을 받고 화제가 되었다. 1978년 당초에는 모노크롬 필름으로만 촬영할 예정이었으나 촬영감독 윈원야오雲文躍가 기한이 지난 탓에 무료로 쓸 수 있던 벨기에산과 일본산 컬러 필름을 창고에서 몇 롤인가 발견하여 컬러와 모노크롬 영상을 병용하자고 제안했다고 한다(張文燕,「超以像外

得其圜中─黃健中訪談錄」,『當代電影』2001年 第3號, p.53).

15 劉曉慶,「我的路」, 月刊『文匯月刊』1983年 第7號, p.39.

16 前揭『我的自白錄』, p.14.

17 前揭 劉曉慶,「我的路」, p.39.

18 〈신비한 불상〉은 정부 계열 미디어에 의해 "1920년대의 저속한 쿵푸 영화 〈불타는 홍렌스火燒紅蓮寺〉의 재래"라며 혹평을 받았다. 시리즈물이었던 〈불타는 홍렌스〉(장스촨張石川, 1928)는 네 명의 정의로운 무술 고수가 악덕 승려를 퇴치하여 납치당한 정부 고관과 노리개로 희롱당하던 여성을 구하는 내용으로, 당대 톱스타 후데胡蝶가 연기하는 여성 무술가 홍 낭자紅姑가 주인공이었다. 장르와 이야기 구조상에서의 유사성에 더해, 대중 차원에서의 절대적인 영향력에서도 이 두 작품은 서로 차이를 보이지 않는 듯하다. 〈불타는 홍렌스〉를 실시간으로 보았던 작가 마오둔茅盾은 다음과 같이 말했다. "〈불타는 홍렌스〉는 소시민을 끌어당기는 절대적인 마력을 지니고 있다. 영화관은 이 영화가 시작될 때부터 끝날 때까지 관객들의 함성과 박수가 끊이지 않는 흥분의 도가니가 되었다. 만약 국산 영화가 군중의 감정에 호소하고자 한다면, 이 〈불타는 홍렌스〉를 가장 먼저 거론해야 할 것이다."

19 〈신비한 불상〉에서의 여성 신체의 현란하고 드라마틱한 전개는 당시 중국 영화 치고는 참신한 촬영 기법에 기인한 것이다. 액션신에 다수 사용된 빠른 줌, 인물의 몽롱한 의식을 나타내는 아웃 포커스, 서스펜스 효과를 높이기 위해 엿봄을 당하는 이를 화면 안쪽에 놓고 몰래 엿보는 이의 어깨와 후두부 일부를 화면 앞쪽 구석에 배치한 불균형한 구도는 모두 1970년대 일본과 홍콩 영화의 상투적인 수법이었다. 〈신비한 불상〉을 연출한 장화쉰 감독은 2010년 12월에 필자와의 인터뷰에서 "쿵푸 장면 촬영에서 특히 참고로 삼고았던 것은 리샤오롱李小龍 주연의 〈정무문精武門〉(로웨이羅維, 1972)이었다. 또 장대한 자연을 무대로 추리극을 펼친다는 설정은 1970년대 말에 중국에서 대히트했던 명탐정 포와르를 주인공으로 한 영미 합작 영화 〈나일 강 살인 사건Death on the Nile〉(존 길러먼John Guillermin, 1978)에서 힌트를 얻었고, 여주인공의 정체를 폭로한다는 설정은 일본의 가도카와 영화사角川映畫에서 만든 〈인간의 증명人間の証明〉(사토 준지佐藤純彌, 1977)에서 유래한 것이다"라고 증언했다.

20 蘇叔陽,『燃燒的汪洋』, 中國電影出版社, 1999, pp.377~388.

21 同前, p.379.

22 그러나 1980년에 제작되고 나서 1988년에 해금되기까지, 〈벌판〉은 내부 시사회나 비디오 상영 형태로 전국 각지에 이미 널리 퍼져 있던 상태였다.

23 「銀幕向舞臺的挑戰─『日出』『雷雨』『原野』影片座談會」,『電影藝術』1986年 第8號, pp.35~37;陳犀禾,「中國女性電影─電影美學隨筆之三」,『北影畫報』1986年 第4號, p.25.

24 劉曉慶,「我演金子」,『文匯月刊』1982年 第7號, p.85.

25 검열과 영화 표현의 관계는 20세기 전반의 할리우드 영화에 관한 '하스미 테제 (蓮實テーゼ)' 중 하나이기도 하다(蓮實重彥,『ハリウッド映画史講義—翳りの歷 史のために』, 筑摩書房, 1993, pp.166~173).

26 前揭『映画スターの〈リアリティ〉拡散する「自己」』, p.63.

27 〈벌판〉을 연출한 이는 덩샤오핑의 둘도 없는 친구였던 원로 혁명가 예지옌잉葉 劍英의 장녀 예샹전(葉向眞, '링쯔'는 필명이다)이다. 또 류샤오칭의 출연작 〈저 집 좀 보게!〉, 〈헤어날 수 없는 그물〉, 〈북국홍두〉도 모두 여성 감독 왕하오웨이 의 작품이다.

28 「昨日之我/今日之我: 王好爲訪談錄」,『北京電影學院學報』1997年 第2號, p.33.

29 邵牧君,「中國電影創新之路」,『電影藝術』1986年 第9號;李澤厚,『走自己的路』臺 灣風雲時代出版公司, 1990;花建·天雲,「新的文化空間和電影價値觀」,『光明日 報』1988年 11月 3日, 第3面;查建英,『八十年代訪談錄』, 三聯書店, 2006.

30 西豊,「純眞少女初遊銀海—訪『紅高粱』主演鞏俐」,『大西北電影』1988年 第4號, p.19.

31 羅鳳鳴,「鞏俐—最不中國味的中國演員」,『中外電視』1991年 3月號, p.23.

32 前揭「劉曉慶就是劉曉慶」, p.53.

33 張暖欣·吳冠平(對談)「感受生活」,『電影藝術』1995年 第4號, p.67.

34 前揭『映画スターの〈リアリティ〉拡散する「自己」』, p.184.

35 程敏,「給曉慶同志提点意見」,『大衆電影』1988年 第6號, p.31;佃春,「爲劉曉慶 鳴不平」,『大衆電視』1988年 第9號, p.31;夏靜,「劉曉慶令人失望」,『大衆電視』 1988年 第9號, p.31.

36 前揭「劉曉慶就是劉曉慶」, p.52.

37 拙著『映画のなかの上海』, 慶應義塾大学出版会, 2004, pp.131~139.

38 1981년경 남편과 헤어지고 '베이징건설위원회 부속 숙박 시설北京建委招待所'에 머물고 있던 류샤오칭은 두 번에 걸쳐 자살을 시도했다(董彬,「劉曉慶『我的路』 風波始末」,『戲劇與電影』1985年 第7號, p.22).

39 前揭『我和劉曉慶:不得不說的故事』, p.120.

40 前揭「劉曉慶『我的路』風波始末」, pp.23~26.

41 丹牧,「劉曉慶細訴心聲—港政協委員安子介, 徐四民探望劉曉慶」,『影星劉曉慶』, 中國展望出版社, 1985, pp.86~93.

42 1984년 10월에 류샤오칭은 중국 영화 대표단 일원으로 싱가포르를 방문했다. 1986년에는 미국에서, 그리고 이듬해에는 프랑스에서 류샤오칭의 주연 작품 특 집 상영이 기획되었다. 주최자는 모두 현지 화교 단체였다.

43 야마구치 모모에의『푸른 시절蒼い時』(集英社, 1981)은 1982년에 중국에서 번역 출판(安可 譯,『滄茫的時刻』, 漓江出版社)되었다.

44　前揭『我和劉曉慶: 不得不說的故事』;路野,『策劃億萬富姐─劉曉慶經紀人浮出水面』, 中華工商聯出版社, 2000;王建中,『我把劉曉慶送上法廷』, 光明日報出版社, 2001.

45　前揭『スター』, pp.123~125.

46　「劉曉慶的魅力無法擋」, 前揭『影星劉曉慶』, p.106. 前揭,「劉曉慶就是劉曉慶」, p.57. 홍홍은 광저우 출신의 월극奧劇 배우로 1984년에 홍콩을 경유하여 타이완에 망명했다.

47　『中國稅務報』2002年 7月 1日.

48　미납분 1,458만 3천 위안에 벌금 710만 위안을 더한 금액이다.「"曉慶公司"偸稅案 法廷辯論集中三焦點」,『中國稅務報』2005년 4월 13일.

49　王志 · 劉曉慶,「劉曉慶:我比任何角色都豊富」,『大衆電影』2005年 第24號, p.22.

50　문혁 말기인 1975년, 상하이영화촬영소의 오디션 회장에 빛바랜 인민해방군 군복을 걸친 15세 조안 첸이 등장했다. 지각을 한 그녀는 회장의 엄숙한 분위기는 아랑곳하지 않고 비어 있는 의자가 없음을 눈치채자 몸을 가볍게 날려 책상 위에 걸터앉았다. 그런 꾸밈없는 동작이 시험관의 눈길을 끌었다. 시험에서는 노래나 춤을 선보이는 수험생이 많았는데, 그녀만 홀로 자신 있던 영어로『마오쩌둥 어록』중 한 구절 "인민을 위해 봉사하라爲人民服務"를 암송하여 오디션에 합격했다(鳳凰衛視控股有限公司,「魯豫有約 陳沖」VCD, 深圳音像公司出版發行, 2003).

51　'제20회 도쿄국제영화제'에 참가하기 위해 주연과 제작을 겸한 영화〈상하이 레드上海紅美麗〉를 들고 일본을 방문한 비비안 우와 필자가 2006년 10월 18일 단독 인터뷰를 행했다.

52　「畫家趙渭凉: 陳沖當年會是畫中人」http://tieba.baidu.com/p/746588824(최종확인일 2012년 10월 1일).

53　宣景琳,「我的銀幕生活」,『感慨話當年』, 中國電影出版社, 1961, p.60.

54　前揭『映画スターの〈リアリティ〉拡散する「自己」』, p.54.

55　『中國電影年鑑 1986』, 中國電影出版社, 1987.

56　中央電視臺,「電影志現象 1980 第2輯 · 第9集 · 出國熱」DVD, 中國國際電視總公司出版發行, 2007.

57　葉覺林,「從陳燁的『出走』談起─兼談對靑年演員的培養」,『電影評介』1985年 第9號, p.3.

58　鳳凰衛視控股有限公司,「魯豫有約 張瑜」VCD, 深圳音像公司出版發行, 2003.

59　「瞭開影視明星門的面紗」,『電影創作』1988年 第12號, p.72.

60　前揭「影像志現象 1980 第2輯 · 第9集 · 出國熱」DVD.

61　러윈은 러후이樂慧라는 예명으로 여러 편의 홍콩 영화에 출연한 뒤, 1996년 5월 자택 맨션에서 투신 자살했다. 홍콩 전영자료관 홈페이지(http://ipac.hkfa.lcsd.gov.hk/ipac20/ipac.jsp?session=13360FO08A243.317&profile=hkfa&uri=link

=3100036@!4360@!3100024@!3100036&aspect=basic_search&menu=search
&ri=2&source=192.168.110.61@!horizon&term=%E6%A8%82%E6%85%A7%
2C&index=NAMEBRP#focus(최종 확인일 2012년 10월 1일). 姚美莉,「影星樂
慧跳樓身亡 傳其家人欲賣畫募殮費」,『星島日報』1996年 5月 3日.

62 嚴歌苓,『本色陳沖』, 春風文藝出版社(瀋陽), 1998, p.65.

63 同前, pp.76~80.

64 「陳沖在國外─陳沖補考」,『電影世界』1983年 第10號, pp.8~9.

65 Xiaomei Chen, *Occidentalism*, Oxford University Press on Demand, 1995.

66 前揭『本色陳沖』, p.34.

67 同前, pp.110~118.

68 안나 메이 웡에 관해서는 무라카미 유미코村上由見子의 『옐로우 페이스-할
리우드 영화에 보이는 아시아인 초상(イエロー・フェイス─ハリウッド映画に
みるアジア人の肖像)』(朝日新聞社, 1993, pp.32~43), 졸저『영화 속의 상하이』
(pp.25~27)를 참조할 것.

69 「陳沖披露好萊塢幕後生活: 我是戀家的結婚狂」, http://www.beelink.
com/20050907/1925311.shtml(최종 확인일 2012년 10월 1일).

70 前揭『本色陳沖』, p.144.

71 조안 첸은 남편이었던 리우칭柳靑의 지도 아래 엄격한 쉐이프업 트레이닝에 도전
했다. 당시 리우칭은 할리우드에서 액션 지도자로 일하고 있었다. 同前, p.78.

72 顏偉,「陳沖在國外: 勤奮好學的女大學生」,『電影世界』1984年 第1號, p.8.

73 前揭『映画スターの〈リアリティ〉拡散する「自己」』, p.215.

74 2006년 12월 16일에 행해진 셰진 감독과 저자와의 인터뷰.

75 德勒格爾瑪・翟建農,『在大海里航行-於洋傳』, 中國電影出版社, 2007,
pp.54~55.

76 「陳沖05年做客曹可凡≪可凡傾聽≫全記錄」, http://tieba.baidu.com/
p/708349102(최종 확인일 2012년 10월 1일).

77 前揭『本色陳沖』, p.140.

78 同前, p.206.

79 Stokes, Lisa Odham, "Sensuously Elegant: An Interview with Joan Chen",
Asian Cult Cinema, no.48(October-December 2005), pp.51~61.

80 「中國人都應該感到義憤」,『人民日報・海外版』1986年 12月 6日;「外報評陳沖在
『大班』中的表演」,『電影創作』1987年 第2號, p.78.

81 당시 중국 산둥 성에 살고 있던 필자가 친구 집에서 〈타이판〉을 비디오로 본 것
은 1990년 여름께였던 것으로 기억한다.

82 조안 첸이 육체 개조에 힘쓰던 한편으로 '좋았던 옛 시절의 중국인 여성'이라는
중국의 '원풍경原風景'을 상품으로 내걸던 시기도 있었다. 〈마지막 황제〉에 출연

중이던 1986년 조안 첸은 인터뷰에서 다음과 같이 말했다. "이미 서구화되어 버린 타이완이나 홍콩의 여배우들과 달리, 중국 대륙 출신인 제게는 중국 특유의 순진함과 소박함이 있었지요. 그래서 〈타이판〉과 〈악당〉, 〈마지막 황제〉의 감독들이 수많은 홍콩, 타이완 여배우들을 놔두고 저를 주연으로 기용한 겁니다. 감독들 이야기를 들어 보면, 홍콩이나 타이완의 여배우들과 달리 제 눈의 표정, 동작, 걸음걸이에서 순박함을 느낄 수가 있었다고 하더군요."(余之,「苦痛與幸運的選擇—與陳沖, 柳靑對話錄」,『陳沖在好萊塢』, 新疆靑少年出版社, 1988, p.40)

83 「生活報」1987年 9月 28日.

84 1990년 당시 타이완에서 제작하는 텔레비전 드라마에 중국 본토 출신 배우가 출연하는 것은 타이완 정부 당국에 의해 금지되어 있었는데, 조안 첸은 이미 1980년대 말에 미국 국적을 취득했기에 출연이 가능했다. 드라마 〈바람과 함께 사라지다〉는 1990년 6월부터 타이완 텔레비전臺視 방송국의 황금 시간대에 방영되었다(「時報週刊專訪陳沖」,『中國時報』1990年 5月 26日;「劇已殺靑隨風而逝陳沖告別會上表示一定會再來」,『中國時報』1990年 6月 13日).

85 林瓊,「被肢解的廣告畵」, 前揭『陳沖在好萊塢』, pp.20~21.

86 前揭『映画スターの〈リアリティ〉拡散する『自己』』, p.220.

87 2006년 12월에 행해진 셰진 감독과 저자와의 인터뷰.

88 李翰祥,『銀河上下』, 天地圖書, 1997, p.45. 리한샹 감독은 〈마지막 황제〉와 거의 동시기에 같은 제재의 영화 〈화룡·火龍〉(1986)을 제작하고 있었기에, 베르톨루치 감독과는 라이벌 관계에 있었다.

89 嚴敏,「登臺發奧斯卡獎的第一個中國人」,『電影評介』1988年 第6號, p.1.

90 李達翰,『一山走過又一山—李安·色戒·斷背山』, 如果出版社 · 大雁文化事業股份有限公司, 2007, p.421.

91 前揭『本色陳沖』, p.96.

92 張英進,『審視中國—從學科史的角度觀察中國電影與文學硏究』, 南京大學出版社, 2007, p.194. 데이비드 린치 감독은 조안 첸을 출연시키기 위해 원래 각본에는 이탈리아인으로 설정되어 있던 이캐릭터를 홍콩인으로 변경했다(前揭『本色陳沖』, p.200).

93 '연기적 아이덴티티'는 리처드 다이어의『스타-이미지와 기호』에서 인용한 표현이다.

94 문혁 시대를 살아가는 소녀를 주인공으로 한 〈슈슈天浴〉(1998)가 독립 제작 스타일을 택한 데다 티벳 로케를 감행하고, 완성작을 중국 영화 검열 기관을 통하지 않고서 '멋대로' 국제 영화제에 출품했다는 이유로, 연출을 맡은 조안 첸은 중국 국내에서 3년간 영화 촬영 금지 처분을 받게 되었다.

95 「獨家專訪上海電影節評委陳沖」, http://yule.sohu.com/20080620/n257620802.shtml(최종 확인일 2012년 10월 1일);「國家廣電總局取消禁令: 陳沖可以回國拍

電影了」, http://www.ycwb.com/gb/content/2002-10/30/content_443692.
htm(최종 확인일 2012년 10월 1일).

맺음말

1 唐榕,「三十年中國電影體制改革歷程回顧(上)」,『中國電影報』, 2008年 10月 9日.

2 同前.

3 DVD「百家講壇 中國電影百年 紀念中國電影誕生一百周年 2」에서의 다이진화의 발언, 中國國際電視總公司出版, 2005.

4 前揭「三十年中國電影體制改革歷程回顧(上)」.

5 「中國民營影視入佳境」,『大衆電影』, 2005年 第2號, p.4.

6 李景富,「振興國産電影必須多出精品」,『大衆電影』2005年 第6號, p.1. 중국 국내 영화 시장에서 유통 불가능한 작품에 관해서는 동남아시아로의 수출이나 DVD 등의 영상 소프트 형태로 판매하는 루트도 존재한다.

7 陸紹陽,「中國電影前面實施産業化政策以來成果研究」,『當代電影』2008年 第12號, p.44; 谷昊, 朱玲「院線改革的現狀及問題」,『電影藝術』2006年 第6號, p.37; 林天强,「新電影的觀點」,『當代電影』2006年 第4號, p.108.

8 「中国の映画市場急拡大」,『日本経済新聞』2012年 1月 21日;「廣電總局電影局局長呼吁降低電影票價」,『北京晚報』2011年 1月 8日.

9 兪劍紅,「國産影片"小聯盟"－直擊五一長假」,『大衆電影』2012年 第11號, p.1.

10 「娛評"國産保護月"只保了三部片」,『信息日報』2012年 7月 25日.

11 「國産片保護月: 保得了一時, 保不了一世」, http://ent.cn.yahoo.com/ypen/20120805/1226731.html(최종 확인일 2012년 10월 1일).

12 同前.

13 근래 들어 〈여름 궁전頤和園〉(러우예, 2006), 〈스프링 피버春風沈醉的夜晚〉(러우예, 2009), 〈바람과 모래夾邊溝〉(왕빙, 2010) 같은 독립 영화들이 일본에서도 화제를 모으고 있으나, 중국 본토에서는 아직껏 일반에 공개되지 않은 채다. 이에 관해 중국 국내에서 터부시되고 있는 근현대사의 역사적 사건을 정면에서 다룬 것이 중국 당국의 검열에 걸렸으리라고 일본의 많은 영화 평론가들이 지적하고 있다. 그렇지만 설령 이들 작품이 중국 측의 검열을 통과했다손 치더라도 아마 중국 관객층의 수요에는 맞지 않아 국내 영화 시장에서 널리 유통되기란 곤란하리라는 견해도 강하다. 독립 영화들 대부분이 정치적 이유보다도 오히려 흥행적 이유 때문에 기획 단계에서부터 미리 국내 시장으로의 진입을 단념하고 있다는 것이 실상에 가까울 것이다(외국 자본과의 공동 제작에 의한 〈스프링 피버〉(중국·프랑스), 〈바람과 모래〉(홍콩·프랑스·벨기에) 등은 더 이상 중국 영화라고는 부르지 못할지도 모르겠다). 그렇기에 외국인(서구인)의 시선을 강하

게 의식한, 이른바 중국인(동양인) 자신에 의한 오리엔탈리즘 취향이 독립 영화를 특징 짓는 것이 되었음은 부정할 수 없다. 이런 의미에서 오늘날 중국의 독립 영화는 글로벌리제이션의 한 산물이라고 할 수 있다.

참고문헌
(주석에 출처를 명기한 것은 생략)

중국어 문헌

戴錦華, 『斜塔瞭望』, 遠流出版公司, 1999.

羅藝軍, 『中國電影理論文選 1920-1989』, 文化藝術出版社, 1992.

酈蘇元·胡克·楊遠嬰 編著, 『新中國電影五十年』, 北京廣播學院出版社, 2000.

陸弘石 編著, 『中國電影: 描述與闡釋』, 中國電影出版社, 2002.

尹鴻·凌燕, 『新中國電影史: 1949-2000』, 湖南省美術出版社, 2002.

張英進, 『想像中國-當代中國電影的批評重構及跨國想像』, 上海三聯書店, 2008.

張頤武 主編, 『中國改革開放三十年文化發展史』, 上海大學出版社, 2008.

丁亞平, 『中國當代電影史 I』, 中國電影出版社, 2011.

일본어 문헌

藤井省三, 『中国映画—百年を描く、百年を読む』, 岩波書店, 2002.

_____, 『中国映画を読む本』, 朝日新聞社, 1996.

四方田犬彦, 『電影風雲』, 白水社, 1993.

愛知大学現代中国学会編, 『中国21 Vol.11 特集現代中国映画研究』, 風媒社, 2001.

應雄 編著, 『中国映画のみかた』, 大修舘書店, 2010.

日本現代中国学会編, 『新中国の60年 毛沢東から胡錦濤までの連続と不連続』, 創土社, 2009.

佐藤忠男, 『中国映画の100年』, 二玄社, 2006.

_____, 『アジア映畫』, 第三文明社, 1993.

佐藤忠男·竹内實, 『中國映畫が燃えている「黃色い大地」から「青い凧」まで』, 朝日ソノラマ, 1994.

レイ·チョウ, 『プリミティヴへの情熱』本橋哲也·吉原ゆかり訳, 青土社, 1999.

중국영화의 열광적 황금기

영어 문헌

Berry, Chris, and Mary Farquhar. *China on Screen: Cinema and Nation*. New York: Columbia University Press, 2006.

Berry, Chris, ed. *Chinese Films in Focus: 25 New Takes*. London: British Film Institute, 2004.

_____, ed. *Perspectives on Chinese Cinema*. London: British Film Institute, 1991.

_____, *Postsocialist Cinema in Post-Mao China*. Oxford: Routledge, 2008.

Browne, Nick, Pickowicz Paul G., Sobchack Vivian, and Yau Esther, eds. *New Chinese Cinemas: Forms, Identities, Politics*. New York: Cambridge University Press, 1996.

Chow, Rey. *Primitive Passions: Visuality, Sexuality, Ethnography, and Contemporary Chinese Cinema*. New York: Columbia University Press, 1995.

Clark, Paul. *Reinventing China: A Generation and Its Films*. Hong Kong: The Chinese University Press, 2005.

Dissanayake, Wimal, ed. *Cinema and Cultural Identity: Reflections on Films from Japan, India, and China*. Lanham: University Press of America, 1988.

_____, ed. *Melodrama and Asian Cinema*. New York: Cambridge Unversity Press, 1993.

Dudley, Andrew, and Herve Joubert-Laurencin, eds. Opening *Bazin: Postwar Film Theory and Its Afterlife*. New York: Oxford University Press, 2011.

Gateward, Frances, ed. *Zhang Yimou: Interviews*. Jackson: University Press of Mississippi, 2001.

George, Semsel S., ed. *Chinese Film: The State of the Art in the People's Republic*. New York: Praeger, 1987.

George, Semsel S., Xia Hong, and Chen Xihe, eds. *Film in Contemporary China*. New York: Praeger, 1993.

Zhang, Xudong. *Chinese Modernism in the Era of Reforms: Cultural Fever, Avant-Garde Fiction, and the New Chinese Cinema*. Durham: Duke University Press, 1997.

Zhu, Ying. *Chinese Cinema during the Era of Reform: The Ingenuity of the System*. Westport: Praeger, 2003.

참고 문헌

저자 후기

중국에서 나고 자란 제게 소년 시절부터 봐 왔던 중국 영화는 지금까지도 마음속 보물입니다. 영화 연구의 길을 걷게 되고 나서도 늘 '80년대 중국 영화론을 쓰고 싶다!'는 강한 바람에 사로잡혀 있었지만, 마침내 이 연구에 착수하게 된 건 '영화 속의 상하이'를 주제로 한 박사 논문을 완성한 직후인 2004년이 되고 나서입니다. 그런데 막상 실제로 연구에 착수해 보니, 꿈에 그리던 연구 테마를 마주할 수 있게 되었던 순간의 기쁨은 순식간에 가시고 말았습니다. 왜냐하면, 이 책 본문에서도 언급했습니다만, 1980년대는 현재의 중국과 너무 가까운 탓에 아직 완전히 '역사'로서 논하기가 어려운 데다 이 시대 영화들에는 이를테면 문혁 시대 특유의 기묘한 모티프나 1930년대 '마도' 상하이에 달라붙어 있는 이국적인 요소와 같은 소위 말하는 연구 대상으로서의 '매력'이 될 만한 요소가 부족해 보였기 때문입니다.

게다가 1980년대라는 시대에 강렬한 애착을 품고 있는 저에게 연구 대상과 적당한 거리를 취하고 상대적으로 바라보기가 고통스럽기도 했습니다. 제4장의 여배우론이 그 예입니다. 완성도는 차치하고서도 집필하는 데 가장 많은 시간을 잡아먹은 부분입니다. 원래 감독론이나 작품론보다 배우론이 몇 배나 더 어렵다는 사실, 특히 좋아하는 배우의 경우에는 더더욱 객관적으로 그들을 다루기가 얼마나 어려운가를 통감했습니다.

이런 와중에 서두르지 않고 우선 꼼꼼히 현지 조사 작업부터 시작하자고 마음먹고 일본에서 중국으로 세 번 정도 자료 수집을 하러 떠

낫습니다. 배편으로 일본에 들여온 방대한 양의 관련 서적이며 영화 잡지들부터 문자 자료 복사본, 영상 소프트들이 좁은 집 벽장 안에 다 들어가지 못할 정도가 되어 거실이며 침실까지 넘치게 되었고, 결국 에는 좀 더 넓은 아파트로 이사 가야 할 지경에 이르렀지요.

이 책을 쓰면서 연구자로서 더할 나위 없는 행복을 맛보기도 했습니다. 지금은 고인이 되신 셰진, 그리고 우텐밍, 장화쉰, 왕하오웨이, 장이머우, 텐좡좡, 황젠신, 자장커 등 감독 여러분들, 위다이친, 우쥔메이, 장궈민 등 배우 여러분, 카메라맨 리천성李晨聲 등 그 시절 중국 영화에 깊숙이 관여하고 있던 수많은 영화인들과 인터뷰할 기회를 얻어 귀중한 증언을 얻을 수도 있었습니다. 그렇지만 문자 자료와 증언이 풍부해질수록 이번에는 '이걸 어떻게 요리해야 좋을까'를 두고 어찌할 바 몰라 헤매며 정보와 에피소드의 바닷속에 익사할 것 같은 상황에 부딪쳤습니다.

이 연구로 들어갈 진입구와 방법론을 찾고자 정신 분석, 포스트콜로니얼리즘, 자본론, 신체론, 젠더론에 관한 자료들을 파헤치다 두 가지 접근법으로 1980년대 중국 영화가 지닌 역사적 의미를 물을 수 있지 않을까 하는 데 생각이 미쳤습니다. 즉 당시의 문자 자료와 영화인들의 증언에 기초하여 제작, 검열, 배급, 감상 등 당시 중국의 영화 시스템 전모를 검증하는 실증적인 접근법, 그리고 구체적인 영화 작품에 대해 프로파간다, 신체, 젠더, 문화 번역과 같은 관점으로부터 치밀한 분석을 행하는 표상 이미지에 의거한 역사 분석 접근법입니다.

오랜 집필 기간과 그에 수반하는 수고는 박사 논문 때와 필적할 정도였습니다. 고생한 만큼, 선행 연구를 되짚어 가면서 나름대로의 독창성을 제기할 수도 있지 않았나 합니다.

끝으로 제 취재에 선뜻 응해 주신 여러분, 이 책을 내놓는 데 전력을 다해 주신 여러분, 특히 강력한 지원을 보내 주신 이와나미쇼텐의 시미즈 노아清水野亞 씨께 감사드립니다. 덧붙여 이 연구는 일본학술진흥회의 '연구 활동 스타트 지원' 프로그램의 연구 지원을 받아 이루어질 수 있었습니다. 함께 감사 인사를 올립니다.

2012년 11월

류원빙

역자 후기

흔히 '중국(대륙) 영화'라고 하면, 장이머우나 천카이거로 대표되는 제 5세대 감독들의 강렬한 영화를 떠올리는 사람들이 많을 것이다. 1990년대, 아직 중학생이었던 내게도 〈붉은 수수밭〉이나 〈국두〉, 〈패왕별희〉 같은 영화들 포스터가 나붙던 거리 정경이 기억 속에 선연하게 남아 있다. 1992년 한중 국교가 수립되고 얼마 지나지 않아 당도한 이들 영화들은 국제 영화제 수상과 평론가들의 상찬과 함께, 중국을 '보여 주는' 중국 영화로서 받아들여졌다. 핏빛 태양, 억압받는 여성, 광기에 찬 홍위병들… 이들 영화를 통해 구축된 중국의 표상이다. 그런데 중국을 그저 이런 이미지로서만 바라보는 것이란 합당한가?

같은 이야기를 일본, 한국에 대해서도 할 수 있다. 오즈 야스지로의 '다다미' 혹은 이와이 슌지의 '도쿄'가 일본을 대표하는가? 혹은 임권택, 홍상수나 박찬욱, 봉준호 같은 감독들의 영화들만을 입에 올리며 '한국 영화'를 이야기하는 건 가능한가?

한국, 일본, 중국에서 종종 맞닥뜨리는 곤혹스러운 의문이다. 곤혹스럽다고 하는 건, 위에 거론한 감독들 외에도 많은 감독들이 존재해 왔고, 다종다양하다고밖에 형용할 수 없을 만큼 많은 영화들이 만들어졌고 여전히 만들어지고 있음을 알고 있기에 그렇다. 한국, 일본, 중국(대륙)이라는 한정된 지역을 넘어, 홍콩, 타이완, 오키나와로 범위를 넓히거나 아예 식민지 조선이나 식민지 타이완, 제국 일본으로 시대까지 거슬러올라가 버린다면 이런 의문은 더더욱 대답하기 어려운 수수께끼가 되어 버릴 것이다.

이러한 곤혹스러운 의문은 일찍이 일본의 영화사가이자 평론가 요모타 이누히코四方田犬彦가 『전영풍운電影風雲』에서 제기한 것이다. 이른바 아시아 영화를 보는 어려움으로, 과연 어떤 한 영화를 '보편적인' 영화 언어로 소통 가능한 '영화의 공화국' 안에서 논할 수 있는가 하는 문제 제기와 '투명한' 역사적 사회적 텍스트로서 순순히 받아들이기란 가능한가 하는 문제 제기가 될 것이다. 각각 순수한 예술 작품으로서의 영화, 현실을 여실히 반영하는 영화라는 두 대립된 태도에 대한 문제 제기로 정리할 수 있는데, 어느 쪽이건 영화를 소외시켜 버린다는 데서는 같은 말이다. 가령 〈붉은 수수밭〉을 두고 감독 장이머우의 강렬한 색채 감각이라고만 보거나, 혹은 여성을 억압하는 중국의 봉건성이나 침략자 일본에 대항하는 민중의 투쟁으로만 본다면 어떨까. 요모타 이누히코의 말을 빌린다면, 전자는 영화 외적인 상황을 배제한 것이 되고, 후자는 영화를 영화답게 해 주는 내적인 텍스트의 정치성을 배제한 것이 된다. 그리고 여기에 어느 작품을 들어 어떤 특정 지역의 영화를 이야기할 것인가 하는 '선택'의 문제가 근원에 도사리고 있다. 중국(대륙)에 한정해 말한다면, 가령 예술 작품으로서 혹은 역사적·사회적 텍스트로서 〈붉은 수수밭〉 한 편만을 드는 건 합당한가. 아니, 애초에 〈붉은 수수밭〉 같은 대표적인 작품 하나가 어느 날 갑자기 황무지에서 솟아나오는 것처럼 우리 앞에 당도하기란 자연스러운 일이었을까. 요모타 이누히코가 지적했듯, 이렇게 어떤 한 영화만을 들어 지역을 이야기하는 것은 세계 곳곳에서 제작되고 있는 무수한 영화들이 언제나 특정한 관객을 대상으로 특정한 장소에서 제작되고 배급된다는 사실을 외면해 버리게 된다.

어떤 영화든 간에 한 영화가 세상에 나오기에는 그 영화와 나란히, 혹은 앞뒤로 다른 수많은 영화들이 함께하기 마련이며, 감독뿐 아니라 각본가, 배우, 제작자, 촬영소, 검열, 관객 등에 이르는 수많은 요소들이 작용하기 마련이다. 그러므로 모든 영화들은 지역 영화(로컬 시네마)라 할 수 있고, 저마다 놓인 시대적 지역적 문맥 안에서 '분투'해 온 것이라 할 수 있다. 여기서 '분투'라고 표현하는 건 이들 영화가 그저 순순히 자신이 놓인 문맥과 일 대 일로 대응(반영)하는 것이 아님을 강조하기 위해서다.

마침 이 책에서 저자 류원빙이 다루는 1976년 문혁 종결부터 1990년대 초반까지의 영화들이 바로 요모타 이누히코가 말한 바의 특정한 관객을 대상으로 특정한 장소에서 제작되고 배급되는 '무수한 영화들'이다. 1980년대 중국을 '중국인'으로 살지 않은 사람들이라면 어쩌면 평생 볼 일이 없을 이들 영화들은 훗날 상흔 영화, 개혁 영화, 성인 영화 등으로 명명되지만, 그 이전에 당대의 중국인들에게는 '바로 지금' 자신들이 보는 영화였다.

문혁으로 얻은 상처를 어루만지는 영화들, 개혁개방의 희망과 혼란을 그려낸 영화들 같은 이런 영화들은 문혁 이후 중국이 마주하게 되는 온갖 변화와 보조를 맞추며, 그때그때 세상에 나와 실시간으로 소비되었다.

이 책에 언급된 대부분의 영화들은 오늘날 중국에서도 거의 이야기되지 않는다. 당대 중국의 중국인들이 원하던 '실시간적인' 영화였기에, 세상이 바뀐 지금은 이들 중국인들이 원하는 영화가 다시 달라졌기 때문이다. 그렇지만 다시 한번 영화가 언제나 그것이 제작되는 시공간 속에서 지배적인 이데올로기와 때로는 영합하고 때로는 길항하면서 저마다 목소리를 내 왔음을 상기한다면, 이들 영화는 여전히 그때부터 오늘에 이르는 중국인들의 정신과 떼어놓을 수 없다. 그렇기에 중국을 말하고 중국 영화를 말하는 데 이들 영화는 유효하다 할 것이다.

문득, 어째서 저자가 1980년대의 이들 영화들을 이야기하는 책에 '중국 영화의 열광적 황금기'라는 제목을 붙였을까 하는 궁금증이 생긴다. 우리에게도 알려진 소수의 영화들을 제외하면, 이 시기의 영화들은 예술적으로 인정받거나 영화사적인 인가를 얻지도 못했는데 말이다. 그런데 이런 궁금증은 아마도 어디까지나 중국의 '바깥'에서 다른 '시간대'에 서 있기에 가능한 질문일 터. 장이머우나 천카이거 뒤에 가려진, 그때의 중국에서 중국인들이 열렬히 지지를 보내던 헤아릴수 없이 많은 영화들을 기념함으로써 오늘의 중국 영화를 가능케 한 영화의 토양을 상기시키기 위함이다.

이 책이 번역되어 나오기까지 정말 많은 분들로부터 분에 넘치는 도움을 받았다. 먼저 이 책의 출간을 흔쾌히 결정해 주신 산지니 출판사의 강수걸 대표님, 그리고 편집자 양아름 님께 감사드린다. 더딘 역자를 책하지 않고 묵묵히 기다려 주신 데 감사와 송구함을 표하고 싶다. 귀중한 시간을 쪼개어 옮긴이의 거친 원고를 꼼꼼히 읽고, 세심하고 애정 어린 조언과 격려를 보내주신 국립목포대학교의 임춘성 선생님께 감사드린다. 임춘성 선생님은 중국의 역사와 사회상이라는 큰 틀 안에서 이들 80년대 중국 영화가 지닌 시대적 의의를 알려 주는 추천사까지 보내주셨다. 이제 막 중국 영화의 세계에 입문한 아둔한 옮긴이가 볼 수 없던 '숲'이 임춘성 선생님의 추천사에 담겼다. 귀중한 배움의 기회를 주신 선생님께 글로나마 감사 인사를 올리고 싶다. 그리고 늦깎이 학생의 중국 유학을 적극 응원해 주신 호소이 나오코 선생님, 영화에 대한 경의와 사랑을 일깨워 주신 사이토 스스무 선생님, 늘 지지와 격려를 보내 주는 고마운 친구 정은, 수인, 세중 선배, 제성 선배 그리고 서울의 극장에서 만난 그리운 친구들… 이 모든 분들 덕분에 늘 힘을 얻는다. 이 자리를 빌려 다시 소소한 감사를 올린다.

2014년 겨울 영화 도시 상하이에서
홍지영

아시아총서 14

중국영화의 열광적 황금기

초판 1쇄 발행 2015년 1월 15일

지은이 류원빙
옮긴이 홍지영
펴낸이 강수걸
편집장 권경옥
편집 양아름 손수경 문호영
디자인 권문경 박지민
펴낸곳 산지니
등록 2005년 2월 7일 제14-49호
주소 부산광역시 연제구 법원남로15번길 26 위너스빌딩 203
전화 051-504-7070 | 팩스 051-507-7543
홈페이지 www.sanzinibook.com
전자우편 sanzini@sanzinibook.com
블로그 http://sanzinibook.tistory.com

ISBN 978-89-6545-276-8 94680
ISBN 978-89-92235-87-7(세트)

*책값은 뒤표지에 있습니다.
*이 도서의 국립중앙도서관 출판시도서목록(CIP)은 e-CIP 홈페이지
(http://www.nl.go.kr/ecip)에서 이용하실 수 있습니다.
(CIP 제어번호: CIP 2014035574)